韓劇의 原形을 찾아서

—

불교의례

韓劇의 原形을 찾아서

불교의례

佛敎儀禮의 역사와 공연예술의 요소

한국공연예술원 엮음

양혜숙 구미래 김상현 홍윤식 양은용 조성진 심상현
정명희 이성운 윤광봉 채혜련 윤소희 한성자

열화당

두번째 책을 펴내며

전통에 대한 새로운 자각

문화란 무릇 물과 같은 속성을 지니고 있다. 물은 마치 지혜의 눈을 지니고 있는 듯, 사람의 눈으로는 헤아리기 어려울 만큼 빠르고 치밀하게 기존의 지형에 스며들어 지구의 구석구석을 변화시키는 힘을 가지고 있다. 사회에 미치는 문화의 역할도 이와 흡사하다. 특히 단단한 곳에는 천천히 그러나 치밀하게 성글고 무른 부분부터 파고들어, 속도가 느리더라도 언젠가는 다른 모습으로 변형시킨다. 때로는 성난 파도와 같이 삽시간에 기존의 모습을 바꾸기도 한다. 17-18세기 유럽을 중심으로 한 서양문화는 때로는 보이지 않는 가랑비와 같이, 때로는 질풍노도와 같이, 아시아, 아프리카, 아메리카를 비롯한 전 세계의 문화와 사회의 변혁을 주도해 왔다. 그러나 20세기 후반부터 세계의 문화 지형도는 변화의 바람을 타고 있다. 변방이 중심으로, 중심이 변방으로 바뀌며 대단한 속도로 변화하고 있는 것이다. 이러한 변화는 사람들을 자신에 대한 자존감, 자신의 문화에 대한 소속감을 잊은 채 새로운 것을 배우기에 급급한 모습으로 바꾸어 놓았다.

하지만 21세기에 접어들면서 정치, 경제를 중심으로 했던 산업화에서 문화가 변화의 한 축을 담당하기 시작했다. 자아에 대해 각성하게 되면서, '뿌리 찾기'가 큰 과제로 떠올랐다. '배우는 자세'에서 '각성하는 자세'로 성숙한 것이다. 1970년대부터 대두된 '뿌리 찾기'에 대한 관심은, 드디어 각 민족에게 전통을 새롭게 자각하게 했으며, 세계 각국에서는 자아와 더불어 민족 차원에서 논의되는 디엔에이(DNA)에 관심을 갖게 되었다.

변화는 농경 사회에서 공업화 사회로, 다시 산업화 사회에서 지식 산업화 사회로 치닫고 있다. 사람들은 감당할 수 없는 속도로 다가오는 세계화(globalization)와 지역세계화(glocalization) 사이에 끼어, 현대화의 물결 속에서 지역사회가 갖고 있는 전통을 망각하거나 간과해서는 이 땅에 설 자리가 없다는 것을 느끼게 되었다. 이러한 세계의 무대는 1980년대부터 '전통의 현대화'에 대한 관심을 불러일으켰는데, 각 지역과 민족의 '전통에 대한 깊은 성찰과 열망'은 앞으로 세계의 문화 지형도를 바꾸어 놓을 것이다.

한극(韓劇)의 원형을 찾는 두번째 여정

사단법인 한국공연예술원은 이러한 세계 변화에 대비하기 위해 1996년 창립되었다. 이미 1991년부터 한국공연예술연구회를 조직하여, 당시 전통에 대한 관심과 열망이 거의 전무하던 한국 공연예술계를 '리드'하고 있다고 자부하던 연극계에 세계 변화에 대한 예감과 각성을 일깨우고자 했다. 그리하여 문화 운동의 차원에서 한국 공연예술계의 '전통의 현대화'를 이끌어낼 핵심 과제가 무엇인지 함께 고민해 보고자 했다. 서구 문화만을 모방하기에는 시대가 너무 빨리 변하고 있다고 목소리를 낸 것이다.

한국공연예술원에서는 첫번째 과제로 21세기 사회 변화의 전방에 서게 될 배우를 체계화하여 교육하기로 결정했다. 배우 교육마저 스타니슬랍스키(K. Stanislavsky), 체호프(A. Chekhov), 브레히트(B. Brecht) 등 서양 논리에 의해 교육되고 있는 한국 연극계의 실정에 큰 변화를 일으키지 않으면 안 되었기 때문이다. 그리하여 한국 전통연희에서 그 뿌리를 찾아볼 수 있는 숨 쉬기, 소리내기, 말하기, 그리고 그에 앞서 한국인 특유의 몸 다스리기를 체계화하여 교육하기로 했다. 그리고 배우 훈련법과, 그 바탕을 이루는 한국인의 인생관, 자연관, 세계관, 그리고 한국인의 우주관, 시간관, 공간관을 살펴보는 세 권의 책을 출간하기로 했다. 그러나 이 세 권의 책을 출간하기 위해서는 전제되는 긴 여정이 있었다. 그것은 다름 아닌 한국 공연예술의 뿌리 찾기였다.

한국공연예술원에서는 우선 시원 문화의 뿌리로 작용하고 있는 '샤먼 문화'를 살펴보기로 했다. 2010년부터 시작된, '한극(韓劇)'이란 이름 아래 그 원형을 찾는 긴 여정은 2013년 12월 『한극의 원형을 찾아서―샤먼 문화』로 출간되었다. 더불어 예술가와 관객을 함께 교육하고 소통하는 장을 통해서만 문화풍토를 변형할 수 있다고 생각하여, 세미나 형식을 통해 교육과 각성의 장을 만들었다.

한편 한극의 원형에는 우리 민족의 얼과 정신이 깊게 담긴 '굿'이라는 밑그릇 외에, 천칠백여 년을 지속하면서 우리 민족의 생활 구석구석에 녹아든 '불교의례'가 또 하나의 큰 축이 되어 왔다. 그리하여 두번째 여정으로,

한국인의 무속신앙과 접합되어 한국인의 사고와 생활양식, 생사관(生死觀)에 깊이 뿌리내리고 있으며 도교의 대부분이 또 다른 믿음 신앙을 이루는 '불교의례'를 다룸으로써 한극의 또 하나의 큰 맥락을 살펴보기로 한 것이다.

불교의례의 역사와 음악, 미술, 연극적 요소

오랜 세월 동안 한국인의 무속신앙에 접합된 불교의례를 살펴보는 일은 간단하지가 않다.

첫째, 불교가 우리 사회에 스며든 지 너무 오래되어 그 흔적을 더듬어 볼 수 있는 사료나 문헌, 기록의 한계가 있다.

둘째, 불교의례에 관한 모든 책자와 사료가 한문으로만 정리, 기록되어 전해지고 있기 때문에 독해의 어려움이 있다.

셋째, 우리나라의 불교 신도 수가 천이백만에 가깝다고 하지만(문화체육관광부 2013년 자료) 불교의례는 도교에서 유래된 의례와 유교의례가 혼용된 채 오늘에 이르렀기에 분명한 경계 긋기가 어려울 뿐만 아니라, 한문을 바탕으로 한 지식문화에 뿌리내리고 있어 오늘날 서양문화의 그릇 속에서 세계를 바라보는 우리에게는 생소한 점이 많다. 그럼에도 불구하고 우리는 열두 필자의 글을 통해 그동안 어렴풋이 알아 왔던 한국 불교의 참 모습을 더듬어 보려 한다.

넷째, 불교의례 중 영산재(靈山齋)가 유네스코 세계무형문화유산으로 등록되고(2009년 9월 30일) 영산재 의례 팀이 이스라엘에 초청받아 영산재를 세계에 알리는 계기가 되면서 불교의례에 관한 많은 연구들이 쏟아져 나왔기에, 우리의 작업이 혹 중첩되어 의미가 없지 않을까 염려했다. 그러나 다행히도 불교계의 불교의례 연구는 우리가 의도하는 공연예술의 관점에서 그 연원과 발전을 살펴보는 총괄적인 연구가 아닌 경우가 많았다.

다섯째, 그러나 이번 연구를 통해 공연예술에 직간접으로 차용되며 한국 공연예술의 변화와 발전에 활력을 제공할 것이라는 큰 기대는 예상 외로 참담하게 무너졌다. 의례는 의례대로, 창작은 창작자가 풀어야 할 과제임이 이 책을 통하여 확실히 드러났다.

구미래(具美來) 교수의 서설 「불교의례와 공연예술의 만남」에서 지적한 바와 같이, 의례와 공연은 별개로, 창작을 지향점으로 삼는 공연예술인들은 신심으로 일관된 불교 신도들의 의례를 착상과 아이디어의 원천으로밖에는 기대할 수 없음이 확실해졌다. 다행히도 불교계의 기존 연구 경향과 업적을 잘 헤아리고 있으며 더불어 이 책이 의도하는 바를 잘 이해하고 있는 구미래 교수는, 이러한 한계의 보완에 힘써 이 책을 의미있게 완성하는 데 큰 도움을 주었다. 고마울 따름이다.

뿐만 아니라 구미래 교수는 고인(故人)이 되신 김상현(金相鉉) 교수의 유고 「불교의례의 역사적 전개와 교화 방편」을 손질하여 좋은 글로 완성해 주었다. 고 김상현 교수는 신라, 고려, 조선의 불교의례가 어떻게 변천해 오면서 공연예술의 관점에서 각 구성요소를 갖추어 왔는지를 살피며, 불교의례의 종교적 신앙적 특성에도 불구하고 공연예술의 관점에서 공연 가능성을 제시했다. 작고하시기 직전에도 국립극단의 손진책(孫振策) 전 예술감독과 함께 불교설화를 공연화하여, 특히 『삼국유사(三國遺事)』의 단편들을 무대 위에 상연하는 업적을 남기셨다.

불교의례와 민속예술의 접합을 최초로 학문적 토대 위에 제시해 주신 홍윤식(洪潤植) 교수의 「불교의례와 민속예술」은 불교의례의 범주와 유형을 제시하고, 민간신앙적 의례 구조와 불교신앙적 의례 구조로 나누어 이들의 접합점과 독립성을 제시하고 있다. 불교의례의 신앙적 특성으로는 법화신앙, 밀교신앙, 정토신앙으로 나누어 살펴보고 있으며, 뒤이어 불교문화와 민속예술의 관계를 그 시대적 배경에서 유추해내고 있다. 특히 영산회상(靈山會相), 승무(僧舞), 민요와 각종 성악의 내용과 전개과정에 당시의 시대상과 사회상이 어떻게 드러났는가를 흥미롭게 서술하고 있다.

"의식주 삼자는 의례의 선행 조건이며 의례의 실행은 예배, 찬영, 음악, 수용, 기도문 등이 주가 된다. 이같은 의식 행위는 신불에 의한 구제의 감성이며 환희, 희열, 사랑, 감사의 감정으로 표현된다. 여기에서 종교의례의 음악과 무용 등이 발생하는 것으로, 이는 신앙 체험에 의한 고백으로서 나타나는 것이다." 그런데 조선시대의 불교의례는 신앙적 체험의 고백으로서보다는 신앙 체험 및 신앙심을 불러일으키기 위해 선행된 산물로서 의례의 주체가 되고 있음을 지적하고 있다. 이러한 홍윤식 교수의 지적은 다른 필자(윤광봉, 윤소희 등)들에게서도 지적되는바, 타당한 의견임을 알 수 있다.

특히 「작법무(作法舞)의 연원과 기능에 대한 고찰」을 쓴 심상현(沈祥鉉) 교수는 작법무의 종류와 그 연원과 전개 과정, 기능을 소개하며 이러한 의례의 궁극의 목적이 '보화응동(普化応同)', 즉 "널리 교화하되 응하여 하나가 된다는 뜻으로 '화광동진(和光同塵)'과도 통하는 말"이라고 한다. 또한 불교의 이런 성격이 가무를 사랑하는 한국인의 민족 정서와 어우러져 세계 불교 가운데 차별화된 오늘의 한국 불교의 위치를 가능케 했다고 설파하고 있다.

양은용(梁銀容) 교수의 「불교사상과 의례 구조」에서는 "불교는 석가(釋迦)의 정각(正覺)을 통해 구세 이념으로 나투어진 깨달음의 종교이다"라고 언급하며, 이른바 인연법으로 모든 세상사를 풀어 나가는 종교임을 전제한다. 또한 불교는 깨달음을 통한 교화를 실천하고 석존의 가르침을 편 종교로, 극락세계, 영산회상의 구현이라는 과제와 그 실천 운동으로서 의례가 따르게 된다고 말한다.

구미래 교수는 「불교의례에서 시공간의 상징성」에서 사십구재를 중심으로 윤회의 반복을 설명한다. "각자의 업에 따라 모태에 의탁하여 태어나는 순간을 생유(生有)라 하고, 출생 후 죽음에 이르기까지 생전의 존재를 본유(本有)라 하며, 죽는 순간을 사유(死有), 죽어서 다시 태어나기 전까지의 존재를 중유(中有), 또는 중음(中陰)이라 한다. 따라서 이전 존재가 다음 존재로 태어나기 위해서는 중유라는 사후 기간을 거쳐야 가능하기에, 순환하는 삶의 구도에서 보면 본유와 중유가 결합하여 일생을 이루고 있는 셈이다." 이때 중유의 기간은 칠 일을 일곱 번 거듭하는 사십구일(칠칠일)로 설정되어 있다.

한편 우리나라 법당 구조는 상중하의 삼단 체계로 이루어져 있다. 중앙의 상단은 불보살을 모시는 자리이고, 우측 또는 좌측 중단에는 신중단(神衆壇)과 불법을 수호하는 여러 신들을 모시며, 반대편 하단에는 영가의 위패를 모시게 된다. 따라서 법당에는 세 유형의 초월적 존재가 공존하는데, 이렇듯 하나의 법당 안에서 여러 차원의 세계를 수용하여 통불교적, 만다라적 성격을 띠는 것이 우리나라 사찰 법당의 특성으로 보고 있다.

이러한 한국인의 시공간의 확장성과 수직상승을 기본 구조로 하는 무한

한 이동 가능성을 담은 기본 사상은 고맙게도 뒤늦게 참여해 준 정명희(鄭明熙) 박사의「조선시대 불교의식과 불교회화」에 잘 나타나 있다. 이 논문은 주불전(主佛殿) 내부의 의식, 주불전을 장엄하는 불화의 구성, 삼단의례의 불화 등으로 나누어 설명하고 있다. 야외의 괘불이나 불단의 불상은 시공간을 초월하여 석존의 강림을 수용하고 그 속에서 평안을 느끼는 불자들의 불심을 돈독히 하는 데 큰 힘을 발휘하고 있다.

심상현 교수의 글「홍가사(紅袈裟)의 형태와 부착물에 대한 고찰」에서 우리는 홍가사의 구조와 부착물에 대한 깊은 뜻을 접하게 되며 아울러 불교 교리에 담긴 사상과 그 근원을 공부하게 된다. 그는 논두렁과 밭두렁을 보고 '할절의(割截衣, 조각조각 끊어서 지은 옷)'를 착안한 석가의 의도를 언급하며 할절의가 '고난의 수행을 이기며, 원적(怨賊)에게 빼앗길 염려가 없는 고난의 옷'임을 강조하고 있는데, 이렇듯 홍가사가 지니는 깊은 뜻은 우리를 숙연하게 한다.

채혜련(蔡蕙璉) 박사의「영산재(靈山齋)와 범패(梵唄)」에서는 불교음악의 대명사인 범패에 관한 고찰을 시도하고 있다. 서양 악기를 세련되게 다루는 입장에서, 영산재의 유래와 의미, 영산재의 의식, 절차와 구성 등을 쉽고 간결하게 설명하고 있다. 범패는 우리나라의 삼대 성악곡에 속하면서도 일반인들에게는 낯선 음악이고, 불교가 전해지면서 어장(魚丈) 스님들의 구음으로만 겨우 전통을 이어 오고 있는 실정이었다. 그는 이러한 귀중한 음악이 우리 민족의 심성을 정화하고 세련시키는 데 활용된다면 우리 문화가 확장되고 민족 심성의 아름다움의 격이 높아질 것이라며, 그 발전을 위한 진정 어린 건의를 하고 있다.

「한중(韓中) 불교음악의 전통과 계승」을 쓴 윤소희(尹昭喜) 박사는 스스로 작곡을 하는 창작음악가이기도 하면서 세계의 곳곳을 누비며 불교음악의 비교 연구를 끊임없이 지속해 오는 드문 인재다. 중국의 불교음악은 공산 정권과 홍위병(紅衛兵) 시대를 거치며 전멸하다시피 한 상황이지만, 지속적으로 가꾸어진 대만 불교가 오늘날 중국 불교의 모체가 되고 있음을 알려 주고 있다. 따라서 대만에 보존된 불교의례에 담긴 음악을 중심으로 한중 불교음악을 비교함으로써 독자들에게 불교 지식의 지평을 열어 주고 한국 불교에 대한 시야를 넓혀 주고 있다.

이성운(李誠雲) 박사는 「수륙재(水陸齋)의 연유(緣由) 및 설행(設行)과 의문(儀文)의 정합성」을 통해 중요무형문화재 제125호 삼화사(三和寺) 국행수륙재(國行水陸齋)에서 행하는 설단과 장엄의 특징을 알아보고, 삼화사 수륙재의 대본인 의문과의 정합성을 다루고 있다. 삼화사 수륙재를 진관사 수륙재와 비교하면서, 수륙대재의 '수륙'이 무주고혼(無主孤魂)에 대한 제사와 추천이라는 입장을 고수한다. 더 나아가 무주(無主)의 고혼과 무주(無住)의 고혼은 명계의 세계를 대변하지만 천지의 명계와 양계의 대중을 청해 공양하는 무차수륙대재에서는 양계의 돌봐 줄 이 없는 고아나 독거노인들에게 본연의 정신이 향해져야 함을 주장하고 있다.

「중세 한국의 강경(講經)과 창도(唱導)」를 쓴 윤광봉(尹光鳳) 교수는 일본 히로시마대학에서 한국학을 강의하며 히로시마한국학연구회를 이끌어 온 한국학자이다. 그는 신라시대와 고려시대의 불교의 설법과 전도가 어떻게 진행되었는가를 중국 당나라 경우와 견주어 유추해 본 이 논문에서, 부족한 문헌에 기대어 오히려 자신의 학자적인 견해를 피력하며 당시의 심오한 불교 경전의 뜻을 스님들이 어떻게 전달했는지 짚어 보고 있다. 이는 홍윤식 교수, 양은용 교수의 글에서 지적하고 있듯이 강론(講論)과 의례가 앞과 뒤로 하나이지만 그 실현에 있어서는 오히려 의례가 대중을 모으는 데 더 적합했음을 말해 준다.

불교가 유입되던 당나라 초기에는 음담패설까지 동원하여 청중을 모으기도 했는데, 이러한 분위기가 신라, 고려에도 적용이 되지 않았을까 짐작하면서도, 큰스님으로 후대에 길이 남는 송담(松潭) 스님의 지혜로운 강론의 분위기를 그는 강론과 창도의 이상으로 제시하고 있다. 이 논문을 통하여 우리는 불교의 깊은 교리가 어떻게 문화의 격을 높이는 데 기여했는지 살펴볼 수 있다.

조성진(趙誠振) 예인(藝人)의 「굿으로 읽는 불교의례」는 이 책에 활력과 지혜를 더해 준다. 그는 '몸의 종교'와 '마음의 종교'라는 표현으로, 불교가 들어오기 이전 기존의 문화로 자리 잡은 굿과 새롭게 유입된 불교가 어떻게 서로 영향을 주고받았는지를 살펴본다. 자신의 논리로 전개한 '놀이'와 '풀이'의 굿의 이중구조를 불교의 천도재인 영산재에 적용하고 있다. 특히 굿과 영산재의 절차, 씻김과 관욕(灌浴), 부정거리와 신중작법(神衆作法), 공수와 상단권공(上壇勸供), 오신(娛神)과 시식(施食), 음복(飮福)과 식당작법(食堂作法)의 관계를 살피며 서로 같은 점과 다른 점을 제시하고 있다.

「『삼국유사』 원효설화(元曉說話)의 스토리텔링과 불교사상」을 쓴 한성자(韓醒子) 박사는 『삼국유사』에 담긴 원효설화를 불교사상에 비춰 풀어간다. 그는 단단한 인문학도의 실력을 백분 발휘하여, 일연의 스토리텔링 전략으로 선택된 원효, 의상(義湘), 혜공(惠空), 사복(蛇福)의 이야기에 반영된 불교사상을 명쾌히 드러낸다.

서설을 포함한 열네 편의 논문을 읽고 독자들이 불교에 관해 보다 깊은 혜안을 갖게 되기를 기대해 본다. 한문과 고어체(古語體)의 표현, 또한 불교 고유의 표현 방식에 길든 학자들이 풀어 놓은 글은 여전히 독자에게 석가의 깊은 뜻에 다가가기 어렵게 한다고 생각할 수 있을 것이다. 하지만 이 책에 수록된 글을 읽으면서 우리는 불교 교리와 의례가 동전의 앞뒤이며, 구도(求道)를 통한 구세(救世)와 영산회상의 실천을 위한 깊고 넓은 사상이 천칠백 년을 넘는 동안에 우리 민족의 정신과 영혼에 큰 몫을 행했으리라 짐작할 수 있다. 자칫 형식주의로 기울기 쉬운 유교의 지나친 규격화 문화가 우리 문화의 외향적 품격을 재단했다면, 불교의 깊고 넓은 구도와 구세의 사상은 우리 민족의 내면의 풍요와 품격을 갖추는 데 큰 역할을 한 것이다.

오늘날 전통의례의 현대화 작업

한국공연예술원의 다음 여정은 '궁중의례'에 담긴 한국인의 정신과 얼을 살펴보는 일이다. 막강한 중국의 영향 아래, 또한 유교의 정신과 성리학의 깊은 사상 속에 다져진 궁중의례를 주로 조선시대를 중심으로 살펴볼 것이다. 세종대왕을 비롯한 몇몇 임금들이 조선의 독자성을 살린 악가무(樂歌舞)를 만들고 보존해 온 궁중의례는 한국 공연예술의 또 하나의 큰 산맥을 이루고 있다. 다만 민중과 유리된 채, 궁중 안에서만 진행 유지되어 온 환경 탓에 '굿'과 '불교의례'와는 다르게 민중 속에 뿌리내리지 못한 채 일제강점기로 인한 역사의 단절로 그 맥이 끊겨 있다. 그러나 우리의 엄연한 또 하나의 고급문화로 우리가 무시할 수 없는 정신과 사상이 담긴 그릇임은 분명하다.

이러한 모든 작업은 한국공연예술원이 주관하는 샤마니카 프로젝트 중 샤마니카 세미나 파트에서 진행하고 있다.('샤마니카'란 시원 문화로서의 샤먼 문화를 총체적으로 이르는 말이다. 발생, 기원, 변천사, 사회적 기능 등을 종합적으로 포함하는 용어로, 한국공연예술원에서 1997년 9월 '샤마니카 페스티벌 한·몽 문화교류 2000년'을 진행하며 내가 처음으로 사용했다) 물과 기름처럼 서로 겉돌고 있는 전통의례를 어떻게 현대화 작업으로 이끌어내고 접합하여, 새로운 장르의 개발과 완성을 할 것인가가 한국공연예술원의 궁극적 목적임을 다시 한번 확인하는 바이다. 그리하여 샤마니카 프로젝트 팀에서는 우리가 살펴본 긴 여정 속에서 확인된 우리의 참모습을 앞으로 어떻게 무대 위에 현대화하는 작업의 밑거름으로 활용할 것인지 고민하여, 그것이 녹아난 창작물을 실현할 것이다. '뿌리 찾기'의 여정 속에서 확인된 우리의 공연예술이 꽃을 피우고 열매를 맺어, 세계화와 지역세계화의 울타리를 뛰어넘어 빛나고 품격있는 작품들로 세계의 마당에서 만날 수 있기를 기대한다.

한국공연예술원이 주최하는 샤마니카 세미나를 통해 매월 셋째 주 목요일 '예술가의 집'에서 열리는 발표에 임해 주시고 옥고를 실어 이 책이 나올 수 있도록 참여해 주신 여러 필자들께 감사드린다. 특히 뒤늦게 참여하여 책을 빛내 주신 정명희 박사, 이성운 박사, 윤광봉 교수님의 옥고에 감사드린다. 아쉽게도 김영렬 박사, 이미향 박사, 석용(石龍) 스님의 성심을 다한 사진과 옥고를 실지 못하여 진심으로 사과드린다.

필진이 많아 손이 많이 가는 작업임에도 책을 흔쾌히 출판해 주신 열화

16

당 이기웅(李起雄) 사장님을 비롯하여 제작과 편집을 맡아 준 조윤형(趙尹衡), 최훈(崔勳), 박미(朴美), 조민지(趙慜智) 님께 감사와 존경을 보낸다.

또한 샤마니카연구회 좌장을 맡아 이번 '불교의례' 편의 필진 선별과 진행을 맡아 애써 주신 김명자(金明子) 본원 제3대 원장께 감사드린다. 샤마니카연구회 진행을 맡아 책이 출간될 때까지 애써 주신 조국제(趙國濟) 사무국장과 김영숙(金英淑) 사무차장이 아니면 이루어내기 어려운 작업이었음을 밝혀 둔다. 마지막으로 이 어려운 공부 마당에 관심과 열의를 다하여 한결같이 임해 준 공부꾼 여러 회원님들께 이 자리를 빌려 감사드린다.

2015년 8월

양혜숙(梁惠淑) 사단법인 한국공연예술원 이사장

A Summary

Searching for the Roots of Korean Performing Arts: Buddhist Rituals

Entering the 21st century, awakening of self and searching for ethnic and cultural roots became an important agenda in the global society. However, the Korean performing arts community at the time had little interest and passion towards traditional arts, that is cultural roots. Therefore, under the mission of awakening the Korean performing arts community responding to the global changes in the theatrical fields, the Research Society of Korean Performing Arts was established in 1991 and the Korea Performing Arts Center in 1996. In a time when we it was critical to identify the major challenges for "modernizing the tradition" in performing arts to follow the cultural movement trend, it was urged that the current era was evolving too fast to just imitate the Western culture. As a first step, we decided to examine the "shaman culture" that has been the roots of the origin of the culture. The long journey searching for the roots of the culture since 2001 using the name hangeuk (Korean performing arts) was published into a book titled *Searching for the Roots of Korean Performing Arts: Shaman culture*. It provided an opportunity for learning and awakening through seminars. We believed that cultural climate can only be changed through education and communication among artists and audiences.

We came to realize that the roots of Korean performing arts lie behind the *gut* (exorcisms) encapsulating the spirit and mind of Korean people and can be further traced back to the Buddhist rituals which we found to be another integral axis that has continued for 2000 years and has been instilled in every corner of the lives of Korean people. This is why we decided to take a look at Buddhist rituals that have been deeply rooted in the thoughts and lifestyles of Korean, yet embracing a folklore faith in Korea together with Taoism.

It was not easy to take a look at Buddhist rituals that have long been integrated with the shamanisms of Korea. First, Buddhism has been infiltrated in the Korean society for too long that the availability of historical literatures, books, and records on the subject is limited and hard to trace. Second, all books and literatures about Buddhist rituals were delivered and recorded in Chinese only making it difficult to understand these materials. Third, while the number of believers who believe in Buddhism in Korea are known to be almost 12 million people (based on data released in 2013 by the Ministry of Culture, Sports and Tourism), it is hard to draw a clear line among Buddhist rituals, Taoism rituals, and Confucian rituals as they have long been mixed and delivered until today. Nevertheless, we tried to trace the realities of Buddhism in Korea which seemed to be dimly known, yet has completely been overlooked through the writings by 12 people.

Fourth, we worried if our work could be of no significance as a lot of studies and attentions have been pouring out as Yeongsanjae (Celebration of Buddha's Sermon on Vulture Peak Mountain), a Buddhist ritual, has been registered as an intangible cultural asset by UNESCO (on September 30th, 2009) and the ritual team of Yeongsanjae was invited to Israel and then was introduced to the world. Fortunately, however, there are a lot of cases that the studies on Buddhist rituals are often not comprehensive from the perspective of performance art, which is why we expect the collection of dissertations contained in this book can perform its purpose.

Finally, however, our great hope that this study would give vitality to bringing the changes and development in Korean performing arts by directly and indirectly being adopted to them was shattered contrary to our expectation. It has clearly been revealed through this book that the rituals are rituals and writings are the tasks that have to left to the writers.

As pointed out in "The Buddhist Rituals Meet the Performing Arts" by Professor Gu Mi-rae, it has become clear that performing artists aiming creative arts apart from the rituals and performances cannot help but use the Buddhist rituals of its believers as a source for deriving their thoughts and ideas. Fortunately, Professor Gu who have extensive understanding of the past research trends and feats of the Buddhist circle as well as of the intentions of this book has been a tremendous help to complementing the parts of this book and completing it in a meaningful way.

Furthermore, Professor Gu edited the posthumous work of the late professor Kim Sang-hyeong titled "Historical development of the Buddhist rituals and the methods of reformation." The late professor Kim had presented the potential of Buddhist rituals as a performing art despite its religious nature, and he shed light on how Buddhist rituals transformed over the Silla, Goryeo, and Joseon periods and developed the elements of performing arts. He left behind remarkable achievements just before his passing away together with Son Jin-chaek, former art director of the National Theater Company of Korea, by making a Buddhist tale into a performance and staging the short stories of *the Heritage of the Three States* (*Samgungnyusa*, 三國遺事).

A writing by professor Hong Yoon-sik suggesting the integration of Buddhist rituals with traditional arts based on an academic foundation for the first time presents the categories and types of Buddhist rituals and separates ritual structures of folk religion from Buddhist ritual structures, suggesting similarities and independent features between them. He also interestingly describes how the phases of the times and social aspects came into view from contents and developmental processes of the Vulture Peak Assembly, dances in Buddhist attire, folk songs, and vocal music derived from Buddhist arts and folk belief.

Professor Shim Sang-hyeon who wrote "A Contemplation on the Origin and Functions of Jakbeopmu" introduces the kinds, developmental processes and functions of Jakbeopmu and said that the ultimate purposes of these rituals are to become one by being reformed and agreeing, which is the same meaning to the life of a wise man mingling with the world by hiding the light of his wisdom and virtue. In addition, he said that this nature of Buddhism have made the Korean Buddhism to be differentiated from the Buddhism in the world mingled with the spirit of Korean people who love songs and dances.

In a writing titled "The Buddhism and Its Ritual Structures" by professor Yang Eun-yong, it says that Buddhism is a religion of enlightenment presented in the ideology of salvation of the world through true enlightenment of Buddha. It premises that Buddhism is a religion that resolves every ways of the universe through the law of relations. Also, Buddhism is not a religion that stops at enlightenment, but a religion that practices reformation through its pursuing the paradise where Sakyamuni taught people, the embodiment of the Vulture Peak Assembly, and the rituals to practice the Assembly.

Professor Gu explains the repetition of reincarnation based on an ancestral rites held 49 days after the death of a person in a writing titled "The Symbolism of the Time and the Space in Buddhist Rituals." The moment that a person is born relying on the body of his or her mother according to individual karma is called Saengyu (生有) while the existence during life from birth to death is called Bonyu (本有). The moment a person dies is called Sayu (死有) and the existence after death and before a rebirth is called Jungyu (中有) or Jungeum. Therefore, for an existence to be reborn in the next existence, he or she should go through an afterlife called Jungyu, so one's life is comprised of Bonyu and Jungyu if we look at from a perspective of circular life. The period of Jungyu is said to be 49 days (seven times of seven days). The fundamental idea of infinite potential to move based on the expansion and perpendicular ascent of time and space of Korean is well presented in a writing titled "Buddhist Rituals and Paintings in Joseon Dynasty" by Dr. Jeong Myeong-hee.

From the writing titled "A Study on the Form of Red Kasaya" by professor Shim, we can understand the structures and attachments of red kasaya and study the thoughts and the root contained in the Buddhist doctrine. The profound meaning of red kasaya presented by professor Yang Eun-young makes us solemn. He emphasizes that Buddha wanted us to remember the meaning of clothes in pieces (Haljeol), which is the clothes for overcoming hard training and for us to stop worrying about being robbed.

"Yeongsanjae and a Buddhist Chant" by Dr. Chae Hye-ryeon tries to contemplate on the Buddhist chants, a pronoun for the Buddhist music. Dr. Chae who has summarized them more easily and simply has tried to explain the origin, meanings, rituals, procedures, and structures of Yeongsanjae. Buddhist chant is one of the three major songs sung in Korea, yet is unfamiliar to ordinary people. It has been passed down just orally among Buddhist monks since the Buddhism was introduced in Korea. Dr. Chae sincerely proposes that if this precious music can be utilized in purifying and sophisticating the hearts of Korean people, it would be a chance to enhance the noble spirit of the people and to expand the Korean culture as well as upgrade the level of beauty of the people.

Dr. Yoon So-hee who wrote "The Tradition and Succession of the Buddhist Music in Korea and China" is among rare talents who is not only a creative musician as a composer, but also continuously compares the Buddhist music by traveling all over the world. She informs us that the Buddhist music in China is almost extinct due to the communist regime and the period of the Red Guards, though the Buddhism in Taiwan has become the mother of Chinese Buddhism. Thus, she opens up new vistas of more profound knowledge on Buddhism to readers and widens their views by comparing Buddhist music in Korea and China focusing on the music contained in the Buddhist rituals.

In his writing titled "the Reason and Practice of Suryukjae and the Consistency of the Written Code of the Ceremony," Dr. Lee Seong-un examines the attributes of Seoldan and Jangeom conducted in Samhwasa Temple's Suryukjae, an Important Intangible Cultural Asset no.125, and determines whether they are consistent with the Written Code —the script— of the Suryukjae conducted in the same temple. He compares Suryukjae in Samhwasa Temple with the one in Jingwansa Temple and sticks to his opinion suggesting that the term Suryuk is an ancestral rites and a prayer for a forlorn wandering spirit that has no posterity to perform the memorial service.

Professor Yun Gwang-bong who wrote "the Reading of the Buddhist Books and Leading of People in the Medieval Korea" is a scholar of the Korean studies leading the Korean Studies Society in Hiroshima while teaching at the Hiroshima University in Japan. In this paper which contemplates on how the Buddhist sermons and propagation in the Silla and Goryeo periods had been conducted comparing to the cases of the Dang Dynasty in China, he takes a look at how then Buddhist monks delivered profound Buddhist scriptures while expressing his scholarly opinion depending on insufficient literatures.

Cho Seong-jin, an entertainer who wrote "Buddhist Rituals in *gut*," examines how newly introduced Buddhism and an on-going cultural practice of *gut* had influenced each other in expressions such as "the religion of the body" and "the religion of the mind." He applied the dual structure of *gut* expressed in playing and releasing to Yeongsanjae, a Cheondojae of Buddhism. Particularly, he points out the similarities and differences in the procedures of *gut* and Yeongsanjae.

Dr. Han Seong-ja examines the tale of Wonhyo contained in *the Heritage of the Three States* reflecting the thoughts of Buddhism in his writing titled "the Storytelling of the Tale of Wonhyo Contained in *the Heritage of the Three States* and Buddhist Idea." As a humanities scholar with insights, he vividly illustrates the Buddhist theology reflected in the stories of Wonhyo, Euisang, Hyegong and Sabok.

We hope that the readers of these 14 papers including the introduction will gain a deeper insight on the Buddhism. Readers may think that it is hard to reach the profound intention of Buddha in reading the writings of scholars who have become accustomed to the Chinese characters, antiquated expressions, and inherent expression styles of Buddhism. However, we can postulate that the Buddhist doctrine and its rituals have performed a significant role in raising the mind and spirit of the Korean people for over 1700 years, as we read the works contained in this book.

The next journey of the Korea Performing Arts Center is to take a look at the minds and spirits of Korean people contained in royal rituals. We are mainly going to focus on the royal rituals in Joseon Dynasty which had been influenced under the powerful impact by China, spirit of Confucianism and the idea of Neo-Confucianism. All of these activities are conducted at the Shamanika seminars in the Shamanika projects hosted by the Korea Performing Arts Center. We confirm once again that the ultimate goal of the Center is to bring the traditional rituals into modernized works that have been repelling each other like oil and water and to develop and complete new genres. This is why the Shamanika project team will use the true nature of us found in a long journey that we are going to take on the stage by modernizing it and will realize creative works instilled with it. We hope that our performing arts, found in the journey of finding the root, would bloom and bear fruits, and be in the international stages in a glorious and sophisticated work, jumping over the fence of globalization and local globalization.

August 2015

Hyesook Yang Chairman of Korea Performing Arts Center

차례

제2부 불교의례의 음악, 미술, 연극적 요소

서설

불교의례와 공연예술의 만남

구미래(具美來)

1. 종교와 예술, 의례와 공연

기원을 거슬러 올라갈수록 종교와 예술은 뗄 수 없는 관계였다. 체계적인 교리와 성전(聖典)을 갖추기 전의 원시 종교에서는 읊조림과 노래, 몸짓과 춤이 신을 향한 종교적 기원이었다. 종교적 성정(性情)을 표출하는 가장 원초적 방식이 자신의 몸으로 드러낼 수 있는 소리요 몸짓이기 때문이다. 성스러움을 간직하고 남기려는 소망은 돌이나 나무에 상징적 기호와 그림을 새기거나, 크고 작은 조형물을 만듦으로써 실현되었다.

이러한 인간의 행위는 신을 향한 것이기에 지극한 정성으로 놀라운 능력이 발휘되기도 한다. 고대 유물에서 오늘날의 발달된 메커니즘으로도 불가능한 경이로운 종교예술의 자취를 발견하게 되듯이, 자연의 힘과 인간의 문제가 모두 신의 영역에 속한 것이라 여겨 종교적 몰입 또한 깊고 치열했기 때문일 것이다. 종교성과 예술성은 이처럼 몰아(沒我)의 경지에서 생명력을 발산하는 정신적 작용이라는 점에서 공통점을 지닌다.

악기 가운데 발생학적으로 가장 이른 시기에 생겨난 타악기가 고대인들의 종교의식에 필수 요소였다는 점도 시사점이 크다. 리듬과 가락이 있는 악기에 비해, 타악기는 동일한 단음을 반복함으로써 비일상적 상황에 빠져들게 하는 특성을 지니고 있다. 니덤(R. Needham)은 장례나 혼례 등의 통과의례에서 사용되는 타악기가, 이전 상태에서 다음 상태로 넘어가는 전이(轉移) 상황과 깊은 관련이 있음을 논한 바 있다.[1] 선이나 벽이 공간을 구분하듯, 타격음은 시간을 중지시키고 분할하는 자연적 상징이라 본 것이다. 그 가운데서도 북소리는 심장의 고동이나 생활의 리듬과 깊은 친연성을 지니며, 특히 장례 중에 내는 타격음은 모태 안에서 태아가 듣는 심장 고동 소리와 연관된다고 했다.

사령제(死靈祭)에서 만났던 어느 사제자(司祭者)는 "내 북소리에 스스로 무아의 경지가 되어 영적 세계와 교류하게 된다"고 했고, 무라카미 하루키는『먼 북소리(遠い太鼓)』에서 어느 날 아침 눈을 떴을 때 어디선가 아득히 먼 곳의 먼 시간 속에서 들려 온 북소리에 이끌려 긴 여행을 떠나게 되었다고 했다. 북소리는 모태의 단순하고 규칙적인 심장 고동처럼 안정감을 느끼게 하며 태초의 설렘을 일깨워 주는 특성을 지녔다. 이처럼 북소리를 비롯해 타악기가 내는 소리의 원초적 특성은 종교와 예술의 접점을 잘 나타내 주고 있다.

인간이 소리와 몸짓, 그림과 만듦 등의 행위로써 신에게 다가가고, 종교적 성정을 표출하며, 때로 주술적 종교적 결과를 기대하는 것은 동서고금을 막론한 본연적 현상이다. 이러한 메시지들이 구상화되고 체계화되어 성스러움을 표현하는 음악, 무용, 연극, 미술, 건축 등의 종교예술 영역을 구축해 온 셈이다. 순수한 미적 감흥에서 비롯된 예술과 나란히, 종교예술이 차지하는 영역 또한 독자적 기반을 지닌 채 전승되어 오고 있는 것이다.

종교예술은 표출되는 양상이 예술과 다르지 않지만 어디까지나 해당 종교의 사상과 교리에 기반을 두고 있다. 이를테면 승려의 바라춤과 나비춤은 무용의 영역에 포함되고, 염불 소리인 범패(梵唄)는 음악의 영역에 포함된다. 이러한 예술적 양상 속에 불교의 사상과 신앙의 체계가 담겨 있어, 구체적으로는 이들 춤과 노래가 불보살(佛菩薩)을 찬양하고 깨달음을 추구하는 의미를 지니는 것이다. 종교와 예술의 기본 관계는 다음과 같이 도식화할 수 있다.

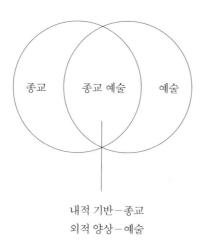

내적 기반—종교
외적 양상—예술

이러한 구도에서 종교의례와 공연예술의 관계 또한 명확히 드러난다. 공연예술이 춤과 노래, 극과 미술 등이 집결되는 종합예술이라면, 종교의례 또한 해당 종교의 예술적 요소들이 총체적으로 담기는 종합예술의 면모를 지니기 때문이다.

종교의례는 교리와 사상을 입체적으로 구상화한 것이요, 종교적 이상과 신념을 실현하고 공유하는 기제이다. 드라이버(T. F. Driver)가 "의례화란 ~~마지의 영역으로 넘어가기 위해 길을 만드는 것"이라 했듯이, 이래는 일~~ 상에서 벗어나 신적 존재 및 신성 세계와 소통하며 이상적 세계를 지향하게 된다. 따라서 소리와 몸짓, 시간과 공간, 각종 의례 요소들을 체계적으로 재구성하여 의례 목적에 적합한 환경을 마련하고, 신도, 대중과 상호 소통하면서 특별한 감동의 체험을 불러일으킨다. 이는 공연예술의 소통 방식과 다를 바 없어 종교의례와 공연예술은 상호간에 중요한 시사점을 주고받을 수 있다.

2. 불교의례의 공연예술적 특성

불교의례에는 승려의 염송(念誦)만으로 행하는 일상 수행의 성격을 지닌 것이 있는가 하면, 연등회(燃燈會), 팔관회(八關會), 영산재(靈山齋), 수륙재(水陸齋), 예수재(預修齋) 등과 같이 종합예술적 성격을 띤 것이 있다. 공연예술처럼 의례에도 다양한 스펙트럼이 존재하는 것이다. 이 글은 공연예술을 염두에 두면서 불교의례를 살피는 것이므로, 종합예술적 면모를 갖춘 대규모 의례를 논의의 대상으로 삼고자 한다. 특히 공연예술과 비교하기에 적합하고 현재까지 활발하게 전승되고 있는 불교의례는 영산재, 수륙재, 예수재 등과 같은 대규모 천도재(薦度齋)가 중심을 이룬다. 이들 의례의 공통점은 불교에서 섬기는 여러 신적 존재들을 모시고 망자를 비롯한 육도중생(六道衆生)의 깨달음과 극락왕생을 기원하는 데 있다.

불교의례 가운데 가장 이른 시기에 중요무형문화재가 된 영산재의 경우,

범패, 장엄(莊嚴), 작법무(作法舞)로 구분하여 전승자를 둔 다음 통합 지정
되었다. 불교의례로서 영산재의 가장 중요한 전승 맥락을 범패와 장엄과
작법무에 둔 것인데, 이들 세 요소는 각기 노래, 무대 장치, 춤에 해당한다.
노래와 무대 장치와 춤은 공연예술의 핵심으로, 불교의례는 공연예술의 형
식을 빌려 불교의 관념적 측면을 표현하고 있는 것이다. 따라서 공연예술
의 구성 요소는 영산재, 수륙재 등 불교의례의 구성 요소에 그대로 적용된
다. 불교의례 또한 의례 주체와 관객이 만나 체계적으로 소통하는 연행(演
行)이라는 점에서 동일하기 때문이다.

  공연예술과 불교의례의 세부 구성 요소를 중심으로 둘의 공통점을 살펴
보면 다음과 같다.

공연예술	불교의례
무대	본전 앞마당[中庭], 법당 등
예술가	승려
관객	신도, 대중
각본	의식문
노래	염불(범패, 화청 등)
악기	타악기, 관악기, 현악기 등
춤	바라춤, 나비춤, 법고춤 등
무대장치	설단, 장엄

불교의례와 공연예술의 구성 요소.

  첫째, 공연예술의 무대에 해당하는 불교의례의 공간은 대개 본전(本殿)

의 앞마당인 중정(中庭)이다. 많은 대중이 운집한 가운데 다양한 작법을
펼치기 위해서는 법당 바깥의 야외가 의례 공간으로 적합하기 때문이다.
이때 법당의 불보살을 대신하여 대형 불화(佛畵)인 괘불(掛佛)을 내걸고
의례를 치르게 된다. 하늘을 배경으로 장엄하게 서 있는 괘불과 그 아래 각
종 공양물을 갖춘 재단(齋壇)은 대자연의 성전이 되어 고대 제천의례(祭天
儀禮)를 연상케 한다. 이처럼 의례가 펼쳐지는 공간을 화려하고 장엄하게
꾸며 신적 존재를 맞이하고, 접대하고, 보내는 의례 구조 속에서 범패와 춤
사위를 펼침으로써 축제적인 분위기를 조성하는 것3이다. 따라서 불교의
례는 마당놀이처럼 열린 공간에서 민중의 간절한 바람을 구체화하는 가운
데 전통 요소를 적극 수용하고 있어 민속적 성격이 짙다.

둘째, 공연예술이 공연 주체인 예술가 집단과 관객의 만남이라면, 불교
의례는 의례 주체인 승려와 신도, 대중의 만남이다. 불교의례에서 재가불
자(在家佛者)가 담당하는 분야는 주로 의례 용품을 만들거나 무대 장치를
꾸미는 일에 국한되고, 실제 의례 공간에서 연행하는 주체는 승려이다. 불
교의례를 전문적으로 행하는 승려를 작법승(作法僧), 어산승(魚山僧)이라
부르며, 이들은 어산작법학교(魚山作法學校) 등에서 본격적인 의례를 습
득하게 된다. 공연에서는 관객에게 감동을 주고 그들의 마음을 움직이는
것이 무엇보다 중요하다. 참석자의 반응과 무관하게 일방적으로 주어지는
것처럼 보이는 불교의례 또한 특정한 인상과 감흥을 줄 뿐만 아니라 다양
한 후속 반응을 일으키면서 객석과 상호 소통한다. 실제 불교의례 설행(設
行)의 중요한 관점 가운데 하나는 참석자들이 의례를 얼마나 이해하고 있
는지, 그들의 적극적인 참여를 어떻게 이끌 것인지에 대한 것이기도 하다.

셋째, 공연예술이 각본에 따라 움직인다면, 불교의례에서는 의식문(儀

式文)이 각본의 역할을 한다. 의식문에는 의례 절차를 비롯하여 각 단계마다 염송해야 할 게송(偈頌)과 진언(眞言) 등이 상세히 기록되어 있다. 의식문은 불교의 사상과 교리를 반영하고 있어 쉽사리 변하지 않은 채 전승되고, 시대에 따라 재편되더라도 기본 토대는 변하지 않는다는 특성을 지닌다. 각본에 대사와 행위를 담듯 의식문에 이러한 모든 절차와 내용을 담아 의례의 의미를 표현하는 것이다.

넷째, 불교의례에서 노래는 염불(念佛)이라는 범주에서 설명된다. '나무아미타불'과 같은 반복적 읊조림에서부터, 단순하지만 쉽게 따라할 수 없는 가락과 장단의 염불 소리에 이르기까지, 염불은 말에서 노래로 나아가는 중간 단계의 음악적 특성을 지니고 있다.[4] 염불 가운데 홑소리, 짓소리 등의 범패는 우리나라 삼대 성악곡의 하나로 분류되어 있고, 「회심곡(回心曲)」과 같은 민요조의 화청(和請) 또한 염불의 주요 영역이다. 운율에 맞춰 특유의 검박한 가락으로 높고 우렁차게 읊는 승려들의 염불 소리는 불교의례의 독특한 요소로, "소리의 장엄함과 감동이 역사 속에서 효과가 검증되어 온 것"[5]이기도 하다. 염불 소리는 악기 소리와 함께 청각적 요소로서 불교의례의 공연예술적 특성을 가장 잘 드러내면서, 참석자들의 의례 체험과 분위기를 좌우하게 마련이다.

다섯째, 불교의례에서 사용하는 악기는 일상적으로 사용하는 범종(梵鐘), 법고(法鼓), 목어(木魚), 운판(雲版) 등 사물(四物)과 관련된 타악기를 중심으로, 의례의 규모에 따라 다양한 전통악기가 등장한다. 목탁, 요령(鐃鈴), 법고, 태징, 바라 등의 타악기, 태평소, 법라(法螺), 호적(胡笛), 나팔 등의 관악기, 거문고, 가야금, 당비파, 해금 등의 현악기에 이르기까지 다양하게 편성된다. 악기의 유형에 따라 타악기는 승려가 맡고, 현악기는 전문

악인(樂人)을 청해 맡기며, 관악기는 상황에 따라 승려 또는 전문 악인이 연주한다. 이들 악기는 염불이 바뀌를 맞추고 의례 절차를 알리는 데서부터, 참석자들의 흥과 분위기를 돋우는 데 이르기까지 주요한 역할을 하게 된다.

여섯째, 불교의례에서 춤사위는 나비춤, 바라춤, 법고춤, 타주(打柱)춤 등이 있다. 나비춤과 바라춤을 중심으로 살펴보면, 양손에 든 바라를 부딪치면서 장중한 몸짓을 보여 주는 바라춤이 남성적 춤사위라면, 고깔을 쓰고 두 손에 꽃을 든 채 나비가 꽃에 내려앉듯 가볍고 완만한 몸짓을 보여주는 나비춤은 여성적 춤사위이다. 이러한 작법은 모두 불법을 찬양하고 의례 공간을 정화하는 불교적 의미를 지니지만, 춤사위가 지닌 기예적 특성으로 인해 시대에 따라 '무당의 푸닥거리나 도깨비 연극'[6]이라는 혹독한 비판까지 받으며 불교의례의 개혁을 주장하는 이들로부터 외면당하기도 했다.

일곱째, 불교의례에서 설단(設壇)과 장엄은 공연예술의 무대 장치에 해당한다. 불보살을 모시는 상단(上壇), 신중(神衆)을 모시는 중단(中壇), 영가(靈駕)와 고혼(孤魂)을 모시는 하단(下壇)의 삼단은 물론, 상중하 삼단 내에서도 위격에 따라 다시 세분하여 단을 차린다. 공연에서 무대 장치는 시간 전개에 따라 막과 함께 바뀌는 데 비해, 불교의례의 무대 장치는 의례 공간을 구분하여 한꺼번에 펼쳐 놓고 시간 전개에 따라 각 단으로 이동하면서 막이 바뀌는 방식을 취한다. 아울러 의례 공간을 각종 번(幡)과 기(旗)와 지화(紙花) 등으로 장엄하고, 육법공양물(六法供養物)을 중심으로 한 재물(齋物), 기물(器物), 장식으로 단을 꾸며 의례 목적에 적합한 의례 공간이 조성되도록 하는 것이다.

이러한 모든 구성 요소를 갖추어 전개되는 불교의례의 구조와 세부 절차 또한 공연의 극적 전개 못지않게 종합적 중층적 스토리를 형성하고 있다. 초월적 존재를 맞아 접대하고 보내는 기본 구조를 지니지만 상 중 하의 위계에 따라 별도로 모실뿐더러, 각 단계마다 중층적인 세부 절차로 구성되어 있다. 이를테면 초월적 존재를 맞이할 때도 의례 공간을 청정하게 정화하고, 장애를 없애기 위한 금기 표식으로 결계(結界)를 하며, 의례에 모시게 된 연유를 고하는 등 각 단계마다 점층적 전개로써 대단원을 향하는 양상을 지닌다.

3. 불교의례의 종교적 신앙적 특성

앞서 살펴본 불교의례의 공연예술적 요소가 현상적으로 드러나는 측면이라면, 그 내면에는 불교의 사상과 신념을 실현하는 의례 목적이 담겨 있다. 따라서 불교의례에서 드러나는 공연예술적 표현들은 이러한 의례 목적을 실현하고 공유하는 기제라 할 수 있다. 이처럼 불교의례가 예술적 요소들을 발전적으로 구상화하여 의례 목적을 이루고자 한 것은, 근원적으로 종교성과 예술성이 깊이 상통하기 때문이다. 이러한 관점을 기반으로 하여, 불교의례가 지닌 특성을 몇 가지로 간추려 본다.

첫째, 불교의례에 담긴 예술의 성격이다. 일반예술에서는 독창성과 창조성이 중요한 데 비해, 불교예술은 뚜렷한 목적을 지니고 있다. 따라서 불교의 음악, 무용, 그림 등 모든 분야에서 창조성은 오히려 배제되고, 특정한 소리와 행위, 물체가 성스러운 의미를 획득하는 표본을 지향한다. 엘리아

데(M. Eliade)가 "모든 의례는 신성한 모델, 하나의 원형이 존재한다"[7]고
했듯이 의례적 상황에서 속(俗)이 성(聖)으로 통합되는 의미를 실현하는
것이 무엇보다 중요하기 때문이다. 성속(聖俗)이 공유하는 불변의 약속을
반복함으로써 영원회귀의 시공간을 회복하는 것이 불교의례가 지니는 궁
극의 상징성이라 할 수 있다.

불교의례의 중요한 축을 담당하고 있는 불화(佛畵)를 통해 이러한 특성
을 살펴보면, 불화는 '감상의 대상이 아니라 신앙생활과 관계되는 실용
화'[8]이자 일종의 기능화로서 성격을 지닌다. 또한 불보살과 불교에서 구현
하고자 하는 세계를 표현한 것이기에, 불상이나 불탑 등과 마찬가지로 신
앙의 대상이 된다. 따라서 불화를 그리는 이는 자신의 독창적 감흥을 담아
서는 안 되며 특정 주제의 그림에 합당한 본(本)을 충실히 따라야 한다. 이
처럼 목적이 뚜렷한 예배 대상이자 표본을 지향하기 때문에 한국 불교의
전승 맥락이 단절되지 않는 한 전통불화 기법은 불교예술의 중요한 영역
으로 전승될 가능성이 크다. 이는 예술적 영역에서 전승되는 전통회화의
기법이 상대적으로 전승 맥락이 불안정한 것과는 달리 전통불화 기법은 종
교회화로서 구속성을 지니기 때문이다.[9]

둘째, 불교의례에 참석하는 이들의 특성이다. 불교의례의 경우 종교적
목적으로 동참하는 재가불자들이 핵심을 이루게 마련이어서, 이들은 단순
한 참석자나 의례 객체가 아니라 의례 주체의 한 축을 담당한다. 의례는 재
가신도가 사찰과 만나는 중요한 장(場)으로, 이들은 염불과 기도, 배례와
합장(合掌) 등으로 의례에 적극적으로 참여하게 된다.

특히 불교의례의 참석자들은 의례의 성립을 가능하게 한 보시(布施)와
공양(供養)의 주체이다. 천도재에서 재물(齋物)은 의례의 핵심을 이루는

상징물로, 각 단의 초월적 존재에게 올리는 공양물이자 의례의 경제적 기반을 뜻한다. 재물은 초월적 존재와 교류하는 매개물인 동시에, 사찰을 위한 보시로 확산되기 때문이다. 재가불자들은 삼보(三寶)를 향해 신심과 재물을 바침으로써 재보시(齋布施)를 하고, 삼보는 그들에게 진리와 가피(加被)를 베풂으로써 법보시(法布施)를 한다. 이와 같은 구도는 종교 단체와 신도 간에 이루어지는 기본적인 수수(授受) 관계로 모든 종교의 성립 기반이라 할 수 있다. 따라서 재가신도들은 의례에 참석하여 자신의 소망을 기원하고 삼보에 보시함으로써 공덕을 쌓게 된다.

셋째, 불교의례의 축제성이다. 천도재는 죽음의 문제를 다루는 의례이지만 대중이 운집한 가운데 의례 공간을 화려하게 장엄하고 춤과 음악이 따르는 등 축제적 성격이 짙다. 이러한 축제성은 의례 공간에 강림한 불보살과 불법을 찬양하는 동시에 깨달음의 환희로운 세계를 드러낸다.

특히 불교 개혁을 주장하는 이들로부터 혹독한 비판을 받기도 한 춤사위는 예술적으로 구상화된 요소가 입체적으로 가장 발전된 경지라 할 수 있다. 불보살에게 많은 공양물을 올린다 해도 인간의 귀의가 없으면 무의미하듯이, 불법을 찬양하기 위한 모든 요소 가운데 인간이 몸과 입과 마음으로 직접 행하는 것만큼 정성스러운 것은 없다. 그 중 입을 통한 음성 공양과 합장, 부복(俯伏) 등의 몸짓 공양이 있을 것이며, 몸짓으로 지을 수 있는 공양 가운데 가장 발전된 형태가 바로 춤이다. 그 춤 또한 불법을 드러내기 위해 체계화된 작법대로 행하는 몸짓이라면, 춤사위는 모든 구상화된 요소 가운데 움직임을 갖춘, 가장 입체적으로 발전된 공양인 것이다.[10]

천도재의 이러한 축제성은 불교에서 죽음을 바라보는 기본적인 인식과 맥을 함께한다. 죽음은 단절이 아니라 또 다른 내세와 연결되기에 그에 따

른 축복의 의미 또한 필요하며, 이러한 의례는 산 자들에게 사별의 슬픔을
승화시킬 수 있는 기재로 작용한다. 뿐만 아니라 죽은 자를 위한 의례에서
몸을 움츠리고 고개를 조아리는 행위만이 아닌, 자유로운 몸짓을 통해 억
눌린 것을 풀어내고자 하는 인간의 욕구를 충족시켜 준다. 이처럼 천도재
의 축제성은 불보살을 향한 찬양과 함께, 또 다른 탄생을 축복하는 내세관
이 반영되어 있다. '슬픔과 절망의 죽음'을 넘어 '축복과 희망의 삶'으로
산 자들을 되돌려 놓는 불교적 생사관이 담겨 있는 것이다.

넷째, 불교의례의 종교적 신앙적 특성이다. 불교의례는 불교에서 섬기는
모든 신적 존재와, 산 자와 망자를 포함한 육도중생(六道衆生)이 함께 만
나는 극적인 무대에 해당한다. 설단(設壇)을 하여 향을 피우고 등에 불을
밝히면, 마치 무대의 막이 올라가고 조명이 비추듯 중생의 문제를 해결하
기 위한 초월적 존재들의 관념적 세계가 펼쳐지는 것이다. 의례 공간은 인
과응보의 원리와 불보살의 대자비가 함께하는 곳으로, 삼보의 가르침에 따
라 함께 참회하고 마음을 닦아 깨달음을 향해 나아가는 기원의 장(場)이라
할 수 있다. 천도재의 주제인 '죽음'은 개인의 문제에서 모든 중생의 문제
로 부각되고, 의례에 참여하는 모든 이들이 함께 공덕을 짓는 불교적 회향
(回向)의 의미로 승화된다.

4. 공연예술의 관점에서 본 불교의례

종교와 예술은 서로 다른 영역으로 구분되어 있지만 근원적으로 같은 뿌
리를 지니고 있다. 이러한 접점에서 새롭고 다양한 관점들이 생겨난다. 앞

서 언급한 것처럼, 불교의례가 예술적 요소들을 발전적으로 구상화하여 의례 목적을 이루고자 한 것은 종교성과 예술성이 깊이 상통하는 데 있다. 예술의 미적 특성과 창조적 생명력은 신성함과 연결되고, 신성(神聖)을 향한 인간의 마음은 궁극적 미와 연결되기 때문이다. 이러한 점에 주목한다면, 불교뿐만 아니라 다양한 종교 영역에서 신성함을 추구하는 미적 특성이 공연예술 분야에 큰 시사점을 줄 것이라 여겨진다.

조각가이면서 데생을 많이 남긴 것으로 유명한 로댕(A. Rodin)은 '예술적인 것'이 곧 '종교적인 것'임을 깊이 체험했던 듯하다. 1906년 프랑스는 자신들이 거느린 식민지의 풍물을 소개하고 성과를 자랑하는 식민지 박람회를 열었는데 이때 캄보디아 무희들이 프랑스 파리로 건너와 공연을 하게 되었다. 공연을 본 로댕은 그 춤에 매료되어 공연이 끝나자마자 공연 팀의 숙소와 연습 장소를 따라다니며 그녀들의 몸짓을 그렸다. 다음 공연을 위한 마르세유행 기차에도 동승하여 일정을 같이했고 그녀들이 귀국선을 타기 직전까지 스케치를 멈추지 않았다.[11] 그는 캄보디아 무희들의 춤과 몸짓에서 느낀 감동을 다음과 같이 술회했다.

"지난 사흘간 삼천 년 전의 시간을 보냈다. 예술적이기에 종교적인 춤…. 캄보디아 여인들은 고대 예술이 지닌 모든 것을 우리에게 보여 주었다."[12]

로댕이 본 캄보디아 여인들의 춤은 천이백 년 전 크메르 왕국에서, 고대 인도 신화에 나오는 '압사라(Apsara)'라는 천상의 무희들이 추는 춤을 앙코르 유적지 곳곳에 새겨 놓은 것을 복원하고 계승한 것이었다. 신비로운

이 춤은 신을 기쁘게 하는 춤이자 크메르 왕국의 번영을 기원하는 의식이었고, 당시 궁중 무희들은 천상의 춤을 추는 신성한 존재로 여겨졌다. 근대은 그로부터 천 년 이상의 세월이 훌쩍 지난 뒤, 캄보디아 무희들이 계승한 이 춤에서 고대 예술의 아름다움과 위대함을 보았고, 그 안에서 인간 본연의 종교성을 발견한 것이다. 궁극의 아름다움은 신성함과 통하는 것임을 잘 말해 주고 있다.

이처럼 종교적 기원의 몸짓과 소리는 곧 의례와 예술의 기원이었다. 고대 제천의식(祭天儀式)에서 행한 노래와 춤은 신을 향한 종교적 기원이었고, 공동체 구성원이 모두 함께 의식에 동참했으리라는 것이 통설이다. 스스로 종교인이라는 생각 없이 지극히 종교적 믿음으로 살아 온 기층민들에게는, 노래가 삶에 리듬을 주듯 신과 소통하는 일 또한 일상의 위안과 같은 몸짓이었을지도 모를 일이다.

공연예술 분야에서 불교의례를 통해 얻을 수 있는 시사점은 무궁무진할 뿐만 아니라 그 접근 방식 또한 매우 간단하다. 불교의례는 폐쇄된 영역에 머무르는 것이 아니라 천칠백 년간 한국인의 사상적 문화적 기반이 되어 온 소중한 자산으로 활짝 열려 있기 때문이다. 따라서 공연예술에 종사하는 이들이 불교문화와 불교의례에 관심을 가지고 들여다보기만 하면 그곳에서 얻을 수 있는 관념적 현상적 시사점이 풍부하다는 점을 발견하게 될 것이다.

불교의 오랜 역사와 불교의례의 공연예술적 특성을 고려할 때 "공연예술적 관점에서 불교의례를 다룬 연구가 없다"는 데 의문이 들 수 있다. 실제 공연예술에 종사하는 전문가들로부터 이러한 질문을 받은 적이 있으나, 학문적 성격상 불교학 관련 연구자들로부터 공연예술과 불교의례를 접목한 구체적인 연구를 기대하기는 힘들다. 이는 공연예술에 발판을 둔 이들에게 남겨진 몫이다. 의례의 여러 요소에서부터 관념적 배경에 이르기까지 이미 펼쳐져 있는 불교의례에서 시사점을 얻고 공연에 구체적으로 접목하는 일은 공연예술 분야의 영역일 수밖에 없어 보인다.

불교계에 초점을 맞추어 살펴볼 때 불교의례에 대한 관심과 연구는 그 자체로 공연예술적 지평을 넓히는 일이다. 그러나 그간 불교계에서 의례에 대한 연구가 척박했고 근래에 이르러서야 문화재 지정과 관련하여 본격적인 관심이 대두되었다. 따라서 "불교에서 공연예술에 대한 관심이 부족하다"는 말은 곧 불교에서 의례에 대해 소홀했다는 지적이기도 하다. 신앙을 가시화한 의례는 한국인의 종교적 삶을 이해하는 필수적 영역이기에, 장차 불교의례 또한 다각적인 조명이 이루어질 전망이다.

제1부
불교의례의 역사적 개관

불교의례의 역사적 전개와 교화 방편

김상현(金相鉉)[1]

1. 신라의 불교의례

1)

삼국시대 이래로 여러 불교의식이 행해졌지만, 그 내용을 기록한 자료는 거의 없다. 오대산의 보천(寶泉)이 남긴 불교 행사에 관한 기록 중에는 관음예참(觀音禮懺), 점찰예참(占察禮懺), 미타예참(彌陀禮懺), 열반예참(涅槃禮懺), 문수예참(文殊禮懺) 등을 행하도록 규정하고 있다. 이로써 신라에도 여러 종류의 예참이 행해진 것을 알 수 있지만, 그 구체적 내용은 알수 없다.

의상(義湘)의 투사례(投師禮)는 우리나라 예불문의 가장 오래된 형태다. 8세기 중반 월명(月明)은 향가로 유명했다. 그는 죽은 누이동생을 위해 재(齋)를 지낼 때 향가로 대신했는데, 그 향가가 바로 「제망매가(祭亡妹歌)」이다. 그리고 그는 두 개의 해가 나란히 나타난 변괴를 재로써 물리쳐 달라는 경덕왕의 부탁을 받고 향가 「도솔가(兜率歌)」를 불러 재앙을 소멸시켰

다. 그는 피리의 명인이기도 했다. 만파식적(萬波息笛) 설화에는 신라인의
음악관이 남겨 있다.

2)

원효(元曉)는 교화를 위해 노래도 지어 불렀다. 「무애가(無碍歌)」「미타증
성가(彌陀證性歌)」 등이 그것인데 「무애가」는 가사가 전하지 않는다. 다만
『화엄경(華嚴經)』의 '一切無碍人 一道出生死(일체무애인 일도출생사)'라
는 게송(偈頌)으로부터 '무애'라는 용어를 취했다는 기록이 전해 온다. 「미
타증성가」는 정토사상을 노래한 것으로 게송 일부가 지금도 전하고 있다.

원효는 어느 날 광대들이 진귀한 모양의 조롱박을 가지고 노는 것을 보
았다. 그는 곧 목이 굽고 허리가 잘록한 조롱박 모양의 도구를 만들어 '무
애'라고 이름 지었다. 그러고는 이를 두드리며 노래하고 춤추었다. 이로부
터 비롯된 무애무(無碍舞)는 밭 가는 노인까지도 본받고 유희할 만큼 신라
사회에 두루 퍼졌고, 고려시대를 거쳐 조선시대까지도 전승되었다. 서당
화상(誓幢和尚, 원효) 비문에는 '무추창(舞惆悵)', 즉 근심하고 슬퍼하는
모습의 춤을 추었다는 구절이 보인다. 아마도 무애무와 관련된 표현일 것
이다. 그러나 원효가 췄던 무애무의 춤사위를 정확하게 알려 주는 자료는
없다.

조롱박 모양의 호로병(葫蘆甁, 호리병)은 신선이 술을 담아 가지고 다니
던 도구다. 이런 도구를 가지고 원효는 춤을 추었던 것이다. 고려 때의 관
휴(貫休),[2] 이인로(李仁老),[3] 이규보(李奎報)[4] 등이 무애무를 구경하고 시
를 쓴 적이 있다. 이 시들을 통해 춤동작의 단면을 추측해 볼 수 있다. 이
춤의 춤사위 중에는 조롱박 모양의 무애를 두드리는 동작이 있다. 무애는

악기인 동시에 무용구이기도 했던 셈이다. 그러고는 「무애가」를 노래하기도 하고, 두 소매를 휘날리기도 하고, 발을 세 번 들기도 하며, 음악에 맞추어 앞으로 나아가거나 뒤로 물러나는 등의 동작을 했다.

이러한 무애무의 춤사위에는 강한 상징적 표현이 깃들어 있었다. 관휴는 무애무를 보고 읊은 게송에서 "두 소매 휘날리는 것은 두 가지 장애를 끊는 까닭이요, 세 번 발을 드는 연유는 삼계(三界)를 건넜기 때문이다"5라고 한 것 등으로 짐작된다. 무애란 갖가지 장애로부터 벗어나 진정으로 자유로워짐이다. 많은 장애들이 우리의 발목을 묶지만, 번뇌장(煩惱障)과 소지장(所知障)이 가장 근본적인 장애다. 따라서 두 소매를 휘날리는 것은 인생의 근본적인 두 가지 장애로부터 벗어나려는 손짓이었다. 그리고 다리를 세 번 들었다 놓는 것은 세속적인 현실의 세계를 뛰어넘으려는 발짓이었다.

3)

풍류도(風流道)를 수행하던 화랑도는 상열가악(相悅歌樂)했다. 화랑도가 노래와 음악을 즐기고 있던 당시 신라 사회에는 음악으로 업을 삼는 자가 한두 명이 아니었고, 역대의 왕들 또한 음악에 관심을 가지고 있었다. 신라에 노래 부르는 기풍이 성행했다고 지적되는 것도 이런 까닭이다. 신라인들은 향가나 음악은 능히 천지귀신도 감동시킬 수 있다고 생각했다. 음악이 갖고 있는 주술적이고 마력적인 힘을 인식하고 있었던 것이다.

그렇다고 그들의 음악관이 단순히 주술적인 것에 머물러 있었던 것은 아니다. 그들은 이미 유가(儒家)의 정치 이념인 예악사상(禮樂思想)을 이해하고 있었다. '소리로써 천하를 다스린다'는 내용의 만파식적 설화는 예악

사상을 담고 있다. '즐거우면서도 어지럽지 아니하고, 슬프면서도 비탄에 젖지 아니하면 사히메로 음악'이라고 했던 공부(孔子)의 말은 곧 이 시대의 음악사상이 예악사상과 통하고 있음을 알 수 있게 한다.

음악을 통해 정서와 덕성을 함양하려 했던 화랑도의 수행 방법은 주목할 만하다. 음악은 인간 감정의 표출인 동시에 인간의 심정에 감동을 주는 것이다. 사람을 감화시키고 풍속을 바꾸는 데 음악만큼 큰 것이 없다. 화랑도의 음악적 인생관은 조화를 바탕으로 하는 평화였다. 음악은 천지간(天地間)의 화기(和氣)이고, 그 기능은 다양성을 조화시키는 것이다.

4)
진감(眞鑑)은 우리나라 범패(梵唄)의 시조다. 그는 평소에 범패를 잘하여 그 소리가 금옥 같았다고 한다. 쌍계사(雙磎寺) 진감선사(眞鑑禪師) 비문에는 다음과 같이 기록되어 있다.

구르는 곡조와 날리는 소리가 상쾌하면서도 슬프고 우아하여 모든 천상 사람들을 기쁘게 할 만하였고, 길이 멀리까지 전해지니 배우려는 자가 당에 가득 찼으나 가르치는 것을 권태로워하지 않았다. 지금 신라에서는 어산(魚山)의 묘음을 익히는 사람들이 콧소리를 내려고 노력하는 것처럼 앞다투어 옥천사(玉泉寺)의 진감선사가 남긴 음향을 본뜨려 하니 어찌 소리로써 중생을 제도하고 교화하는 것이 아니겠는가.6

5)
9세기 전반 당나라 적산 법화원(法華院)은 신라 사원이었고, 이곳에서 행해진 불교의식은 신라의 풍속에 의한 것이었다. 다음은 9세기 전반 일본의 승려 엔닌(圓人)이 목격했던 적산 법화원에서의 강경의식이다.

오전에 종을 쳐서 대중을 강당으로 모이게 하고, 강사가 법좌(法座)에 오를 때까지 대중들은 부처님의 칭호를 찬탄한다. 그리고 "원하옵니다. 부처님의 미묘한 뜻을 열어 여러 중생을 위해 설해 주옵소서"라는 등의 범패가 끝나면, 대중이 함께 '계향, 정향, 혜향, 해탈향, 해탈지견향' 운운의 게송을 창한다. 범패가 끝나면 강사는 경제목을 창하고, 다시 해석한다. 삼문(三門) 분별에 의해 제목을 해석한다. (…) 문답은 모두 기록해 둔다. 논의가 끝난 뒤에는 경전을 읽는다. 강경(講經)이 끝나면 대중이 함께 찬탄하는데 회향의 구절도 있다.[7]

2. 고려의 불교의례

1)

고려시대에 불교 행사는 많았다. 『고려사(高麗史)』 「세가(世家)」에 기록된 행사만 해도 팔십여 종이나 되고 개설된 회(會)의 수만도 천 회가 넘는다. 정기적인 행사로 연등회(燃燈會), 팔관회(八關會), 백고좌회(百高座會), 장경도량(藏經道場), 담선법회(談禪法會), 보살계도량(菩薩戒道場) 등이 있었다. 그 중에서도 연등회와 팔관회는 국가적 연중행사로 중시되었는데 태조는 『훈요십조(訓要十條)』에서 이 행사의 계속적인 설행을 당부하기도 했다.

2)

연등회는 신라 시대부터 행해 오고 있었다. 신라 때에는 해마다 정월 보름
이면 황룡사(皇龍寺)에서 연등회가 베풀어졌고, 이날이면 으레 왕이 친히
행차하여 밝혀진 등을 구경하기도 했다. 고려 초기에는 신라의 전통을 이
어 정월 보름에 연등회가 베풀어졌지만, 차차 부처님의 열반일(涅槃日)인
2월 15일에 행해졌다. 『훈요십조』에는 해마다 2월 15일에 연등회를 행해
야 한다고 밝혀 놓고 있다. 물론 이날이 아니더라도 특별한 법회에는 가끔
연등회가 열리기도 했다.

2월 15일에 행해지던 연등회가 부처님의 탄생일인 4월 8일에 행해지기
시작한 것은 무인정권 시대의 실력자 최이(崔怡)로부터 비롯되었다. 불교
가 전 국민의 신앙으로 받들어지던 고려 때의 연등회는 국가적인 큰 행사
였고 모든 국민의 축제이기도 했다. 이날이 되면 왕실을 비롯하여 집집마
다 등불을 밝혔고 관등(觀燈) 놀이로 흥겹게 보냈다.

연등회는 소회일(小會日)과 대회일(大會日) 나누어 이틀간 설행되었고
백희가무(百戲歌舞)가 공연되었다. 백희를 하는 곡예사들, 교방(敎坊)의
악대와 무용단 등이 차례로 등장하여 공연했다. 상원 연등에서는 헌선도
(獻仙桃)라는 당악(唐樂)을 공연했다. 공연자들은 교방에 소속된 낙관(樂
官), 무대(舞臺), 기녀(妓女)들이었다.

연등회의 축제를 위하여 어린 아이들은 봄부터 연등을 만들 비용과 재료
구하기에 들떠 있기도 했으니 호기(呼旗)라는 풍속이 그것이다. 초파일이
되기 오래전부터 아이들은 장대에 종이를 오려 붙여 기를 만들어 들고 물
고기의 껍질을 벗겨 북을 만들어 두드리며 떼를 지어 마을과 거리를 돌면
서 연등 값을 달라고 외쳤다. 어른들은 기꺼이 쌀이나 베를 주어 이들의 비

용을 도왔다. 『고려사(高麗史)』에는 공민왕이 궁중의 뜰에서 호기희(呼旗戲)를 하는 아이들에게 베 백 필을 하사했다는 기록도 보인다.

조선시대에도 연등회는 계속되었다. 이날 거리의 풍경을 『동국세시기(東國歲時記)』에서는 다음과 같이 묘사하고 있다.

이날 저녁에는 전례에 따라 통행금지가 해제된다. 온 장안의 남녀들은 초저녁부터 남북의 산기슭에 올라가 등 달아 놓은 풍경을 구경한다. 혹 어떤 사람은 악기를 들고 거리를 쏘다니며 논다. 그리하여 서울 장안은 사람의 바다를 이루고 불야성을 만든다. 떠들썩하기를 밤을 새워 한다. 장안 밖의 시골 노파들은 서로 붙들고 다투어 와서 반드시 남산 서쪽 봉우리인 잠두봉(蠶頭峰)에 올라가 구경했다. (…) 등을 구경하려는 선남선녀로 남산과 북악산 기슭이 빽빽이 메워지던 이날 밤에는 퉁소를 불거나 북을 두드리며 종로의 거리를 나다닐 수 있었다. 북에는 중국 삼국시대의 관우, 장비, 제갈량 등의 장군들이 말을 탄 모습을 그리기도 했다. 또 등의 틀을 안팎 두 겹으로 만들어 바깥쪽에는 천이나 엷은 종이를 붙이고 안쪽에는 말을 탄 채 개를 데리고 호랑이, 이리, 사슴, 노루, 꿩, 토끼 등을 사냥하는 그림을 오려 붙였는데, 가운데 축을 세우고 그 위로 풍차가 돌아감에 따라 그림의 그림자가 속의 등불로 말미암아 바깥 틀에 비치게 만든 영등(影燈) 같은 특수한 것도 있었다.[8]

3)

팔관회는 신라시대부터 고려시대에 이르기까지 중요한 국가 행사이자 불교 행사였다. 그러나 팔관회는 순수한 종교적 목적이나 의례만으로 진행

된 것은 아니었고, 토속적이고 축제적인 여러 다양한 요소가 합해지면서
변화했다. 고려시대 팔관회에는 백희와 가무가 연출되었다. 백희가무는
춤과 극, 음악과 노래, 기예와 놀이 등이 어우러진 것이었다. 그 중에서도
사선악부(四仙樂部)가 가장 중요했다. 사선악부와 그를 각각 태운 용, 봉
황, 코끼리, 말의 형상으로 장식한 가장 행렬은 옛 신라 때의 행사 모습과
같았다고 한다.

백희 공연에는 우인(偶人)들이 사용되는데 대부분 역대 공신을 나타낸
것이었다. 태조 때의 공신 김락(金樂)과 신숭겸(申崇謙)의 우상(偶像)은 태
조 때부터 팔관회에 등장했다. 결초(結梢)하여 신숭겸과 김락의 우상을 만
들고 조복을 입혀 반열에 앉히고 함께 즐겼다고 한다. 태조가 술과 음식을
하사하니 술이 갑자기 마르고 가상(假像)이 이내 일어나 마치 산 사람처럼
춤을 추었다고 한다. 이외에도 포구락(抛毬樂), 헌선도(獻仙桃) 같은 연희
가 베풀어졌다. 중고기악(衆鼓伎樂), 거북춤, 용춤, 범춤, 검무, 열무(列舞),
골계희(滑稽戲) 등이 가무백희에 포함되었다.

3. 조선의 불교의례

1)

조선시대에 가장 많이 행해진 불교의례는 수륙재(水陸齋)다. 왕실과 사대
부와 서인들에 의해 수륙재는 지속적으로 설행되었다. 조선 초기의 수륙
재는 진관사(津寬寺), 장의사(藏義寺), 삼화사(三和寺) 등지에서 주로 행해
졌다. 다음은 『세종실록(世宗實錄)』의 기록이다.

임자년(1432) 봄에 크게 무차대회(無遮大會)를 열었는데, 승려들이 구름같이 모여 한강 가에서 하루가 지나고 열흘이 넘도록 극히 호화스럽고 사치스럽게 차려 깃발과 일산이 해를 가리고 종과 북소리가 땅을 흔들었습니다. 천당과 지옥의 고락을 그리고 사생(死生)과 화복(禍福)의 응보를 보여 주니 이에 귀천과 남녀를 논할 것 없이 모두가 보고 듣고자 하여 도시는 이 때문에 텅 비고 관문과 나루는 길이 막혀 통하지 못했습니다.9

2)

조선시대 후기에는 불교의식과 관련된 책이 많이 간행되었는데, 특히 수륙재의 실행 방법을 담고 있는 천도재 관련 서적이 많았다. 『수륙무차평등재의촬요(水陸無遮平等齋儀撮要)』『천지명양수륙재의찬요(天地冥陽水陸齋儀纂要)』『천지명양수륙재의범음산보집(天地冥陽水陸齋儀梵音刪補集)』 등이 수륙재 관련 책이다. 그리고 백파(白坡)의 『작법귀감(作法龜鑑)』은 불교 제반 의식에 필요한 의식문을 종합한 의례서로 1827년에 간행되었다.

3)

성현(成俔)의 수필집 『용재총화(慵齋叢話)』에는 계승(鷄僧)에 관한 기록이 전한다. 그는 작달막한 키에 다리까지 절뚝이는 절름발이이기도 했다. 그 승려의 초라한 모습이 거리에 나타날 때면 아이들이 모여들었다. 거지꼴의 이 승려를 구경하기 위해 모여든 아이들은 순식간에 백 명이 되고 천 명이 되었고, 아이들은 그의 뒤를 졸졸 따라다녔다. 이처럼 아이들이 모여드는 것은 그의 이상한 노래, 그리고 그가 흉내내는 닭소리 때문이기도 했다.

그는 항상 길거리에서 닭의 흉내를 내어 아이들을 즐겁게 해 주었다. 몸을 꼬고 손을 흔들며, 그리고 입을 모아 홰를 치며 우는 흉내를 냈다. 긴 닭이 목청을 길게 뽑아 우는 소리를 내기도 하고, 혹은 둥지에서 알을 낳고 '꼬꼬댁 꼬꼬' 하고 우는 암탉의 흉내를 내기도 했다. 어떤 때는 마을의 닭들이 따라서 울 정도로 그의 닭 소리 흉내는 매우 뛰어난 것이었다. 당시 사람들이 그를 두고 '닭 소리 내는 스님', 즉 계승(鷄僧)이라고 부르게 된 것도 이 때문이었다. 그는 농부들 노래의 곡조에 자기가 스스로 지은 노랫말을 붙여 어깨춤을 추면서 신바람 나게 부르곤 했다.

이 세상 이 세상 한 칸 초가인들 즐겁지 않으리
이 세상 이 세상 누더기 옷을 걸친들 또한 무엇이 나쁘리
염라대왕의 사자가 와 맞아 가게 되면
비록 이 세상에 살고자 한들 어찌 될 수 있으리.

'한 칸 초가집에 산다고 해서, 또 누더기를 걸치고 산다고 해서, 어찌 즐겁지 않겠는가'라고 한 그의 노래는 의미심장하다.

4)
이덕무(李德懋)는 승희(僧戲)를 구경한 기록을 다음과 같이 남겼다.

승려의 무리 십 수 명이 깃발을 들고 북을 둥둥 울리며 때때로 마을 안에 들어와 입으로 염불을 외며 발 구르고 춤추면서 속인의 이목을 현혹시켜 미곡(米穀)을 요구하니 족히 한 번의 웃음거리가 된다.[10]

4. 교화 방편의 연극적 요소

붓다의 깨달음인 자내증(自內證)이 체(體)라면 중생 교화는 용(用)이다. 다양한 중생의 교화를 위해서는 방편이 필요하고, 그 방편은 공연예술과 비슷하게 나타날 때도 있다. 때로는 몸짓으로, 때로는 소리로, 또 어떤 경우는 연극적으로 그 방편은 전개된다.

사물을 체(體), 상(相), 용(用)의 세 가지 방면으로 관찰하는 하나의 새로운 사유 방법이 불신(佛身)에게까지 적용되어 나타난 것이 불교의 삼신설(三身說)이다. 그리하여 진리 그 자체를 법신(法身), 역사적으로 실재했던 석가모니 부처를 응신(應身), 또 종종의 변화신(變化身)으로 나타날 수 있는 부처를 화신(化身)으로 설명한다. 법신은 체, 응신은 상, 화신은 용인 셈이다. 법신, 응신, 화신의 셋 중에서 법신만이 진실한 존재이고 다른 두 신은 방편으로서의 존재라고 한다. 원효는 "법신은 본질과 같고 화신은 영상과도 같다"고 했다.

1) 문수보살과 관음보살의 화현

①『삼국유사(三國遺事)』 제5권 「진신수공(眞身受供)」
효소왕(孝昭王)은 700년에 망덕사(望德寺) 낙성회에 참석했다. 한 초라한 모습의 승려에게 말했다.

"다른 사람들에게 국왕이 친히 불공하는 재(齋)에 참석했다고 말하지 마십시오."

스님이 웃으며 답했다.

"폐하는 다른 사람에게 진신석가(眞身釋迦)를 공양했다고 말하지 마십시오."

② 『삼국유사』 제5권 「경흥우성(憬興遇聖)」

신문왕(神文王) 때의 국로(國老) 경흥(憬興)은 말을 타고 궁중에 출입했다. 경흥이 어느 날 대궐에 들어가려 하니 시종하는 이들이 동문 밖에서 먼저 채비를 차렸다. 그런데 말의 안장과 신과 갓이 매우 화려하여 행인들이 길을 비켰다. 그때 모습이 거칠고 엉성한 한 거사가 손에 지팡이를 짚고 등에 광주리를 지고 와서 하마대(下馬臺) 위에서 쉬고 있었는데, 광주리 안에는 마른 물고기가 있었다. 시종하는 이가 그 거사를 꾸짖었다.

"너는 승복을 입고서 어찌 부정한 물건을 지고 있느냐?"

거사는 말했다.

"두 다리 사이에 살아 있는 고기를 끼고 있는 것보다는 시장의 마른 고기를 지고 있는 것이 뭐가 나쁜가."

거사는 말을 마치자 일어나 가 버렸다. 그때 경흥은 문을 나오다가 그 말을 듣고 사람을 시켜 거사를 뒤쫓게 했더니 그는 남산의 문수사(文殊寺) 문밖에 이르자 광주리를 내던지고 숨어 버렸다. 지팡이는 문수보살상 앞에 있었으며 마른 고기는 소나무 껍질이었다. 사자(使者)가 와서 이 사실을 알리니 경흥은 듣고 탄식하였다.

"대성 문수보살이 와서 내가 말 타는 것을 경계하셨구나."

그 후 경흥은 종신토록 다시 말을 타지 않았다.

③『삼국유사』 제4권 「자장정율(慈藏定律)」

자장(慈藏)이 태백산에 석남원(石南院)을 세우고 문수보살을 기다리고 있었다. 어떤 늙은 거사가 남루한 방포(方袍)를 입고 칡으로 만든 삼태기에 죽은 강아지를 담아 메고 와서 사자에게 말했다.

"자장을 보려고 왔다."

사자는 말했다.

"내가 좌우에서 시종한 이후로 아직 우리 스님의 이름을 부르는 자를 보지 못했는데, 너는 어떤 사람이기에 이처럼 미친 말을 하느냐?"

"다만 너의 스승에게 아뢰기만 해라."

사자가 들어가서 아뢰니 자장도 이를 깨닫지 못하고 말했다.

"아마 미친 사람인가?"

제자가 가서 꾸짖어 내쫓으니 거사는 말했다.

"돌아가겠다. 돌아가겠다. 아상(我相)을 가진 자가 어찌 나를 볼 수 있겠는가?"

그리고 삼태기를 거꾸로 터니 죽은 강아지가 변하여 사자보좌(獅子寶座)가 되었는데 거기 올라앉자 빛을 띠며 가 버렸다. 자장은 이 말을 듣고 그때야 위의(威儀)를 갖추고 그 빛을 찾아 서둘러서 남쪽 고개에 올라갔으나 벌써 까마득하여 따라가지 못하고, 드디어 쓰러져 세상을 떠났다.

④『삼국유사』 제3권 「낙산이대성(落山二大聖) 관음(觀音)·정취(正趣), 조신(調信)」

원효(元曉)가 관음보살(觀音菩薩)을 친견하고자 낙산사(洛山寺)로 가고 있었다. 빨래하는 여인에게 물을 청하자, 그 여인은 더러운 물을 떠 주었다. 원효는 이를 버리고 다시 새로운 물을 떠서 마셨다. 소나무 위의 파랑 새가 말했다.

"제호(醍醐)의 맛을 마다고 하는 화상아."

그러고는 날아가 버렸다. 그 소나무를 관음송(觀音松)이라고 한다.

2) 열한 개의 얼굴을 가진 배우, 십일면관음보살(十一面觀音菩薩)

① 관음신앙

-산스크리트어 '아바로키테슈바라(Avalokitesvara)'를 광세음(光世音), 관세음(觀世音), 관자재(觀自在) 등으로 번역.

-관세음보살은 중생의 부름에 응하여 대자대비(大慈大悲)를 행한다.

-관음신앙의 배경은 『화엄경(華嚴經)』 『법화경(法華經)』 『아미타경(阿彌陀經)』 『능엄경(楞嚴經)』에 있다.

-관음의 종류에는 성관음(聖觀音), 천수관음(千手觀音), 십일면관음(十一面觀音), 여의윤관음(如意輪觀音), 마두관음(馬頭觀音), 준제관음(准提觀音), 불공견삭관음(不空羂索觀音), 백의관음(白衣觀音), 양류관음(楊柳觀音) 등이 있다.

② 신라의 관음신앙

-보타락산(補陀落山)의 관음진신(觀音眞身) 주처신앙(住處信仰): 의상, 원효, 청조(靑鳥).

-조신(調信)의 꿈.

-분황사(芬皇寺) 천수대비상(千手大悲像)과 희명(希明)의 「도천수대비

가(禱千手大悲歌)」.

─중생사(衆生寺)의 대비상(大悲像)과 최승로(崔承老)의 출생.

─신라의 십일면관음 신앙, 경흥(憬興)이 만난 비구니, 석굴암의 십일면관음.
  [경흥은 7세기 후반의 대표적 고승이다. 신문왕 때의 경흥 국사는 갑자기
  병을 얻어 한 달이 넘도록 앓았다. 이때 한 여승이 찾아와 문안하고 경흥
  의 병을 고친 이야기가 전한다. 여승이 말했다. "국사께서는 비록 대법
  (大法)을 깨달으셨지만, 사대가 합하여 몸이 되었으니, 어떻게 병이 없을
  수 있겠습니까? 지금 국사의 병환은 약으로 다스려 나을 것이 아닙니다.
  만약 우스운 놀이를 구경하시면 곧 나을 것입니다." 그리고 열한 가지 모
  습을 지어 저마다 각각 우스운 춤을 추니, 그 모습은 뾰족하기도 하고 깎
  은 듯도 하여 그 변하는 형용을 이루 다 말할 수 없어 모두들 우스워서 턱
  이 빠질 지경이었다. 이에 법사의 병은 자기도 모르는 사이에 씻은 듯이
  나았다. 여승은 드디어 문을 나가 삼랑사(三郎寺) 남쪽에 있는 남항사(南
  巷寺)에 들어가서 숨었고, 그가 가졌던 지팡이는 새로 꾸민 불화 십일면
  원통상(十日面圓通像) 앞에 있었다.]

③ 십일면관음보살

─현장(玄奬) 역,『십일면신주심경(十日面神呪心經)』.

─혜소(慧沼),『십일면신주심경의소(十一面神呪心經義疏)』.

불교의례와 민속예술

홍윤식(洪潤植)

1. 불교의례의 범주와 유형

불교의례란 불보살에 대한 예(禮)와 신앙심의 표현이라 할 수 있다. 초기에는 불교의례가 석가모니에 대한 순수한 예경(禮敬)의 뜻을 나타내는 것이었으나, 불보살에 대한 예경은 곧 공덕을 쌓는 결과이며 이는 곧 정토(淨土)에 왕생하는 길이라 생각하게 되면서부터 의례는 더욱 발전해 갔다. 많은 불탑을 쌓고 불상을 조성하고 곳곳에 사원을 세우는 것은 일면 수행도량(修行道場)을 마련한다는 뜻도 지녔으나, 예경의 대상을 모시고 그에 따른 불교의례를 통해 중생을 제도(濟度)하려는 뜻이 더욱 컸을 법하다.

　아울러 이러한 의례는 대중의 신앙생활과 직결되어 불교의 토착화에 지대한 영향을 미쳐 왔다. 서로 다른 문화권에 적합한 방식으로 불교가 자리 잡기 위해서는 불교의 양상을 어떻게 표면화시키는가 하는 문제가 중요했고, 이러한 표면화는 의례를 통해 가능했기 때문이다. 이렇듯 불교 대중화의 길에는 불교의례의 공헌이 컸고 한국의 역사와 문화에 중요한 영향을 미쳐 왔다.

　먼저 불교의례의 유형은 크게 세시풍속 의례, 일상신앙 의례, 소재신앙 의례, 사자신앙 의례, 기타 불공·신앙 의례로 구분할 수 있다. 세시풍속(歲時風俗) 의례는 석가의 출생, 출가, 성도, 열반 등 불교의 사대 명절과 일반 세시에 따른 불교신앙 의례에 포함된다. 일상신앙(日常信仰) 의례는 불교신앙인에 의한 조석예불 등을 들 수 있으며, 소재신앙(消災信仰) 의례는 각종 재앙을 소멸하기 위한 의례이다. 영혼을 천도하는 사자신앙(死者信仰) 의례는 민속불교 중 가장 큰 비중을 차지하는 것으로 사십구재(四十九齋)·수륙재(水陸齋)·예수재(預修齋) 등으로 대표된다. 기타 불공·신앙 의례는 기도의례라 할 수 있는데 특정한 서원(誓願)을 하고 그에 따른 공덕을 쌓음으로써 원하는 바를 성취하려는 신앙 행위라 할 수 있다. 대표적으로 신수불공, 재수불공 등이 여기에 해당한다.

　여기에서 세시풍속 의례와 일상신앙 의례가 정기적이라면 소재신앙 의례, 사자신앙 의례, 기타 불공·신앙 의례는 비정기적으로 행하는 의례이다. 이밖에 정기의례로서 관음재일(觀音齋日), 지장재일(地藏齋日), 약사재일(藥師齋日) 등에 행하는 신앙의례가 있고 비정기적인 신앙의례 가운데서 방생재(放生齋)도 빼놓을 수 없다.

정기의례	비정기의례
세시풍속(歲時風俗) 의례	소재신앙(消災信仰) 의례
일상신앙(日常信仰) 의례	사자신앙(死者信仰) 의례
	기타 불공·신앙 의례

불교의례의 내용별 유형.

이상의 불교의례를 성격에 따라 주목하면 자행의례(自行儀禮)와 타행의례(他行儀禮)로 나눔이 고찰할 수 있다. 불교의례의 본래 자행의 수행의례로 시작되었으나, 점차 복합적인 신앙 요소를 수용함에 따라 다양한 양상으로 전개되었다. 순수 자행적 수행법인 불교의례와 민속적 의례가 결합하여 민속불교화 하는가 하면, 재래 민간신앙적 요소가 불교의례와 결합함에 따라 불교화하기도 한다. 따라서 순수 자행의례와 나란히, 이들 양자가 다양한 방식으로 결합한 타행의례가 불교의례의 한 축을 담당해 온 것이라 하겠다. 이는 대승불교의 '상구보리(上求菩提) 하화중생(下化衆生)'의 이념이 의례의 기반을 이루고 있기 때문이다.

　자행의례는 다시 수행의례(修行儀禮)와 보은의례(報恩儀禮)로 구분된다. 수행의례는 심신을 닦아 자신의 신앙적 발전과 심화를 꾀하는 의례로 특히 출가자에게 중요한 의례이며, 보은의례는 불조(佛祖)와 조사(祖師)의 가르침을 찬탄하고 감사를 표하며 행하는 의례라 할 수 있다. 타행의례는 기원의례(祈願儀禮)와 회향의례(回向儀禮)로 나누어 살펴볼 수 있다. 기원의례는 모든 종교의 가장 기본적인 행위로 신적 존재의 위신력에 의지하여 자신이 바라는 바를 기도하는 의례이다. 회향의례는 불교 특유의 것으로, 자신이 지은 기도와 선근(善根) 공덕을 사자 혹은 일체중생에게 회

자행의례	타행의례
수행의례	기원의례
보은의례	회향의례

불교의례의 구조적 성격에 따른 분류.

향하는 성격을 지닌다. 오늘날 사찰에서 주된 비중을 차지하며 전승되는 것은 타행의례이며, 이러한 타행의례는 민속불교로서의 성격을 강하게 지닌다는 데 주목할 필요가 있다.

2. 불교의례의 신앙 구조

불교의례의 신앙 구조는 불교신앙적 구조와 민간신앙적 구조로 형성되어 있다. 불교신앙적인 요소란 불법승(佛法僧) 삼보(三寶)에 귀의하여 자신을 정화하고 정각(正覺)을 얻으려는 수행적 신앙의례로 상단권공(上壇勸供) 의례가 여기에 해당된다. 민간신앙적인 요소란 일단 상단권공 의례 이외의 신앙의례가 모두 해당된다고 할 수 있다.

그러나 상단권공 의례에도 민간신앙적 요소가 있고 기타의 신앙의례에서도 불교신앙적 요소가 있어 이를 잘라서 구분하기란 무척 어렵다. 그리하여 이같은 문제를 파악하기 위해서는 이들 두 요소가 서로 어떤 상관관계에 있고 어떻게 습합되어 있는가 하는 사실을 규명해 나가는 일이 중요하다. 앞서 불교의례는 자행·타행의 두 부분으로 나누어 생각할 수 있음을 살펴본 바 있는데, 여기서는 대표적인 타행의례로서 영혼천도(靈魂薦度) 의례를 통해 민간신앙적 의례 구조와 불교신앙적 의례 구조를 분석해 보고자 한다.

1) 민간신앙적 의례 구조
여기서 말하는 민간신앙적 구조란 불교의례이면서 민간신앙 의례와 같은 구조를 지닌 것을 말한다. 분석 대상인 영혼천도 의례는 시련(侍輦), 대령(對靈), 관욕(灌浴), 신중작법(神衆作法), 상단권공, 중단권공(中壇勸供), 봉청(奉請)·봉송(奉送), 시식(施食), 전시식(奠施食), 회향의례 등 각종 신앙 형태가 복합되어 하나의 신앙 체계를 이루고 있다. 이들 각종 신앙 형태가 어떤 성격을 지니는가를 살펴보기로 한다.

(1) 봉청·봉송 의례

불교의례에서 말하는 봉청(奉請)·봉송(奉送) 의례란 신앙의 대상이나 영혼 등을 의식도량(儀式道場)에 청하고 보내는 의례를 말한다. 불교의식에 나오는 청사(請詞)와 배송(拜送)은 물론이거니와 시련과 이운(移運) 등의 의례도 여기에 포함된다. 그런데 이와 같은 봉청·봉송 형태는 무속의 제의 절차인 넋청, 가망청, 넋보냄, 배송굿의 성격을 지녔다고 할 수 있다.

불교 본래의 입장에서 보면 있고 없거나 오고 가는 것이 있을 수 없어 봉청·봉송 의례가 존재할 이유가 없다. 그러므로 도량에 신앙의 대상을 청하고 보냄은 무속신앙과의 습합 현상이라 하겠다. 즉 자득자수(自得自修)의 수행을 근본 목적으로 한 불교가 자타공수(自他共修)의 형식을 취하게 되면서 공덕을 회향하기 위해 승려에게 의뢰하여 타수적(他修的)으로 의례를 행하는 것이다. 이는 구상화된 숭배 대상을 부정하는 데서 출발한 불교의례가 차츰 숭배 대상을 구상화하기에 이르렀기 때문이라 할 수 있다.

(2) 정결의례

정결의례(淨潔儀禮)란 자신을 정화하고 환경을 정화하는 신앙의례로, 관욕의례(灌浴儀禮)를 비롯하여 개계의례(開啓儀禮)의 「쇄수게(灑水偈)」 「엄정게(嚴淨偈)」 「걸수게(乞水偈)」, 신중작법 등이 이에 해당된다. 불교 수행법에서 보면 불보살에 예경(禮敬)하여 귀의하고 참회함으로써 자기 정화와 신앙의 정화를 가져오는데 그 정화의 기능이 관욕의례, 개계의례, 신중작법 등으로 형상화된 것이라 하겠다.

정결의례는 재의(齋儀)를 행할 때 성(聖)의 상태에 들기 위한 전 단계로 행한다. 민간신앙에서는 이 과정에서 죽음의 부정을 제거하기 위해 몸과 주변에 물과 소금을 뿌리거나 동물의 피를 뿌리기도 한다. 이와 같은 신앙 형태와 습합되어 불교의 관욕의례가 형성되었다. 한편 무속에서는 의례 공간을 성스럽게 하기 위해 부정거리를 행하는데, 이는 본굿으로 들어가기 전 불결한 것을 제거하여 제신(諸神)이 오는 길과 좌정할 장소를 깨끗이 치우는 것이다. 이러한 신앙 형태와 습합된 것이 불교의 개계의례, 신중작법이다.

신중작법의 경우는 호법선신(護法善神)이 악신을 물리친다는 의미를 지닌다. 무속에서 부정거리의 '부정'이 신격의 개성을 지녀 부정신(不淨神)으로 상정되기도 한다는 사실은, 반대로 '부정'을 물리치는 신도 하나의 신격으로 상정할 수 있다는 뜻이 된다. 불교에서 말하는 신중(神衆)이란 이같은 신격인 것이다. 그리하여 불교의 신중은 악신을 물리침으로써 도량을 정결히 하고 보호하는 기능을 지니며, 나아가 불법과 나라를 보호한다는 신앙 형태로까지 전개된 사실을 찾아볼 수 있다. 이를테면 고려시대에 몽고의 외침을 받아 국난이 계속될 때 신중법회를 열어 국토를 보호하려 한 것 등이 대표적인 사례라 하겠다.

(3) 밀교의례

밀교의례는 불교의례에서 다양하게 전개되는 각종 신앙의 기능을 신비화
할 필요에 의해 행해진다. 즉 관욕의례에서 염송되는 신묘장구대다라니
(神妙章句大陀羅尼) 등의 각종 진언(眞言), 헌공의례의 공양진언(供養眞
言), 변식진언(變食眞言), 사대주(四大呪), 봉청·봉송 의례의 봉청·봉송
진언 등이 좋은 예이다. 불교의례의 구성 절차를 보면 이러한 진언이 없이
도 정연한 하나의 신앙 체계를 이루고 있다. 따라서 이들 진언이 첨가됨에
따라 오히려 이중 구조적인 성격을 지닌다. 예컨대 봉청의례는 청사(請詞)
로 충분하나 소청진언(召請眞言)이 따르고, 참회의례는 참회게(懺悔偈)로
충분하나 참회진언이 따른다.

이처럼 의례 절차에서 신앙의 기능을 강조할 필요성이 있을 때는 비밀스
러운 영험함을 부각시키기 위해 게문(偈文)에 이어 진언을 반드시 첨가하
게 된다. 이는 의식의 신비화를 위한 것으로 무속의 '가망공수'와 일맥상
통하는 바가 있어 흥미롭다. 무속에서 공수란 무(巫)에게 신이 내려 신어
(神語)를 발성하는 것을 가리키는데 진언이 곧 그와 같은 뜻을 지닌다. 밀
교의례는 그 자체가 불교 수행법으로서 훌륭한 뜻을 지니나, 한국 불교의
례의 밀교적 요소는 본연의 수행법이라기보다는 무속의 가망과 같은 신앙
형태와 습합된 쪽에 가깝다.

또한 많은 불교 국가에서 그러하듯이 한국의 불교의례 또한 밀교적 성격
과 더불어 다양한 민간신앙적 요소를 포용하고 있다. 수많은 불보살을 비
롯하여 산신(山神), 수신(水神), 칠성신(七星神), 용왕신, 시왕(十王), 조왕
신(竈王神) 등이 신중의 형태로 혹은 독립된 형태로, 신앙의 대상으로 불
교의례에 수용되어 있는 것이다. 이와 같은 현상은 밀교의례의 신앙 체계

인 만다라로 이해되기도 하지만 민간신앙의 바탕 위에서가 아니면 그 참 뜻을 알 수 없다.

(4) 신앙의 대상

불교의례의 청사 및 설단위목(設壇位目)을 보면 미타청(彌陀請), 미륵청(彌勒請), 약사청(藥師請), 관음청(觀音請), 지장청(地藏請) 등 불교 본래의 신앙 대상을 청하여 그에 따른 의례를 행하는 이외에, 칠성청(七星請), 신중청(神衆請), 산신청(山神請), 조왕청(竈王請), 현왕청(現王請), 제석청(帝釋請), 가람청(伽藍請), 태세청(太歲請), 정신청(井神請)과, 국사단(國師壇), 성황단(城隍壇), 제신단(諸神壇), 시왕단(十王壇), 고사단(庫司壇), 마구단(馬廐壇), 사자단(使者壇) 등 수많은 민간신앙적 대상을 불교의례에 수용하고 있다.

이와 같은 현상은 밀교의례로서의 신앙 구조를 지니는 것이라 하겠으나 한편으로 보면 무속에 있어서 가망거리, 제석거리, 대감거리, 성주거리, 산상거리, 창부거리 등 굿거리의 신앙 형태와 비교된다. 즉 영혼천도의례에 있어서 시련, 관욕, 신중작법, 상단권공, 중단권공, 시식, 전시식, 봉송 등의 구성은 무속의 열두 거리 등 제의 절차와 비교해 볼 만한 것이 아닌가 하여 흥미롭다. 왜냐하면 영혼천도의례의 재(齋) 구성을 불교적 의미에서 보면 상단권공 의례만으로 충분하지만 여기에 민간신앙을 수용함으로써 새로운 신앙 체계가 형성된 것이기 때문이다.

2) 불교신앙적 의례 구조

불교신앙적인 의례 구조 또한 두 가지 측면에서 살필 수 있다. 하나는 불교

본연의 의례가 어떤 것이냐 하는 것이며, 다른 하나는 불교신앙의 대상이 아니라 하더라도 거기에 불교적 의미를 어떻게 부여하고 있느냐 하는 것이다.

영혼천도의례에서 상단권공의 절차는 대체로 향등공양(香燈供養), 예경개계(禮敬開啓), 참회(懺悔), 청법(請法), 계청(啓請), 거불(擧佛), 유치(由致), 청사(請詞), 예찬(禮讚), 정례(頂禮), 헌공(獻供), 발원(發願), 회향(回向), 축원(祝願) 등으로 되어 있다. 상단권공은 불보살을 향한 신앙의례로 본연의 불교의례라 할 수 있으나, 이를 다시 청법 이전과 이후로 나누어 살펴볼 필요가 있다. 왜냐하면 이 양자는 각기 다른 구조적 성격을 지니고 있기 때문이다.

청법(請法) 이전의 절차는 자행의례의 구조를 지니고 있다. 여기에는 자행의례의 기본 요건이라 할 수 있는 향·등 공양, 정례, 찬불(讚佛), 참회, 수경(收經) 등으로 자기 신앙의 개발과 심화를 기하고 있음에 비해, 청법 이후는 자행의례의 기본 위에 상단소(上壇疏), 유치, 청사, 거불 등에서 보는 바와 같이 기원·회향의 모티프를 삽입함으로써 타행의례화 하고 있는 것이다. 불교 본연의 자행의례라 할 수 있는 상단권공 속에 기원·회향의 요소를 접목하여 자행의례가 타행의례화한 유형이다.

그렇다면 민간신앙적 요소가 불교의례에 수용되어 불교적 의미를 부여받게 되는 양상을 살펴보자. 우선 그 단초는 '불교의례의 타행화'에서 먼저 찾을 수 있다. 본연의 자행의례가 타행의례화한다는 것은 곧 '불교의 민간신앙화'의 기연(機緣)이 되고, 여기에서 '민간신앙의 불교화'로 나아가게 되기 때문이다. 따라서 불교가 민간신앙화 하는 데는 불교신앙 자체가 민간신앙화 하는 것과, 불교가 민간신앙적 요소를 수용하는 두 가지 양상이 있음을 알 수 있다. 전자는 자행의례에 기원·회향의 모티프를 결합하는 것으로 전술한 상단권공이 그 좋은 예이다. 후자는 불교가 민간신앙을 수용하여 그에 자행의례의 공덕을 회향하여 기도하는 형태이다. 이를테면 시왕단, 칠성단(七星壇), 산신당(山神堂), 영단(靈壇) 등 민간신앙적 요소에 자행의례의 공덕을 회향하여 불교적 의미를 부여하는 것이라 하겠다.

이렇게 보면 민간신앙이 불교에 수용되는 것은 '회향'이라는 성격이 단초를 이루고, 그렇게 수용된 민간신앙은 독자적 존립 기능을 잃고 불교와의 상관관계에서 비로소 그 의미를 찾을 수 있게 되는 것이다.

다음에는 영혼천도의례의 전반적인 구성 절차가 각종 민간신앙적인 요소를 수용하고 있으나 전체 구조에서 보면 결국 불교신앙의례로서의 성격을 잃지 않고 정연한 신앙 체계를 지닌다는 사실을 밝혀 보기로 한다.

먼저 시련(侍輦), 대령(對靈), 신중작법(神衆作法)은 불보살, 신중, 영가 등을 영접하고 불연을 맺어 자기 정화 및 도량의 정화를 기하는 의례이다. 그런데 이는 상단권공의 첫번째 단계라 할 수 있는 할향(喝香)에서 참회까지의 공양정례(供養頂禮), 도량정화, 자기정화와 동일한 성격의 의식이다. 여기까지를 의례의 서분(序分)이라 할 수 있다. 상단권공의 정대게(頂戴偈)·개경게(開經偈)에서 준제공덕취(準提功德聚)까지는 자행의례적인 것이나 그 위에 의례를 여는 취지를 아뢰고 의례의 공덕을 설재자(設齋者)의 당일영가(當日靈駕)에게 회향하고 발원함으로써 타행의례화한다.

여기에서 영가에게 회향한다는 의미가 더욱 강조되어, 조상숭배 및 효사상과 결합하여 영단(靈壇)을 시설하고 영가에게 법회를 베푸는 시식의례(施食儀禮)가 행해진다. 이와 같은 기연은 불교가 민간신앙 또는 재가불자의 요구를 수용하는 과정에서 얼마든지 새로운 불교의례의 전개를 가능하게 하는 것이라 할 수 있다.

마지막으로 봉송의례(奉送儀禮)를 행한다. 봉송의례를 살피기 전에 전기 단계의 구조를 정리해 보면 상단권공 의례만으로도 불보살을 봉청하여 공양·정례·도량정화·참회·발원을 하고[서분(序分)], 영가에게 법문을 베푼 다음 그 공덕을 영가에게 회향하고[정종분(正宗分)], 다시 회향하여 보은의 정례를 마치고 불보살을 봉송함으로써[유통분(流通分)] 영가천도의례의 의의를 충분히 지니게 된다.

그런데 이와 같은 의식에는 형상화에 따른 방편과 민간신앙과의 습합 과정에서 상단권공 일 단계인 서분의 전반에 시련, 대령, 관욕, 신중작법 등이 삽입되고, 이 단계인 정종분의 후반에 시식, 전시식 등이 삽입되어 일 단계와 이 단계를 이룬다. 이어 대승불교의 서원으로 보회향(普回向)을 하고, 불보살의 호념(護念)으로 재회(齋會)를 엄수하게 된 데 대한 보은의 정례를 한 다음 송불하여 삼 단계가 끝난다. 이상에서 전기 불교의례의 삼 단계 구조를 살필 수 있었는데 이는 경전의 삼 단계 구조와 상응하고 있어 주목을 끈다.

경전은 전통적으로 서분·정종분·유통분의 삼 단계 구조를 이룬다. 서분에서는 경전의 연기(緣起)와 함께 설하고자 하는 교설에 공경함을 일으키고, 정종분에서는 그 경전에서 설하고자 하는 핵심을 서술하며, 유통분에서는 교설을 유포시키기 위하여 그 공덕과 제천(諸天)의 가호(加護)를 서술하고 있다. 이는 본래 자득자수(自得自修)의 수행의례인 불교의례가 기원, 회향, 추선공양(追善供養)이라는 교리의 변천과 더불어 이같은 모티프를 동인으로 하여 민간에 정착되었기 때문이다. 한편 불보살을 도량에 청하여 공덕을 쌓아 회향하고 봉송하는 대타의례로 발전함에 있어 민간신앙을 많이 수용하였으나, 그 신앙 체계로 경전 구조의 삼 단계 양식을 취함으로써 불교의례로서의 성격을 지니게 된 것이라 할 수 있다.

3. 불교의례의 신앙적 특성

여기서 살펴보는 신앙적 특성이란 자행의례에서 타행의례화하여 민간신앙화한 불교의례의 구조적 특성에서 다룬 것이다. 대체로 법화신앙(法華信仰), 밀교신앙(密敎信仰), 정토신앙(淨土信仰) 등이 주를 이룬다.

1) 법화신앙

천도재는 크게 상주권공재(常住勸供齋)·각배재(各拜齋)·영산재(靈山齋)로 구분되며, 이 가운데 가장 이상적인 것으로서 일반 대중에게 보다 깊은 신심을 불러일으키는 것은 영산재로 알려져 있다. 그러면 영산재는 어떤 신앙적인 특성을 지니고 있어 그처럼 대중적 신심을 끌게 되는 것일까.

영산재의 여러 의식문에서 의식도량을 영산설법(靈山說法) 도량으로 상징화하고 있다. 영산이란 영취산(靈鷲山)의 준말로, 영취산은 석존(釋尊)이 주로 『법화경(法華經)』을 설하던 곳이다. 따라서 영산작법(靈山作法)에 의해 영산재를 연다는 것은 석존의 영산설법 도량을 재현하고자 하는 상징적 작용이라 할 수 있다. 다시 말하면 여기에는 법화신앙이 기초를 이루고 있는 것이다.

법화신앙에 대한 영험은 일찍이 『법화경영험전(法華經靈驗傳)』에 전하고, 『강법화경(講法華經)』『송법화경(誦法華經)』『전법화경(轉法華經)』『서사법화경(書寫法華經)』의 기록에서 법화신앙이 영혼천도의례 등의 신앙 구조에 깊이 참여하고 있었음을 살필 수 있다. 따라서 법화신앙이 일찍부터 유행했고, 나아가 영혼천도의례의 구조에도 참여해 온 사실을 보여준다.

따라서 현행 영산재는 이와 같은 법화신앙의 공덕으로 영산회상(靈山會上) 불보살의 가지력(加持力)을 얻으려는 데 핵심이 있다. 이는 법화신앙의 영험을 단순한 『법화경』의 독송, 서사(書寫) 등의 신앙 형태에서 구하기보다는, 보다 종합적인 신앙 형태로 발전시켜 영산법회 도량의 재현을 상징화한 것이라 할 수 있다.

2) 밀교신앙

한국 불교의례의 밀교신앙적 요소는 두 가지 측면에서 살필 수 있다. 하나는 의식 절차에 진언 등이 수용되어 있는 것이고, 다른 하나는 다양한 신앙적 요소를 수용하고 있음이 그것이다. 전자의 경우는 앞서 살펴보았듯이 의식 절차에서「참회게」에 이어「참회진언」, 「청사」에 이어「헌좌진언(獻座眞言)」, 「귀명게(歸命偈)」에 이어「정법계진언(淨法界眞言)」「호신진언(護身眞言)」 등, 「헌공」에 이어「변식다라니(變食陀羅尼)」 등의 사다라니(四陀羅尼), 「가지게(加持偈)」에 이어「보공양진언(普供養眞言)」「보회향진언(普回向眞言)」, 「봉송게(奉送偈)」에 이어「봉송진언(奉送眞言)」 등을 행하는 것을 말한다.

그러면 이와 같은 진언은 의식에서 어떤 신앙 구조를 지니는 것일까. 진언밀교란 인도 토속신앙의 불교적 전개라 할 수 있는 것으로 그 기원은 불교 이전 리그 베다(Rig Veda) 진언까지 소급할 수 있으며, 이미 그때부터 진언을 염송하여 양재초복(攘災招福)하는 신앙이 있어 왔다. 그러나 불교의 『중아함경(中阿含經)』이나 『사분율(四分律)』 등에서는 석존이 제자들에게 세속의 주술을 엄금하고 그것을 행하는 자는 큰 죄를 짓는 것이라 했다. 이는 석존 교설의 근본 입장이 세속의 욕망에서 벗어나 깨달음을 지향했으므로 세간의 주술법은 모두 배척했던 것이라 할 수 있겠다.

그러나 불교 교단이 점차 확대되고 민간신앙을 믿는 이들이 불교에 귀의하는 경우가 많아짐에 따라 이들의 주술을 엄금하는 것이 어렵게 되었다. 이에 그들의 토착신앙과 어느 정도 조화를 이루어야 할 필요성이 생겼고, 『십송률(十誦律)』에 의해 불도 수행에 장해가 되는 악주와 비법은 엄금하나 치독주(治毒呪)와 같은 선주(善呪)의 염송은 허용하게 된다. 그리하여 이러한 경향이 차차 불교 교단 내에서도 경(經) · 율(律) · 논(論)의 삼장(三藏) 이외에 진언밀주(眞言密呪)를 집성하는 결과를 가져오게 되었다. 즉 특정의 문자를 상징하여 이에 의해 종교적 심의를 사유하고 마음을 통일시키는 것으로, 이를 다라니 혹은 진언이라 칭하는 것이다.

다라니(陀羅尼)는 보통 총지(總持)라 번역한다. 신주(神呪)를 전심으로 송지(誦持)함에 따라 마음을 통일하고 산심(散心)을 총지하게 됨으로써 신주를 다라니 혹은 진언이라 칭하게 되었다. 이처럼 진언밀교는 이미 원시불교 중에 잡설(雜說)로 언급되었는데, 불도 수행자를 옹호하고 각종의 재난을 제거하기 위해 행하는 다라니사상은 불교 내부에서도 더욱 발전하며 전개되었다. 아울러 진언밀교야말로 여래(如來)의 진설(眞說)이라고까지 하는 정순밀교(正純密敎)의 성립을 보게 되었다.

우리나라에 밀교가 전래된 것은 신라시대의 고승 명랑(明朗)과 혜통(慧通)에 의해서라고 보고 있다. 이와 같은 밀교는 비록 정순밀교로 전개된 흔적은 찾아볼 수 없으나 의식 절차에 나타난 각종 진언이나 여러 진언집(眞

言集)의 유통 등을 통해 불교의 토착화와 더불어 큰 비중을 차지해 온 사실
을 충분히 살필 수 있다. 진언집의 유통 과정은 불교의 심오한 교의나 이른
인 출세간의 도를 전하는 데 있기보다는 현실의 이익을 추구하는 치병(治
病), 양재(禳災), 기복(祈福), 호국(護國) 등 현실 문제가 더욱 중요하게 반
영되어 있다. 이와 같은 현실의 요청에 부응하여 불교의식에 삽입된 것이
현행 불교의례의 밀교적 성격을 낳게 한 것이라 할 수 있다.

　다른 한편으로 한국 불교의례에 다양한 신앙적 요소가 수용되어 있어 밀
교적 다원신앙을 인정하고 이를 통섭하는 신앙 체계를 지니게 된다. 이를
만다라(曼荼羅, 曼陀羅)라 부를 수 있는데, 그것은 한국 불교의례에 수용
된 제 신앙의 요소들이 만다라적 신앙 체계를 지니고 있기 때문이다.

3) 정토신앙

한국 불교의례에서 정토신앙의 구체적인 모습은 시식의례(施食儀禮)에서
찾아볼 수 있다. 이는 나무아미타불 십념(十念), 장엄염불(莊嚴念佛), 나무
아미타불 후송염불(後誦念佛), 문외법주창(門外法主唱) 등에서의 "원왕생
원왕생(願往生願往生) 원생극락(願生極樂) 견미타(見彌陀)…" 염송 등을
들 수 있다.

　정토신앙은 염불 수행에 의해 아미타의 극락세계에 왕생하게 된다는 신
앙이다. 신라의 고승 원효(元曉)는 일찍이 『유심안락도(遊心安樂道)』에서
극정(極淨)과 극락은 심의로 계탁(計度)할 수 없을 만큼 무한한 것이나 누
구든지 아미타불을 염하여 왕생극락을 원하면 즉시 견불할 수 있다고 하
여 극락정토의 이행도(易行道)를 제창했다.

　그런데 이와 같은 염불신앙은 일찍부터 불도 수행의 기본 행법의 하나로

생각되어 불법을 하는 법신의 염불, 불의 공덕이나 상모(相貌)를 마음속으로 생각하는 관념의 염불, 또한 불의 명호를 입으로 부르는 칭명염불(稱名念佛)이 행해졌다. 한편 염불의 대상도 여러 가지가 있으나 아미타불신앙이 널리 보급되면서 입으로 나무아미타불을 외우는 칭명염불이 일반 대중에 크게 유행하게 되었다. 그리고 이와 같은 염불이 의례화 함에 따라 더욱 구체적인 인간 관심사와 결합하게 되었음을 전술한 의례 구조에서 살필 수 있다.

그러면 다음에는 의례 절차상 정토신앙의 구조적 성격을 살펴보자.

(1) 나무아미타불 십념(十念)

원효는 『유심안락도』의 제사(第四)「왕생인연문(往生因緣門)」에서 십념(十念)을 십법기념(十法起念)의 온밀십념(穩密十念)과 현료십념(顯了十念)으로 구분했다. 현료의 십념은 『관무량수경(觀無量壽經)』에서 설하고 있는 하품하생(下品下生)의 십념을 말한다고 했고, 이에 제오(第五)「왕생난이문(往生難易門)」에서는 칭명의 십념도 들고 있다. 여기에서 원효는 위로는 보살로부터 아래로는 범부중생에 이르기까지 다 같이 왕생할 수 있음을 설했다. 또한 그 수행에 있어서는 임종 무렵의 십성(十聲) 염불로써 생사의 죄를 면제받고 극락세계에 왕생할 수 있다고 했는데, 전기 의례에서의 십념은 십성의 칭명염불로 정중하게 아미타불의 명호를 십성칭념(十聲稱念)하는 것이다.

(2) 장엄염불(莊嚴念佛)

아미타불의 정토는 칠보합성(七寶合成)의 장엄 세계를 말하는데 이는 법장비구(法藏比丘)의 본원에 의해 장엄되는 것이다. 따라서 그 본원을 믿는 자는 그의 정토에 왕생한다고 하는데, 그렇다면 염불왕생(念佛往生)의 신심은 정토장엄(淨土莊嚴)에 의해 성립되고 본원장엄(本願莊嚴)의 정토는 염불왕생의 신심에 의해 비롯되는 것이라 할 수 있다. 그런데 전기 장엄염불은 이와 같은 극락정토의 장엄찬(莊嚴讚)으로, 법조(法照)의 극락장엄찬의 형식을 따르고 있다.

(3) 후송염불(後誦念佛)

후송염불이란 "나무시왕정토 극락세계 삼십육만억 십이만 구천오백 동각동호 대자대비 아미타불"과 같은 형식으로 아미타불을 계속 염한다. 이는 담란(曇鸞)의 『찬아미타불게(讚阿彌陀佛偈)』에서도 찾아볼 수 있는데 의례화된 염불의 형식이다.

(4) 원왕생원왕생(願往生願往生)

이는 일종의 발원이라 하겠는데 정토신앙의 기본 입장은 아미타불의 정토에 왕생하는 데 있다. 그리하여 정토교의 신앙인은 정토왕생을 간절히 발원하게 되는 것이다.

이상에서 살핀 한국 불교의례에 나타난 정토신앙적 요소를 다시 정리해 보면 십념으로 아미타불에 귀의하고 장엄염불로 정토찬(淨土讚), 후송염불로 미타찬(彌陀讚)을 하여 다시 원왕생원왕생으로 정토왕생을 발원하는 정토적 귀의사상이 불교의식의 구조에 삽입되어 있는 것이라 할 수 있다.

4. 불교문화와 민속예술

1) 불교 민속예술의 시대적 배경

오늘날에 전하는 민속예술을 살펴보면 불교적인 내용을 담았거나 불교적 영향을 받은 것이 상당히 많다. 예컨대 민속예술의 진수라 할 수 있는 「영산회상(靈山會相)」, 승무(僧舞) 등이 대표적이라 할 수 있겠고, 「춘향가」 「심청가」 등 판소리에서도 불교사상의 영향을 간과할 수 없으며, 가면극과 인형극 등에서 찾아볼 수 있는 불교과장이나 「보렴(報念)」과 「산염불(山念佛)」 등 각종 민요의 세계도 불교를 떠나 생각할 수 없다. 이와 같은 민속예술은 주로 조선시대에 그 기원을 두고 있어, 조선시대의 불교가 민속예술로서 발전하게 된 배경을 살펴보기로 한다.

조선시대는 사대부를 중심으로 한 유교지상주의 사회였다. 모든 문물제도는 유교적 기본 위에 제정되었으며, 종래의 불교적 일상의례는 유교의례로 대체되었다. 불교는 지배층으로부터 배척받게 되면서 서민층에 의한 불교로 전개되어 기복적 경향이 강해지게 되었고, 의례에 있어서도 망자의 명복을 비는 추선공양의례(追善供養儀禮)를 중심으로 명맥을 유지했다.

그러나 한편으로 당시 유교 사회에서도 종교적 내면생활에 있어서는 불교를 떠나 생각할 수 없었다. 조선왕조를 확립한 태조도 정치적 방향에서는 유교 사회를 이상으로 했으나 불교를 존중하고 의지했음을 알 수 있다. 특히 고려 왕씨의 유족을 모두 처형하여 정권을 수립한 데 대한 괴로움을 느끼고 『법화경(法華經)』의 공덕에 의해 영혼을 달래고 죄의식을 면하려는 종교적 일면을 찾아볼 수 있다. 이같은 신앙심은 이후의 제왕들에게서

도 살펴볼 수 있어 국행수륙재(國行水陸齋)와 같은 정기 의례행사도 행하
게 되었다. 아울러 봉신사회의 포화(飽和)에서 초래된 사체적 모순에서 갈
등, 반발, 기대로 연결된 사대부의 생활에서도 불교신앙의 흔적을 찾아볼
수 있다. 당시의 사회적 정치적 불안, 혹은 극복할 수 없는 계급사회의 모
순을 종교적 기원에 의해 극복하려고 한 경향이 있었던 것이다.

이처럼 왕실과 지배층에서도 불교적 신앙심이 내재되어 있었지만 유교
적 명분을 떠날 수 없었기에 불교는 주로 비일상적 의례를 통해서 신앙되
었다. 조선시대의 종교적 요청은 지배층에서부터 서민층에 이르기까지 의
례불교로서의 성격을 강하게 지니게 되었고, 이러한 의례는 예능적 요청
과도 결부되었다. 따라서 불교의례의 예능화와 그에 따른 민속예술의 불
교적 전개라는 시대적 특성을 지니게 되었다.

조선시대는 불교와 유교의 가치가 병존한 시대였다. 즉 일상적 사회적
표면 생활은 유교에 의거했으며 개인적 비사회적 내면생활은 불교에 의거
했다고 할 수 있다. 특히 조선 중기 이후부터 정치적 사회적 불안에서 일어
나는 불만과 갈등이 고조되었고, 이와 같은 삶의 문제를 종교적 예술적 내
면생활을 통해 해결하려는 경향이 강해졌다. 종교라 하더라도 당시의 민
중들은 수행이나 간경(看經) 등에 의지하기보다는 의례를 통해 신앙적 욕
구를 충족시켰다.

따라서 당시의 불교의례에는 민중의 애절한 발원(發願)이 담겨 있고, 그
발원은 불교의례를 떠나 민요 등으로 불리면서 일상생활과 함께하게 된
다. 이처럼 조선시대의 불교의례는 음악과 시가 등 예술 분야에 많은 영향
을 미치게 되고 정서적 면을 강하게 지니게 되었다. 사상·신념·교의 등의
문제보다는 관습·유속(流俗) 등과 깊이 관련되어 민속예술을 발전시키기

에 이르게 된 것이 아닌가 한다.

이상에서 보면 조선시대의 민속예술이 불교의 영향을 받게 된 것은 먼저 조선 불교의 대중적 기반이 의례불교였다는 데 있다. 또한 그와 같은 의례불교는 예술적 특성을 지님으로써 대중과 깊은 친연성을 맺게 되었다는 데서 그 의의를 찾아볼 수 있다. 조선시대의 불교가 예술적 특성을 지니게 되었다는 것은 불교의례에서 범패(梵唄)와 의식무(儀式舞)의 위치가 중요시된 것을 뜻하고, 수차 정비된 『범음집(梵音集)』『일판집(一判集)』『작법귀감(作法龜鑑)』등의 의식문이 범패와 의식무를 중흥하려는 내용을 지니고 있다는 점이 이를 일러 준다. 범패는 신라시대부터 행해졌으나 특히 조선시대에 와서 범패의 중흥을 통해 의례를 정비하려 한 것은 의례의 예능적 측면을 재인식하게 되었고, 대중적 요청과 더불어 불교를 통한 민속예술의 발전이 있게 된 데에 따른 것이 아닌가 한다.

의례에 있어 불교미술이 갖는 중요성을 간과할 수 없으나, 음악은 보다 직접적으로 대중과 교류할 수 있는 요소이다. 그리하여 의례의 예능화는 불교의 대중화를 촉진시키고, 나아가 조선시대의 민속음악에도 많은 영향을 미치게 된 것이다. 이러한 배경 속에서 성장하고 발전한 민속예술에는 어떤 것이 있는지 살펴보자.

2) 불교 관련 민속예술의 종류

(1) 영산회상(靈山會相)

「영산회상」은 전래의 민속음악 중에서도 가장 대표적인 기악곡 중 하나이다. 악곡의 구성은 상영산(上靈山), 중영산(中靈山), 세영산(細靈山) 가락들이 삼현환입(三絃還入), 하현환입(下絃還入), 염불환입(念佛還入), 타령, 군악 등으로 이루어지고, 기악의 편성에 따라 현악 영산회상, 관악 영산회상 등으로 나뉜다. 그러면 이 악곡은 불교와는 어떤 관계가 있는 것일까. 우선 '영산회상'이라는 악곡의 이름과 '염불'이라는 악장의 이름이 불교에서 연유된 것임을 일러 주고 있다.

「영산회상」이 나타난 가장 오래된 문헌은 성종 때의 『악학궤범(樂學軌範)』이다. 이에 의하면 오늘날에 전하는 기악곡으로서의 「영산회상」은 본디 관현 반주의 불교음악이었다. 다시 말하면 '나무영산회상 불보살'의 불 명호를 노래하던 성악곡이었다. 이와 같은 성악곡으로서의 「영산회상」이 후대에 내려오면서 그 사설을 잃고 오늘날에 볼 수 있는 순수한 기악곡으로 변했다. 결국 '나무영산회상 불보살'을 부르는 성악에 붙인 반주음악이 오늘날의 기악곡으로서의 「영산회상」이 되었다는 것이다. 그리고 성악곡의 반주 음악이었던 당시에는 현재의 상영산만 존재하였으나 기악곡화 되면서 중영산, 세영산 등이 첨가되어 오늘날의 악곡을 편성하기에 이르렀다.

'나무영산회상 불보살'을 창하는 것은 오늘날의 불교의식에서도 찾아볼 수 있다. 그렇다면 이 악곡은 불교의식에서 유래된 것이 분명하다. 성현(成俔)의 『용재총화(慵齋叢話)』에서도 "여기(女妓)들이 「영산회상」 불보살을 노래하면서 회잡(回匝)하는 것은 승도의 불공을 모방한 것"이라는 기록을 남기고 있다.

이처럼 불교의례의 음악이 민간 음악의 성장과 발전에 영향을 미쳐 왔음을 알 수 있는데, 그렇다면 그 영향이란 어떤 것일까. 우선 음악적인 선율의 영향을 들 수 있다. 오늘날의 불교의례 '나무영산회상 불보살'을 창하는 것을 보면 간단한 염불성(念佛聲)으로 하는 경우도 있으나 기악의 반주에 맞춘 범패로 창함이 전통적인 모습이다. 그리고 이때의 범패를 모방한 것이 기악곡으로서의「영산회상(靈山會相)」이라 할 수 있다. 다음에는 그저 단순한 악곡의 모방이 아니라 영산회상 법회가 지닌 종교적 정서가「영산회상」의 악상이 될 수 있었다는 것이다. 왜냐하면「영산회상」이 지니는 예술성은 단순한 모방에서가 아니라 영산회상 법회의 법열(法悅)을 체험하지 않고는 체득될 수 없는 경지의 것이기 때문이다. 그리하여 이를 연주하는 자 또한 고도의 수련 과정을 거치지 않으면 안 되는 것이다.

불교의식에서 '나무영산회상 불보살'을 창한다는 것은 영산회상 법회의 종교 체험을 얻으려는 데 그 목적이 있다. 그리하여 영산회상 불보살을 부르며 펼쳐지는 영산회상 법회의 내용은 석존의 설법장으로서 영산의 재현이라는 상징적 의미를 지니게 된다. 그리고 이와 같은 영산회상 법회에서의 음악은 법회의 환희심에 대한 언어적 표현의 어려움을 음악적으로 보완하는 것이라 할 수 있다.

이상을 정리해 보면「영산회상」은 불교의 영산법회에 그 연원이 있고 영산법회의 법열을 악상으로 한 불교음악이라 할 수 있다. 그리하여 이 악곡은 불교의례 음악이 되기도 하지만 의례를 떠나서도 일반적인 훌륭한 음악예술로서의 가치를 지니게 되는 것이다.

(2) 승무(僧舞)

「영산회상」이 민속음악의 진수라 한다면 승무는 민속무용의 진수라 할 수 있다. 왜냐하면 모든 민속무용의 기본 춤사위는 승무로 대표되기 때문이다. 이와 같은 승무가 불교무용에서 유래한다는 것은 재론을 필요로 하지 않으나 승무의 내용에 대한 종래의 해석이 잘못되어 왔음을 지적하지 않을 수 없다. 즉 그동안 승무는 파계승(破戒僧)의 고뇌를 춤으로 표현한 것이라 해석되어 왔다. 그리하여 이 춤의 마지막 장면에 가서는 가사(袈裟)를 벗어던지고 환속하는 동작을 취하기도 했다. 근래에 이와 같은 해석이 많이 시정된 바 있지만 아직까지 승무에 대한 바른 해석은 내려지지 않고 있다.

승무는 승복 차림의 춤이며, 분위기가 고조됨에 따라 법고(法鼓)를 두들긴다는 특징을 지닌다. 이때의 법고는 법열의 상징적 표현이며 북가락이 점점 고조됨은 법열이 고조되어 간다는 의미이다. 승무를 파계승의 고뇌를 표현하는 것이라고 본다면 법고는 고뇌가 더해 가는 것이고, 견디다 못해 승복을 벗어 버리는 것이 된다. 승무가 내면세계의 갈등을 예술적으로 표출한 것이라면, 세속적 갈등을 오히려 희열의 세계로 승화시켜 나가는 것이라 보아야 할 것이다. 마지막 장면의 법고는 그 희열의 감정을 표출한 것이다. 물론 이를 인간의 고뇌를 더욱 심화하는 것으로 바꾸어 생각할 수도 있다. 그러나 고뇌를 심화한다는 것은 감동을 줄 수 있으나 고뇌를 견디다 못해 파계해 버리고 만다는 것은 아무런 감동도 줄 수 없을 것이다.

이같은 승무에 대한 해석은 다분히 주관적이다. 좀 더 객관성을 갖기 위해서는 승무의 연원과 그 성장 발전의 배경을 살펴봄이 옳을 것이다. 승무의 연원은 불교의식에서 나비춤, 법고춤에 있다고 보아야 한다. 왜냐하면 그 춤사위가 같은 유형일 뿐 아니라 승무가 승려의 춤이라고 하는 상징적 의미를 지니고 있기 때문이다. 그렇다면 승무는 불법의 표출이며 그 불법은 고뇌의 표출이 아니라 법열의 표출이라야 할 것이다.

본디 불교의식 무용으로서의 나비춤은 일명 작법무(作法舞)라고도 하는

데 언어로 표현할 수 없는 불법의 희열을 상징적인 동작에 의해 표출한다는 의미를 지닌다. 그리고 법고춤은 이와 같은 불법의 희열을 더욱 고조시켜 널리 중생계에 알린다는 의미를 지닌다. 적어도 이같은 의식무용의 영향 아래 민간의 승무로 발전했다고 봄이 옳을 것이다.

이를 이해하려면 조선시대를 이해하지 않으면 안 된다. 앞서 조선시대 이후의 민중불교는 불교의례가 중심을 이루었고, 이때의 의례는 예능적 성격을 지님으로써 더욱 민중화할 수 있었다고 했다. 이는 불교를 사상적 교학적인 방법에 의해 인식하고 신앙한 것이 아니라 예술적인 세계를 통해 자기화하고 또 그 세계에 몰입하는 신앙 형태를 지녔음을 의미한다. 그리고 민중의 이와 같은 신앙 체질이 승려에 의해 의식무로만 추어졌던 춤을 민간 스스로가 추고 즐길 수 있는 승무로 발전시킨 것이라 생각된다.

흔히 조선시대 이후의 불교를 기복적인 불교 혹은 무속적인 불교로 타락했다는 측면으로만 보는 경향이 있다. 그런 면이 없는 것은 아니나, 불교의례의 예술적인 세계를 통하여 민중 스스로가 자기 체질을 갖는 민중불교를 형성해 나갔다는 사실을 간과해서는 안 될 것이다. 그러지 않고는 오늘날에 전하는 불교의 영향을 받은 민속예술의 세계를 도무지 이해할 수 없게 될 것이다.

(3) 민요와 각종 성악

불교적인 민요 혹은 불교민요라 할 수 있는 것이 상당수 전한다. 「보렴(報念)」「산염불(山念佛)」「회심곡(回心曲)」「염불타령」이 그 대표적인 것이라 할 수 있으며 그 외에도 불교적 사설의 내용을 담은 것이 상당수 전한다. 이같은 불교민요는 대체로 다음과 같은 몇 가지 특징을 지닌다.

먼저 민중의 불교에 대한 간절한 발원을 노래한 것으로, 음악의 선율이 불교적이라거나보다 사설이 불교적이라는 것이다. 「고려」 이란 남도창의 창법을 빌려 부르는 대표적인 불교민요인데, 그 사설은 불교의례의 축원문이다. 관서지방의 대표적인 민요인 「회심곡」 또한 민중이 불교에 의지하여 간절한 소망을 노래한 것이다. 즉 「회심곡」은 불교의례에서는 화청(和請)이라고 하는데, 본격적인 불교의식을 행하고 난 다음 민중적인 감각과 입장에서 민중의 소리를 대표하여 불전에 올리는 불교민요이다. 「산염불」「염불타령」 등도 수행적 의미를 지니는 염불을 민중의 소리로 대신하여 부르는 간절한 민중의 발원 음악이다.

앞에서 조선시대의 불교는 배불 정책에 의하여 일상적 사회적 의미에서는 그 영향력이 약화되고 비일상적 비사회적 성격의 불교로 변모해 간 경향을 밝힌 바 있다. 이러한 사회적 제도적 제약을 받는 불교가 예술적 경향을 통해 이같은 제약을 극복하여 불교민요의 성장 발전하게 된 것으로 보인다. 이와 같이 사회적 제약을 극복하고 예술적인 방법을 통해 종교적 요청을 만족하는 유형은 두 가지로 살펴볼 수 있다.

하나는 사대부 등 지식층의 신앙 경향이다. 당시의 사대부들은 명분상 불교와 거리를 두지 않으면 안 되었기에 내면의 종교적 욕구를 시가라는 형식을 통해 충족했던 것이 아닌가 한다. 조선시대의 사대부들은 많은 시가를 남겼다. 물론 시가의 내용이 불교적인 것은 아니다. 그러나 그 시가를 담아 부르던 가곡의 창법과 선율이 불교의 범패와 너무나 흡사하다는 것은 무엇을 의미하는 것일까. 음악에서 가사 내용이 시사하는 뜻을 간과할 수 없으나 음악이 갖는 본질적인 의미는 선율에 있다. 그런데 사대부들이 즐기던 선율이 불교적인 것이었다면 이는 중대한 의미를 지닌다. 표면상으로는 불교를 외면했으나 내면적으로는 불교적인 감정을 떠날 수 없었음을 일러 주는 것이기 때문이다.

이처럼 지식층의 불교적 감정 내지 신앙에의 접근이 직접적인 것이 아닌 상징적인 방법을 통한 것이었다면, 일반 민중은 보다 직접적으로 이를 드러낼 수 있었다. 이것이 바로 불교 기원문을 노래한 것이다. 이와 같은 사실에서 조선시대 이후의 민중은 비일상적인 불교를 일상화하는 과정에서 다양한 불교민요를 발전시켜 나갔던 것을 알 수 있다. 언제나 불교에 대한 기원의 마음을 노래하고 즐김으로써 소박한 종교적 요청을 충족할 수 있었던 것이다.

「춘향가」「심청가」「수궁가」 등의 판소리 내용도 불교사상의 토대를 벗어날 수는 없을 것이다. 이들의 음악적 기원은 오히려 무속에서 찾을 수 있겠으나 무가(巫歌)가 곧 판소리는 아니며, 이를 바탕으로 한 새로운 민간음악으로 변형하고 발전하면서 무불(巫佛) 습합적인 종교사상이 판소리 사설 형성에 영향을 미쳐 불교적인 내용을 지니게 된 것임을 알 수 있다.

이처럼 불교의 영향을 받은 민속음악은 두 가지 유형으로 구분됨을 알 수 있다. 하나는 음악의 선율이 불교적인 것이며 다른 하나는 사설이 불교적인 것이다. 전자는 「영산회상」, 가곡창 등이라 할 수 있고 후자는 민요와 여타의 성악곡이라 하겠다.

(4) 연희

현존하는 민속예술 중 연희로서는 독립된 불교연희를 찾아볼 수 없다. 다만 인형극, 가면극 등에서 독립된 불교과장이 참여하게 된다. 이러한 재래의 민속연희에 불교과장이 참여하게 된 것은 어떤 연유에서이며, 그 과장의 의미는 어떤 것일까. 우선 이들 연희의 주제가 어떤 것인지 살펴보고 아울러 불교과장의 성격을 살펴보기로 한다.

인형극의 주제로는 대개 다음과 같은 몇 가지를 살펴볼 수 있다. 첫째, 무격(巫覡)과 관련되는 기본 문화 요소의 잔존, 둘째, 파계승에 대한 풍자, 셋째, 일부처첩의 삼각관계와 서민층의 빈궁상 노정, 넷째, 양반계급의 횡포와 형식적 도덕에 대한 조롱, 다섯째, 내세의 명복 기원과 불교에 대한 귀의 등이다.

가면극의 경우를 보면 대체로 다음과 같은 공통적인 주제를 지닌다.

첫째, 벽사의 의식무: 사자춤, 상좌춤

둘째, 파계승에 대한 풍자: 목중과장, 노승과장

셋째, 양반 계급에 대한 모욕: 양반과장

넷째, 일부처첩의 삼각관계와 서민 생활상: 영감, 할미, 광대 과장

그러면 불교과장은 어떤 것인지 살펴보자. 인형극 꼭두각시놀음의 불교과장은 맨 마지막에 나타나는데 그 내용을 소개하면 다음과 같다.

박첨지: 헤―아 여보게, 또 한 쌍 놀아야지. 여기 터가 좋다고 절을 하나 이룩하는데 절은 무슨 절인가 하면 일국 기념전에 제비 칠 년간에 국가와 근건을 사모코저 하는데, 이 절에다 시주하면 아들 없는 양반 아들 낳고, 딸 없는 양반 딸 낳고, 부귀공명하고 잘살 만한 절이라고.(이때 승 두 사람이 나와 절을 한다)

창: 이 절에 화상이 절을 지어라. 어―어 화상이 절을 지어라.

받는 소리: 절을 지어라, 절을 지어라. 에― 화상이 절을 다 지어라. 강원도 금강산 유점사(楡岾寺) 지어라. 에― 화상이 절을 다 지어라.

박첨지: 여보 손님들께 말씀 좀 전해 주게. 이 절에다 시주를 하면 아들 낳고 부귀공명 한다고 여쭙십시오.

창: 이 절에다 시주를 하면 아들 낳고 딸을 낳네. 이 절에다 시주를 하면 부귀공명 하시련만. 이 절에다 시주를 하면 아들 낳고 딸을 낳네. 이 절에다 시주를 하면 팔도어사를 하련만. 에ー 화상이 절을 다 헙세. 에ー 화상이 절을 헌다. 절을 헌다. 에ー 화상이 절을 헌다.

박첨지: 쉬ー 여러 손님들 보고 말씀 좀 여쭈시오. 이걸로 다 끝을 마쳤으니, 이 늙은 영감은 들어간다고. 아이고 허리야, 아이고 아이고.

결국 이 과장은 절을 지었다 헐었다 하는 장면을 인형으로 연출하면서 전기 사설을 박첨지의 말과 일반 대중의 창으로 연출하게 된다. 이 밖에 인형극에서 불교 관련 장면을 보면 일부처첩 삼각관계의 갈등에서 큰 부인이 갈등을 해소하는 방법으로 중이 되려는 심정을 표하고 있다.

이상과 같은 내용에서는 파계승을 풍자했다고 할 만한 내용은 전혀 보이지 않는다. 오히려 맨 마지막 장면에서 절에 시주할 것을 권하고 있을 뿐이다. 이 과장은 사찰에서 시주의 목적으로 사당패를 이용하여 시주를 권하는 장면이거나, 아니면 모든 사회적 갈등에서 벗어나 절에다 시주하는 공덕을 쌓음으로써 복덕을 누리겠다는 민중의 애절한 소망이 엿보이는 장면이다. 이같은 소망은 처첩 삼각관계의 갈등을 출가하여 승려가 되는 길에서 찾으려는 과장과도 상통하는 것이다.

그러면 다음 가면극의 경우를 보자.

① 먹중춤 과장: 가면은 붉은 편이고 칠베 장삼에 홍띠를 띠고 짚신을 신었

다. 달음질하며 등장하여 장내를 한 바퀴 돌면서 이상한 소리를 낸다. "헤가리 헤가리 쉬─ 천상지상(天上地上) 백운지하(白雲之下)에 일국지명산(一國之名山)이요 제불지대찰(諸佛之大刹)이라. 이 중에 웬 중인고 하니 도승(道僧)도 아니요, 걸승도 아니요, 남악산(南岳山) 최고지봉(最高之峰) 유기화상 제자로서 남해수공(南海修工) 갔던 길에 환산길이 막혔기로 석교상 좁은 길을 잠시 잠깐 들렸으면 수도공덕(修道功德) 하오리다…." 한 과장이 끝나고 다음 과장으로 이어지는데 여전히 제1과장의 가면과 몸차림이다. 달음질하면서 헤가리 헤가리 하며 먼저 먹중을 내쫓는다. 그러고는 노래조로 "중 내려온다, 중 내려온다. 저 중의 호사 봐라. 저 중의 치레 봐라. 칠베 장삼에 송낙을 쓰고, 단주 손에 들고, 염주 목에 걸고, 거들거들거리고 내려온다. 중이라는 것은 산에 올라가도 염불, 인가에 내려와도 염불이다. 나무아미타불 관세음보살"이라고 읊는다.

② 상좌춤: 상좌(上佐)가 흰 고깔을 쓰고 염주를 목에 걸고, 백장삼(白長杉)에 홍가사(紅袈裟)를 어깨에 걸고 흰 바지에 행전 치고 망혜 신고 왼쪽과 아래쪽에서 등장하며 천천히 걸어오다가 적당한 거리를 두고 대무(對舞)한다.

③ 노승과장: 먹중 두 명, 말뚝이 두 명, 마부 두 명, 남극노인(南極老人) 취발이의 순서로 북, 장고, 꽹쇠 등을 들고 등장하여 같이 어울려서 타령에 맞추어 춤추는 과장이다. 춤과 함께 음악이 끝나고 먹중이 앞으로 나온다. 내용을 보자.

　취발이: 쉬─ 자아, 우리 춤만 출 것이 아니라 노래나 한마디씩 하자.
　일동: 거 좋은 말이다.

남극노인: 에─라 만수 에라 대신(大神)이로구나. 낙양성(洛陽城) 십 리 허에 높고 낮은 저 무덤은 영웅호걸이 몇몇이며 절세가인이 누구누구. 우리도 아차 죽어지면 저기 저 모양 될 것이니 한 살이라도 젊었을 때 거들거리고 놀아 보자. 에─라 만수 대신이로구나.

먹중 1: 심양산 당도하니 백락천(白樂天) 일거 후에 비파성이 끊어졌다. 적벽강 당도하니 소동파(蘇東坡) 놀던 풍류 의구하게 있다마는 조맹덕(曹孟德)의 일미주(一美酒)요, 지웅에 안자재라. 월락조제(月落烏啼) 깊은 밤에 고소성(姑蘇城)에 배를 매고 한산사(寒山寺) 쇠북소리 객선이 둥둥 떠들어온다. 에─라 만수.

먹중 2: 에─라 만수 에─라 대신이로다. 현덕정(賢德亭) 새로 짓고 사양문(斜陽門)이 제격이요, 황학루(黃鶴樓) 최후에는 숙월부가 제격이요, 열녀 춘향이 죽게 된 데 어사옥이 제격이로다. 에─라 만수우.

취발이: 에─라 만수 에─라 대신이로구나. 반갑네, 반가워. 절대춘풍이 반갑고 더디고나, 더디고나. 암행 행차 더디고나. 남원옥중 수절이 들어 이화춘풍이 날 살렸구나. 에─라 만수.

말뚝이 1: 에─라 만수 에─라 대신이로다. 막막한 창해중(蒼海中)이요, 담담한 물결이라. 백빈주(白蘋洲) 갈매기는 홍요안(紅蓼岸)으로 날아들고 삼강(三江)의 기러기는 평사(平沙)로 떨어진다. 요란한 남은 소리 어적인 줄 알았더니 객곡 인불견(人不見) 물색이 점점 푸르르네. 과내 성중 만고수는 나를 두고서 이름이야. 에─라 만수.

이때 노승은 칠베 장삼을 입고 가사 메고 염주 목에 걸고 육환장(六環杖) 짚고 송낙을 쓰고 화선(花扇)으로 얼굴을 가리고, 상좌 두 명이 육환장을 메고 노승을 모시고 적당한 장소로 나오면서 노승은 엎드리고 상좌는 노승의 좌우로 갈라선다. (먹중의 노랫소리 계속된다) 이후 말뚝이, 마부 등의 놀이소리가 있고 나서 인동이 의문을 갖고 "그럼 자세히 들여다보자" 하며 노승이 엎드린 곳으로 엉금엉금 가 들여다보고 깜짝 놀란다.

일동: 야아 이것이 무어냐?

말뚝이: 자아 무언지 한번 물어보자. 네가 사람이냐 짐승이냐? (노승 대답 없고)

말뚝이: 귀신이냐? (역시 노승 대답 없고)

말뚝이: 그러면 산중호걸 사자냐? (노승 역시 대답이 없다)

말뚝이: 독수리냐?

말뚝이: 아무리 생각해도 장삼을 입은 것을 보니 네가 중놈이 아니냐? 그러면 노승 엎드린 채로 고개만 끄덕인다.

말뚝이: 네가 중놈이면 절간에서 불도나 숭상할 것이지, 이런 사가에를 무슨 뜻으로 내려왔단 말이냐. 아무래도 네가 풍류를 좋아하는 것 같으니 산 좋고 물 좋고 인물 좋고 풍류 좋은 곳으로 우리가 지시할 테니까 가보겠느냐? (노승 고개를 끄덕인다. 일동은 크게 웃는다)

말뚝이: 소원이 그러하다니 풍류 좋은 곳으로 우리가 인도하자.

먹중들이 퇴장하면 상좌는 노승의 좌우에 선다. 긴 영산 도도리가 나오면 노승이 서서히 움직여 춤을 추면서 엎드려 가만히 부채 위로 얼굴을 내어 관객석을 좌우로 살피고, 관객을 보고서 살짝 부채로 가리기를 반복한다. 그리고 상좌와 춤을 추다가 소무(小巫) 등과 마주치면 깜짝 놀라 뒤로 돌아와 소무를 자세히 보고 나서 그 미색에 도취되어 소무를 어르기 시작한다. (…) 노승이 애가 타서 못 견디겠다는 듯한 동작을 하다가 할 수 없이 염주를 소무의 목에 걸어 주면, 소무는 몰인정하게 염주를 벗어 집어던진다. 노승은 안심하고 춤을 추다가 땅에 떨어진 염주를 발견하고 크게 실망하여 시름없이 쳐다보다가 무슨 결심이나 한 듯이 앉아서 세수를 하고 석경으로 얼굴을 보고 단장한 다음 염주를 들고 일어선다. 소무에게 접근하여 어르면서 염주를 다시 목에 걸어 주고 뒤로 약간 물러서서 소무를 보고 크게 기뻐하며 가사마저 소무에게 걸어 준다.

이상의 불교과장에서 보면 당시 민중의 승려에 대한 인식의 기준과 불교의 인식 방법이 잘 반영되어 있는 것으로 볼 수 있다. 즉 민중이 기대하는 승려상은 호화로운 생활과는 거리가 먼, 오직 산에 가도 염불, 인가에 내려와도 염불하는(먹중과장) 수도상이다. 한편 절간에서 불도를 숭상할 것이지, 사가에 내려와서는 안 된다는 것(노승과장)이다. 이같은 민중의 승려상에 대한 인식의 기준으로 그에 대비하여 파계승을 그려 나간 것이 불교과장이라 할 수 있다. 그렇다면 이 과장은 단순히 파계승을 풍자한 것이라기보다는 오히려 민중의 승려에 대한 간절한 소망을 주제로 한다고 할 수 있다.

5. 불교의례의 예술적 특성

지금까지 살펴본 것처럼 불교를 이해하고 신앙하는 방법에는 여러 가지가 있으나 특히 일반 민중이 쉽게 접근할 수 있는 것은 예술적인 방법을 통해서이다. 우수한 불교미술 작품을 비롯하여, 다양한 예술적 기능적 요소에 기반한 민중불교는 소중한 자산으로 전승되고 있다.

한국 불교에 있어 일반 민중을 교화 대상으로 하는 불교의례의 구성 절
차는 음악과 무용 등을 중심으로 한 예능적 성격이 강하나, 이의 원은 무성
은 불교 전래 이전의 제천의례 등에서 그 기원을 찾을 수 있는 한편, 불교
의 민중화 과정에서 민속신앙 의례와의 습합 과정에서도 살필 수 있다. 누
차 밝혔듯이 민속예술 속의 불교와 불교의례는 불교에 대한 민중의 간절
한 소망이 토대가 되어 있었음을 잊지 말아야 할 것이다.

기도형인 타행의례의 본질은 종교적 주체와 객체의 상호 체계 위에 신불
(神佛)에 대한 인간의 마음과 그에 의한 행위의 구체적 표현으로 나타난
다. 신불은 이를 수용하여 그 의례의 집행 중에 시현(示現)하는 형식으로
써 인간과의 융합을 기하려 한다. 이때 의례의 실제적인 면은 신불을 대상
으로 하는 예배와 찬미, 음식물, 향화 등 기타의 봉존(奉尊)과 요청 의사로
서 구체적 표현인 기도문을 상주한다. 이를 구체적으로 전개해 보면 인간
의 신불에 대한 봉사의 심정, 태도, 행위에 따른 의식주 삼자(三者)에 의해
행해짐을 알 수 있다.

① 의: 법의(法衣).
② 식: 종교적 객체의 음식물.
③ 주: 신전, 불당과 기타 부속 건물, 회화, 조각, 도금 등 각종 공예 미술품.
④ 기타: 이 외의 공양으로서 각종 음악, 무용, 헌화, 기도문, 예배 등.

여기서 의식주 삼자는 의례의 선행 조건이며 의례의 실행은 예배, 찬영,
음악, 무용, 기도문 등이 주가 된다. 이와 같은 의식 행위는 신불에 의한 구
제의 감정이며 환희, 희열, 사랑, 감사의 감정으로 표현된다. 여기에서 종

교의례의 음악과 무용 등의 발생하는 것으로, 이는 신앙 체험에 의한 고백으로서 나타나는 것이다.

그런데 조선시대의 경우 불교의례의 예능화는 이와 같은 신앙적 체험으로서의 고백이라기보다는 오히려 의례의 예능화에 의해 역으로 신앙 체험 및 신앙심을 불러일으키려고 한 선행적 산물로 보인다. 의례의 정비에 있어 범패 중흥을 기하려고 한 노력이나 의례 구성의 반복적 양식을 취하고 있는 것 등이 그 예라 하겠다. 그리하여 이와 같은 의례는 신앙의 체험에 앞서 좋은 구경거리가 되기도 한다. 그러나 여기에서 끝나는 것이 아니라 의례의 장엄으로 심미적 감흥을 일으키고 그에 의해 신앙심을 유발하는 데까지 나아간다.

이처럼 불교의례의 예능화는 한국예술사의 흐름과도 밀접하게 관련되어 있다. 특히 현존하는 민속음악의 대부분은 조선을 기점으로 하고 있듯이, 조선시대는 음악예술이 발달한 시대였다. 그런데 당시의 음악은 사회에 대한 은둔, 반발, 기대와 얽혀 일어나는 종교적 감정에 일관되고 있다. 즉 오늘날 불교의례의 예능화는 조선시대의 이와 같은 표현성이 조화있는 현실적 관계로서 이루어져 전승된 것이기도 하다.

음악의 깊은 활동은 자아의 해방이며 구제라 할 수 있다. 즉 자아의 체험을 일반적인 것에서 초인간적이고 절대적인 형식 속으로 이입하게 되므로 음악은 형이상학이나 신비주의를 수반하게 되는 것이다. 그리고 단지 의식을 장엄하게 하는 것뿐 아니라 종교적 도덕적 작용이 있음을 알게 한다. 음악은 수식물로서가 아니고 그 본질로서 나타나고 있기 때문이다.

따라서 의례의 예능화를 기능 면에서 본다면 보다 높은 종교적 경험 속에서 조화로운 현실적 관계를 맺는 데 이르는 것처럼 보인다. 왜냐하면 의

례에서 음악이란 불화, 불상 등과 같이 각자(覺者)의 모습이나 완성된 정
적인 존재에 접하는 것이 아니며 동적인 활동성, 내적인 본질을 나타내어
키는 것이기 때문이다. 예컨대 '깨닫는' '사랑하는' 등을 나타내어 움직이
는 것이다. 여기서 의례의 예능화는 상징의 표현을 통해 조화로운 현실적
관계를 맺는 것처럼 보인다. 불교에 있어 음악공덕을 말하게 됨도 이와 같
은 표현성을 이르는 것이 아닌가 한다.

불교사상과 의례 구조

양은용(梁銀容)

1. 들어가는 말

불교는 석가(釋迦)의 정각(正覺)을 통해 구세 이념으로 나투어진 깨달음의 종교이다. 깨달음을 얻은 그는 석존(釋尊), 불타(佛陀), 여래(如來) 등으로 받들린다. 그의 일대 언행은 『아함경(阿含經)』에 망라되어 있는데, 이들 원시경전의 내용을 종합해 보면 불교사상의 근간을 이루는 깨달음의 본질은 대체로 다음 구절로 요약된다.

이것이 있으므로 저것이 있고
이것이 생(生)하므로 저것이 생하며
이것이 없으므로 저것이 없고
이것이 멸(滅)하므로 저것이 멸한다.1

이는 이른바 연기(緣起)의 요체이다. 모든 것은 인연 연기에 의해 상호

의존하여 존재한다는 뜻이다. 세상 만물이 홀로 존재하는 바 없으며 공간 이나 시간이라는 세계 속에 서로 인간되어 있다는 생명의 관계성을 확인하 게 밝힌 것이다. 그러므로 무아(無我)이다. 삼십 세에 달관한 석존은 이 내 용을 초전법륜(初轉法輪)을 통해 설파함으로써 교진여(憍陳如) 등을 감화 시켜 다섯 명의 제자를 얻게 된다. 종교로서 불교 교단의 성립에 들어선 것 이며, 그 완성된 형태를 불법승(佛法僧) 삼보(三寶)라 부른다.

불보(佛寶)는 교조로서의 석존을 가리키며 불멸 후에는 불상이나 사리 로 대치된다. 법보(法寶)는 그의 교설로 후래의 경전을 말하며, 승보(僧寶) 는 그 교설을 따르는 제자들 곧 승단이 이에 해당한다. 삼보는 신앙의 대상 이므로, 국가와 국가 간의 공식적인 교섭 관계를 통한 불교의 공전(公傳) 에는 이를 갖추는 것이 예이다.

석존의 초전법륜은 그야말로 커다란 반향을 불러일으켰던 모양이다. 그 의 곁에는 진리를 갈구하는 재가출가의 일반인과 수행승들이 구름처럼 모 여들어 법석을 이루게 된다. 인연 연기의 교설은 인도 정통 사상인 바라문 교(婆羅門敎)의 운명론 내지 제사지상주의 원리를 뒤엎는 사상이다. 석존 은 극단적인 고행주의나 쾌락주의를 배제하고 중도주의를 분명히 한다. 존재의 본질을 인정하지 않는 연기의 원리는 존재론에서나 가치론에서나 바라나시(Varanasi)를 중심한 이단, 즉 신흥 자유사상의 흐름[2]과 맥을 같 이한다.

바라문교는 교살라국(憍薩羅國)의 수도 사위성(舍衛城)이 주요 거점이 었으며, 석존은 바라나시 부근 마갈타국(摩竭陀國) 왕사성(王舍城)이 활동 근거지였다. 왕사성 북쪽의 영취산(靈鷲山)에서 설법하는 상황을 영산회 상(靈山會上)이라 이르며, 일단의 교리 체계를 형성했을 때 바라문의 세력

권인 사위성으로 전도의 길을 떠나고 있다. 대승경전(大乘經典)에서는 영산회상에서 『묘법연화경(妙法蓮華經)』이, 사위성 기수급고독원(祇樹給孤獨園)에서 『금강반야바라밀경(金剛般若波羅密經)』이 각각 설해졌다고 일컫는다. 예컨대 후자는 대승경전의 체계인 신(信: 如是), 문(聞: 我聞), 시(時: 一時), 주(主: 佛), 처(處: 在舍衛國祇樹給孤獨園), 중(衆: 與大比丘衆千二百五十人俱)의 여섯 성취에서 설처(說處)가 명시되는데, 내용상에서도 바라문교의 운명론이나 제사지상주의를 넘어서는 무상(無常)의 묘리를 설파하고 있다.

깨달음을 얻은 석존의 화도전법(化度傳法) 기간은 사십구 년간으로 기록되고 있다. 이 기간 중에 불교 교리가 체계화되고, 수행승단의 승가(僧伽)가 이루어지며, 추종 세력을 중심으로 한 종교 교단이 성립된 것이다. 승가는 비구와 비구니의 출가 수행자 조직인 만큼 무리를 지어 생활하게 된다. 생활을 위한 조직이 아니라 깨달음을 구하는 모임이기에 화합중(和合衆)이라 번역한다. 그러한 승단의 무게는 삼보의 신앙 체계에서 잘 드러난다. 이 출가 승단에 재가 신자인 우바새(優婆塞, 남신도)와 우바이(優婆夷, 여신도)를 합하여 사부 대중으로 부르며, 사부 대중은 불교의 사회적 존재를 가리키는 셈이다.

석존은 수행에 있어서 중도를 취하고는 있지만 교단을 운영하는 데 있어서는 출가 수행자와 재가 신자를 분명히 구별한다. 초기 불교에서는 본질적으로 출가 수행자에게는 수행공덕(修行功德)이, 재가 신자에게는 보시공덕(布施功德)이 강조되었다. 계율에 있어서 출가자인 비구에게는 이백오십계, 비구니에게는 오백계를 주고 재가 신자에게는 보살계로서 십중계(十重戒)와 사십팔경계(四十八輕戒)를 내리는 등 분명한 차별을 보이고 있다.

노령에 이른 석존이 쿠시나가르(Kushinagar)로 전도를 위해 유행하던 중 발병하여 입반에 이르며, 이후 불교 교단은 석존의 수기설법(隨機說法)을 경전화하는 결집(結集)을 이룬다. 이는 네 차례에 걸쳐 행해졌는데, 교법인 경(經)과 계율인 율(律), 경율을 해석한 논(論)을 합하여 삼장(三藏)으로 부른다. 이들을 해석한 소(疏) 및 조사의 어록을 포함하여 오늘날 불교 경전은 이른바 팔만대장경을 이루고 있다.

첫번째 결집은 석존이 입멸한 해에 왕사성 교외에서 오백 명의 제자가 모였던 것으로, 이를 '왕사성(王舍城) 결집' 또는 '오백 결집'이라 부른다. 이때 기본 교리와 교단 운영상의 율이 갖추어졌을 것으로 보인다. 두번째 결집은 '비사리(毘舍離) 결집' 또는 '칠백 결집'으로 부르며, 일차 결집 후 백 년경에 계율상 이의가 생긴 것을 계기로 이루어졌다. 세번째 결집은 '천인 결집'으로 부르며, 석존 멸후 200년 경에 마우리아 왕조 아소카 왕 치하의 화씨성(華氏城)에서 행해졌다. 아소카 왕은 전 인도를 통일하고 각국에 전도사를 파견하여 이를 통해 불교의 보편 종교화를 이루었는데, 경·율·논 삼장이 이때부터 갖추어졌다. 네번째 결집은 기원 후 약 2세기경에 대월지국(大月氏國) 카니시카 왕의 치하에서 오백 비구가 모여 행해졌다. 외도(外道), 즉 다른 종교와의 관련 속에서 삼장의 주석을 정리했다.

불교 교단은 두번째 경전 결집을 거치면서 상좌부와 대중부로 나뉘는 근본 분열을 시작으로 발전과 분열을 거듭하며, 원시불교와 부파불교를 거쳐 기원 전후에 새로운 운동으로서 대승불교가 성립되기에 이른다. 이른바 『불설대방광불화엄경(佛說大方廣佛華嚴經)』과 같이 '불설'로 시작되는 대승 경전이 속속 성립되며, 깨달음보다는 중생 구제에 역점을 두고 육바라밀(六波羅蜜), 즉 보시(布施)·지계(持戒)·인욕(忍辱)·선정(禪定)·정진(精進)·지혜(智慧)가 강조되는 보살사상을 전개시킨다.

불교의 전도와 전파를 중심으로 보면 상좌부 계통은 스리랑카, 버마, 태국, 베트남 등 주로 해로를 따라 남방으로 발전했고, 대승불교 계통은 티베트, 중앙아시아를 거쳐 중국, 한국, 일본 등 주로 육로를 따라 북방으로 발전했다. 북방불교 측에서는 스스로를 대승불교(大乘佛敎)라 하고 남방불교를 소승불교(小乘佛敎)로 부르나, 남방불교 측에서는 스스로를 상좌부불교(上座部佛敎)라 부른다.3 한국 불교는 이 가운데 북방 불교의 흐름을 중국을 통해서 전해 받은 것이다.

여기에서는 이러한 불교의 역사적 전개에 유의하면서 그 사상과 의례 구조에 대해서 살펴보고자 한다. 다만 방대한 불교사상이나 의례를 간단하게 정리하는 것은 어려운 일이기 때문에, 이를 예술문화와 관련시켜 그 일단을 밝혀 보기로 한다.

2. 불타관의 전개

종교의 본령이 구세제인(救世濟人)에 있다고 할 때, 불교의 가르침은 "생령을 건지고 세상을 치료한다(濟生醫世)" "위로 깨달음을 구하고 아래로 중생을 구제한다(上求菩提 下化衆生)" "모든 악을 짓지 말고 뭇 선을 받들어 행한다(諸惡莫作 衆善奉行)" "나도 깨닫고 남도 깨닫게 하며 고통을 벗어나 열반락을 얻게 한다(自覺覺他 離苦得樂)" 등 다양하게 새길 수 있을 것이다. 유교의 인사상(仁思想), 그리스도교의 박애사상에 대하여 불교를 자비사상으로 보는 데도 종교 본령을 반영하는 흐름이 나타난다. 그리고 이 흐름은 불교의 역사를 이룬다. 이른바 제도사, 사상사, 수행사, 교화사, 예술사 등의 각 방면에 걸쳐 있다.

따라서 불교사상은 여러 분야에서 다양한 파악이 가능하며 이를 간단하게 정리하기는 쉽지 않다. 흔히 "병을 보고 약을 주는 것과 같이 법문도 근기에 따라 베푼다(應病與藥 對機說法)"고 하는 것처럼 각자의 시각에 따라, 처지에 맞추어 일단의 체계를 시도할 수밖에 없다는 결론에 이른다. 이 글에서는 이를 의례와 관련해서 살피고자 하거니와, 의례를 문화를 담는 그릇으로 보면, 불교사상은 불법승 삼보를 통해서 대강을 파악할 수 있을 것이다. 삼보는 종교의 구성 요소로 불리는 교조, 교리(경전), 교단 및 의례에 각각 해당하는 불교신앙의 강령이며, 삼귀의례(三歸依禮)는 법회에서 성화(聖化)의 계기4로 작용하고 있기 때문이다. 그러면 삼보를 통해 볼 때 불교사상의 구조는 어떻게 전개되었으며, 의례와는 어떤 관련이 있는가.

불보사상(佛寶思想)이란 불타관(佛陀觀)으로 요약할 수 있을 것이다. 불신관(佛身觀), 불토관(佛土觀)을 포함하는 내용이다. 정각을 이룬 석존은 어떤 존재이며, 삼세를 통해 어떤 서원과 수행을 해 왔고, 그가 도달한 세계상은 어떤 것인가 등에 관한 사상이다. 주지하는 바와 같이 석존이 입멸했을 당시는 불타란 석존이 유일하며, 그 깨달음의 지극함 때문에 벽화 등에 그의 모습을 새기지 않았다. 그가 존재할 자리는 빈칸으로 남아 있거나 깨달음을 상징하는 보리수 잎, 혹은 법륜(法輪)의 족적(足跡)이 새겨졌다. 뒤이어 석존상이 조각된 다음에는, 차츰 다양한 불상이 새겨지게 되었다.5 이는 불타상의 발전을 말하는 것으로, 초기 불교에서 위대한 수행자[아라한, 阿羅漢]로 표현하던 석존은 대승불교에 이르러 구원본불(久遠本佛)로 상징되는 것 등과 무관하지 않다.

석존 정각의 상징화는 깨달음의 원리에 바탕하여 제불(諸佛)로의 형상화를 가져온다. 예컨대 법보화(法報化) 삼신불(三身佛)인 청정법신비로자나불(淸淨法身毗盧遮那佛), 원만보신노자나불(圓滿報身盧遮那佛), 백억화신석가모니불(百億化身釋迦牟尼佛), 과현미(過現未) 삼세불(三世佛)인 연등불·석가불·미륵불, 차피토불(此彼土佛), 즉 차토의 석가불에 대한 동방의 아축불(阿閦佛), 서방의 아미타불, 그리고 즉신성불(卽身成佛)의 대일여래(大日如來)에 이르기까지 다양하다.

더구나 불상에는 정각과 화도(化度)라는 불교의 가르침이 삼존(三尊)으로 틀이 잡힌다. 좌우의 협시(脇侍)가 그것으로, 석가불에는 지혜를 상징하는 문수보살(文殊菩薩)과 만행(萬行)을 상징하는 보현보살(普賢菩薩), 아미타불에는 관음보살과 세지보살(勢至菩薩) 혹은 관세음보살과 지장보살, 미륵불에는 법화림보살(法花林菩薩)과 대묘상보살(大妙相菩薩), 대일여래(大日如來)에는 일광보살(日光菩薩)과 월광보살(月光菩薩) 등이다. 이를 예술적으로 보면, 위로 깨달음을 구하는 정각은 명상을, 아래로 중생을 구제하는 화도는 미소를 상징할 수 있다. 그러므로 이 명상과 미소가 불교예술의 중심축을 이룬다고 해도 무리가 아닐 것이다.

이를 가까이 확인할 수 있는 예가 한국인이 제작하여 현재 일본의 국보 1호로 지정되어 있는 교토 우즈마사(太秦)에 위치한 고류지(廣隆寺)의 〈목조미륵보살반가사유상(木造彌勒菩薩半跏思惟像)〉이다. 이 고류지의 미륵반가사유상이 한국 작품이라는 사실은 예로부터 널리 전해져 왔다. 첫째, 이 절이 한국 도래호족(渡來豪族)인 진하승(秦河勝)의 씨족 사찰이었고, 둘째, 삼국시대에 한국에서 일본에 전해진 불상을 쇼토쿠태자(聖德太子, 574-622)가 그에게 내렸으며, 셋째, 조상(造像)의 원목 홍송(紅松)인 춘양

목(春陽木)은 한국산이고, 넷째, 같은 형태의 금동조상이 한국 국립중앙박
물관에 소장되어 있으며, 다섯째, 미륵신앙은 한국 특히 백제에 크게 유행
했고 일본의 미륵신앙지는 대체로 도래계 사찰이라는 점 등이 이를 증명
한다.

603년 진하승이 고류지를 건립하자 쇼토쿠태자가 내린 이 미륵상은 명
상과 미소가 잘 조화된 작품으로 일컬어진다. 그런데 일찍이 독일의 실존
철학자 카를 야스퍼스(Karl Jaspers, 1883-1969)는 이 불상을 보고 다음과
같은 감상을 토해내고 있다.

나는 지금까지 철학자로서, 인간 존재의 가장 완성된 모습의 표정을 지
닌 여러 모델을 접해 왔다. 고대 그리스 신들의 조각상도 보았고, 로마 시
대에 만들어진 많은 뛰어난 조각상도 본 일이 있다. 그러나 그들 어디에
나 아직 완전히 초극(超克)되지 않은 지상적 인간적인 냄새가 남아 있었
다. 이지(理智)와 미의 이상을 표현한 고대 그리스 신들의 조각상에도,
지상적인 때와 인간적인 감정이 아직 어디엔가 남아 있었다. 기독교적인
사랑을 표현한 로마시대의 종교적인 조각상에도 인간 존재의 정말로 정
화된 기쁨이라는 것이 완전히 표현되었다고 생각하지 않는다. 그들의 어
느 것이나 정도의 차이는 있어도 아직 지상적인 감정의 때를 남긴 인간
의 표현이며, 진실로 인간 존재의 궁극에까지 체달(體達)한 모습의 표징
(表徵)은 아니었던 것이다. 그런데 이 고류지의 미륵상에는 실로 완성된
인간 실존의 최고 이념이 남김없이 표현되어 있다. 그것은 지상에 있는
모든 시간적인 속박을 넘어선 인간 존재의 가장 청정하고 가장 원만하고
가장 영원한 모습의 상징이라고 생각한다. 나는 오늘까지 수십 년간의

철학자로서의 생애 중에 이만큼 인간 실존의 진실로 평화한 모습을 구현한 예술품을 일찍이 본 일이 없었다. 이 불상은 우리 인간이 가진 마음의 영원한 평화의 이상을 실로 남김없이 최고로 보여 주는 것이다.6

야스퍼스가 이 목조불상을 위대한 실존으로 표상한 이유는 명상과 미소가 잘 조화된 모습에 있었던 것이 아닐까. 예술적으로 보면, 불교의 가르침을 상징하면서도 시공을 초월한 절제된 표현 양식이 만상을 꿰뚫는 생명의 힘으로 그에게 다가왔는지 모른다.

결국 불상은 정각을 이룬 석존, 그리고 그가 정각을 통해 체현한 진리의 모습을 상징한다. 가람 배치에서 대웅전 앞의 탑이 신앙적으로 불상과 같은 위치에 있는 것은 사리를 봉안하기 때문이며, 이 불상의 지고지존(至高至尊)함을 구체적으로 나누어 간직한 형태가 보살상이다. 따라서 불상과 보살상이 지니는 가지가지의 모양과 이름이 있는 곳에 교의사상이 존재하며 이를 형태로 표현할 때 예술이 성립한다. 상용(像容)이나 장식, 수인(手印), 지물(持物), 관(冠), 그리고 의습(衣褶)에 이르기까지 독특한 상징이 따르는 것은 그 때문이다.

3. 경전과 교상판석론(教相判釋論)

법보사상(法寶思想)이란 경전관(經典觀)이요 교리사상이다. 이는 석존 정각을 형상화한 하나의 형태이다. 경률론(經律論) 삼장(三藏)이 확립되어 각처에 전해질 때 역경(譯經), 사경(寫經), 강경(講經), 송경(誦經), 지경(持

經), 전경(轉經) 등 다양한 신앙 행위가 일어나고, 경전이 유행하면서 교리 사상의 전개를 거쳐온다. 각 경전마다 가르침이 있고 그 가르침은 각시의 시대상과 사회상에 맞물려 구체적인 구세사상으로 체계화된다. 석존 정각에 의한 교리의 체계화는 흔히 연기론(緣起論)과 실상론(實相論)의 두 흐름으로 파악되는데, 이것이 다양한 불전(佛典) 속에서 다루어지면서 시대적 사회적 논란의 중심이 되기도 하고, 위대한 학덕에 의해 새로운 전개를 가져오기도 했다.

불교가 중국에 전래되어 토착하는 과정에서 유교나 도교로부터 '부모도 임금도 모르는 오랑캐의 종교[無父無君之胡敎]'라는 지탄을 받아 왔다. 특히 위진남북조시대를 거치면서 종취론(宗就論)에 관한 많은 쟁론이 있었는데,7 불교를 수호하기 위해 예컨대『부모은중경(父母恩重經)』과 같은 위경(僞經)이 찬술되고 유행한다. 이는 유교의 효 사상이 육신의 봉양과 심지의 안락을 위한다면 불교의 그것은 목련이 지옥에 들어가 어머니를 구해오는 것처럼 본질적인 것임을 드러낸 경전인데, 같은 흐름의 도교『부모은중경』이 있으므로8 삼교 상호간에 치열한 논쟁과 함께 서로 영향을 주고받았던 것으로 보인다. 위경은 불조정전(佛祖正典)이 아니라 지역에서 성립된 것이지만 효용성으로 볼 때는 그 의의가 달라진다. 현실적으로 중요한 사회문제가 되어 교단적으로 반드시 어떤 가르침이 필요하며 석존이 현장에 나타난다면 마땅히 설할 수밖에 없는 내용을 담는다는 면에서 사회적인 성격은 더 강해진다는 말이다.

불교 교단의 발전과 함께 경전의 번역과 해석이 다양해지면 일단의 체계화가 요청된다. 중국에서 천태종을 개립한 지의(智顗, 538-597)가 짊어진 과업도 그러한 것이었을 것이다. 경전에는 유(有)라고 설하기도 하고, 공

(空)이라고 설하기도 하고, 반야나 중도를 설하기도 하고, 선과 염불을 설하기도 하고, 중생의 입장에서 보기도 하고 불타의 대오분상(大悟分上)에서 보기도 하고, 차토(此土)의 부처를 말하기도 하고 피토(彼土)의 부처를 말하기도 하여 그 다양함을 헤아리기 어렵기 때문이다. 다양한 경전과 논(論), 소(疏) 등을 합하여 이른바 팔만대장경을 하나로 꿰뚫는 작업이 필요했다는 말이다. 그래서 그는 이른바 석존의 오시설(五時說)을 세워『법화경』을 중심으로 한한 교상판석(敎相判釋)9을 시도하고 있다. 이를 교상판석송으로 보면 다음과 같다.

『아함경(阿含經)』십이 년에,『방등경(方等經)』팔 년을 설하셨고
『반야경(般若經)』을 이십일 년간 설하셨으며
『법화경(法華經)』과『열반경(涅槃經)』을 함께 팔 년 설하셨고
『화엄경(華嚴經)』은 최초 이십일 일간 설하셨다네.10

이렇게 보면 석존 일대 사십구 년간의 화도설법(化度說法)에 관한 일단의 설명이 가능하다. 정각 직후『화엄경』의 도리를 설명했으나 중생들이 그 진수를 알아듣지 못하여, 현실적으로 눈에 보이고 있다고 생각되는 것부터 차근차근 설하고, 대승경전의 반야지(般若智)를 밝히고 회삼귀일(會三歸一)과 열반 소식을 일깨워 마침내 깨달음의 오의(奧義)에 이르게 했다는 내용이다. 지의는 이와 같은 정리를 통해 종래에 유행하던 모든 경전의 가르침과 교리사상을 남김없이 섭수(攝受)하는 일대의 체계화 작업을 이룬 셈이다.

흥미로운 것은 이후, 이러한 교상판석의 방법이 중국 종파 불교의 종지

를 확립하는 방법으로 널리 나타난다는 점이다. 특히 중국 불교에 있어서 수나라에 이은 당나라 시대는 각 종파가 등재하던 시기였다. 이는 당연히 고승과 교단의 성립이라는 성격을 띠지만 교상판석의 의미로 보아도 그 전모를 엿볼 수 있다.[11]

지의와 거의 같은 시대의 신행(信行, 540-594)은 당시를 말법시대(末法時代)로 규정하고 시간, 공간, 근기에 따라 불교를 세 단계로 나누어 특정 경전이나 부처가 아니라 모든 경전과 부처에 귀의해야 한다는 보법론(普法論)을 주장하는 삼계교(三階敎)를 창시했다. 길장(吉藏, 549-623)은 용수(龍樹)의『중론(中論)』과『십이문론(十二門論)』, 그 제자인 제바(提婆)의『백론(百論)』을 내세워 삼론종(三論宗)을 개립하여 반야공(般若空) 사상을 중심으로 하는 중관학파(中觀學派)를 확립했다. 기(基, 632-682)는 인도로부터 장래하여 번역한 현장(玄奘)의 유식경전을 바탕으로 법상종(法相宗)을, 지엄(智儼, 602-668)은『화엄경』을 소의경전으로 하는 화엄종(華嚴宗)을, 도선(道宣, 596-667)은 율전(律典)을 연구하여 율종(律宗)을 각각 창시했다.

선종(禪宗)은 보리달마(菩提達磨)를 계승한 육조혜능(六祖慧能, 638-713)에 의해 대성하는데, 혜능은 일체의 불교 가르침을 교종으로 보고 이에 대한 선종이 석존 불심(佛心)의 전등이라고 주장했다. 도작(道綽, 562-645)과 선도(善導, 613-681)는 기존 불교의 가르침을 모두 난행(難行)인 성도문(聖道門)으로 보고 이행(易行)인 정토문(淨土門)으로서 정토교를 전개했다. 또한 선무외(善無畏, 637-735), 금강지(金剛智, 669-741), 불공(不空, 705-774) 등은 모든 가르침을 현교(顯敎)로 보고 즉신성불(卽身成佛)의 바른 가르침은 비밀 불교의 가르침이라 주장하고 밀교를 대성시켰다.

한국에 있어서 신라와 고려 초에 걸쳐 전개된 오교양종(五敎兩宗)이나 구산선문(九山禪門)12 역시 이러한 교리 사상의 전개 속에 나타난 학파 내지 종파 운동이다. 이후 의천(義天, 1055-1101)이 천태종을 창시하는 등 다양한 교법의 전개가 이루어졌다. 오늘날 대한불교조계종이 전통 불교의 흐름을 전승하면서도 선종으로서의 입종을 분명히 하는 것13 역시 교상판석에 의한 전개이다.

4. 영산회상의 구현

승보사상(僧寶思想)이란 교단관이요 수행관 내지 교화관으로 요약할 수 있을 것이다. 교단에 대한 문제를 교상판석과 관련하여 살펴왔지만, 석존 정각에 의한 교설은 결국 수행자 내지 사부 대중의 교화 활동을 통해서 성립된다. 그러므로 거기에는 석존이 가르침을 폈던 극락세계 영산회상의 구현이라는 과제가 있으며, 동시에 그 실천운동으로서의 의례가 따르게 된다.

그러면 영산회상(靈山會上)이란 무엇인가. 불교 교단의 원형을 이루는 영산회상은 주불(主佛)인 석존의 사자후(獅子吼)를 전제한다. 그곳은 같은 인간 세상이지만 극락이요, 모든 이들이 깨달음에 목욕하며 가없는 세상의 수 없는 생령을 두루 구원할 방책이 마련되어 있는 곳이다. 그러기에 영산회상은 주불을 모시고 인천(人天)이 함께한다. 이를 석가정토(釋迦淨土)라 하며, 다양한 정토세계14는 이의 확대라는 말이 된다.

이 영산회상을 구현할 주체가 불교 교단이며 그 문화를 담는 사회적 형태를 불교의례라 할 수 있다. 의례로 보면 영산회상을 상징하는 것이 영산재(靈山齋)인데 이를 다음과 같이 표현할 수 있을 것이다.

영산재는 이 법주의 사사후를 형성화하는 의식이다. 성자을 이룬 석존이
마갈타국 수도 왕사성 북쪽의 영취산에 자리하니, 일만 이천 명의 법 높
은 제자들을 비롯하여 인천이 두루 받든다. 금구묘법(金句妙法)을 설함
에 하늘에서 꽃비가 내리고 서운정향(瑞雲淨香) 가득한 가운데 하늘의
소리와 춤이 베풀어진다. 그렇게 이 영산회상은 인간을 깨우치고 산야를
법열로 우쭐거리게 하는 것이었다. 이른바 중생성취(衆生成就) 국토성
불(國土成佛) 그것이었다.15

영산회상의 전통은 불교 교단을 통해 다양하게 전해지고 전개되었다. 남
방불교와 북방불교, 각 종단과 대소의 사찰, 기관, 단체가 그 주체이다. 이
들이 고승대덕(高僧大德)을 비롯한 지도자를 배출하고, 신행의 무리가 그
들의 지도에 따라 교의사상을 실천해 온 것이다. 초기의 계율에서부터 청
규(淸規)를 비롯한 행정, 재정, 제도 등이 갖추어졌고, 각종 의례가 체계를
잡게 되었다. 훌륭한 인물은 수행자를 위하여, 그리고 시대와 사회가 앓고
있는 과제의 해결을 위하여 교의사상을 전개함으로써 인민을 향도할 경륜
을 내놓았다. 원효(元曉, 617-686)의 화쟁사상(和諍思想)16이나 휴정(休靜,
1520-1604)의 삼교합일사상(三敎合一思想)17, 그리고 만해(萬海, 1879-
1944)의 불교유신사상(佛敎維新思想)18이 그러하다. 『고승전(高僧傳)』 등
의 전기19를 통해 이러한 인물과 업적 내지 그 문화를 읽어낼 수 있다.

아울러 의례는 문화를 담는 그릇이기 때문에 이를 통해 보면, 시대와 사
회의 환경에 처해 온 불교의 존재 의의가 드러난다. 그것은 교의사상을 구
체화하는 성격을 지니기 때문이다. 불교에서 이를 의례작법(儀禮作法)이

라 붙여 부르는 것은 의식의 예에 맞추어 범패나 무용, 행위 등을 일정한 규격으로 갖추기 때문이다. 인간의 일상생활에 있어서 기거진퇴(起居進退)나 어묵동정(語默動靜)이 예에 맞을 때 비로소 격조를 유지할 수 있는데, 특히 특정한 신조나 장엄, 그리고 규격을 전제하는 종교의례에 있어서 여법(如法)한 틀을 갖출 때 그 영향력은 증대되며, 그런 의미에서 의례는 종교의 꽃이요, 대중 교화의 최고 방편이다. 의례와 예술을 관련시켜 볼 수 있는 것도 이러한 특징에 의한 바라 할 수 있다.

그러면 한국 불교에 있어서 의례의 전통과 그 구조는 어떻게 이루어져 왔는가. 이에 대해서는 홍윤식의 『한국 불교의례의 연구』가 있어 지남이 되며,[20] 나도 최근에 발표한 「한국 불교의 의례전통과 석문의범」[21]을 통해 일단의 관견을 밝혔다. 다만 의례의 구조에 대해서는 기본적인 이해가 필요하리라 본다. 문화를 일생 주기로 보면 관혼상제(冠婚喪祭)요, 일 년 주기로 보면 세시풍속(歲時風俗)인데, 이들은 모두 일정한 의례로 이루어져 있다. 경륜이나 사상이 사회적으로 드러날 때는 어떤 형태이든 의례를 통하게 되는데 수행승, 혹은 사부 대중이 참예하는 불전 의식 등은 일정한 작법을 필요로 하게 된다. 그 때문에 의례 관계서가 다양하게 찬술되는 것은 불교의 사회적 역할을 말해 주는 셈이다.

따라서 의식에 있어서 여법한 규범과 격식을 갖추기 위해 의례집이 필요했고, 그 성행에 따라 많은 책들이 편찬, 유통되었으며, 분야나 특정 의식을 위한 구체적인 의례집이 만들어지게 되었다. 그리고 이들이 다양하게 유행함에 따라 한편에서는 총체적인 면모나 순서를 살피기 위한 초록집이 발간되었고, 다른 한편에서는 전체를 망라하고 종합하는 의식집이 편찬되었다.

한국 불교의 의례집에 대해서는 다행하게도 박세민이 펴낸『한국 불교
의례 자료총서』가 민간에서 그 전모를 볼 수 있다. 이 총서에 수록된 의
례는 구성 내용과 설행 목적을 중심으로 영혼천도의례집, 밀교의례집, 상
장(喪葬)의례집, 승가예참(僧家禮懺)의례집, 불가상용(佛家常用)의례집,
기타 결사문(結社文)으로 구분하기도 한다.[23] 이들 중에서 현존하는 한국
의 가장 오랜 의례집은 고려 후기의 승려 혜영(惠永, 1228-1294)이 펴낸『백
의해(白衣解)』이다. 이는 불분권(不分卷) 필사본으로, 보타낙가산(寶陀洛
伽山)에 주하는 백의관음보살에 귀의하고 참회발원(懺悔發願)하는 의식
문이다.

조선시대의 휴정(休靜, 1520-1604)에 이르면 임진왜란을 당해 의승군(義
僧軍)이 전국적으로 창의하게 되는데, 이 국난을 거치면서 의례집에는 크
게 두 가지 형태가 나타난다. 첫째는 상장(喪葬)의례와 관련된 의식집[24]이
많아진 점이다. 수륙재(水陸齋)나 생전예수재(生前豫修齋), 그리고 상장의
례에 대한 교계 및 사회적인 요청이 증대되었던 것으로 보인다. 둘째는 영
산재(靈山齋)의 작법 절차에 대한 의식집이 구체적으로 드러나는 점이다.[25]
망자천도(亡者薦度)를 위한 설행은 첫번째 특징과 관련이 있겠지만, 어떻
든 영산회상을 재현하는 의식 절차의 체계화가 필요했던 것으로 보인다.

그리고 이러한 흐름이 많은 의식집의 발간으로 이어지고 1935년, 이들을
망라하여 정리한 의식집으로 안진호(安震湖, 1880-1965)의『석문의범(釋
門儀範)』[26]이 찬집된다. 이는 위의『한국 불교의례 자료총서』에서 제외되
었다. 예로부터 전해 오던 불교의례의 규범을 집대성하여 종합 의식집 성
격을 띤 이『석문의범』은 현행 교재로 널리 사용되고 있기 때문이다. 따라
서 이 전범(典範)에 의해 한국 불교 각 종단의 의례가 성립할 정도로 이 책

의 영향력은 크다.

그러면 『석문의범』은 어떻게 구성되었으며 그 특성은 무엇인가. 경전의 삼 분과 체제를 모방하여 서분(序分)에 「시(始) 황엽보도문(黃葉普度門)」, 정종분(正宗分)에 상편 1-5장과 하편 6-18장, 유통분(流通分)에 「종(終) 격외염롱문(格外拈弄門)」을 배치하고 있다. '교(敎)'로 들어가 '선(禪)'으로 회향하고 있는 것이다.

본문을 이루는 정종분은 제1 예경편(禮敬篇), 제2 축원편(祝願篇), 제3 송주편(誦呪篇), 제4 재공편(齋供篇), 제5 각소편(各疏篇), 제6 각청편(各請篇), 제7 시식편(施食篇), 제8 배송편(拜送篇), 제9 점안편(點眼篇), 제10 이운편(移運篇), 제11 수계편(受戒篇), 제12 다비편(茶毘篇), 제13 제반편(諸般篇), 제14 방생편(放生篇), 제15 지송편(持誦篇), 제16 간례편(簡禮篇), 제17 가곡편(歌曲篇), 제18 신비편(神秘篇)으로 구성되었다. 그리고 시(始, 敎)의 황엽보도문(黃葉普度門)에 대하여 종(終, 禪)에는 불조화두(佛祖話頭), 좌선의식(坐禪儀式), 좌선심득(坐禪心得)을 실었다.

말할 나위 없이 이 『석문의범』에는 위의 총서에 수록된 여러 의례집의 내용이 고스란히 담겨 있다. 불교에 수용된 민속적 요소는 물론 음악, 무용, 문학 등까지 드러나는 이유가 여기에 있다. 불교의례가 성행했던 고려시대의 국가적 불교의례는 축제의례(祝祭儀禮), 교화의례(敎化儀禮), 기원의례(祈願儀禮), 공양의례(供養儀禮), 천도의례(薦度儀禮), 수계의례(受戒儀禮)로 구분된다.[27] 축제의례에는 연등회, 팔관회, 불탄일 행사 등이 있고, 교화의례에는 대승경전 및 대장경 신앙의례로 화엄도량, 반야도량, 법화도량, 능엄도량, 약사도량, 담선법회, 나한재, 용화회, 문수회, 장경도량, 전경 등이 있다. 한편 기원의례에는 호국 경전 신앙의례 및 소재초복(消災招

福) 밀교의례가 해당되는데, 인왕백고좌도량, 금광명경도량, 제석천도량, 미니ㅅ신도량, 문두루도량, 불정도량, 사천왕도량, 공덕천도량, 천병신중 도량 등이 있다. 공양의례에는 반승, 재승, 무차대회 등이 있고, 천도의례 에는 기신도량, 우란분재 등이, 수계의례에는 보살도량 등이 있다.

현행의 불교의례 유형은 다음과 같이 나눌 수 있다. 첫째, 의례의 성격에 따라 선정형의례(禪定型儀禮, 일상생활의례)와 기도형의례(祈禱型儀禮) 로 나누고, 기도형의례는 발원 내용에 따라 소재의례(消災儀禮), 영혼천도 의례(靈魂薦度儀禮), 봉축의례(奉祝儀禮; 초파일의례·점안봉안의례 등), 불공의례(佛供儀禮; 신수불공·재수불공 등)로 나누고 신앙 형태에 따라 밀교형의례와 정토교형의례로 구분한다. 둘째, 의례의 주관자에 따라 자 행의례(自行儀禮, 수행의례·보은의례)와 타행의례(他行儀禮, 기원의례· 회향의례)로 나눈다. 셋째, 의례의 기간에 따라 정기적 의례(세시풍속의 례·일상신앙의례) 등으로 구분한다.[28] 삼보에 대한 예경으로 시작되는 불 교의 존재 의의가 사회적으로 드러날 때 그 형태가 매우 다양해짐을 알 수 있다. 따라서 의례에는 불교의 교의와 사상, 문화와 예술이 고스란히 담겨 있다.

5. 맺는 말

이상에서 불교의 흐름을 불법승 삼보의 전개를 중심으로 살펴보았다. 이 는 위에 밝힌 바와 같이 종교의 구성 요소인 교조, 교리(경전), 교단과 의례 를 말해 주므로, 이를 통해 불교의 입지가 드러나리라 본다. 다만 한국 불교의 의례와 예술에 대한 담론이라는 의도에 따라 현성한 것이므로 교리 사상의 전문성 등은 배제할 수밖에 없었다. 이렇게 밝혀 온 내용을 정리하면 다음과 같은 몇 가지로 요약할 수 있을 것이다.

첫째, 불교는 석존의 정각을 바탕으로 하여 이룬 깨달음의 종교라는 점이다. 이 깨달음을 연기법으로 보았거니와, 정토교 등과 같이 일견 이와는 무관한 것 같은 흐름까지를 포함하여 불교라고 이름할 때는 깨달음을 두고 말할 수는 없다. 아래로 중생을 구제한다는 교화사상 역시 이의 전개로 보아도 좋을 것이다.

둘째, 불법승 삼보는 불교의 교체이자 신앙처라는 점이다. 불타관이 발달하고 경전과 교리가 발전했으며, 수행승 내지 사부 대중으로 불리는 승단 역시 폭넓은 조직과 많은 인물을 배출해 왔다. 이들을 남방 불교, 북방 불교 등으로 부르는 것처럼 보편 종교로 발전한 불교는 각처에 맞는 존재 형태를 이루어 왔다. 따라서 삼보의 어느 부분을 들더라도 불교의 전체를 살펴볼 수 있다는 것이다.

셋째, 불교가 시간과 공간이 교차하는 세계에서 그 존재 형태를 드러내는 데는 의례가 따른다는 점이다. 의례를 통해 불법승 삼보가 확인되는 이유가 여기에 있고, 그런 의미에서 의례란 문화를 담는 그릇이라 할 수 있다.

넷째, 한국 불교의 의례는 한국만의 독특한 의례를 발전시켜 왔다는 점이다. 영산재와 같은 경우가 그러하다. 한국 불교의례집은 박세민이 펴낸 『한국 불교의례 자료총서』로 결집되어 이용에 편의를 준다. 현존하는 불교의례집은 고려 후기 혜영의 『백의해(白衣解)』로부터 시작되는데, 다양한 의례집이 찬집되고 종합되어 일제강점기에 안진호의 『석문의범』에 의해 종합의식집으로 완성되었다. 이는 오늘날 불교의식의 전범으로 자리 잡아 절대적인 영향력을 발휘하고 있다.

이를 보면 불교예술이 의례와 불가분의 관계가 있음이 분명해진다. 물론 문학, 회화 등까지 이에 포함시킬 수 있느냐는 물음은 남을 수 있다. 그러나 넓은 의미에서 각종의 행위예술을 비롯하여 개인이나 대중의 기거동작이 모두 예이고 이의 규범화가 의례라면, 모두를 이에 포함해도 무리가 없을 것이다.

불교의례에서 시공간의 상징성

구미래(具美來)

1. 불교의 시공간 개념

불교에서는 시간과 공간의 개념을 자유롭고 독특하게 운용하고 있다. 찰나에서부터 무한의 시간에 이르기까지, 극미한 지점에서부터 원융한 우주공간에 이르기까지 다양한 시공간 개념으로 불교의 가르침을 설명한다.

일반적으로 우리는 긴 시간에 대한 관용적 표현으로 천, 만, 억과 같은 숫자를 즐겨 사용한다. 천고불멸(千古不滅), 천추(千秋), 자손만대(子孫萬代), 만고불변(萬古不變) 등으로 오랜 세월과 영원함을 나타내며, 시간 개념은 아니지만 천군만마(千軍萬馬), 천신만고(千辛萬苦), 억조창생(億兆蒼生)처럼 두 개의 수 단위를 함께 사용하여 과장되게 표현하는 경우도 많다. 이처럼 현대에도 억이나 조 단위를 넘어서는 수를 잘 사용하지 않듯이, 실생활에서 사용하는 수 단위가 크지 않았던 고대사회에서 큰 단위의 수는 더욱 불필요했을 것이다.

그런데 불교 경전에는 현대의 수 단위를 훌쩍 뛰어넘는 숫자들이 많이 등장한다. 불교에서 즐겨 쓰는 항하사(恒河沙)라는 수가 있는데, 이는 갠지스 강변의 모래알만큼의 수를 뜻하여 우리가 알고 있는 수 개념으로는 가늠할 길이 없다. 게다가 이 항하사보다 더 큰 여러 단계의 수가 있고, 이윽고 한계를 넘어서서 수로 나타낼 수 없음을 뜻하는 무량대수(無量大數)라는 것에 이르게 된다.

이러한 단계적인 수에서 벗어나면 무량대수보다 더욱 큰 절대적인 시간 개념의 수가 자리하고 있다. 이는 '겁(劫)'이라는 수로, 겁에 해당하는 시간은 우주가 생겨나 멸망하기까지의 무한함을 뜻하여 불교에서는 몇 가지 서사적 표현으로 설명하곤 한다. 일 겁이란 가로세로와 높이가 각 일 유순(십 킬로미터)인 바위에 천녀가 백 년에 한 번씩 지나가면서 옷깃을 스쳐 바위가 다 닳아 없어지는 시간이라는 것이다. 불교에서는 부모와 자식, 부부의 만남이 얼마나 귀하게 맺어진 것인지 설명하고자 이러한 겁이 다시 수백, 수천에 이르는 인연으로 맺어졌다는 표현을 즐겨 한다.

또한 내세에 다시 사람의 몸으로 태어나기가 얼마나 어려운지에 대해 '맹귀우목(盲龜遇木)'[1]이라는 말로 설명하고 있다. 바다에 구멍 뚫린 나무판자 하나가 떠다니는데, 바다 속 눈먼 거북이 백 년 만에 한 번씩 물 위로 머리를 내밀 때 마침 나무판자의 구멍으로 머리가 들어가게 될 확률만큼 어렵다고 비유했다.

그런가 하면, 반대로 우리가 흔히 쓰는 '찰나(刹那)'라는 말은 지극히 짧은 단위의 시간으로, 손가락을 한 번 퉁기는 사이에 육십오 찰나가 지난다고 한다. 대극 개념인 찰나와 겁은 불교의 진리를 일깨우기 위해 함께 거론되는 경우가 많다. 현상계를 넘어서는 무궁한 시간을 나타내기 위해 가늠할 수조차 없는 무한대의 수를 사용하고 있지만, 영원과 찰나는 하나로 통한다는 궁극의 사실을 일깨우는 것이다.

불교의 우주관은 세계의 중심에 있는 가상의 산인 수미산(須彌山)을 통해 설명된다. 수미산의 둘레에는 아홉 개의 산[九山]이 있고, 산과 산 사이에 여덟 개의 바다[八海]가 둘러싸고 있으며, 그 동서남북에는 네 개의 대륙[四大洲]이 있다. 수미산의 가장 낮은 기슭에는 인간계, 땅 밑에는 지옥이 있고, 중턱의 사방으로 사왕천(四王天)이 지키고 있다는 것이다.

산의 정상은 입방체로 되어 있으며 이곳에 서른세 개의 하늘[三十三天]인 도리천(忉利天)이 있고 제석천(帝釋天)이 우두머리가 되어 다스린다. 수미산의 위쪽에 층층의 하늘이 이십팔천(二十八天)을 이루는데 이십팔천은 욕계(欲界) 육천(六天), 색계(色界) 십팔천(十八天), 무색계(無色界) 사천(四天)을 말한다. 중턱의 사왕천(四王天)은 욕계 제1천이 되고, 도리천(忉利天)은 욕계 제2천으로 지상에서는 가장 높은 산꼭대기에 해당한다. 그리고 이러한 스물여덟 개의 하늘나라 위를 부처의 경지로 삼았다.

우리나라의 산중 사찰은 이러한 불교 우주관에 따른 조형 체계를 갖추고 있다. 사찰에 들어서면서 맨 처음 만나게 되는 일주문(一柱門)은 천상계를 넘어선 불지(佛地)를 향해 나아가는 자의 일심(一心)을 상징하고, 사천왕문(四天王門)은 수미산 중턱까지 올라왔음을, 불이문(不二門)에 도달하는 것은 수미산 꼭대기에 이르렀음을 상징한다. 그리고 부처는 그 위에 있다고 하여 법당 안의 불단을 수미단(須彌壇)이라고 명명한 것이다.[2] 따라서 사찰 문을 차례로 통과한다는 것은 번뇌와 고통의 세계인 세속의 마을을 떠나 수미산을 오르기 시작하여 부처의 세계로 나아감을 뜻한다.[3]

불교에서는 무한한 시공간 속에서 찰나이자 점에 불과한 인간 삶의 무상함을 절감할 때 어떻게 살아야 할 것인가의 문제가 보인다고 했다. 『유마

경(維摩經)』에서 "겨자씨 속에 수미산이 들어간다"라고 한 말은 찰나의 성
찰에 무엇이 담길 수 있는지 중생에게 화두를 던지고 있는 셈이다. 중국 선
종의 삼대 조사 승찬(僧璨)이 쓴 「신심명(信心銘)」4은 이러한 불교의 가르
침을 잘 전해 준다.

> 지극한 도는 어렵지 않네 버릴 것은 오직 간택심뿐
> 밉다 곱다는 마음 없으면 탁 트이어 명백하리라
> 털끝만 한 차별 있어도 하늘과 땅만큼 벌어지나니
> 참나가 나타나길 바라거든 순도 역도 두지 말라

2. 시공간에 존재하는 부처

역사적 인물인 석가모니가 열반한 뒤, 부처는 유일한 존재가 아니라 반복
적 현상이라는 사상이 생겨나기 시작했다. 시방삼세(十方三世)라는 말이
있듯이, 부처는 시간적으로는 과거, 현재, 미래의 삼세에, 공간적으로는 우
주의 모든 공간인 시방에 존재한다는 것이다. 이러한 사상이 발전할 수 있
었던 데는 두 가지 전제가 있었기에 가능했다. 모든 중생이 불성을 지니고
있어[一切衆生 悉有佛性] 누구든 깨달으면 부처가 될 수 있다는 사상, 그리
고 전생의 업에 따라 내세를 받는 윤회사상이 그것이다.

특히 연등불, 석가모니불, 미륵불은 과거와 현재와 미래를 대표하는 삼세
불(三世佛)로 정립되어 있다. 연등불(燃燈佛)은 석가모니가 전생에 수행자
로 정진할 때 그에게 장차 부처가 될 것이라는 수기(授記)를 내린 과거불이

며, 석가모니불은 현재불이고, 미륵불은 석가모니가 입멸한 지 오십육억 칠천만 년이 지난 뒤 세상에 나타나 중생을 제도하게 된다는 미래불이다.

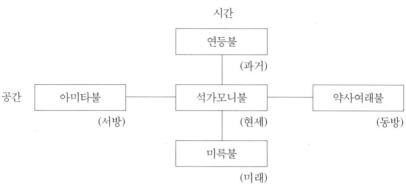

삼세불(三世佛)과 삼계불(三界佛).

삼세불이 시간 개념의 삼불이라면, 공간 개념의 삼불로 아미타불, 석가모니불, 약사여래불의 삼계불(三界佛)이 있다. 이는 현세불인 석가모니불을 중심으로, 이상세계인 서방 극락정토(極樂淨土)를 다스리는 아미타불과 동방 약사정토(藥師淨土)를 다스리는 약사여래를 말한다. 지금 우리가 살고 있는 시공간의 부처 석가모니를 중앙으로 하여 시간적 개념의 삼세불과 공간적 개념의 삼계불이 체계적으로 배치되어 있는 것이다.

이처럼 시공간의 부처를 설정한 이유는 시방삼세 어느 곳에서나 중생을 보살피고 있음을 표현하기 위함일 것이다. 따라서 삼세와 삼계는 부처가 어느 지점에나 상존한다는 뜻에서 시간과 공간의 대표적 개념으로 설정된 것이며, 오방(五方), 시방(十方), 오십삼불(五十三佛), 천불(千佛) 등으로 시공간이 확대되기도 한다.

특히 불교에서 서방세계는 이상향으로 동경의 대상이 되고 있다. 따라서 피안의 극락정토에 도달하기 위한 길을 망망대해에 비유하면서, 그곳으로 인도하는 운송 수단으로 반야용선(般若龍船)이라는 구원의 배를 상징화하고 있다. '반야'라는 말에서 알 수 있듯이 극락정토는 깨달음의 세계를 뜻하며, 불법의 수호자이자 물을 상징하는 용이 험난한 파도를 헤쳐 나아가기에 적합하기에 '용선'이라 했다. 기독교의 '노아의 방주', 불교의 반야용선은 모두 종교적 의미가 부여된 구원의 배에 해당한다.

이에 사찰의 법당은 반야용선을 형상화하여, 괴로움의 바다[苦海]인 사바세계에서 중생을 태우고 깨달음의 세계로 인도하는 의미를 담았다. 법당 앞 양 기둥에 용머리를, 뒤쪽 처마에 용 꼬리를 조각함으로써 법당은 피안의 세계로 나아가는 선실이 되어, 고해의 사바세계를 힘껏 헤쳐 나가는 거대한 용선을 상징하게 되는 것이다.

용선과 관련해 운문사(雲門寺) 비로전(毘盧殿)에는 〈악착보살〉이라는 독특한 조각품이 전한다. 이 보살은 반야용선의 뱃머리에 대롱대롱 매달려 있는데 이름만큼 사연도 간절하다. 어느 마을에 반야용선이 도착했지만 한 보살이 뒤늦게 그곳에 다다라 용선이 막 떠나가고 있었다. 이에 함께 갈 것을 간절히 빌자 배에서 밧줄을 던져 주어 그 줄을 붙잡고 악착같이 극락정토를 향해 간다는 이야기이다. 줄을 놓치면 바다에 빠지게 되니 한순간도 정신을 놓지 않는, 지극한 수행의 마음가짐을 일깨우는 의미가 담겨 있다.

이렇듯 아픔을 함께하고 치유해 주는 궁극의 손을 지닌 대표적인 존재가 천수관음보살(千手觀音菩薩)이다. 천 개의 손을 지닌 관음보살은 중생을 향한 대자대비의 힘이 한량없이 크고 많음을 나타낸다. 그런데 천수관음보살의 도상을 자세히 보면 하나하나의 손바닥마다 눈이 있다. 결국 천수천안(千手千眼)의 보살인 것이다. 천수천안보살은 천 개의 눈으로 모든 중생의 고통을 낱낱이 살피고, 천 개의 손으로 모든 중생에게 두루 베푸는 자비에 대한 염원을 상징하는 존재이다. 이는 모든 시간, 모든 공간에 존재하면서 언제 어디서나 중생을 돌보는 부처의 의미가 가시화된 존재라 할 만하다.

3. 윤회하는 중생의 삶[5]

불교의 윤회관에 따르면 인간은 깨달음을 이루어 윤회에서 벗어나지 않는 한 끊임없이 생과 사를 되풀이[輪廻轉生]하게 된다. 아울러 일 회의 삶인 일생을 생유(生有), 본유(本有), 사유(死有), 중유(中有)라는 사유(四有)로써 설명하고 있다. 각자의 업에 따라 모태에 의탁하여 태어나는 순간을 생유라 하고, 출생 후 죽음에 이르기까지의 존재를 본유라 하며, 죽는 순간을 사유, 죽어서 다시 태어나기 전까지의 존재를 중유 또는 중음(中陰)이라 한다. 따라서 이전 존재가 다음 존재로 태어나기 위해서는 중유라는 사후 기간을 거쳐야 가능하기에, 순환하는 삶의 구도에서 보면 본유와 중유가 결합하여 일생을 이루고 있는 셈이다.

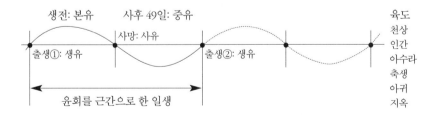

사유(四有)와 육도(六道)의 순환.

이때 중유의 기간은 칠 일을 일곱 번 거듭하는 사십구일(칠칠일)로 설정되어 있다. 따라서 사후 영혼이 이승도 저승도 아닌 세계에 머물고 있는 사후 사십구일은 불교의 상기(喪期)에 해당하며, 이 시기에 사십구재를 지내게 된다. 사십구일이라는 기간은 2세기 중엽에 편찬된『아비달마대비바사론(阿毘達磨大毘婆沙論)』6에, 죽은 후 다음 생을 받기까지의 상태를 중유 또는 중음이라 하여 이 기간에 대한 여러 설 가운데 중음칠칠일설(中陰七七日說)이 최초로 등장하고 있다. 이후의『아비달마구사론(阿毘達磨俱舍論)』7,『유가사지론(瑜伽師地論)』8에 따르면 중유기에 출생의 조건을 만나지 못하면 수차례 죽고 태어나는 식으로 여러 칠 일을 경과하게 되는데, 그 최대 기간이 칠칠일로 사후 중유에 머무는 기간은 최소 칠 일, 최대 사십구일이라 규정했다. 이후 중유의 기간에 경전과 계율의 독송이나 강설 등을 행하면 망자가 복을 받아 좋은 곳에 왕생할 수 있음을 기록한 경전들이 등장하기 시작했다. 곧 동진(東晋) 때 인도에서 중국으로 들여와 320년에 번역된『관정경(灌頂經)』과 406년에 번역된『범망경(梵網經)』 등에는 사후 삼칠일 또는 칠칠일에 망자를 위해 행하는 독경 등의 중요성을 언급9하고 있다.

이처럼 '사십구일'은 윤회사상에 근거해 죽은 이가 새로운 존재로 태어나기까지의 중유 기간이 설정되어 가는 과정에서, 칠 일을 단위로 한 여러 설이 공존하는 가운데 칠칠일로 자리 잡게 된 것임을 알 수 있다.

그런가 하면, 다음 생은 전생의 업에 따라 지옥, 아귀, 축생, 아수라, 인간, 천상이라는 육도(六道)의 한 곳에서 태어나게 된다는 내세관을 지니고 있다. 이때 육도의 세계는 지옥에서 천상에 이르기까지 선악의 단계에 따라 설정된 것이어서 수직적 상승을 향한 구원의 메시지를 강하게 드러내고 있다. 여기서 천상이란 불자들이 염원하는 서방 극락세계와 유사한 개념이라 하겠다.

민간신앙에서 보는 내세관은 현세를 이승, 내세를 저승이라 여겨 천상이나 지하의 수직관념으로 보지 않고 인간세계의 연장선상에 있는 수평적 평면적인 경험의 세계로 설정되어 있다. 이에 비해 불교의 내세는 육도의 층위에 따른 입체적 공간 개념을 지닐 뿐만 아니라 '인간'과 '축생'의 단계를 제외하면 관념의 세계에 속한다. 이처럼 죽음은 새로운 탄생과 연결되고, 전생과 현세와 내세의 삼세(三世)가 인과응보의 원리로 펼쳐진다는 불교 내세관은 현재 어떻게 살아갈 것인지 성찰하게 하는 구도를 지닌다.

그런데 윤회하는 이전 존재와 다음 존재 사이에 '중유' 및 '중유가 머무는 기간'이 설정되고, 중생의 문제를 구제하기 위한 방편이 확산되면서 윤회의 양상은 보다 다각도로 진행되기에 이른다. 곧 생전에 극히 선하거나 악한[極惡極善] 업을 지은 이는 중유 없이 곧바로 다음 생을 받게 되지만 대부분의 사람은 중유기(中有期)에 다음 생의 과보가 결정[10]된다고 본다. 따라서 이 기간은 망혼이 머물면서 태어날 인연을 찾는 시간인 동시에,[11] 타력으로 망자의 구제를 도모할 수 있는 시간으로 수용되었던 것이다. 이에 따라 유족이 망자를 위해 행하는 공덕으로써 생전의 업을 없애거나 감하여 망자의 내세에 큰 영향을 미칠 수 있다고 여기게 되었고, 업의 과보 역시 인과법칙에 의해 자연적으로 이루어지는 것이 아니라 심판자적 존재인 시왕(十王)의 개입이 따르게 되었다. 사십구일간의 중유기 동안 망자를 보다 좋은 곳으로 보낼 수 있도록 기원하는 사십구재가 불교상례의 의미로 자리한 것은 이러한 관념적 기반에 따른 것이라 할 수 있다.

이렇듯 불교 생사관에 따르면 내세의 모습을 좌우하는 것은 윤회의 주체가 지은 업에 따라 결정되는 자력의 과보뿐만 아니라, 남은 자들이 중유의 시간에 망자를 위해 행하는 타력의 공덕이 함께 작용하고 있음을 알 수 있다. 이러한 관점은 '잘 사는 것이 잘 죽는 것'이라는 '좋은 죽음'에 대한 민간의 언설에 남은 자의 역할이 추가되어, 망자는 '잘 죽고' 유족은 '잘 보냄'으로써 '잘 태어나게 된다'는 순환의 순기능을 살펴볼 수 있게 한다. 아울러 다음 생은 망자에게 주어진 또 다른 업으로 열려 있어 결국 본유의 삶을 어떻게 살아가야 할 것인지를 강조하는 구도를 띠는 것이다.

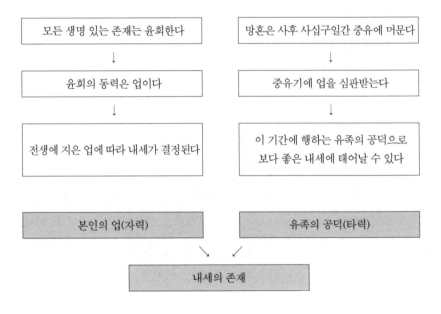

내세의 모습이 결정되는 이중적 원리.

불교에서는 중생이 전생의 업에 따라 내세를 받게 됨을 알면서도 크고 작은 악업을 짓는 가운데 살아가는 모순된 존재라 본다. 따라서 중유에 의례를 통해 행하는 유족의 공덕은 망자가 생전에 지은 악업에 대한 상대적 힘으로 작용하게 된다. 이처럼 자력의 악업이 지닌 모순으로 인해 타력의 공덕이 작용하여 변화를 가져온 것이 곧 내세의 모습에 해당하며, 내세의 존재는 다시 자력의 업을 쌓아가는 과정을 반복하게 된다. 이러한 불교적 생사관은 '생과 사' '자력과 타력'의 문제가 유기적으로 연계된 변증법적 순환으로 파악할 수 있으며, 이를 도상화하면 다음과 같다.

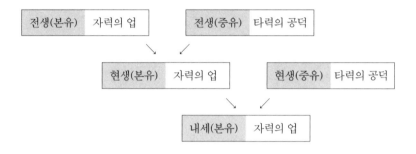

생(生)과 사(死)의 변증법적 순환.

4. 의례 현장의 현실적 시공간

불교의례 가운데 천도재(薦度齋)는 신도들과 가장 밀접한 관련을 지녔을 뿐만 아니라, 의례 또한 다채롭고 체계적으로 이루어져 있다. 천도재에도 사십구재, 수륙재, 우란분재(盂蘭盆齋), 생전예수재(生前預修齋) 등13 여러 유형이 있으나 기본 구조는 유사하다. 따라서 의례 구조가 가장 단순하면서 일상적으로 많이 치르는 사십구재(四十九齋)를 대상으로 살펴본다.

사십구재의 대령(對靈) 장면.

1) 의례 시간과 의례 시기

의례와 시간의 관계를 생각할 때, 의례를 치르는 시간과 시기의 문제가 대두된다. 사십구재는 대개 오전에 시작하는데, 이는 부처께 올릴 마지(摩旨) 시간과 맞물리기 때문이다. 사찰에서는 특정 재(齋)와 무관하게 매일 밥을 지어 사시(巳時)가 되면 불전에 마지를 올리게 된다. 불보살에게 올리는 밥을 마지라 하고 사시에 올린다 하여 사시 마지라 한다. 마지를 나를 때는 두 손으로 그릇을 높이 치켜든 채 조심스레 옮기는데, 이는 불전에 올릴 공양물을 귀하게 받든다는 의미와 함께 침이 튀지 않도록 하기 위함이다. 굽다리그릇에 담아 뚜껑을 덮은 마지를 상단에 올려놓았다가 승려가 불공을 시작할 때 뚜껑을 열어 놓는다. 따라서 오전에 사십구재를 시작하여, 상단권공 의례를 이 시간에 맞추면서 사시 마지를 올리는 것이다.

마지를 사시에 올리는 이유는 석가모니가 당시 하루 한 끼만 먹는 오후 불식(午後不食)을 지켰기 때문이다. 불교의 '때 아닌 때에 먹지 말라[不非時食]'는 말에서 '때 아닌 때'란 정오를 지났을 때를 일컫는다. 오후불식을 한 데는 두 가지 이유가 있다. 당시는 탁발로 의식주를 해결했기에 재가자들의 부담을 덜어 주고 생산에 종사하는 이들에 대해 감사하는 마음을 가지고자 한 것이었다. 다른 하나는 출가자들의 탐심을 없애고 맑은 정신을 유지하게 하는 수행의 일환이었다. 『불설처처경(佛說處處經)』[14] 등에 따르면 때 아닌 때에 먹지 않으면 다섯 가지 이익이 있다고 했다. 적게 먹음으로써 탐욕을 제거할 수 있고, 잠이 줄어들고, 일심을 얻고, 몸에 안락함을 얻으며 병이 생기지 않는다는 것이다. 따라서 수행자는 이러한 복을 얻기 위해 정오 이후에는 먹지 말아야 함을 강조했다.

의례 시기의 경우, 불교에서는 칠 일이 일곱 번 거듭되는 사십구일이라는 시간을 매우 중요하게 본다. 이는 임종한 날로부터 사십구일간 치르는 불교상례로서뿐만이 아니다. 우란분재, 생전예수재 등의 합동 천도재 또한 칠칠재로써 사십구일간 의례를 치르게 된다.

인간이 칠 년을 주기로 변화를 거듭한다고 보는 이론은 동서양에서 일찍부터 존재했다. '칠'이라는 주기성이 여성과 깊이 관련되었다고 보아 십사 세에 초경이 시작되어 여성으로 거듭나며 사십구 세에 폐경이 된다고 보았는데, 이는 음의 원리를 지닌 달과 여성이 칠의 사 배수로 연관되어 있다는 점과도 통하는 사실이다. 초승달에서 시작해 충만한 보름달이 되었다가 다시 그믐달로 기우는 달의 주기와 여성의 생리 주기가 일치하기 때문이다.

죽어서 다음 생을 받기 전까지 중유에 머무는 기간을 칠칠일로 보았던 것도 이러한 맥락을 함께한다. 숫자 칠은 생명의 변화와 성성을 나타내는 시간 리듬이었고, 좋은 것은 거듭될수록 좋듯이 칠이 다시 칠의 횟수만큼 반복되는 칠칠일은 생명의 변화가 완성된다고 보기에 매우 적합한 수였음을 짐작할 수 있는 것이다.

대부분의 의례는 일 회의 실행으로 목적을 달성하게 되지만, 사십구재는 임종한 지 칠 일째 되는 날 치르는 초재에서부터 사십구 일째 되는 날 치르는 마지막 재에 이르기까지 총 일곱 번의 재를 통해 완결되는 의례이다. 의례 목표로 설정된 '영가(靈駕)의 극락천도'를 위해 칠 회에 걸쳐 점진적으로 나아가는 구도를 지님으로써 의례 주체의 성취감이 고조되는 가운데 목표를 수행하는 단계적 상승 효과를 지니고 있다. 일곱 차례에 걸쳐 거듭되는 의례 구조는 '과정'의 중요성을 부각시키고, 남은 자들의 마음을 안정적으로 승화시키는 데 중요한 작용을 하는 것으로 여겨진다.

2) 영가의 공간 이동과 경지 변화

우리나라의 법당 구조는 상중하의 삼단 체계로 이루어져 있다. 중앙의 상단(上壇), 즉 불단(佛壇)에는 불보살을 모시고, 우측 또는 좌측에 중단(中壇), 즉 신중단(神衆壇)을 설치하여 불법을 수호하는 여러 신들을 모시며, 반대편의 하단(下壇), 즉 영단(靈壇)에는 영가의 위패를 모시게 된다. 따라서 법당에는 세 유형의 초월적 존재가 공존하고 있는데, 이렇듯 하나의 법당에 여러 차원의 세계를 수용하여 통불교적 만다라적인 성격을 띠는 것이 우리나라 사찰 법당의 특성이다.

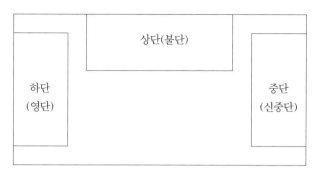

```
┌──────────┐  ┌────────────────┐  ┌──────────┐
│          │  │   상단(불단)    │  │          │
│          │  └────────────────┘  │          │
│   하단    │                      │   중단    │
│  (영단)   │                      │  (신중단)  │
│          │                      │          │
└──────────┘                      └──────────┘
```

한국 법당의 삼단 체계.

　사십구재의 진행 과정은 크게 '맞이하기−씻기−기원하기−제사 지내기−보내기'의 다섯 단계로 나누어 살펴볼 수 있다. 곧 의례의 주인공인 영가를 하단으로 맞이하여(대령), 생전에 지은 업을 씻어 주고(관욕), 상단과 중단에 영가의 극락천도를 기원하는 불공(상단권공, 중단권공)을 올린 다음, 제사를 지낸 후(시식), 떠나보낸다(봉송).

의례 단계에 따른 공간 이동			의미
1단계 맞이하기	하단	대령(對靈)	영가를 법당으로 맞이함
2단계 씻기	관욕단	관욕(灌浴)	영가가 생전에 지은 업을 씻어 줌
3단계 기원하기	상단	상단권공(上壇勸供)	불보살에게 영가 위한 불공 올림
	중단	중단권공(中壇勸供)	신중에게 공양과 예배 올림
4단계 제사 지내기	하단	시식(施食)	영가를 위한 제사 지냄
5단계 보내기	(법당)	봉송(奉送)	영가를 떠나보냄
	(소대)	소대의례(燒臺儀禮)	영가의 옷과 의례용품 태움

사십구재의 의례 단계와 영가의 공간 이동.

각 단계마다 의례 공간은 하단→(관욕단)→상단→중단→하단으로 변화된다. 이러한 공간 변화는 곧 의례의 주인공인 영가의 이동을 뜻하며, 현실적으로는 의례 주체인 승려와 유족이 공간을 옮겨 가며 의례를 치르게 된다. 이를테면 상단권공을 할 때 의례 주체들은 영가의 위패와 영정을 모시고 불보살 앞에서 함께 예불을 올리는 것이다. 그런데 이러한 공간 이동을 할 때 공양물의 이동과 옷의 변화가 따름으로써 의례 단계에 따라 의(옷), 식(공양물), 주(공간)의 총체적 변화로 진행되는 흥미로운 양상을 살펴볼 수 있다.

먼저 공양물을 보면, 대령(對靈)에서는 먼 길을 온 영가를 맞아 영단에 국수 등 소찬을 차려 가볍게 대접한 뒤, 관욕을 거쳐 불보살 앞으로 나아갈 때는 상단에 본격적인 공양물을 차려 놓고 불공을 올리며, 상단의 재물을 신중단으로 옮겨 중단권공을 한 다음, 다시 하단으로 옮겨 본격적인 제사상에 해당하는 시식(施食)을 올리게 된다. 이처럼 상단→중단→하단으로 내려오는 공양물의 물림은 '영가의 극락왕생'이라는 간절한 의례 목적에 부응하여 불법(佛法)을 내리는 구도를 드러내고 있는 듯하다. 유족이 불보살을 향해 공양물과 불공을 올림으로써 영가의 극락왕생을 기원하면, 불보살님의 가피(加被)가 내리고 신중의 보살핌이 담긴 공양물이 영단(靈壇)에 도달하는 의미를 지니기 때문이다.[15]

옷의 변화는 의례 상황을 포함하여 폭넓게 다룸으로써 불교상례의 상징성을 살펴볼 수 있다. 불교상례에서는 영가의 몸과 영혼을 온전히 저승으로 귀속시키기 위한 '두 차례의 씻음'과 '세 차례의 태움'이 있는데, 이 과정에 여러 유형의 옷이 등장하여 의례를 이끌어 가는 핵심 요소가 되고 있다.[16]

맨 처음 등장하는 옷은 수의(壽衣)이다. 영가의 몸을 떠나보내는 단계에서 몸을 깨끗이 씻은 뒤 수의를 갈아입히게 된다. 두번째 옷은 지의(紙衣)

이다. 불교상례의 마지막 날 사십구재에서 대령을 마치면, 영단 옆에 병풍을 치고 관욕(灌浴)을 하게 된다. 업을 씻어 청정한 상태가 된 뒤라야 불보살 앞에 나아갈 수 있기에, 종이옷을 영가로 삼아 병풍 뒤에서 지의를 물에 조금 적셨다가 태움으로써 업을 씻고 새로운 존재로 변하였음을 상징하는 것이다. 이때 세번째 옷인 해탈복(解脫服)이 등장한다. 병풍 옆에는 관욕을 마친 영가가 갈아입을 한복과 속옷, 버선, 신발 등의 새 옷 일습이 준비되어 있다. 이 옷이 해탈복인 까닭은 관욕 이전의 영가가 명부(冥府)의 옷을 입은 존재였다면, 관욕 이후는 업을 씻고 청정한 존재로 탈바꿈했기 때문이다. 이 해탈복은 봉송(奉送) 때 소대(燒臺)에서 태움으로써 이승을 떠나 저승으로 귀속됨을 나타낸다.

이처럼 불교상례에서는 몸을 씻어 떠나보낸 다음 다시 영혼을 대상으로 씻음의 의례를 행하여, 두 차례의 씻음을 행하고 있다. 씻은 다음에는 새 옷을 입게 되는데, 몸을 씻은 뒤 수의가 등장했듯이 영혼을 씻은 뒤에도 갈아입을 해탈복이 설정되어 있다. 새 옷을 갈아입은 다음에는 반드시 태움의 의례로써 모든 것을 무(無)로 환원시키는 것이 중요하다. 따라서 세 차례의 태움을 행하며 화장에서 몸을 태워 이승에 대한 집착을 끊게 했다면, 관욕 때 지의를 태워 명부 옷에서 해탈복을 입는 존재로 변화가 이루어졌고, 봉송 때 해탈복을 태워 저승으로 통합되었다.

이처럼 천도재는 신적 존재의 개입을 통해 영가를 보다 좋은 곳으로 보내기 위한 의례로서, 각 단계마다 영가의 공간 이동이 이루어지는 가운데 의례의 목적을 달성하고 있다. 영가의 이동은 점진적 경지 상승이 이루어지는 변화를 겪는 가운데 진행된다. 처음 외부 존재였던 영가를 청함은 존재의 구상화를 꾀하는 것이었다. 이윽고 법당으로 들어와 하단에 자리했던 영가는 생전의 업을 짊어진 채 중유를 떠돌던 속(俗)의 존재였으나, 관욕으로 업을 정화하고 해탈복을 갈아입음으로써 성(聖)의 영역에 진입하는 일 단계의 변화를 이루었다. 정화의식을 마친 영가는 상단에 나아가 불보살의 가피로 깨달음의 세계에 들어섬으로써 의례 목적 달성에 해당하는 종교적 경지의 변화를 이루었다. 이후 중단의 외호를 받으며 다시 하단으로 돌아온 영가는 유족이 올리는 공양을 받고 마지막 교감을 나눈 뒤, 상단에 인사를 올리고 법당을 나가게 된다. 이때의 외부는 의례를 위해 영정, 위패, 한복 등으로 구상화되었던 영가의 존재를 무화(無化)시키는 공간으로 작용한다. 의례로써 천도가 이루어진 영가는 이승에 대한 집착과 미련을 끊고 공(空)의 상태로 돌아가야 할 존재이기 때문이다.

아울러 사십구재의 의례 대상은 영가이지만, 불보살과 신중이 또 다른 의례 대상이 되어 승려, 유족, 영가의 예배를 받는 중층적 구조를 지니고 있다. 곧 천도재의 의례 대상이자 주인공인 영가가, 의례 주체가 되어 또 다른 의례 대상을 향해 기원하는 구도는 신적 존재의 개입을 통해 이루어지는 천도재의 특성을 잘 드러내 주고 있다.[17]

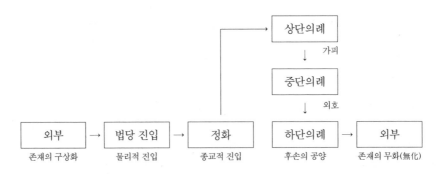

의례 단계에 따른 영가의 공간 이동.

5. 불화에 투영된 관념적 시공간

불교의 내세관과 구제의 체계는 법당을 장식하고 있는 불화(佛畫) 속에 상징적으로 집약되어 있다. 불화에 등장하는 중생은 생전의 악업으로 인해 지옥에서 고통받는 모습으로 표현되고 있으나, 화면 속에는 반드시 이를 구제하는 존재로 불보살이 함께 등장한다. 특히 감로탱화(甘露幀畵)는 회화 장르가 지닌 조형적 특성을 최대한 발휘하면서 죽음을 둘러싼 불교적 방식의 총체적 논의를 한 폭의 그림으로써 표현해 놓은 것이라 할 수 있다. 감로탱은 수륙재(水陸齋)나 사십구재 등 중생의 영가천도를 위한 의식용 불화로 모든 중생의 고혼을 극락으로 왕생케 하는 내용을 담고 있다.

감로탱은 화면이 삼단으로 나뉘어 있는데 하단에는 구제의 대상인 망혼(亡魂)과 삼악도(三惡道)의 존재들이 갖가지 상(相)으로 표현되어 있고, 중단에는 천도재를 지내는 의례 장면이, 상단에는 이들을 구제하는 불보살의 존재가 배치됨으로써 극적인 구제의 과정을 사실감있게 묘사하고 있다. 감로탱화에 집약된 이러한 구제의 메커니즘은 산 자들에게 불교의 귀의를 촉발하고 선업을 강조하는 종교적 윤리를 제공하고 있다. 곧 상단의 공간인 천상 또는 극락은 망혼을 비롯한 모든 중생이 지향하는 궁극적 세계로, 불법을 통해 망혼이 구원되는 단계적 상승의 가능성을 열어 두고 있기 때문이다.

특히 천도재를 올리는 중단의 모습은, 하단의 고통받는 망혼과 상단의 구제적 존재 및 이상세계와 대비되면서 의례의 의미를 강하게 부각시키고 있다. 곧 불공을 통해 불보살의 가피를 가능케 함으로써 망혼의 죄업이 소멸되어 하단에서 상단의 세계로 상승하는 연결 구도를 반영하고 있다. 이

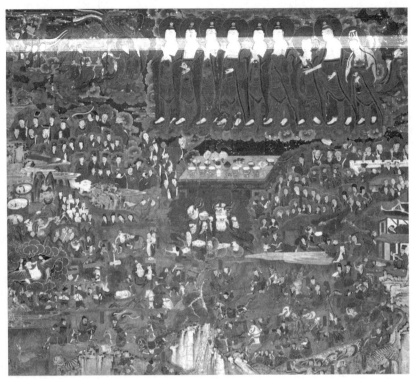

통도사(通度寺) 감로탱(甘露幀). 1786년.

는 감로탱이 망혼의 천도와 관련한 의식용 그림으로 그려졌으리라는 조성 배경을 짐작케 하는 것이기도 하다. 따라서 지금도 사찰에서는 영가를 모시고 각종 천도재를 치르는 영단(靈壇)에 감로탱을 걸어 놓는다.

이러한 범주의 주제를 담고 있는 탱화로는 명부전에 주로 걸리는 시왕탱 (十王幀)과 지장시왕탱(地藏十王幀)을 들 수 있다. 시왕탱에는 시왕이 생전에 망자가 지은 업을 심판하는 재판 장면과 함께 죄과에 따른 지옥의 처참한 광경이 담겨 있고, 또한 화면 속에는 지옥중생을 구제하려는 지장보살의 서원상(誓願像)18이 반드시 함께하고 있다. 따라서 지옥과 구원의 대비를 통해 교화의 모티프를 드러내고 있는 시왕탱의 구도는, 죽음을 다루는 감로탱과 동일 선상에 놓인 그림이라 할 수 있다. 그러나 감로탱이 지장탱과 다른 가장 큰 차이점은 재단(齋壇)을 중심으로 한 천도재의 의례 장면을 중앙에 배치하고, 이를 중심으로 화제(畵題)를 풀어 나가고 있다는 점이다.

이처럼 '지옥과 구원'이라는 종래의 이원적 의미 속에 의례 장면이 삽입됨으로써 감로탱은 산 자들의 역할을 뚜렷이 부각시키고 있다. 곧 구원의 대상인 망자와 구원적 존재간의 문제였던 이원 구도에 현실의 인간이 개입되면서, 망자를 위해 산 자들이 할 수 있는 일을 구체적이고 상징적으로 설명해 주고 있는 것이다.

모든 죽음이 '나의 죽음'을 환기시켜 주듯이, 감로탱은 죽은 자들의 세계를 설명하는 그림이지만 그림 앞에 선 이들로 하여금 자신을 돌아보게 만든다. 다차원의 세계와 존재들이 펼쳐진 화면을 들여다보노라면 알 수 없는 불교적 세계관에 이끌려 자신의 시공간적 좌표를 더듬게 되는 것이다. 처참한 고통으로 점철된 지옥에서부터 열락이 가득한 천상에 이르기까지, 감로탱에 표현된 설명 체계는 '왜 죽은 자를 위한 의례를 지내야 하는가'에 대해서뿐만 아니라 '어떻게 살아야 할 것인가'에 대한 질문이 동시에 담겨 있다. 감로탱 속에서 '악업은 지옥을 낳고 선업은 극락을 낳는다'는 인과의 원리를 발견하고 자신을 성찰하는 삶은, 소박하지만 최선과 통한다. 종교적 삶이란 초월적 섭리에 대한 믿음과 더불어 선악에 대한 본원적 윤리 관념을 지니고 살아가는 삶을 의미하기 때문이다. 감로탱이 표현하는 세계는 이처럼 중생의 소박한 본성을 자극하면서, '인과의 원리'를 스스로의 삶에 엄격히 적용하여 살아가는 동인으로 작용한다.

또한 감로탱에는 삶과 죽음, 이승과 내세가 공존하고 있으며 윤회의 굴레 속에서 서로 다른 차원에 존재하는 여러 세계가 총체적으로 펼쳐져 있다. 그림 속에 표현된 수많은 인물과 다양한 존재 유형은, 깨달음을 통해 윤회에서 벗어나지 않는 한 인과의 법칙에 따라 끊임없이 순환하게 될 것이다. 곧 불교의 생사관 속에서 감로탱 속의 모든 인물은 '나'와 무관하지 않은 존재들이다. 화면 속 무수한 존재는 윤회의 바퀴 속에서, 또한 '누구든 깨달음을 통해 부처가 될 수 있다'는 불교의 명제 속에서, 독자적 배타적으로 구분되지 않은 채 인연의 망 속에 서로 얽혀 있는 것이다. 삼악도(三惡道)의 고통받는 중생과 천상의 불보살은 넘어설 수 없는 경계로 분리된 것이 아니라, 중생 속에 이미 불성(佛性)이 간직되어 있어 부처와 중생이 둘이 아니며(不二), 너와 나의 구분 역시 무의미하다. 천상계와 지상, 지옥이 상호 연결되는 유기적이고 순환적인 공간 운영은 감로탱의 독특한 조형적 표현으로, 상승의 모티프를 드러내고 있을 뿐만 아니라 거대한 인드라망으로 연계된 연기(緣起)의 법칙을 일깨우고 있다.

나아가 이러한 육도(六道)의 세계는 죽음 이후에 펼쳐지는 내세로만 존재하는 것이 아니라 '나'의 마음속에서 순간순간 그대로 재현되고 있는 것이다. 불교에서는 생사(生死)를 목숨이 다하는 것으로만 파악하지 않고 한 생각이 일어나고 사라지는 것까지 포함시킨다. 마음이 분노와 탐욕으로 들끓고 어리석음으로 뒤덮여 있으면 그것이 곧 지옥이요, 고요한 상태에서 지극한 선(善)이 피어오르면 그 자리가 천상과 다름없음을 말하여 순간순간 일어나는 마음에 따라 끊임없이 육도를 윤회한다고 보는 것이다. 감로탱이라는 방편적 상징물에 반영된 참된 불교 정신을 깨닫는 것이야말로 감로탱이 존재하는 최상의 이유가 될 것이다.[19]

6. 후속 연구를 기약하며

연구자의 관점에서 보면, 불교의례의 시간 문제에서 흥미로운 것 가운데 하나가 중유의 기간이다. 한국과 티베트 등에서는 사람이 죽으면 사십구일간 중유에 머물다 다음 생을 받는다고 보는가 하면, 미얀마 등의 남방불교에서는 죽은 즉시 다음 생에 태어난다고 보기 때문이다. 이들 나라에서는 중유 기간이 없다 보니 남은 자들이 삼보의 가피에 기대어 극락왕생을 발원하는 사십구재도 당연히 없다. 다만 장례를 치르는 동안에 스님을 모시고 법문을 들려주는 시다림(尸陀林)이 있을 뿐이다.

중유(中有)의 여부가 중요한 것이 아니라 생전 업에 따라 다음 생을 받는 윤회의 원리가 불교 생사관의 핵심을 이룬다. 그러나 숨을 거둠과 동시에 태어난다는 것은 곧 생사가 물 흐르듯 이어짐을 뜻하여 이러한 관념 속에서 살아가는 이들의 생사관이 어떤 차이를 지니는지 주목할 만하다. 우선 '생의 마지막 순간'이 '다음 생의 출발점'이 된다면 참으로 임종이 소중하게 여겨질 것이라는 가설이 가능하다. 또 숨을 거둠과 동시에 태어난다는 것은 죽고 나는 원리를 철저히 자력에 두는 것이다. 중음(中陰)의 시기에 남은 자들이 망자를 위해 공덕을 지음으로써 보다 좋은 내세를 기약하는 타력의 구제가 없기 때문이다. 따라서 불교의례의 시간에 주목할 때 중유의 유무가 생사관에 어떠한 영향을 미치는지에 대한 비교 연구는 흥미로운 과제라 할 수 있다.

공간 문제와 관련했을 때는 불보살을 모신 공간에 중단과 하단을 포용하고 있는 삼단 체계의 법당 구조가 한국의 독자적인 것이라는 점에 주목할 필요가 있다. 이러한 삼단 체계의 법당 구조는 어떠한 내력으로 성립된 것일까. 무엇보다 불보살을 모신 신성한 법당에 세속의 존재인 망혼의 제단(祭壇)을 수용한 데는 어떠한 역사적 전망과 배경이 있는 것일까.

현재 사찰 법당의 영단 벽에는 명절 등에 합동 천도재를 지낸 위패들이나, 개인적으로 천도재를 지낸 후 별도로 봉안을 의뢰한 위패들이 수십 개에서 수백 개에 이르기까지 대규모로 걸려 있는 것이 관례이다. 뿐만 아니라 몇 건의 사십구재가 겹쳐지면서 해당 망자의 사십구재가 끝날 때까지 영단에 여러 개의 영정을 진열해 놓는 경우도 많아, 천도 공간, 제례 공간으로서 법당의 기능이 부각되고 있는 것이 한국 법당의 주요한 특징이 되고 있다.

중단을 마련하여 신중을 모시는 것은, 불법을 수호하고 도량을 지키는 역할로써 사찰 입구에 사천왕(四天王)과 금강역사(金剛力士)를 모신 사천왕문, 금강문 등을 세워 놓는 것과 동일한 맥락에서 해석이 가능하다. 따라서 반드시 중단으로 정착된 것은 아니더라도 신중이 조각이나 그림 등으로 법당에 자리하는 것은 어느 나라에서나 자연스럽게 살펴볼 수 있는 현상이다.

그러나 영단을 법당에 수용하고, 이를 통해 '삼단 체계'라는 독특한 법당 구조를 이룬 것은 불교 국가들 가운데서 찾아볼 수 없는 한국의 고유한 특성이라는 점이 중요하다. 따라서 신앙심 깊은 신도들은 법당에 들어오면 상단, 중단에 이어 영단에도 절을 올리며 유주무주(有主無主) 고혼(孤魂)의 천도를 빌어 주고 있어, 법당은 불교에서 신앙하는 모든 신을 모신 가운데 산 자와 죽은 자를 위해 기도하는 통합적 의례 공간의 구실을 하고 있는 셈이다.

그러나 지금까지 한국 사찰의 법당 구조와 관련한 연구는 삼단 체계로 이루어졌다는 데서부터 출발할 뿐, 삼단 체계가 형성된 배경을 다룬 연구는 시도된 바 없다. 이에 대한 해명은 사상적 교리적 차원에서만 설명할 수 있는 것이 아니라, 한국 불교의 역사적 신앙적 문화적 통찰을 통해 이루어져야 하는 문제이기 때문일 것이다. 따라서 사찰 영역을 확대하지 못한 채 하나의 법당에 모든 요소를 담을 수밖에 없었던 조선시대 불교가 처한 역사적 상황과 함께 여러 측면에서의 종합적인 분석이 중요한 과제로 남아 있다. 영단이 법당의 하단으로 자리한 가운데 삼단 체계를 형성하고 있는 것은 의례의 양상에 큰 영향을 미치고 있을 뿐만 아니라, 나아가 한국 불교의 역사와 고유성을 압축적으로 드러내는 중요한 상징일 수 있기 때문이다.

굿으로 읽는 불교의례

조성진(趙誠振)

1. 몸의 종교와 마음의 종교

이 글의 목적은 기층문화로서의 굿이 이후에 들어온 정신문화적인 성격이
짙은 불교와 만나면서 두 문화가 서로 영향을 주고받으며 융합하게 되는
과정과 구조를 의례를 중심으로 살피는 것이다. 먼저 불교가 유입되어 정
착하는 과정에서 굿과 어떤 관계를 맺으며 공존했는가를 알아보고, 이어
서 내가 다른 글에서 제시한 '풀이와 놀이'라는 굿의 이중 구조를 통해 불
교의 천도재(薦度齋) 가운데 대표적인 영산재(靈山齋)를 들여다보고 그 연
관을 짐작해 보려고 한다.

굿은 4세기경 불교라는 외래 종교가 들어오기 이전의 전통적인 신앙을
이르는 가장 적절한 말일 것이다. 굿은 음식가무(飮食歌舞)를 통한 신인
(神人)의 합일을 도모하는 독특한 신앙 행위, 즉 의례를 중심으로 하는 종
교이다.[1] 무속(巫俗), 무(巫), 샤머니즘 등의 외래어는 굿을 제사장의 기능
을 중심으로 파악한 성직주의, 즉 기능적 관점의 명칭이다. 불교나 기독교

는 그 명칭이 교조(教祖)의 이름에서 나왔고, 도교가 자연의 근원적인 원리를 중시하는 명칭이라면, 굿은 바로 의례가 중심이 되는 종교의 특성에 값하는 명칭일 것이다.

이후에 받아들인 외래 종교인 불교나 도교, 유교 등과의 관계에서 보면 굿은 공시적으로는 기층적이며 통시적으로는 원시적이다. 굿은 농경세시(農耕歲時)나 전쟁으로부터의 수호와 같은 일상생활로부터 생성되었으며, 삶에 대한 개별적인 경험을 바탕으로 신앙의 대상을 상상하고 의례의 내용을 구성한다. 다시 말하면 굿은 그들이 상상한 것에 대한 즉각적인 행동이다. 그들이 상상한 신의 세계와의 경계를 넘나들기 위하여 춤추고 노래하며 함께 먹고 마신다.

이에 대해 고급 종교는 점차 이 세계에 대한 개별적이고 부분적인 경험을 넘어 전체에 대한 인식을 추구한다. 불교는 깨달음의 종교다. 그 중심사상인 연기론은 전체를 하나의 원리로 인식하는 우주관이다. 여기에 다시 깨달음을 얻은 자가 중생을 구제하는 보살행을 강조함으로써 다시 현세와의 관계가 설정된다. 굿이 현세적이라면 불교는 초월적이다. 굿이 신의 세계를 그들의 삶, 즉 드러난 세계로 불러들여 합일을 도모하는 몸의 종교라면 불교는 몸을 다스려 숨은 세계를 만나는[正覺] 마음의 종교다. 몸과 마음에 대해서는 여러 용례가 있으나 여기에서는 각각 인간의 드러난 부분과 숨은 부분에 대응하는 개념으로 사용한다.

굿은 신이 나야 한다. 이러한 엑스터시에 이르는 기술은 '몸을 잘 놀리는 것'이다. 따라서 굿의 전통 안에는 다양한 연희의 성과가 축적되었다. 그러나 그런 연희로서의 성취가 반드시 오늘 우리가 말하는 예술적 성취를 의미하지는 않는다. 특정한 표현 행위 안에 일정한 보편성이 내재되어 폭넓은 공감대를 얻어냄으로써 일정하게 작가 및 감상자로 하여금 의식과 행위의 민화를 초래하는 것을 예술적 성취라고 말한다고 할 때, 굿이 지니는 음주가무에 의한 접신의 기술은 신적인 세계에 대한 주관적인 체험을 가능하게 하고 그 각각의 체험을 용해시킬 수 있는 난장(亂場)을 제공하지만 그 체험을 축적하여 하나의 원리로 묶고 체계화하는 언어의 영역이 취약하다. 따라서 불교의 법(法)²과 같은 보편성을 얻어내는 데에는 한계를 보여 준다.

굿과 불교의례는 그 발전 과정과 수용 과정에서 필요에 따라 서로가 지닌 장점을 수용하고 발전시켜 왔다. 팔관회(八關會)는 그 명칭대로 본다면 불교 법회의 하나이다. 곧 출가하지 않은 평신도들이 부처님의 가르침을 따라 하루 한밤을 기해 팔패(八卦)를 엄수한다는 수법회(修法會)이다. 그러나 신라와 고려시대의 팔관회는 그것이 비록 법왕사(法王寺), 흥국사(興國寺), 장경사(長慶寺) 등 사찰에서 행한 행사였다고는 하지만 그 실제 내용에 있어서는 금욕적인 불교 법회가 아니었다. 그들은 오히려 음주가무를 위주로 했으며 실제에 있어서는 예로부터 행해 오던 민족적 제전의 계승 반복에 불과했다. 연등회의 광경은 팔관회와 다를 것이 없었다. 다만 팔관회가 개성과 평양, 양경에서 이루어지는데 비해 연등회는 전국 향읍에서 일제히 베푸는 축제요 의식이었다.³ 이렇듯 굿의 전통이 불교적인 외피를 입게 되는 것은 앞서 언급한 바와 같이 불교는 일정한 보편성을 확보한 고급 종교이기 때문에 팔관회와 연등회와 같은 국가적인 행사는 한 나라의 사회적 통합이라는 측면에서 보편적 가치를 내세울 필요가 있었기 때문으로 보인다.

불교의례는 그 전파 경로를 따라 함께 전래된 의례 문화를 지니고 있었으나 포교 또는 일반 신도들과 함께하는 대중적인 행사를 위해서는 민속신앙의 요소를 수용하는 데 주저하지 않았던 것으로 보인다. 통불교(通佛教)로써의 특성을 지닌 한국 불교의 사찰 공간은 전통적인 민속신앙의 요소를 잘 담고 있다. 나아가 영산재와 같은 세계적으로도 독보적이며 풍부한 내용을 지닌 불교의례는 굿이 지니고 있는 놀이적 특성을 불교적인 교리 속에 담아내고 승화시킴으로써 상대적으로 그와 같은 독자성과 풍부함을 지닐 수 있었다고 보아야 할 것이다.

2. 풀이와 놀이로 본 영산재[4]

민속학자 김택규(金宅圭)에 의하면 굿은 '풀이'와 '놀이'라고 부르는 두 가지 행위의 결합이다.[5]

굿의 구조.

위 그림은 풀이를 굿의 과정에서 '말한 것'으로, 놀이는 '행한 것'으로 나누고 굿에 내재하는 예술적 요소들이 분화하는 과정을 설명한 것인데 하위징아(J. Huizinga)의 레고메나(Legomena)와 드로메나(Dromena) 이론을 적용한 것이다. 김선풍(金善豊)은 축제의 구조를 설명하기 위하여 김택규가 제시한 굿의 구조를 원용하면서 다음과 같은 설명을 덧붙인다.

이는 하위징아의 레고메나와 드로메나 이론을 적용한 것이지만, 이곳에서 신풀이를 할 때 가락과 사설로 우리의 한을 풀어 나갔던 것이다. 신풀이는 신의 위대성에 대한 풀이요 그의 난데본[本鄕]에 대한 풀이로, 대개 굿판에서는 굿노래 가사와 그 가락의 흐름으로 풀어 나간다. 간혹 악신에 대해서는 저주의 사설과 굉음으로 맺힌 고리 또는 매듭을 풀어 나가기도 한다. 한편, 놀이의 경우는 굿판에서 춤과 연기로 또는 가면극으로 나타난다. 가면으로 신의 형상을 만들어 신의 재림을 표현하기도 하며, 춤의 역동성으로 신을 찬양하기도 한다. 이러한 놀이의 세계는 양(陽)의 세계이다. 신과 사자(死者)를 형성화하여 풀어 나가는 음(陰)의 세계와, 현실 속에서 살아가는 인간 자신의 희원(希願)을 표현한 양의 세계가 어우러진 한바탕의 판이 굿놀이 판이다. 그러니 굿판 속의 인간의 놀이는 풀이판이 아닌 바람판에 속하며, 이들 풀이판과 바람판이 어울려 굿판의 분위기는 신바람판으로 무르익어 간다. 풍(風)을 '발암'이라 함은 발양(發陽)의 변음(變音)이니, 양기를 발동하는 것은 바람[風]이다. 그야말로 굿판은 신인공연(神人共宴)의 장이라 할 수 있는데, 음과 양의 조화를 여기서 찾을 수 있다.

굿에서 풀이와 놀이 두 가지 요소를 찾아내어 구조화한 것은 탁견이라 할 수 있을 것이다. 그러나 풀이를 '말한 것'으로, 놀이는 '행한 것'으로 나누는 것은 굿이 지니는 정신과 신체에 대한 인식 또는 태도를 이원론적으로 해석하게 만들 가능성이 있다. 굿에 내재하는 예술적 요소들이 분화하는 과정을 설명하기 위한 것이라면 큰 문제가 되지 않겠지만 굿을 소통의 형식 또는 과정으로 이해할 때에는 풀이와 놀이는 '말한 것'과 '행한 것' 이상의 의미를 지니고 있을 뿐 아니라 서로 밀접하게 결합되어 하나를 이룰 때 비로소 굿이 성립되기 때문이다. 김택규가 파악한 풀이와 놀이는 다음 그림에서 보다 분명하게 제시된다.

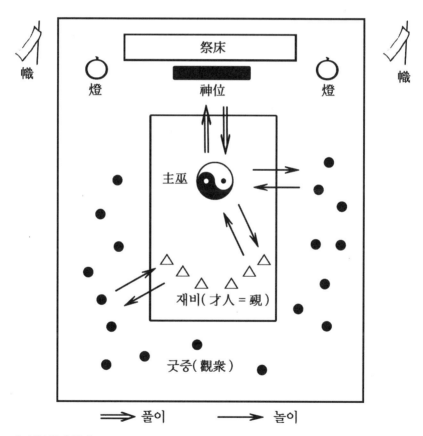

별신(別神)의 굿판.7

김택규는 자신이 관찰한 바를 다음과 같이 묘사한다.

각 거리를 관찰하면 주무(主巫)가 백미(白米)와 건어(乾魚)로 상징되는
신위(神位)가 있는 쪽을 향하여 절하고, 창(唱)과 무(舞)를 할 때와, 재비
와 굿중 쪽으로 향하여 가(歌)와 무(舞)를 할 때는 전체의 굿판 분위기가
완연히 달라진다. 전자에는 주무의 풀이의 소리와 춤과 도사(禱詞)의 소
리, 그리고 재비의 주악 이외는 일체의 잡음이 배제되는 것 같다.

그러나 주무가 관중과 재비의 쪽으로 향하여 가무할 때면, 굿판의 양상
은 아주 딴판이다. 야유가 굿중에서 터져 나오기도 하고, 웃음과 음담패
설까지 어지럽게 오고가는 속극(俗劇)으로 화한다. 주무와 재비의 농담
의 응수, 주무와 재비, 재비와 굿중이 어지럽게 음란하기까지 한 언동을
주고받기도 한다. 주무의 춤에 관중에서 추임새가 가해지고, 함께 일어
서서 춤추는 사람까지 나오기도 한다. 무(舞), 용(踊), 가(歌), 창(唱), 극
(劇) 등의 제 요소가 혼연히 융합된 것 같은 상황이 계속된다. 문자 그대
로 '수족상응(手足相應)' '답지저앙(踏地低昻)'의 상황이 '주야무휴(晝
夜無休)'로 가, 무, 음(飮), 식(食)과 함께 계속되는 '놀이'의 장면이 되는
것이다. 분위기가 고조되면 하나의 거리가 끝나고, 주무는 신전(神前)으
로 방향을 바꾸고 공손히 절하고 풀이를 시작한다. 굿은 이와 같이 '풀
이'와 '놀이'의 이중구조로 되어 있는 것이다.

물론 김택규는 이 그림을 설명하는 글에서도 풀이와 놀이를 일원적인 행
위로 파악하기보다는 풀이는 신위가 있는 쪽을 향해서 하는 행위이며 놀
이는 재비나 굿중을 향해 하는 행위라는 식의 이원화된 행위로 파악하고

있다. 그러나 풀이와 놀이를 행위의 방향이나 관계를 기초로 파악하되 그 행위가 담게 되는 내용을 통해서 이해하면 보다 연속적이며 본질적인 차원을 발견하게 된다.

먼저 풀이는 제단을 향하여 엄숙하게 진행된다. 신에게 문제에 대한 해답을 구하기도 하고, 이 세상 또는 무당의 시원을 설명하기도 한다. 오늘의 문제를 해결하기 위해서 출발점으로 다시 돌아가 보는 것이다[原型回歸]. 일상적으로 경험할 수 없는 신적인 세계를 열어 보이는 성별(聖別)된 과정이다. 다시 말하면 풀이는 숨은 세계를 드러내는 과정이다. 우리가 안고 있는 문제가 있다면 그것은 바로 그 숨은 세계에 있는 것이다. 그래서 굿은 마음이 답답하고 일이 꼬일 때 한다. 무엇보다도 굿은 문제를 해결하는 과정이기 때문이다. 그러나 현대사회는 굿의 이런 문제 해결적인 측면의 대부분을 다른 것들로 대치할 수 있었다. 그래서 굿은 낡고 유치한 것이 되었다. 굿에서 귀신이라 함은 비가시인 것 혹은 적어도 지금까지는 알 수 없는 것 가운데 우리에게 영향을 미치는 것들에 이름을 붙이고 형상화한 것이다. 오늘날 보이는 것과 알 수 있는 것의 영역이 상대적으로 넓어졌다 하더라도 아직도 남아 있는 영역의 크기를 가늠할 수 없는 것이 사실이다. 과학 또는 실증주의적 태도는 나머지 부분에 대해서는 방관적이며 무책임하기까지 하다. 이 점에 있어서 굿이 보이지 않는 것에 이름을 붙임으로 해서 인식의 대상으로 삼으며 일정한 관계 맺기를 시도하는 것은 근대가 상실한 소통의 중요한 차원이다.

사실상 오늘의 문제는 곧잘 우리가 간과하는 굿의 또 다른 측면인 '놀이'에 있다. 놀이는 굿의 오락적이고 연희적인 측면이다. 이는 무당과 굿중, 무당과 재비 사이에서 이루어지는 수평적이고 세속적인 행위다. 다시 말하면 놀이는 보이는 세계에서의 관계 방식이요, 몸이 주관하는 세계의 길이다. 그러니 굿은 절맛이 안 날 때 하는 것이고, 놀이는 문세해 신앙나는 지금 여기에 대한 '누림'의 차원이다. 이 누림은 몸으로 신의 세계를 맛보는 것이다. 그렇게 해서 오히려 이 드러난 세계에 묶이기보다는 그것을 초월하여 신의 세계, 즉 숨은 세계에 도달한다.

따라서 풀이는 무당과 신과의 관계에서 이루어지는 행위이며 숨은 세계에서 드러난 세계로의 변환이라는 방향성을 갖는다. 역으로 놀이는 무당과 굿중과의 관계에서 이루어지며 드러난 세계에서 숨은 세계로 진입하는 방향성을 갖는다. 결국 이 두 방향성을 지닌 행위는 두 세계를 오가면서 교차 반복되고, 서로 영향을 주며 순환한다.

이와 같이 풀이와 놀이의 순환적인 이중 구조로 굿이라는 의례를 파악하게 되면 굿과 불교의례의 상호 영향 또는 교섭을 이해하는 데 적지 않은 통찰을 제공할 것이라고 믿는다. 굿이 놀이에 풀이를 담는다면 불교의례는 풀이에 놀이를 받아들인다. 불교는 깨달음을 전하는 데 있어 언어도단(言語道斷)이라는 태도를 견지한다. 특히 한국의 불교 전통은 선불교 즉 간화선(看話禪)의 전통이 주류를 형성하고 있어 깨달음의 내용이 통속적인 언어나 표상으로 표현되는 것을 경계할 수밖에 없다. 따라서 영산재의 중요한 요소인 범패 의식, 곧 범패와 작법(作法)은 매우 절제되고 엄격한 규율을 견지하는 차원의 놀이라고 할 수 있다.

그러나 영산재는 세계적으로도 차별화된 화려함과 다양한 표현 양식을 지니고 있다. 따라서 나는 영산재의 이러한 특성이 굿의 풍부한 놀이적 전통과 일정한 연속성이 있는 것으로 보고 논의를 전개하고자 한다.

3. 굿과 영산재의 의례 구조

1) 안차비와 바깥차비, 그리고 장엄의 미학

영산재는 안차비와 바깥차비로 나누어진다. 안차비는 순수한 불교의식 절차를 뜻하고 바깥차비는 대중적이고 토속적이며 민속적인 요소를 많이 가미한 의식 절차를 말한다. 풀이와 놀이의 이중 구조를 통해 보자면 안차비는 풀이가 강조된 형식이고 바깥차비는 놀이에 중점을 둔 형식이라고 할 수 있다. 안차비에서는 악기 연주나 의식무용이 없다. 의식을 진행하는 구성인도 많이 필요로 하지 않으며 의식을 거행하는 장소도 대체로 법당 안인데 경건한 분위기를 필요로 하기 때문이다.

바깥차비는 안차비와는 달리 밖에서 거행하는 게 특징이다. 밖에는 법당처럼 부처님이 모셔져 있지 않기 때문에 괘불을 모셔 놓고 많은 장엄(莊嚴)[8]을 하고 의식을 진행한다. 바깥차비에서는 안차비에서는 볼 수 없는 삼현육각(三絃六角) 등의 악기 연주와 그에 대응하는 의식무용으로 법고춤, 나비춤, 바라춤 등을 곁들여서 진행하기 때문에 좋은 구경거리가 되기도 한다.[9] 이를테면 안차비가 의식을 거행하는 것만으로 족하다면 바깥차비는 하나의 이벤트로 기획되어 영가를 모시는 재자와 재를 거행하는 성직자만이 아닌 만인이 참여하고 누리는 축제의 형식을 갖게 되는 것이다.

여기에서 '장엄'이라는 말에 주목할 필요가 있다. 장엄은 '건설함, 건립함, 훌륭하게 배열, 배치함' 등의 뜻을 담고 있는 산스크리트어 'vyūha'에서 온 말로 일반적으로는 엄숙함과 위엄을 나타내기 위해 장식하는 의미로 쓰이지만, 불교에서는 의례를 행함에 있어 불교의 사상적인 내용을 시각적으로 표현하는 행위를 말한다. 다시 말하면 숨은 세계를 드러난 세계를 향해 변환하는 '풀이'에 해당한다. 마음이 몸으로 드러나는 것이며, 깨달은 자기 존재을 구현하는 보살행의 방향성에도 일치한다. 불교의식에 사용되는 무용을 작법(作法)이라고 하는데, 이 작법이라는 용어는 무용을 지칭하는 용어를 넘어서 장엄과 같은 맥락에서 행위를 통해 법을 드러낸 다고 하는 목적성을 담고 있는 말이며 신중작법(神衆作法)이나 식당작법 (食堂作法)과 같이 연희적 요소가 포함된 의례를 지칭하는 용어로 쓰이기 도 한다.

　의례는 문화를 담는 그릇이기 때문에 이를 통해 보면, 시대와 사회의 환경에 처해 온 불교의 존재 의의가 드러난다. 그것은 교의사상을 구체화하는 성격을 지니기 때문이다. 불교에서 이를 의례작법(儀禮作法)이라 붙여 부르는 것은 의식의 예에 맞추어 범패나 무용, 행위 등을 일정한 규격으로 갖추기 때문이다. 인간의 일상생활에 있어서 기거진퇴(起居進退)나 어묵 동정(語黙動靜)이 예에 맞을 때 비로소 격조를 유지할 수 있는데, 특히 특정한 신조나 장엄, 그리고 규격을 전제하는 종교의례에 있어서 여법(如法) 한 틀을 갖출 때 그 영향력은 증대되며, 그런 의미에서 의례는 종교의 꽃이요, 대중 교화의 최고 방편이다. 의례와 예술을 관련시켜 볼 수 있는 것도 이러한 특징에 의한 바라 할 수 있다.[10]

　굿에서의 놀이는 굿중을 모으고 그날의 주제, 즉 풀이에 몰입하고 상호 교감하도록 돕는다. 오늘날 하나의 산업이 된 이벤트는 대중의 오감을 자극하여 주최자의 목적 달성을 극대화하는 모임의 공학이다. 그러나 불교 의례에 있어서 장엄 또는 작법의 미학은 그러한 굿의 놀이적 접근 또는 이벤트의 공학적인 접근에 대해 여법한 틀을 갖춰야 한다고 요구하고 있는 것이다.

굿이나 영산재 모두 풀이와 놀이가 복합된 형식인 건 사실이지만 바깥차비로서의 영산재는 불교의례 가운데서도 놀이가 중심이 되는 굿에 가까운 특성을 보이고 있다. 굿에서의 놀이가 굿중의 '흥'을 일으켜 '황홀경'에 이르도록 돕는 것을 목적으로 한다면 영산재에서의 장엄과 작법은 불자로 하여금 '환희심'을 갖고 '보리심'에 이르도록 돕는 것이라 할 수 있다. 불교의 가르침 가운데 보리심이 지혜를 의미하는 이성적인 측면이라면 환희심이라는 말은 수행 과정에서 얻게 되는 보살의 마음, 곧 사무량심(四無量心) 가운데 하나로 감성적인 측면이라고 할 수 있다. 신자들 간에 감동적인 경험을 했을 때 "환희심을 느꼈다" 또는 "환희심이 솟는다"와 같은 표현을 하는데 이는 교리적인 개념이라기보다는 개신교에서 "은혜가 된다"와 같은 표현과 유사한 수사법 가운데 하나라고 보겠다.

2) 영산재의 괘불

굿의 무신도와 불교의 탱화는 각각의 전통을 가지고 발전되어 왔으나 상호 영향을 주었을 것으로 생각된다. 불교에서 신앙의 대상을 형상화하는 전통이 부처상과 같이 삼차원의 입체로 표현되는 경향을 보여 준다면 굿에서는 무신도와 같이 삼차원으로 구성된 현실을 넘어선 신령계를 표현하기 위하여 한 차원을 뺀 이차원 평면에 저들의 신화적 상상력을 자유롭게 펼쳐 왔다고 볼 수 있다.[11] 따라서 영산재의 바깥채비에서 야외에 도량을 마련하기 위한 괘불의 설치는 불교의 전승 속에 이미 탱화나 괘불의 전통이 있다 하더라도 굿에서 신령계를 표현하는 무신도와 영향을 주고받았을 것으로 보인다. 티베트나 몽골에도 괘불의 전통이 있는데 모두 샤머니즘의 문화권 안에 있는 것으로 보았을 때 샤머니즘과의 관계를 충분히 유추

할 수 있다. 티베트의 불화 '탕카'만 보더라도 귀신을 쫓는 주술적인 목적
을 강하게 지니고 있어 분교 이전인 기원전 구세기부터의 당가회화 또는 서
머니즘과의 연속성을 주목할 수 있다. 특히 괘불을 내거는 것만으로도 하
나의 행사가 되는 괘불재와 같은 경우 민속신앙으로서의 굿의 특성을 강
하게 보여 준다.12

영산재는 영혼 천도를 위한 의식일 뿐만 아니라 영산회상을 상징하는 불
교의식을 뜻한다. 영산회상의 상징화란 석가모니불의 설법장에 모인 모든
중생이 환희심을 일으키고 법열에 충만한 분위기를 오늘에 재현한다는 구
성 내용을 말한다. 따라서 영산재의 괘불은 영산회상을 그 내용으로 한다.
이는 엘리아데가 말하는 원형회귀요, 굿에서는 본풀이에 해당한다. 굿에
서는 바리데기 이야기나 제주 칠머리굿에서처럼 천지가 창조된 내력을 이
야기하는 사설 형식으로 본풀이가 이루어지지만 깨달음을 말로 설명하는
것을 꺼리는 언어도단의 전통이 이렇듯 괘불 '영산회상도(靈山會上圖)'라
는 설치미술과 범패를 통해 본풀이를 하도록 영향을 준 것이 아닌가 한다.
영산재가 불교의 천도재 가운데 가장 훌륭한 것으로 여겨지는 까닭은 그
규모나 화려함보다도 바로 영산법회라는 신앙적 원형의 재현이라는 의미
를 포함하기 때문인 것으로 생각된다. 요즘 말로 하면 사십구재와 영산회
상을 결합하여 만든 문화 콘텐츠인 것이다.

3) 굿과 닮아 있는 영산재의 절차

불교가 전파되는 과정에서 지역에 따라 고유한 불교의례가 만들어지는데
이를 민속불교의례라 한다. 그런 뜻에서 영산재는 민속불교의례이며, 기
층문화의 여러 요소를 받아들여 신앙적인 측면과 표현상의 변모나 창조적

인 결과를 가져오게 된다. 물론 불교를 받아들일 때 이미 초기 불교의 의례와는 달리 밀교(密敎)의 영향을 받은 대승불교적인 성격의 의례가 수용되었을 것이라는 사실을 전제할 필요가 있다. 영산재와 관련하여 그 안에 내포되어 있는 민간신앙적 요소에 대해서는 홍윤식의 책 『영산재』에 어느 정도 설명되어 있으니 참고하기 바란다.[13] 다만 조금 더 구체적인 비교를 통해 민간신앙 가운데서도 특별히 굿에서 발견되는 유사한 절차가 영산재에서는 불교적 의미를 부여하는 과정에서 어떻게 수용되고 변모하는지 살피려 한다. 아울러 앞서 제시한 풀이와 놀이의 관점에서 양쪽의 구조적인 성격을 비교해 보려 한다.

(1) 씻김과 관욕

씻김굿은 호남 지방에서 죽은 이의 영혼을 저승으로 천도하기 위하여 행하는 사령제(死靈祭)의 하나로, 경상도의 오구굿과 서울의 지노귀굿, 함경도의 망묵굿, 평안도의 수왕굿, 제주도의 시왕맞이굿 등과 그 기능이 같다. 씻김굿은 죽은 이의 몸을 상징하는 것을 만들어 씻기는 과정으로서의 거리와 그 거리를 포함하는 굿 전체를 말한다. '씻김'이라는 용어는 전체 굿의 상징적 의미가 씻기는 데 있기 때문에 생긴 명칭이라고 본다. 씻김을 행하는 이유는 사람의 죽음을 부정(不淨)하다고 보는 관념에서 비롯된다. 부정한 죽은 영혼은 곧바로 저승으로 갈 수 없기 때문에 일정한 절차를 밟아서 부정을 씻어야 한다고 믿는 것이다. 죽음을 부정하게 보는 것은 죽음에 따르는 시신의 변색, 경직, 부란 때문이기도 하지만, 죽음으로 말미암은 공포감 때문이기도 하다. 살 가운데서도 상문(喪門)살, 곧 초상집에서 묻어오는 살이 아주 무서운 것은 직접 이 공포감과 맺어져 있기 때문이다. 사령

(死靈) 공포의 바닥에는 부정인 죽음에 대한 공포감이 깔려 있다.

영산재의 '관욕'이라는 절차는 씻김굿의 '씻김'이라는 거리에 대응한다고 볼 수 있다. 관욕은 바로 앞의 절차인 대령에서 모셔진 영혼이 불단으로 나아가 불법을 듣기 전에 더렵혀진 몸을 깨끗이 씻는다는 의미를 지닌다. 관욕의 대상이 되는 부정, 즉 죽은 이가 갖고 있는 때는 물리적인 부정과 죽음이라는 불행한 상태를 포괄적으로 상징한다고 할 수 있다. 그래서 관욕은 이런 상태를 벗어나서 해탈하여 새로운 신격(神格)으로 승격된다는 의미를 지닌다.

이렇게 보면 씻김과 관욕이라는 절차에서 죽음이 부정한 것이라는 인식에는 큰 차이가 없다. 그러나 이 부정한 것을 씻어내는 퍼포먼스에서는 각 의례의 특성과 차이점이 잘 드러난다. 씻김을 할 때는 망자의 신체와 넋을 일상의 도구와 한지를 이용해 만들고 이를 무당이 직접 잡고 두드리고, 씻고, 무가를 부르는 등의 행위를 하는데 일상생활에서 사용하는 생활 용구를 의례적(儀禮的)인 무구로 사용하는 것은 굿이 일반적으로 지니고 있는 놀이적인 특성을 보여 준다고 할 수 있다.[14]

반면에 관욕은 관욕단을 차리는 것에서부터 절차 대부분이 매우 엄격하게 정해진 원칙과 순서에 따라 진행되기 때문에 매우 긴장되고 집중을 요하는 제례의 형식을 갖추고 있다. 결국 씻김이 이승에서의 한을 풀어 주고 굿중의 두려움이나 슬픔을 위로하는 하나의 드라마로 인형극과 같은 형식을 취한다면 관욕은 초월적인 부처님의 법의 질서로의 이행에 초점을 두고 집중과 엄숙함을 강제하는 형식이라고 하겠다.

씻김에서의 굿중은 특별한 역할이 주어지지는 않지만 상상력을 통해 감정이입을 한 상태에서 스스로도 카타르시스를 경험하게 된다. 이를테면 무당이 망자를 상징하는 오브제를 만들고 일정한 퍼포먼스를 하는 동안 실제로 망자가 씻김을 받는다고 생각하기 때문이다. 씻김굿에서는 씻김에 이어 넋올리기를 하게 되는데 이때 망자의 영혼이 무당에게 내리면 가족들은 마지막 인사를 나누며 오열한다. 망자와 이별주를 나누고 노자를 하라며 돈을 건네거나 마지막으로 손이라도 잡아 보려 하는 등[15] 마치 역할극처럼 진행되는데 브레히트(B. Brecht)의 서사극 이론의 관점에서 보면 '동화(同化)'의 성격을 강하게 보여 준다고 설명될 수 있을 것이다.

한편 관욕에 참여하는 대중은 의식에 참여하는 과정에서 합창을 하거나 절차에 따른 행위를 하게 되는데, 이것은 망자의 죽음과 관련한 감정적인 요소보다는 망자가 부처님 앞에 나아가는 과정을 돕는 협동 과정이며, 이 과정에 참여하는 가운데 대중 스스로도 부처님 앞에 나아가는 청정함을 체험하는 것이다. 굿에서의 씻김이 '동화'의 성격이 강하다면 관욕에서는 절차의 엄격함을 통해 부처님께 나아가는 과정을 이해하고 동의하는 객관적인 관점, 즉 '이화(異化)'의 성격이 두드러진다고 볼 수 있다.

(2) 부정거리와 신중작법(神衆作法)

일반적으로 종교의례는 신을 영접하고 신을 즐겁게 한 다음, 신을 보내는 순서 즉 영신(迎神), 오신(娛神), 송신(送神)의 과정을 거친다. 그런데 신을 영접하기 위해서는 신이 강림하는 공간과 참여자의 마음을 깨끗하게 만드는 일이 필요하게 된다. 굿에서는 대체로 부정거리 또는 부정굿이라고 부르는 절차에 해당하며 영산재에서는 신중작법에 해당한다. 불교의 본래의 수행법에서는 불보살에 귀의하고 참회하는 것만으로 자기 정화를 이룰 수 있는 것으로 보지만, 대승적인 차원에서는 이 정화의 과정을 보다 형상화

할 필요가 있어 신중작법(神衆作法)과 같은 민간신앙의 형태와 습합된 절
차가 만들어진 것이다.[11]

먼저 신중작법을 들여다보자. 수호신인 사천왕 등의 각종 신중(神衆)을
의식도량에 청하여 공양을 권하고 도량 청정을 발원한다. 신중이란 불교
의 수호신, 호법신으로 주로 인도의 토속신과 대승불교의 전개 과정에서
상정된 신, 그리고 불교의 전파 지역에서 흡수된 신들로, 제석(祭席), 범천
(梵天), 사천왕(四天王), 금강역사(金剛力士), 팔부중(八部衆), 칠성(七星),
산신(山神) 등을 말한다. 부처님을 모시기 전에 이러한 호법선신(護法善
神)들을 먼저 모시고 의식이 끝날 때까지 잡신을 물리치고 부처님의 법을
지킬 수 있도록 도와 달라는 것이다. 실제로 이어지는 절차인 상단권공에
서는 신중에 의해 정화된 공간에 비로소 부처님을 모시고 불법을 듣고 영
가의 극락왕생을 빌게 된다.

부정굿에서는 호구(胡鬼), 영정(零丁), 말명(萬明), 영산(靈山), 상문(喪
門) 등 부정한 일을 담당하는 신들에게 온갖 부정을 물리쳐 달라는 부탁을
한다. 이어지는 가망청배에서 모시는 가망은 무속에서 모든 신령들의 근
원을 관장하는 신령의 이름이다. 단군을 모시는 감응청배(感應請陪)에서
온 말일 것으로 추정되는 가망은 모든 신령한 것의 시원이 되는 그 무엇을
지칭한다고 볼 수 있다. 그렇다고 가망을 청하는 것이 상단권공에서 부처
님을 모시고 불법을 듣는 것과 같이 하늘의 뜻을 알고자 하는 것으로 보기
는 어렵다. 상단권공이 어떤 깨달음을 얻고자 하는 목적을 지닌다면, 가망
을 청하는 까닭은 저마다의 굿에서 모시는 신들과의 만남이 가능하도록 허
락을 받기 위한 것이다.

이렇듯 불교의례와 굿이 서로 목적에 차이가 있다 하더라도 결국 부정굿

과 신중작법은 신 또는 부처님에게로 나아가기 위한 전 단계로서 부정한 것을 없애는 정화의 과정으로 이해할 수 있겠다.

(3) 공수와 상단권공

굿에서 공수는 세습무(世襲巫)는 할 수 없고 강신무(降神巫)만이 할 수 있는 행위다. 강신무가 신과 인간의 중간적인 존재라고 했을 때, 인간의 기원 내용을 신에게 전달하고 그에 대한 신의 답을 다시 인간에게 전달하는 것이 굿이고, 무당의 입을 통해 전달되는 모든 신의 말씀이 공수가 된다. 따라서 공수의 내용은 인간사 전체를 포함하며, 굿에서 받들어지는 신령이라면 무당에게 강신하여 공수를 줄 수 있다. 이런 점에서 공수는 굿의 핵심적인 내용처럼 보이며 나아가 공수를 받으면 굿의 목적이 달성된다고 생각하기도 한다. 그러나 세습무가 공수를 할 수 없다는 사실은 역으로 굿이 반드시 공수를 얻기 위한 행위라고 단정할 수 없다는 것을 의미하기도 한다. 굿을 풀이와 놀이의 이중 구조로 볼 경우에는 공수는 숨은 세계를 드러내는 레고메나로서의 풀이로 볼 수 있다.

이런 관점에서는 세습무가 진행하는 굿에도 레고메나는 존재한다. 여기에서 강신무의 공수에 해당하는 것은 무가(巫歌)다. 무가 역시 신화적인 내용을 전달한다는 점에서는 숨은 세계를 드러내는 측면이 있는 것이 사실이지만 무가는 사전에 반복적인 학습을 통해 준비된 공수로서 놀이의 측면을 강하게 지닌다고 할 수 있을 것이다. 몸의 종교로서의 굿은 놀이의 측면이 그 바탕이 되는 전통을 쌓아 왔음에도 불구하고 최근에는 이러한 굿의 놀이적인 측면은 축소되고 지나치게 공수에 의존하는 경향을 보이고 있다. 굿은 문제 해결을 위한 것이 아니더라도 그저 즐기기 위한 목적으로 이루어지기도 하는 것이다. 그런 의미에서 공수는 굿이 바탕으로 삼는 놀이적인 형식이 외워내는 뜻이며 주제 의식이라고 할 수 있다.

굿에서 공수가 의례의 주제 의식을 견지하는 행위인 것처럼 부처님의 법문을 듣는 절차인 상단권공 역시 영산재의 가장 극적이며 중요한 과정이다. 천도재를 행하는 여러 가지 형식이 있지만 천도재의 유형의 차이는 상단권공의 형식에서 결정된다. 영산재는 상단권공의 형식을 영취산(靈鷲山)의 설법 도량을 상징화한다는 의미를 지닌 영산작법(靈山作法)에 의거한다. 따라서 이때에 비로소 영산회상도가 그려진 괘불을 내거는 괘불이운(掛佛移運)이라는 절차가 들어오게 되는 것이다.

상단권공은 영산재를 비롯한 불교의례를 통틀어 사실상 유일하게 불교본연의 자력 신앙의 성격을 지닌 자행의례다. 후반부에 기원, 회향의 절차가 삽입되면서 타행의례화하는 부분이 보이지만 불보살을 모시고 불법의 감화를 발원하는 영산재의 핵심을 이루는 절차다. 반면에 굿은 굿청에 화려한 제단을 설하고 가무악과 극적인 역할 놀이를 통해 몸을 통해 도달할 수 있는 극단의 몰입을 추구한다. 따라서 굿이 지니는 본연의 성격은 공수와 같은 신탁을 얻어내는 데 있다기보다는 그것을 얻어내는 의례의 방식에 있다고 할 수 있다. 그러나 오늘에 와서 불교의례는 본연의 수행의 과정보다는 화려한 외형, 다른 표현을 빌면 대중화에 나서는 흐름을 보이는 반면, 굿은 공수를 얻기까지의 놀이적 과정이 간소화되거나 생략되어 문제의 답을 얻는 데 초점을 두는 실용화의 경향을 보인다.

(4) 오신(娛神)과 시식(施食)

영산재의 시식은 영혼에게 음식을 대접하는 절차이다. 이 의식은 망인을 위하여 재(齋)를 올린 뒤에 행하거나 망인의 제삿날과 명절날에 행한다. 조상 숭배라는 의미와 형식이 유교의 제사에서 가져온 것처럼 보일 수 있으나 사실상 유교에는 영혼의 존재를 인정하는 사상이 없으며 다만 추념할 뿐이다. 그러니 그보다 오랜 전통에서 망자와 만나는 형식을 생각할 수밖에 없다. 뿐만 아니라 불교 역시 그 근본적인 사상에는 영혼을 인정하지 않는다. 원불교 제2대 종법사(宗法師) 송규(宋奎)도 죽은 영혼을 위해 제상에 음식을 차려 놓는 것은 옳지 않다고 했다. 제단에 음식을 차리는 것은 정성을 바치는 한 형식이 되는 것은 사실이나 영혼이 흠향(歆饗)한다는 것은 이치에 맞지 않다는 것이다.[17]

결국 망자의 영혼을 설정하고 음식을 통해 망자와 관계를 맺는다는 점에서 굿의 전통과 관련이 있다고 말하는 것이 옳을 것이다. 귀신은 대접받기를 좋아한다. 이러한 생각이 바로 굿을 이루는 바탕이 된다. 숨은 세계를 대표하는 상징이 귀신이며, 이 숨은 세계와 화목하지 않으면 삶에 문제가 발생한다고 믿어 귀신과 관계하는 방식을 찾은 것이 바로 굿인데 귀신을 인간과 같이 몸을 지니고 배고파하며 놀기 좋아한다고 보고 귀신을 즐겁게 해 주어야 한다고[娛神] 생각한 것이다. 다만 시식은 망인에게 제사 음식을 대접하고 불교의 법문을 직접 일러 주고 경전을 읽으면서 염불하는 제사의 예라는 점에서 다르다.

어느 시대부터 우리나라에 유포되어 이 의식이 행해졌는지는 알 수 없으나 지금도 각 사찰에서 참고하고 따르는 시식의문(施食儀文)의 내용을 보면, 모든 귀신들과 지옥에서 괴로움을 받는 중생들과 모든 중음신(中陰神)들이 법회에 내림할 것을 권하고, 모든 귀신들이 한 소리에 미혹으로부터 깨어나 평등하게 음식을 받아먹고 청정한 신심으로 법을 들으면 모두 해탈을 얻는다고 했다.[18] 시식은 귀신을 법회에 초청하는 매개가 음식이라는 점에서는 굿이요, 평등하게 음식을 나이먹고 청정한 신심으로 법을 듣는다는 점에서는 한 차원 더 나아가 우주적인 보편성을 담아낸 민속불교의 례라고 보아야 할 것이다.

(5) 음복(飮福)과 식당작법(食堂作法)

음복이 굿 또는 제사를 지낸 후에 진설했던 음식을 의례에 참여했던 사람들이 나누어 먹는 것처럼 식당작법은 상단권공에 올렸던 공양물을 대중이 다 같이 나누어 먹는 대중공양이다. 불교에서 공양(供養)은 사람만 음식을 먹는 것이 아니라 우주의 모든 생명 즉 중생이 함께하는 것이라는 연기론적 생명관에 기초해 있다.[19] 민간에 남아 있는 고수레와 같은 관습이 이에 대응하는 것이라고 볼 수 있다. "굿이나 보고 떡이나 먹는다"는 속담이 있을 만큼 굿에서는 함께 음식을 나누는 일이 중요하며, 이는 굿의 놀이적 측면을 대표하는 것이다. 풀이의 굿에서 놀이의 굿이 되는데 그것이 바로 잔치다. 이런 의미에서 굿이나 영산재는 하나의 잔치다. 이렇게 함께 음식을 나눔으로 해서 굿과 영산재에 참여하는 굿중 혹은 일반 신도가 객으로 의례를 참관하는 것이 아닌 의례의 주인이 됨을 확인하는 것이다.

풀이와 놀이의 관점에서 보면 음복과 식당작법은 서로 다른 방향을 지니고 있음을 알 수 있다. 잔치로서의 음복은 고대 제천의식으로부터 시작된, 신을 만나기 위한 방법으로서의 음식가무의 한 형식이다. 제차(祭次)에 의하면 귀신에게 올렸던 음식을 나누는 것이지만 굿 전체로 보면 의례가 진행되는 한편에서는 먹고 마시는 놀이판이 벌어지는 것이다. 이러한 일탈을 허용하는 장치가 곧 잔치라는 굿의 한 형식이고 신을 만나는 초월의 방식으로서의 놀이다. 반면에 공양은 상단권공에서의 깨달음을 나누는 것이며, 보살행(菩薩行)으로서의 보시의 성격을 강하게 지니는 것으로 볼 때 풀이의 방향성을 지닌다고 보겠다.

4. 맺는 말

영산재는 장엄과 작법이라는 불교의 핵심적인 미학을 구현하면서도, 그 바탕에는 가무를 통해 황홀경에 이르는 굿의 원리와 문화적 자산이 깔려 있음을 보았다. 장엄과 작법이 보리심이라는 수행의 성취를 일반 대중과 나누는 보살행과 같은 차원이라면 이는 마음에서 몸으로, 숨은 세계에서 드러난 세계로 이동하는 굿에서의 풀이에 해당하며, 굿에서의 비손이라는 작은 규모의 의례가, 가무가 동반된 굿의 생략형이라면 안차비에서 바깥차비로의 이동은 원형적인 구조가 확장되어 베풀어진 것이다.

결국 가무를 중심으로 하는 굿이 몸과 관련한 표현 문화의 자산을 축적하고 그것에 영향을 주었다면, 불교의례로서의 영산재는 마음과 관련하여 깨달음을 공유하는 행위로서의 기조를 견지하는 가운데 의례가 하나의 이벤트로 확장된다 하더라도 여법(如法)한 틀을 갖추는 격(格)의 문화로 이를 발전시켰다고 하겠다.

제2부
불교의례의 음악, 미술, 연극적 요소

홍가사(紅袈裟)의 형태와 부착물에 대한 고찰

한국 불교의 홍가사를 중심으로[1]

심상현(沈祥鉉)

1. 들어가는 말

하나의 문화 현상이 천육백여 년의 긴 역사를 지님은 그 자체로 희귀한 일이거니와 거기에는 상당한 이유가 있다. 따라서 한국 불교의 역사와 함께하는 한국 불교만의 전통 가사인 홍가사(紅袈裟)에 대한 고찰과 그 성과는 단순히 법복에 대한 고찰에 그치지 않고, 불교를 수용하고 전승해 온 선조사(先祖師)의 사상을 이해하는 데 더 없이 좋은 방법이며 자료가 될 것이다.

이런 점에 착안하여 나는 「홍가사의 의재와 색상에 대한 고찰」이라는 제목으로 논문을 발표했다.[2] 이 글에서는 그 부분을 제외하고 「홍가사의 형태와 부착물에 대한 고찰」이라는 제하(題下)에 홍가사의 구조와 부착물 그리고 통문불(通門佛)을 대상으로 거기에 담긴 사상을 살피기로 한다.

연구 방법은 앞선 논문에서와 같이 한국 불교의 전통 가사인 홍가사에 담긴 사상과 의의를 『불설가사공덕경(佛說袈裟功德經)』을 비롯한 관계 경전 그리고 의식집에 수록된 '가사점안(袈裟點眼)' 등에서 찾고, 불전문학

(佛典文學)의 입장에서 여타 관계 설화 등을 참고하여 주제에 따라 살펴보고자 한다.

2. 가사의 구조에 담긴 사상

사문(沙門)의 모습을 말할 때 '방포원정(方袍圓頂)'이라는 표현을 쓴다. 여기서 방포라 함은 가사의 외형이 가로로 긴 장방형임을 말하는 것이고, 원정이라 함은 삭발한 사문의 머리 모습을 가리키는 것이다. 그런데 방포는 가사의 전체적 모습을 말한 것이고, 자세히 살피면 여러 개의 천 조각을 모아 조성한 것임을 알 수 있다. 이른바 가사를 복전의(福田衣), 할절의(割截衣), 납의(衲衣)라 부르는 이유가 다름 아닌 그 모습이 전상(田相)이라는 점에서 비롯된 것이다.

가사가 이런 모습을 지니게 된 데에는 유래가 있고, 여러 가지 사상이 담겨 있다.3 이 점에 대해서는 더 이상의 언급이 필요치 않을 만큼 제방(諸方)의 석덕(碩德)에 의해 깊이 있게 연구, 소개되어 왔다. 이 글에서는 중복되는 내용을 가급적 피하고 그간 논의되지 않은 부분을 '할절의'라는 이명(異名)을 지니게 된 내력과 연관지어 살펴보고자 한다.

1) 모양과 유래

할절의란 앞서 말했듯 여러 개의 천 조각을 모아 조성한 옷이라는 의미가 있다. 때문에 설령 온전한 천[衣財, 衣體]일지라도 규정에 알맞은 크기로 작게 나누어 다시 논두렁과 같은 모습으로 조성해야 한다. 『사분율(四分

律)』권40에는 다음과 같이 기록되어 있다.

그때 세존(世尊)께서 왕사성(王舍城)을 나서시어 남방 사람들 사이에 유행(遊行)하심에, 도중에서 밭이 가지런히 정리되어 있음을 보시고 아난(阿難)에게 말씀하셨다. "네가 이 밭을 보았는가?" "보았나이다 세존이시여!" "네가 모든 비구를 위하여 이 밭처럼 옷을 만들 수 있겠는가?" "가능합니다." "너는 가서 모든 비구들에게 '옷 만드는 법을' 일러 주어라." 그때 아난은 그곳으로부터 왕사성으로 돌아와 모든 비구에게 가르쳐 주었으니 이 할절의와 같이 만드는 것이다. 이것은 장조(長條), 이것은 단조(短條), 이것은 엽(葉)이요, 이것은 첫번째 봉(縫)이요, 이것은 두번째 봉이요, 이것은 가운데 봉이다. 이 '조'와 '엽'은 양쪽을 향한다. 그때 왕사성에서는 모두들 할절의를 입었다. 그때 세존께서 남방 사람들 사이에 유행하심을 마치시고 왕사성으로 돌아오셨다. 모든 비구가 모두 할절의를 입은 것을 보시고 말씀하셨다. "아난은 총명하고 매우 지혜롭다. 나는 간단히 말했는데, 그 뜻을 넓게 이해하였구나. 과거 모든 여래께서 옷을 입지 않은 불제자에게 이와 같은 옷을 입히셨느니라. 나 역시 오늘, 미래세(未來世)의 모든 여래로서 옷을 입지 않은 불제자에게 이와 같은 옷을 입히느니라. 나는 오늘, (천을) 칼로 잘라 사문(沙門)의 옷을 만드니 원적(怨賊)에게 빼앗길 일이 없으리라."

이상에서 살폈듯 할절의의 유래는 석존 재세시로 거슬러 올라가며, 한국불교의 전통 가사인 홍가사는 이런 '할절'이라는 전통을 오롯이 이어 오고 있다. 거슬러 이런 발자취를 살펴 보면, 신라시대 자장율사(慈藏律師)께서 문수보살로부터 받아 오셨다는 통도사(通度寺) 소장 석가여래 가사를 위시하여 사장율사 가사가 있고, 고려시대 대각국사(大覺國師) 가사와 조선시대 서산대사(西山大師) 가사, 그리고 해인사 성보박물관에 안치된 희랑조사상(希郎祖師像)[4] 및 본산급(本山級) 조사전(祖師殿)에 모셔진 역대 조사님들의 진영(眞影)이 있다.

2) 보편적 사상

보편적 사상이라 함은, 홍가사는 물론 다른 색상을 지닌 가사에도 통용될 수 있다는 뜻이다. 일찍이 송나라 영명연수(永明延壽) 선사의 「시사중피가사인연(示四衆被袈裟因緣)」에 의하면 가사를 해탈당(解脫幢)으로 정의하고, 남산초(南山鈔)에 의거하여 삼의(三衣)로 구분했다. 하의는 오 조(條)로 일장일단(一長一短)이고, 중의는 칠 조로 양장일단(兩長一短)이며, 대의에는 삼품이 있으니 하품에 세 가지가 있어 구 조, 십일 조, 십삼 조로 양장일단이고, 중품도 세 가지로 십오 조, 십칠 조, 십구 조로 모두 삼장일단(三長一短)이며, 상품 역시 세 가지로 이십일 조, 이십삼 조, 이십오 조 모두 사장일단(四長一短)이라 했다. 흥미로운 것은 이어 『갈마소(羯磨疏)』를 인용하여 다음과 같이 말한 대목이다.

구품 가운데 능력의 다소에 따라 하나를 얻는다. 최고가 이십오 조인 것은 이십오유 중생의 복전(福田)이 되기 위함이다. 오직 (조의 수를) 홀수로 하고 짝수가 아닌 것은, 사문이 어짊[仁]을 기르는 것이 세간에서 양(陽)이 만물을 기르는 것과 같기 때문이다. 장단이 갖추어져 있는 까닭은, 세상의 논둑이 물의 높고 낮음에 따라 다른 것과 같다. 또 모든 중생

을 이익되게 함이니, 성현이 많아지고 범부는 적어짐을 표하려 장은 많고 단은 적음에 견주었다.[5]

즉, 가사의 조수(條數)에 차별이 있는 이유, 조수가 기수인 이유, 각 조의 장단이 다르고 특히 조수가 늘어남에 따라 장의 수는 늘어나는데 단의 수는 고정적인 이유 등이 명쾌하게 정의되어 있다.

3) 특수적 사상

여기서 특수적 사상이라 함은 앞서 살핀 보편적 사상이 한국, 중국, 일본 등 동양 삼국에서 볼 수 있는 것임에 비해 한국 고유의 가사인 홍가사에서만 살필 수 있는 것을 말한다.

사상에 대한 내용이 가사와 관련된 경전에 언급되어 있지 않음을 생각하면 다소 조심스럽기는 하지만, 앞(p.171)에서 인용한 『사분율』의 내용 가운데 밑줄 친 내용에 힘입어, 다음 뒤(p.177)에서 살필 일월광(日月光)이 제행무상(諸行無常)의 사상을 담고 있음과 연계하여 생각하면 다음과 같은 결론을 얻을 수 있다.

할절의에는 삼법인(三法印) 가운데 두번째 덕목인 제법무아(諸法無我)의 사상이 담겨 있다. 한 조각 한 조각의 천이 이어져 가사가 완성되는 것이 오온가화합(五蘊假和合)에 의해 개아(個我)가 존재하는 것과 같기 때문이다. 또, 앞서 발표한 「홍가사의 의재와 색상에 대한 고찰」 가운데 '가사의 색상에 담긴 사상'을 논하면서 '인욕(忍辱)'에 대해 살펴 본 내용에서도 확인할 수 있었듯, 홍가사의 색상이 인욕을 상징하고 있음도 알 수 있다. 개략적 내용은 석존께서 과거 인행(因行)시 인욕선인(忍辱仙人)으로

계실 때 당시 가리왕(歌利王)의 질투와 진심(嗔心)으로 사지를 잘리는 악
인을, 진정한 인욕바라밀로써 선인(善業)으로 회향하셨다는 것이다. 한편
이 대목에서 살필 수 있는 의의는 인욕바라밀뿐만이 아니라 보살이 수행
의 덕목으로 삼고 있는 육바라밀(六波羅蜜)을 함께 생각할 수 있다.

　이미 언급한 인욕바라밀은 제외하고 보시바라밀(布施波羅蜜)에 관련하
여 보면, 가리왕으로 하여금 진정한 진리를 깨달을 수 있는 계기를 마련하
여 주셨으니 법시(法施)이며, 그를 용서하셨으니 무외시(無畏施)이다. 지
계바라밀(持戒波羅蜜)의 입장에서 살피면, 허망한 생에 대한 탐심(貪心↔
戒)이 없으셨고, 가리왕의 행위에 진심(嗔心↔定)을 내지 않으셨으며, 제
법개공(諸法皆空)의 이치를 체득하셨으니 치심(癡心↔慧)에 떨어지지 않
으셨다 하겠다. 정진바라밀(精進波羅蜜)의 입장에서 논하면, 가리왕을 만
나기 이전의 수행도 수행이려니와 그 이후의 정진은 가리왕의 칼로도 막
지 못하였으니 참으로 위대한 정진바라밀이라 하겠다. 선정바라밀(禪定波
羅蜜)과 연관지어 보면, 선종에서 말하는 도할양무심(塗割兩無心)이 가리
키듯 가리왕은 물론, 치료해서 본래의 모습을 되찾게 해 준 제석천왕(帝釋
天王)에게도 달리 감사하는 마음을 일으키지 않았다. 즉 순(順), 역(逆) 등
일체의 경계에 흔들림이 없으셨음을 말하는 것이다. 지혜바라밀(智慧波羅
蜜)은 달리 말할 것이 없다. 앞서 살핀 다섯 가지 바라밀을 두루 성취하게
한 것이 다름 아닌 인욕선인의 올바른 지혜가 저변에 자리했기 때문이다.

　결론적으로 할절의에는 불법의 규구준승(規矩準繩)인 삼법인(三法印)
가운데 제법무아의 사상과 보살의 수행덕목인 육바라밀의 사상이 남김없
이 들어 있음을 살필 수 있다.

3. 가사의 부착물에 담긴 사상

전통 가사인 홍가사에는 여타의 가사에서 볼 수 없는 로고 형태의 부착물이 있다. 일월광첩(日月光帖)과 각첩(角帖=四天王帖)이 그것인데, 『가사경(袈裟經)』에서는 일월광첩을 대범천왕(大梵天王)과 제석천왕(帝釋天王), 각첩을 사방천왕(四方天王)의 표시라 하여 각기 수행자를 옹호하고 시위한다고 했다.[6] 이들 부착물에는 특별하고 아름다운 모양이 수놓여 있어 예술적으로도 가치가 있으며, 부착물 하나하나에는 다음과 같이 귀감이 될 만한 내용이 설화와 함께 심오한 사상을 담고 있다. 더구나 통도사에 소장된 자장율사의 가사에는 일월광첩과 각첩이 있어, 첩(帖)의 부착 시기가 최소한 천삼백여 년 전으로 거슬러 올라간다는 단서를 제공한다. 첩에 담긴 사상을 차례로 살피면 다음과 같다.

1) 일월광첩의 의미와 내용

(1) 부착 위치
대각국사(大覺國師)의 이십오 조[25조(條)×4장(長) 1단(短)=125조각] 가사 각 조각에는 삼보(三寶)의 명호(名號)가 수놓여 있다.[7] 이 가사를 일월광(日月光)이 밖을 향하도록 펼쳤을 때, 오른쪽부터 조수를 계산해서 열세 번째 조가 주폭(主幅)이며 이곳에는 세로로 석가모니불, 미륵보살, 가라보살(羯羅菩薩), 화엄경, 가섭존자(迦葉尊者)가 차례로 모셔져 있다. 이로부터 다시 왼쪽으로 두 칸째인 제15조에 세로로 약사불, 일광보살, 월광보살, 금강경, 제다가존자(提多迦尊者)가 차례로 모셔져 있는데, 바로 일광보살

을 모시는 자리에 일광첩(日光帖)을, 월광보살 모시는 자리에 월광첩(月光帖)을 부착한다.[8]

한 가지 부착 위치 못지않게 중요한 것이 있으니 착용시 일월광이 놓이는 위치다. 이 점에 대해 『가사경』에서는 '大梵帝釋 坐南北而擁護'라 하였는바 가사를 수하는 스님의 척량골(脊梁骨)과 일직선이 되도록 해야 한다. 혹자는 '가사를 착용했을 때 왼쪽 어깨 부분에 일월광의 수가 올 수 있도록 되어 있다'는 주장을 하고 있으나 전통 가사인 홍가사의 경우라면 동의할 수 없는 내용이다.

(2) 모양과 유래

일월광첩의 형태와 내용에는 약간씩 차이가 있다. 우선 형태에는 세로로 긴 장방형(4.5×9센티미터 정도)으로 된 것이 있고, 직경 7.5센티미터 정도의 원형으로 된 것도 있다. 단, 장방형과 원형의 일월광첩이 혼용되어 부착된 경우는 발견되지 않았다.

다음, 일월광첩의 내용을 능표(能表, 배경) 소표(所表, 주제)라는 단위 구조로 보면 상하 이단 구조, 상중하 삼단 구조, 그리고 일단 구조 등 세 가지 구조로 나누어 볼 수 있다.

① 이단 구조: 현재 살펴볼 수 있는 일월광첩 가운데 가장 완벽한 것이 선암사(仙巖寺)에 소장되어 있는 대각국사 가사에 부착되어 있는 것으로, 형태는 세로로 긴 장방형이고, 내용은 상하 이단 구조로 되어 있다. 능표(能表)인 하단에는 향수해(香水海)가 기본적으로 자리하고 있고 그 가운데 수미산(須彌山)이 있으며, 수미산 위에 일대연화가 자리하고 있다. 소표(所

表)인 상단에는 일광첩의 경우 채운(彩雲)을 배경으로 일상문(日像紋)이 있는데 그 안에는 삼족금오(三足金烏)가 수놓여 있다. 월광첩의 구조는 일광첩과 같다. 다만 월상문(月像紋) 안에는 방아를 찧는 옥토(玉兎)가 수놓여 있다.

② 삼단 구조: 상하단은 위 이단 구조에서와 같고, 일광첩 중앙에 일상문과 같은 크기의 원내에 능표인 '옴(唵)'자가 범서로 수놓여 자리하고 있다. 월광첩 중앙에도 월상문과 같은 크기의 원(圓) 안에 '람(覽)'자가 범서로 수놓여 있다.

③ 일단 구조: 직경 7.5센티미터 정도의 원내에 직경 3센티미터 정도의 작은 원이 있어 일광첩의 경우 능표 없이 소표인 삼족금오(三足金烏)가, 월광첩 역시 같은 형태로 옥토만이 자리하고 있다. 혹은, 범서로 일광첩에는 '옴'자, 월광첩에는 '람'자만이 수놓여 있다. 그리고 그 외부, 즉 대원(大圓)과 소원(小圓) 사이에는 금색이나 은색 수로 일월의 빛이 퍼져 나가는 형태로 마무리되어 있다.

각 문양의 의미를 간략히 살펴보면 다음과 같다.

① 향수해문(香水海紋): 향수해를 향해(香海)라고도 한다. 수미산을 둘러싸고 있는 내해(內海)로서 향수가 가득하다 한다. 『불조통기(佛祖統紀)』를 참고로 정리하면, 세계의 중앙에 수미산이 있고 이를 중심으로 구산(九山)과 팔해(八海)가 있는데, 짠물[鹹水]로 가득한 외해(外海)를 제외한 여덟 개의 내해에는 팔공덕수(八功德水)가 있고, 각기 청정한 향의 덕을 지니고 있기에 향수해라 한다는 것이다.

한편, 『화엄경』권8, 『화엄경탐현기(華嚴經探玄記)』권3, 『구사론(俱舍論)』권11, 『불조통기(佛祖統紀)』등의 내용을 취합한대 향수해에는 '연화장세계(蓮華藏世界) 향수해'와 '사바세계(娑婆世界) 향수해' 두 가지가 있다. 예불문(禮佛文)인 「향수해례(香水海禮)」의 내용에 이 두 가지 향수해의 내용이 적용되고 있음을 볼 수 있다.9

일월광첩의 경우, 향수해 가운데 수미산이 있는 것으로 보아 사바세계 향수해를 나타낸 것이라 하겠고, 일반적인 개념으로 정리하면 드넓은 우주를 나타낸 것이라 하겠다.

② 수미산문(須彌山紋): 고대 인도의 우주관에서 세계의 중심에 있다고 하는 산으로 묘고(妙高), 묘광(妙光) 등으로 번역한다. 불교에 도입되어 『장아함경(長阿含經)』권18 「염부제주품(閻浮提洲品)」등에 원용되어 있다. 산의 정상에 제석천(帝釋天)이, 중턱에는 사왕천(四王天)이 있으며 그 높이는 물 위로 팔만 유순이고 물속으로도 팔만 유순이며, 가로의 길이도 이와 같다고 한다. 해와 달이 그 주위를 돌며, 산 주위에 칠금산(七金山)이 둘러 있고 수미산과 칠금산 사이에 일곱 개의 바다가 있으며, 칠금산 밖에는 함해(鹹海)가 있는데 함해 속에 사대주(四大州)가 있고 함해 밖으로 철위산(鐵圍山)이 둘러 있다고 한다.

이를 근거로 일월광첩에 수미산이 등장하는 이유를 두 가지로 정리할 수 있다.

하나는 일불세계(一佛世界)를 나타내는 것이다. 일불세계란 부처님 한 분에 의해 인도되는 세계 국토를 말하는데 전륜성왕(轉輪聖王)의 지배 범위와 같은 사천하(四天下) 즉, 수미산을 중심으로 자리한 사대주(四大洲)를 말한다. 또 하나는, 법보(法寶)를 모시기 위한 단(壇)으로서 역할이다.

불보살의 존상을 안치하는 단을 수미단(須彌壇) 혹은 수미좌(須彌座)라 함과 연계해서 생각하면 알 수 있다. 즉, 정법계진언(淨法界眞言)인 '옴' '람'이나 삼법인의 첫번째 덕목인 제행무상(諸行無常)의 이치를 나타내는 금오(金烏)와 옥토(玉兎) 등은 법보 가운데 법보라는 말이다.

③ 연화문(蓮華紋): 연화는 마땅히 물속에서 피어야 하지만『과거현재인과경(過去現在因果經)』이나『불본행집경(佛本行集經)』등에는 신이(神異)한 일이 있을 때 대지 위에서도 피어나는 것으로 나타나 있다. 즉, 여기서의 일대연화는 위 경의 예에서와 같이 단순히 장엄으로서가 아니고 무상의 이치를 일깨우는 일월이며,「무상계게(無常戒偈)」에서 보이듯 이로써 열반에 드는 문을 삼고 고해(苦海)를 건너게 해 주는 자비로운 배[舟]를 삼고 있기 때문에 무상의 상징인 해와 달을 연화로써 받드는 것이다.

④ 채운문(彩雲紋): 채운은 여러 빛깔로 아롱진 고운 구름으로, 구름을 이루는 물방울이나 얼음 결정에 빛이 회절(回折)되어 고운 빛깔로 물들어 보이는 것을 말한다. 서운(瑞雲), 경운(景雲), 자운(紫雲)이라고도 하며, 큰 경사가 있을 상서로운 징조라고 말해 왔으니 불교 입장에서의 채운은 진리의 빛이라 하겠다.

단청(丹靑)에서는 채운을 오색의 구름무늬로 나타내며 오색운이라 한다. 열반에 드는 일과 법계를 청정히 하는 일은 경사 가운데 경사이기에 위 연화문에서와 같은 이유로 일광첩과 월광첩에 모두 채운이 수놓여 있는 것이다.

⑤ 금오문(金烏紋): 금오문은 일월광첩에서 옥토문(玉兎紋)과 함께 사상적으로 핵심이 되는 문양이며 인도와 중국에 각각 그 유래가 있다.『불본행집경』권52「우타이인연품(優陀夷因緣品)」[10]에 석존 과거인행(過去因行)

시의 말씀 가운데 다음과 같은 내용이 있다.

과거인행시 부처님께서는 까마귀로 태어나신 적이 있었다. 나라 이름은
바라나국(波羅奈國)이고, 왕은 범덕왕(梵德王)이다. 그때 까마귀 나라도
있었으니 까마귀 왕의 이름은 선자(善子)라는 의미의 소불다라(蘇弗多
羅)이고, 선녀(善女)라는 의미를 지닌 소불실리(蘇弗室利) 왕비와 함께
팔만 마리의 까마귀를 거느리고 살고 있었다. 마침 왕비 까마귀는 임신
중이었다. 왕비는 사람의 임금이 먹는 궁중음식을 원했다. 그러나 구할
수 없었고, 왕비와 태중의 아기는 점차 여위어 죽을 지경에 이르렀다. 왕
의 시름도 깊어 갔다. 이런 일을 알게 된 까마귀 한 마리가 왕과 왕비를
구하고자 궁중으로 날아가 임금의 수라상을 들고 가는 궁녀의 코를 물어
상을 떨어뜨리게 하였다. 그리고 엎질러진 음식을 잔뜩 물고 와서 왕비
에게 바쳤다. 왕비는 기력을 되찾았고, 신하 까마귀가 궁중의 음식을 탈
취(奪取)해 오는 일이 수차 반복되었다. 괴이하게 여긴 사람의 왕은 그 까
마귀를 생포하게 하였다. 왕이 까마귀에게 그 연유를 묻자 까마귀는 사
람의 말로 그 까닭을 말하였다. 왕은 놀라워하였고, 한편 사람도 흉내내
기 어려운 충성심임을 찬탄하며 장차 언제라도 자신의 음식을 나누어 줄
것을 약속하였다. 그때 까마귀의 왕이 석존이시고, 왕을 위해 음식을 가
져왔던 까마귀가 지금의 우타이(優陀夷) 비구이며, 당시 인간의 왕인 범
덕왕은 지금의 수두단왕(輪頭檀王)이다. 그래서 지금도 우타이 비구가
석존을 위해 음식을 가져온 것이다.

일설에 그때 범덕왕이 다시 하늘을 우러르며, "하늘에 영명한 제석천이

시여, 저 까마귀의 모습을 밝은 해 속에 넣어 모든 인간들의 귀감이 되게 하소서"라고 기원했다고 하는데, 그 뒤로 까마귀의 모습이 해 속에 나타나게 되었다는 것이다. 또 이로 인해 태양을 금오(金烏)라 부르게 되었다 한다.

한편, 금오를 삼족오(三足烏)라고도 한다. 중국 신화시대에 하늘에 열 개의 해가 있어 초목과 사람이 타 죽어 갔다. 이에 천제는 명궁(名弓) 예(羿)로 하여금 해를 쏴 떨어지게 했다. 예가 쏜 화살에 아홉 개의 해가 떨어지니 비로소 지내기에 알맞게 되었다. 떨어진 해를 찾아 보니 모두 까마귀였는데, 몸은 황금색을 띠었으며 다리는 세 개씩이었다. 때문에 태양을 삼족금오라 부르게 되었다는 것이다.

또, 한나라 때의 책인『춘추원명포(春秋元命包)』에서는 태양은 양(陽)이고, 삼(三)이 양수이므로 태양에 사는 까마귀의 발이 세 개라고 풀이하고 있다. 즉, 음양설에서 양수는 하나에서 일어나 셋에서 완성되기에, 양의 대표격인 해 속의 까마귀는 다리가 세 개여야 한다는 것이다. 다시 말해 음양사상의 합리화로 삼족오가 됐다는 것이다.

⑥ 옥토문(玉兔紋): 옥토에 관한 유래 역시 인도와 중국에 각각 있다. 인도쪽 이야기는, 부처님께서 기원정사(祇園精舍)에 계실 때의 일이라 한다. 사위성(舍衛城)에 사는 재가신도 한 사람이 부처님과 제자들을 초대하여 칠 일간 공양을 올린 적이 있었다. 이때 부처님께서 그 주인을 위해 말씀하신 내용 중 옥토에 관한 것이 있으니,『대당서역기(大唐西域記)』권7에 전하는 내용이 그것이다.

아주 오랜 옛날 토끼와 여우 그리고 원숭이가 있었는데 종류는 달랐지만 제석(帝釋)을 따라 열심히 수행하였다. 어느 때 제석은 그들이 닦은 보살행을 시험하고자 노인으로 변신하고 나타나 이들에게 말하기를, "이끼 세도, 잔 지대있는 가? 늙은이가 멀리서 온 것은 너무 시장해서일 세. 먹을 것 좀 주겠나" 그들은 잠시 기다리라 하더니, 여우는 잉어를 물어 오고, 원숭이는 아름다운 과일을 따 가지고 와 노인에게 드렸는데, 토끼만이 빈손으로 와서는 원숭이와 여우에게 말하기를 나무를 모아 불을 지피라고 하였다. 불이 지펴지자 토끼는 노인에게, "제 몸이 비록 작기는 하지만 한 끼 거리는 될 것입니다" 하며 불 속으로 뛰어들어 죽고 말았다. 이때 노인은 곧 제석의 몸으로 바뀌어 불을 헤치고 유해를 수습하였고, 탄식하며 원숭이와 여우에게 말하기를, "어떤 정성이 여기에 미치랴! 그의 행적을 잊지 않게 하리라" 하고 그의 유해를 달에 옮겨 후세에 전하였다.

이 이야기는 『육도집경(六度集經)』『찬집백연경(撰集百緣經)』『생경(生經)』『구잡비유경(舊雜譬喩經)』『차리야피타카』『자타카』 등에도 기록되어 있다. 시인 김광섭(金珖燮)은 이와 같은 불교설화를 소재로 하여 「헌신(獻身)」이라는 다음과 같은 시를 남기기도 했다.

불심(佛心)이 선 것을 자랑하려고 / 여우와 원숭이와 토끼가 / 제석(帝釋)님을 찾아갔다. / 어쩌나 보느라고 / 시장기가 돈나 하니 // 여우는 잉어새끼를 물어 오고 / 원숭이는 도토리알을 들고 왔는데 / 토끼만이 빈손에 와서 // 모닥불을 피우더니 / 불속에 폴각 뛰어들며 / 익거든 내 고기를 잡수시라 했다. // 제석님이 그 진심(眞心)을 가상히 여겨 / 유해나마 길이 우러러 보라고 / 달 속에 옮겨 놓아 / 지금도 토끼가 달 속에 살고 있는 것은 / 헌신(獻身)과 진심의 표상(表象)이기 때문이다.

한편, 중국 고대신화 가운데 '월신(月神)'에 관한 내용을 『산해경(山海經)』『회남자(淮南子)』『초사(楚辭)』 등에서 볼 수 있다. 이 가운데 『회남자』에서는 앞서 '금오문'에서 살핀 내용 가운데 등장했던 예(羿)의 아내인 항아(姮娥)와 연관짓고 있는데, 이규태(李圭泰)는 다음과 같이 정리해 소개했다.

중국 신화에서 열 개의 태양 가운데 아홉 개를 쏴 떨어뜨린 예(羿)가 천벌을 받아 승천하지 못하자 서왕모(西王母)에게 빌어 불사약을 구했는데 그의 아내 항아가 이를 훔쳐 먹고 달로 도망쳤다. 달에서 항아가 두꺼비로 변신해 양의 세계에 대치되는 음의 세계를 지배, 지상의 비를 관장하기에 이른다. 기우제 때 버들가지로 땅을 치며 두껍아 두껍아… 하고 노래 부르며 비를 비는 것도 이에서 비롯된 것이다.[11]

즉 서왕모로부터 불사약을 구해온 예에게서, 항아가 그 불사약을 훔쳐 달로 달아나 섬여(蟾蜍, 두꺼비)가 되었다는 것이다. 다만 『초사』에서는 두꺼비가 아니고 토끼라고 쓰고 있다. 또, 이 설화는 서왕모가 신선화(神仙化)하면서 달 속에 계수나무도 등장하고 토끼가 약방아를 찧는다는 등 그 내용이 발전하더니, 급기야 많은 신선사상을 낳게 되었고, 그 사상은 가사(袈裟)의 약방아 찧는 옥토문에서 보듯 불교와 도교 및 중국미술에 많은 영향을 끼쳤다.

⑦ 옴람문(唵覽紋): 옴람은 법계를 청정히 하는 진언 즉, '정법계진언'이

다. 법계에는 여러 가지 의미가 있으니 우주 만법의 본체인 진여(眞如)를 말하기도 하고, 십팔계(十八界)의 하나로서 의근(意根)의 대상이 되는 경계를 말하기도 하며, 넓은 의미로는 유위(有爲), 무위(無爲)의 일체 제법을 말하기도 한다. 여기서는 특히 가사를 수한 수행자가 자리한 도량을 의미한다.

'옴(唵)'은 신성한 뜻을 지닌 기도하는 말로서, 인도에서 옛날부터 철학, 종교서의 처음에 놓여 있는 밀어(密語)이다. 옴은 원래 'a' 'u' 'm'의 세 글자가 합성된 것으로, 이 세 글자에 비슈누(vishnu), 시바(shiva), 브라만(brahman)의 삼신(三神)을 견주는 설이 있었는데, 불교에서도 대승경전의 처음에 이 글자를 놓는 형식을 원용하여 『수호국계주다라니경(守護國界主陀羅尼經)』 권9에서는 세 글자를 법신, 보신, 화신 등 불(佛)의 삼신을 나타내는 것이라 했으며, '옴'자를 관(觀)하도록 권하고 그 공덕에 의해서 아뇩다라삼먁삼보리(阿耨多羅三藐三菩提)를 이룰 수가 있다고 했다. 특히 진언이나 다라니의 머리 부분에 첨가하여 성스러움을 강조했고, 한 글자로 된 진언에는 일반적으로 '옴'자나 다른 표현을 첨가하여 진언 자체의 무게를 더했던 것으로 사료된다.

'람(覽)'은 지(地), 수(水), 화(火), 풍(風), 공(空) 등 오 대의 종자(種字)[12]인 아(a, 阿), 바(va, 縛), 라(ra, 羅), 하(ha, 訶), 카(kha, 佉) 다섯 자 가운데 화(火)인 라자문(羅字門)에 모든 사물이 다 공한 이치를 나타내는 공점(空點, 'ᴗ')을 첨가한 것이다. 즉, 오지화(五智火)[13]로써 일체의 더러움을 태워 법계를 청정히 한다는 의미를 담고 있다. 정법계진언은 '람(覽)' 한 자다.

결론적으로 가사를 수한 수행자가 자리한 곳은 청정하게 된다는 의미이며, 그렇게 해야 할 의무 또한 있음을 동시에 나타내는 것이라 하겠다.

2) 일월광첩에 담긴 사상

지금까지 살핀 일월광첩에 관한 내용을 간단히 정리하면, 끝없는 향수해, 우주법계의 중앙에 수미산이 있다. 수미산 가운데 상서로운 조짐을 보일 일대연화가 피어나고, 그 위에 무상의 이치를 일깨워 주는 금오인 해가, 그리고 옥토인 달이 자리한다. 그리고 그 상서로움은 정법계진언이 웅변하듯 법계의 청정화, 정토화, 불국화라는 현실로 나타나게 되니 주위에 가득한 채운은 그 상서로움의 표시이다.

이상으로 일월광첩의 전체적인 모습을 개관하였거니와 교리적인 면에서는 무상에 대한 자각을, 신앙적인 면에서는 선신(善神)의 가호라는 면을 살필 수 있다. 교리적인 면에서 무상에 대한 자각이라 함은, 관음예문례(觀音禮文禮)의 「무상게(無常偈)」, 야운비구(野雲比丘)가 지은 『자경문(自警文)』의 게송, 다비작법(茶毘作法)의 「무상계(無常戒)」에 잘 나타나 있다. 관음예문례와 다비작법 가운데 해당 내용을 간단히 소개하면 다음과 같다.

찰라간에 죽고 사니 무상이치 이러하고, 모였다간 흩어짐은 유루법(有漏法)이 원인이라.
금까마귀 들락거려 무정 세월 몰아가고, 옥토끼는 오르내려 주름지길 재촉하네.[14]
─관음예문례의 「무상게」 중에서.

대저 무상계는 열반에 드는 요긴(要緊)한 문이며 고해를 건너는 자비로운 배이다. 이런 까닭에 모든 부처님께서도 이 계로 인하여 열반에 드셨고 모든 중생도 이 계로 인하여 고해를 건너게 되느니라.[15]
—「다비작법」의 「무상계」 중에서.

불법의 기치(旗幟)인 삼법인(三法印)의 첫번째 덕목이 '제행무상(諸行無常)'이다. 수행자는 모름지기 무상의 이치를 잠시도 잊으면 안 된다. 성불의 시점까지 짐처럼 짊어지고 가야 할 것임에 틀림없다. 한편, 무상의 이치를 깨닫는다 함은 곧 성불을 향한 제일보이니 이를 두고 상서로움이라 한 것이며, 그 이치는 일광과 월광처럼 주야로 법계를 비추고 있음을 나타낸 것이다.

여기에 한 가지 더 생각할 것은, 월상문에서의 토끼의 모습이 약방아를 찧고 있는 모습이라는 점이다. 이는 앞에서 소개한 인도와 중국의 신화가 중생의 번뇌병을 치유한다는 공감대 위에서 합성되어 나타난 것이라 하겠다.

신앙적인 면에서 선신의 가호를 운운한 것은, 『가사경(袈裟經)』에서 일월광첩을 대범천왕(大梵天王)과 제석천왕(帝釋天王)에 각각 견주었고, 남과 북에 자리하여 수행자를 옹호한다고 한 점에 기인한 것이다. 대범천왕은 색계(色界) 초선천(初禪天)의 주인으로, 부처님께서 출세하실 때면 항상 제일 먼저 설법을 청했으며 언제나 부처님을 오른편에 모시고 손에는 흰색 불자를 들고 있었다고 한다. 한편 제석천왕은 삼십삼천(三十三天, 도리천)의 주격인 천의 왕이다. 동방 지국천왕(持國天王)을 위시한 사천왕을 거느리고 있으며, 부처님을 수호하고 불법을 보호하여 후세에 전하는 것을 임무로 하고 있다. 일백사위(一百四位) 옹호성중(擁護聖衆) 가운데서도 불법 옹호에 있어 중추적인 역할을 맡으신 분들이다. 이들 신중이 수행자를 가호하심은 너무나 당연한 일이라 하겠다.

일월광첩에 있는 '옴람'이라는 진언에 대해 좀 더 고찰하면, 실천적인 면에서는 법계청정(法界淸淨)의 실천이라는 점을 살필 수 있다. 의식에 있어서 진언의 역할은 비유컨대 열쇠와 같기 때문이다. 의식용『천수경(千手經)』가운데 '정법계진언'에 그 용도가 잘 나타나 있다.

범서 라(羅)자 그 빛깔은 곱디곱고 희디흰데, 글자 위에 점을 찍어 이 글자를 장엄하니

비유컨대 전륜왕(轉輪王)이 계명주(鷄鳴酒)인 보배구슬, 머리 위의 상투 속에 곱게 곱게 두어 둔 듯.

람자 진언 지송(持誦)하여 온 법계와 같아지면, 한량없는 많은 죄업 남김 없이 제거되니

이 세상에 더러운 곳 어느 곳을 막론하고, 그 곳 위에 라자문인 이 글자를 놓아 두라.

'나무 사만다 못다남 람'[16]

일단 형태의 일월광첩의 경우 일광첩에 금오, 월광첩에는 옥토만이 자리하고 있거나, 혹은 범자로 일광첩에는 옴자, 월광첩에는 람자만이 있는 것을 볼 수 있다. 이는 궁극적으로 일월광첩에 있어서 핵심적 사상이 무엇인가를 말하고 있다. 즉, 금오와 옥토만을 표시로 삼는 것은 '무상'이라는 교리적인 면을 강조한 것이고, 옴자와 람자만으로 표시를 삼는 것은 '법계의 청정'이라는 실천적인 면을 강조한 것이다.

일월광첩을 밀교의 입장에서 살피면, 일륜(日輪)은 태장계(胎藏界)의 이(理)를 나타내고, 월륜(月輪)은 금강계(金剛界)의 지(智)를 표시하는 것으로 정리할 수 있다. 즉 제불께서 교묘한 방편과 지혜로써 행자로 하여금 내심을 관(觀)함에 일월을 관상(觀想)하게 하신 점을 생각할 수 있다.[17] 여기까지 범위를 넓힐 수 있는 것은 한국 불교는 원융불교이기 때문이다.

3) 각첩(角帖)에 담긴 사상

(1) 부착 위치

『가사경』에서는 "사방천왕은 네 모퉁이에서 시위한다"라 했고, 『석문의범(釋門儀範)』 「가사점안(袈裟點眼)」의 '유치(由致)'에서도 같은 위치를 말하고 있다. 대각국사의 이십오 조 가사를 근거로 살피면, 제1조 상단 아미타불의 우측 상단과 제25조 아촉불(阿閦佛) 좌측 상단에 '천(天)'자가 부착되어 있고, 제1조 하단 사자존자(獅子尊者)의 우측 하단과 제25조 사다존자(斯多尊者)의 좌측 하단에 '왕(王)'자가 부착되어 있음을 확인할 수 있다. 이런 전통은 오늘날 홍가사에 그대로 이어져 오고 있다.

(2) 모양

한 변의 길이가 2.5센티미터에서 4센티미터 정도의 징방형인 별도의 천에 천(天)자나 왕(王)자를 평수(平繡)로 놓아 정해진 위치에 부착하며, 이를 각첩(角貼)이라 한다. 의재(衣財)와 글자의 색상은 일정하지 않다. 자장율사가 당나라에서 모셔 왔다는 석가여래 가사의 경우 사우(四隅)에 정방형의 각첩은 있으나 글자는 보이지 않는다. 고려 대각국사의 가사의 경우 바탕은 청색이고 글자는 홍색이며, 무학대사의 경우는 남색 바탕에 글자는 백색이다. 요즈음에는 주로 백색 바탕에 글자는 흑색이 대부분이나 빛깔에 대해 정설이 없는 것이 실정이다.

(3) 유래

사천왕은 위로 제석천(帝釋天)을 섬기고 아래로는 건달바(乾闥婆), 부단나(富單那), 구반다(鳩槃茶), 폐려다(薜荔多), 용(龍), 비사사(毘舍闍), 야차(夜叉), 나찰(羅刹) 등 팔부중(八部衆)[18]을 지배하여 불법에 귀의한 중생을 보호한다. 팔부중은 본래 사람을 괴롭히고 수행자의 수행을 방해하는 중생이었다. 이들을 절복(折伏)하여 삼보를 옹호케 한 주인공이 사천왕인바, 사천왕으로 하여금 수행자를 보호하게 하려는 데에 유래한다.

(4) 사상

대각국사의 가사에서 보이듯 가사에는 삼보 제위께서 자리하고 계신다. 따라서 시방의 제현성(諸賢聖)이 삼보를 수호함은 지극히 마땅하거니와『현우경(賢愚經)』「견서사자품(堅誓師子品)」에서 보이듯 이를 수한 수행자는 장차 해탈의 주인공이 되겠기에[19] 역시 옹호의 대상이 된다. 따라서 대범, 제석 양대천왕 그리고 사천왕은 옹호의 주체로서 일체 현성의 대표격이라 하겠다. 때문에『가사경』에서도, "대범과 제석 양대천왕이 남과 북에 자리하여 옹호하고, 사방천왕은 네 모퉁이에서 시위한다"라 하였고, 재의식에서 삼보를 모시기 전에 '시련절차'를 거행하는데 그 첫 항목인「옹호게(擁護偈)」의 내용 역시 시방의 제현성과 대범, 제석 그리고 사천왕을 모시는 것으로 되어 있다. 결론적으로 가사를 수한 수행자는 법왕자로서의 위치를 지님을 의미한다.

4) 통문불(通門佛)에 담긴 사상

(1) 의의

『가사경』에서 석존은 문수사리보살(文殊師利菩薩)에게 가사가 여래와 보
살의 의복임을 언급하고 가사의 공덕에 대해 자세히 말했다. 또 대범천왕,
제석천왕, 사천왕이 시위한다고도 했다. 그 이유로 가사에는 위덕이 있음
을 들었는데, 그 위덕의 구체적 내용이 다름 아닌 통문(通門)이 갖추어져
있기 때문이라는 것이다. 통문에는 모든 불보살 및 일체의 신기등중(神祇
等衆), 즉 통문불께서 자리하고 계신다고 했다. 때문에『가사경』가운데 통
문의 중요성을 매우 강조했다.

　이런 까닭에 바느질을 할 때 만일 통문이 하나라도 없으면, 만든 자와 입
　는 자가 함께 앞을 못 보는 과보를 얻게 되리니 어찌 삼가지 않으리요.[20]

　통문이란 본래 암벽이나 둑 밑을 뚫은 통로로서 사람이나 배수의 통로를
말한다. 즉 이곳에 자리하신 불보살 및 일체의 신기등중(神祇等衆)은 진리
로 통할 수 있도록 문의 역할이 되어 주시는 분이라는 의미에서 통문불이
라 칭하는 것이다.『가사경』에서는 다음과 같이 상품, 중품, 하품으로 나누
어 부처님의 명호를 말씀했다.

　첫번째 하품 가사의 통문불 작침 시에 외어야 할 다섯 분의 명호를 말하

면, 청정법신비로자나불(淸淨法身毘盧遮那佛), 원만보신노사나불(圓滿報身盧舍那佛), 천백억화신석가모니불(千百億化身釋迦牟尼佛), 구품도사아미타불(九品導師阿彌陀佛), 당래하생미륵존불(當來下生彌勒尊佛)이시며, 두번째 중품 가사의 통문불 작침 시에 외어야 할 일곱 분의 명호를 말하면, 유위불(唯衛佛), 시기불(尸棄佛), 비사부불(毘舍浮佛), 구류손불(拘留孫佛), 구나함모니불(拘那含牟尼佛), 가섭불(迦葉佛) 석가모니불(釋迦牟尼佛)이시며, 세번째 상품 가사의 통문불 작침 시에 외어야 할 아홉 분의 명호를 말하면, 금강당불(金剛幢佛), 아미타불(阿彌陀佛), 석가문불(釋迦文佛), 미륵존불(彌勒尊佛), 아촉불(阿閦佛), 묘색신불(妙色身佛), 묘음성불(妙音聲佛), 향적광불(香積光佛), 대통지승불(大通智勝佛)이시니라.

단, 『가사경』에서는 "불보살 및 일체의 신기등중께서 계신다"고 하셨음에도 보살이나 신기등중의 명호가 보이지 않고 있으나 이는 벼리[綱]를 들면 나머지 그물이 따라 올라오는 이치에 준하여 불보의 명호만 든 것이다.

(2) 형태

우선 통문이 조성되는 위치를 간단히 언급하자면, 변(邊)과 변 사이, 변과 난(欄) 사이 또는 각 조각과 조각 사이이다.[21]

『가사경』에서 말씀하고 있는 통문불은 두 가지 면에서 살펴야 한다.

하나는 통문의 위치이다. 이십오 조 가사의 경우 통문의 수는 총 삼백삼십이 곳이다. 즉 통문이 조성된 위치에 따라 여래통(如來通), 서기통(瑞氣通), 수미통(須彌通), 제불방광통(諸佛放光通), 광흉통(廣胸通), 보살성문통(菩薩聲門通), 반절통(半折通), 중교통(中橋通), 사왕통(四王通), 천지통(天地通) 등 일 가지로 분류하고 있다.

또 하나는 상품, 중품, 하품 세 종류의 가사에 공히 통문을 조성하지만, 통문 하나에 모시는 통문불의 수는 위에서 밝힌 바와 같이 상품의 경우 금강당불 등 아홉 분, 중품의 경우 유위불 등 일곱 분, 하품의 경우 청정법신비로자나불 등 다섯 분이다. 정리하면 다음과 같다.

구분	품계	통문수	통문불명호
25조(條)	상품상(上品上)	332	제일 금강당불, 제이 아미타불,
23조	상품중(上品中)	306	제삼 석가문불, 제사 미륵존불,
21조	상품하(上品下)	280	제오 아촉불, 제육 묘색신불, 제칠 묘음성불, 제팔 향적광불, 제구 대통지승불.
19조	중품상(中品上)	199	제일 유위불, 제이 시기불, 제삼 비사부불,
17조	중품중(中品中)	179	제사 구류손불, 제오 구나함모니불,
15조	중품하(中品下)	159	제육 가섭불, 제칠 석가모니불.
13조	하품상(下品上)	102	제일 청정법신비로자나불,
11조	하품중(下品中)	88	제이 원만보신노사나불, 제삼 천백억화신석가모니불,
9조	하품하(下品下)	74	제사 구품도사아미타불, 제오 당래하생미륵존불.

가사에 따른 통문수(通門數)와 통문불명호(通門佛名號).

(3) 사상

열반의 세계는 어떤 곳일까. 교리나 사상적인 면에서 살피려는 것이 아니라 한눈에 알아볼 수 있는 척도를 생각해 보자는 것이다. 예컨대 일체의 삼보께서 자리하신 곳이라면 그곳을 어디라 해야 할까.

그런데 『가사경』 정종분(正宗分)에 해당하는 부분의 서두에서 가사의 공덕을 설하며 그와 같은 공덕이 있는 이유로 든 것이 통문불이다. 통문불은 곧 일체의 삼보께서 함께 자리하심이라 설했다. 즉, 통문불에서의 한 땀이 곧 한 분의 부처님이시기에 가사를 조성함에 있어 통문불의 수에 착오가 없기를 거듭 당부하였고, "고르게 하여 안으로 정미롭지 않으면 작침(作針)한 장인이 복병(腹病)의 보(報)를 얻으며, 통문의 작침이 넘치면 결정코 뱀의 보를 받으리니 살펴 잘해야 할 것이다"라고 강조한 것이다.

이렇듯 거룩하신 불보살 및 일체의 신기등중이 자리한 곳이라면 곧 열반적정의 경지임에 틀림없고, 이분들과 함께하는 수행자 역시 열반의 세계에 머무르는 것이 된다. 가사를 이진복(離塵服), 연화복(蓮華服), 무구의(無垢衣) 등으로 부르는 이유도 여기에서 찾을 수 있다. 또, 이와 같은 사실은 신중청(神衆請) 말미의 축원 내용이나 공양 시 『반야심경(般若心經)』 말미의 「계수게(稽首偈)」의 내용이 "세간 속에 자리해도 걸림 없는 허공 같고 아름다운 저 연꽃이 더러움에 물 안 들듯 청정하온 마음으로 저 언덕에 건너가서 오체투지 머리 숙여 부처님께 귀의하세"인 것과도 통한다 하겠다.

더구나 대각국사의 가사를 예로 보면 스물다섯 분의 부처님, 오십 분의 보살, 이십일 종의 경과 사 종의 다라니, 스물세 분의 존자와 용수대사(龍樹大士)와 마명대사(馬鳴大士) 등 성중이 모셔져 있음을 감안한다면, 통문불은 삼법인 가운데 열반적정의 경지를 나타내고 있음을 알 수 있다.

4. 맺는 말

불교는 석존이 밝힌 진리에 대한 확신을 통해 인간 생활의 본질적 고뇌를 해결하고 삶의 궁극적인 의미 내지는 진정한 의미에서의 행복인 열반을 추구하는 문화 체계이다. 그런데 불교에서 내세우는 진리가 언제 어디서나 그리고 누구나 승인할 수 있는 보편적인 법칙이나 사실이라면, 그 진리의 실천 체계인 의례나 법복에도 일관성이 있어야 한다.

불교에서 법을 전하는 것을 '의발(衣鉢)을 전한다'고 하듯 가사를 발우(鉢盂)와 더불어 진리의 표상으로 삼아 오고 있다. 이 글에서 주목한 것은 이런 의발도 시대와 장소의 영향을 받아 분화, 발달하고 있다는 점이다. 예컨대 석존 당시의 발우의 경우 숫자로는 일발(一鉢)을, 재질로는 철발(鐵鉢)이나 와발(瓦鉢)을 원칙으로 하였으나, 북방으로 전래되면서 숫자는 삼발(三鉢)에서 오발(五鉢)로, 재질은 목발(木鉢)로 바뀌었다. 가사의 경우도 『사분율』이나 『십송율(十誦律)』 등에서 이미 그 의의, 의재, 색상 등이 소상히 명시되어 있음에도 삼의(三衣)는 일의(一衣)로 바뀌었고, 용도 역시 일상복에서 상징복으로 그 무게중심이 옮겨 가기에 이르렀다. 이런 현상은 문화적 토양을 달리하면서 분화, 발달되었기 때문이라 하겠다.

그렇다고 이런 일련의 결과를 견강부회적 입장에서 무조건 긍정적으로 평가해서는 안 되겠으나, 『사분율』에서 모든 비구가 모두 할절의를 입은 것을 보시고, "아난은 총명하고 매우 지혜롭다. 나는 간단히 말했는데, 그 뜻을 넓게 이해했구나"라 하신 말씀처럼, 교리 및 사상적 탐구라는 노력의 결과로써 많은 사람으로부터 인정받은 장구한 역사를 지닌 전통 가사라면, 온고지신의 입장에서라도 그 의의와 사상을 되새겨야 할 것이다. 이런 점을 경시하고 원론적인 주장만 한다면 자칫 서목촌광(鼠目寸光)의 우를 범할 수 있기 때문이다.

이 글에 앞서 발표한 「홍가사의 의재와 색상에 대한 고찰」에서는 『가사경』의 위치와 그 중요성을 확인했다. 또, 한국 불교의 전통 가사인 홍가사의 색상에는 '청정' '순수(순일)' '인욕' '축귀(벽사)' '존귀' 등의 의미가 의재인 비단(緋緞)에는 공양구(供養具)와 불법의 표상으로서의 의미가 담겨 있음을 고찰했다.

이제 이 글에서는 홍가사의 구조, 부착물, 통문불 등을 통해 불법의 규구준승인 삼법인(三法印)의 사상이 홍가사에 그대로 반영되어 있음을 확인함으로써 소기의 성과를 거둘 수 있었다.

남북에 자리한 일월광첩은 세월의 무상을 의미하는 것으로 제행무상의 도리이다. 또, 가사의 종류를 조수에 따라 상중하 삼품으로 나눈다 하였는 바 이는 곧, 가사가 할절의(割截衣)임을 대변한 것으로 제법무아의 이치를 보임이다. 뿐만 아니라 통문불을 운운하면서 일체의 불보살 및 일체의 신기등중께서 자리하심이라 하였으니 이는 곧 열반적정의 경지를 표명한 것이다.

한반도에 불교가 전래된 지 천육백여 년이 지났다. 그런 만큼 한국 불교의 의식이나 미술 등 제분야에도 많은 변화가 있어 왔다. 특이한 것은 법복인 가사만큼은 한국의 유서 깊은 각 사찰에 모셔져 있는 괘불(掛佛)이나 후불탱화(後佛幀畵)에 모셔진 본존(本尊), 그리고 역대 선조사의 진영이나 선암사(仙巖寺)에 보존되어 있는 대각국사의 가사에서 확인할 수 있듯 홍가사로 일관되어 있고 또, 일관되게 수해 오고 있다는 사실이다.

서두에도 언급했듯 하나의 문화 현상이 천육백 년이 넘는 긴 역사를 지님은 그 자체로 희귀한 일이거니와 거기에는 상당한 이유가 있음에 틀림 없다. 거듭 강조하거니와 한국 불교의 신앙 가치인 홍가사에는 삼법인을 위시해 불법의 대의가 남김없이 들어 있다. 홍가사가 한반도를 터전으로 불교를 수용하고 전승해 온 선조사의 사상을 이해하는 데 훌륭한 척도인 이유이다.

조선시대 불교의식과 불교회화

정명희(鄭明熙)

1. 들어가는 말

동아시아의 불교문화는 송대(宋代) 이후 체계화된 불교의식의 영향을 받았다. 수륙재(水陸齋), 예수재(預修齋)와 같은 천도의식은 그 대표적인 예로, 불보살을 도량(道場)에 청하여 권공(勸供)을 올리고 영혼에게 음식을 베푸는 시식(施食) 의례는 건축, 불화, 공예 등 불교미술 전반에 영향을 미쳤다. 불교의식의 성행으로 불교회화에도 변화가 나타났다. 불상의 뒤편에 걸려 신앙의 대상을 형상화하고 불교의 교리를 서사적으로 재현하던 불화에 제의적(祭儀的) 기능이 강조되었다. 조선시대 불교의식은 중국으로부터 전래된 의식집(儀式集)의 보급을 통해 매뉴얼을 공유하면서도 조선의 실정과 상황에 맞춰 의식 절차와 내용을 정비해 나갔다.1 특히 의식을 진행할 때 필요한 설비와 매체에 있어서는 중국이나 일본과는 다른 독자적인 전개를 보였다.

　사찰의 전 공간은 의식 수행에 용이한 방향으로 변화되었고 불교회화에서도 이러한 새로운 흐름을 확인할 수 있다. 주불전(主佛殿) 내부에는 다양한 의식 수요에 부응하는 불화가 봉안되었다. 또한 임진왜란과 병자호란 이후에는 야외 의식용 대형 불화인 괘불(掛佛)이 본격적으로 조성되었다. 의식문화가 불교회화에 미친 영향은 주불전 내부의 의식과 전각 외부의 의식이라는 두 가지 측면에서 살펴볼 수 있다.

2. 주불전(主佛殿) 내부의 의식과 불화

1) 주불전을 장엄하는 불화의 구성

주불전은 불세계(佛世界)를 시각적으로 재현하고 주요 예배의 대상인 불보살상을 봉안해 놓은 공간으로 가람 배치에 있어서도 사역(寺域)의 중심에 위치한다. 임진왜란 이후 건립된 불전 내부에는 많은 변화가 나타난다.(도판 1) 전(塼)으로 마감되거나 왕골이 깔리던 바닥은 마루로 마감되었고 문(門)과 창호(窓戶)의 수도 많아졌다. 주불전 안에 가설된 내진주(內陣柱)와 불상이 안치된 불단(佛壇)은 전각의 뒤쪽으로 물러나고 불탁(佛卓)도 뒷벽 쪽으로 이동하여 불상 앞 공간이 넓어졌다.[2] 불탁은 공양물과 기물(器物), 예불(禮佛)에 필요한 물품들을 올려놓을 수 있도록 확장되었다.[3] 불전의 전면(前面)은 분합문(分閤門)이거나 위쪽으로 들이 올릴 수 있는 창호를 사용하여 중정(中庭)으로 연결될 수 있었고, 배면(背面)에도 문과 창호를 두어 다른 전각으로 동선이 이어질 수 있었다.[4]

이러한 변화는 불전에 보다 많은 사람들을 수용할 수 있도록 내부 공간을 극대화하여 활용하게 된 결과이다. 한정된 사람만이 출입할 수 있으며,

1. 화엄사(華嚴寺) 각황전(覺皇殿).

불상이 봉안된 상징적인 공간이었던 불전에 변화가 나타난 것이다. 이러한 변화는 저변화된 신도층의 요구에 따라 예불(禮佛)과 법회(法會)가 보다 빈번해지고 불전이 다양한 재(齋)가 개최되는 공간으로 기능하면서 나타났다.

조선시대 사찰은 불상이 놓인 후불벽(後佛壁)뿐만 아니라 불단(佛壇)의 좌우측 벽면에도 단이 마련되고 각 단을 상징하는 불화가 걸렸다. 사찰에 따라서는 칠성도(七星圖), 독성도(獨聖圖), 현왕도(現王圖), 산신도(山神圖) 등이 걸린 경우도 있어 불전 내부가 불화로 가득 채워진 인상을 준다.(도판 2) 불화의 적극적인 제작과 봉안은 조선시대 사찰의 특징적인 현

2. 조선시대 선암사(仙巖寺) 대웅전(大雄殿) 내부. 국립중앙박물관 소장 유리건판사진.

상이다. 이에 대한 기존의 견해에서는 조선시대 불교가 기복적(祈福的)인 신앙 경향을 수용하여 교리적인 엄격성이 흐트러졌다고 보았다. 사찰에 따라 불화의 구성은 다양하게 나타나며 불화가 조합된 일관된 원칙을 찾기에는 변형이 많다는 것이다. 때로는 잘못된 도상을 놓고 예배와 의례, 신앙 활동이 이루어졌다는 점 역시 이러한 추정을 뒷받침했다.

주불전을 장엄하는 불화의 구성과 조합에는 사찰에 따라 오류가 나타나기도 하며 시기에 따른 혼용도 확인된다. 그러나 조선시대 간행된 불교의식집을 참고하면 변형이 일어나기 이전의 모습을 추측할 수 있는데, 불화가 의식 수행을 도왔으며 전각 내에서의 쓰임에 따라 한 공간에 봉안되는 불화의 구성이 결정되었음을 알 수 있다.

주불전의 불화는 전각에 고정되어 있으며 신앙의 대상을 상징하는 예배화로 그 기능을 한정하여 생각하기 쉽다. 그러나 실제로는 의식을 위해 옮겨지고 의식 수요에 부응하는 여러 역할을 수행해 온 과정을 거쳐서 현재의 모습을 갖게 된 경우가 많다. 전각 내부가 의식을 진행할 수 있는 공간으로 사용되면서 내부에 의식단(儀式壇)과 의식용 설비를 갖춰 두게 되었다. 불화는 신앙의 대상을 상징하고 부처의 세계를 서사적으로 재현하는 이외에 의식의 주 매체로 활용되었다.

불화의 형식 면에서도 불전의 벽면에 그리는 벽화(壁畵)를 대신해 족자형(簇子形) 불화를 뜻하는 탱화(幀畵)가 불화의 주된 형식으로 자리 잡았다. 탱화는 벽화에 비해 제작 공정이 쉬우며 제작 비용 상에서도 장점을 지닌다. 또한 의식 수요에 맞춰 한정된 공간을 효율적으로 사용할 수 있다는 점이 무엇보다 큰 특징이었다. 의식을 개최할 때 마련하던 단이 불전 내부에 상설화되면서 불화의 명칭도 도해된 주제보다 어느 단에 걸리는 불화인지에 따라 상단탱(上壇幀), 중단탱(中壇幀), 하단탱(下壇幀)으로 명명되었다.[5]

2) 삼단의례(三壇儀禮)와 불화

조선시대 성행했던 영산 작법(靈山作法), 예수재, 수륙재 등 불교의식은 사찰의 주전각을 중심으로 개최되었고, 의식의 규모가 커질 경우 전각 외부로 확장되었다. 주불전은 상위 삼단(三壇)이 마련된 의식의 출발점이었고 삼단에 대한 예경과 공양은 의식의 기본 구조였다. 현재 주전각 내부에 걸리는 불화의 주제와 조합은 삼단을 기본으로 하면서, 여기에 여러 의식단의 존상에 대한 수요를 수용한 결과이다.[6]

상단불화(上壇佛畵)는 조성 당시의 기록에서 후불화(後佛畵), 후불탱(後佛幀)으로 불렸다.(도판 3) 후불화는 '불상 뒤에 거는 불화'라는 의미로, 상단은 불단으로서의 상징적인 의미가 크고 주제가 쉽게 변하지 않았다. 그 명칭에서도 알 수 있듯이 상단불화는 봉안 전각과 불상과의 관계에서 주제와 내용이 제한된다. 예를 들면 대웅전에는 석가모니불을 주존으로 하는 석가설법도(釋迦說法圖)를 상단탱으로 봉안했다면, 극락전에는 아미타불을 주존으로 하는 아미타불회도(阿彌陀佛會圖)가 걸렸다.

이에 비해 중단은 의식의 실질적인 주존을 위한 단이었다. 의식의 내용과 종류에 따라 중단에 봉청되는 존상은 차이가 있었다. 따라서 중단탱으로 불린 불화는 가변적이었다. 16세기에는 색계(色界), 욕계(欲界), 무색계(無色界)의 삼계와 천부(天部), 선부(仙部), 신부(神部), 명부(冥部)의 무리를 대표하는 삼장보살도(三藏菩薩圖)가 중단탱으로 조성되었다.[7](도판 4) 수륙재의 성행에 따라 수륙재를 개최할 때 중단에 봉청되는 존상을 주불전의 중단 불화로 그려 두게 된 것이다.

18세기부터는 지장보살(地藏菩薩)과 지옥을 다스리는 시왕(十王)을 그린 지장시왕도(地藏十王圖)가 중단탱으로 봉안되었는데, 이는 명부시왕을

3. 주불전(主佛殿)의 상단불화(上壇佛畵)와 불상. 화엄사 대웅전.

4. 남장사(南長寺) 삼장보살도(三藏菩薩圖). 1741년.

5. 북지장사(北地藏寺) 지장보살도(地藏菩薩圖). 1725년. 국립중앙박물관.

의식의 주존으로 모시는 왕공의례(王供儀禮)나 후에 받아야 할 죗값을 생전에 미리 갚는 의식인 예수재로부터 연원한다.(도판 5) 19세기에 들어서는 중단에 모시는 도상에 변화가 나타난다. 즉 불전에서 개최되는 일상 의

6. 선암사 대법당 신중도(神衆圖). 1753년. 견본 채색.

례에서 신중(神衆)에 대한 예경이 중단의례로 정립되면서 신중도(神衆圖)
가 중단탱으로 조성되었다. 중단에 봉안되는 도상은 이처럼 시기에 따라
달라졌기에, 신중도를 중단으로 보았던 견해는 19세기 이후에 적용되며 그
이전 시기에도 소급하여 적용하기는 어렵다는 점을 알 수 있다.(도판 6)

주불전에 마련된 하단(下壇)에는 감로도(甘露圖)가 봉안되었다.[8] 영혼을 위한 단인 하단의 가설은 조선 전기의 의식집인 『진언권공(眞言勸供)』과 『운수단(雲水壇)』에서부터 나타난다. 수요가 있을 때 임시로 가설되던 하단은 조선 후기에 접어들면서 전각 내부에 상설화되었다. 상단과 중단에 권공(勸供)한 공덕은 하단시식(下壇施食)을 통해 영혼이 해탈할 수 있도록 회향되었다.

하단 불화로 조성된 감로도(甘露圖)에는 현실의 사찰에서 이루어졌던 의식 장면과 의식을 통해 영혼을 구제하는 과정이 도해되었다.(도판 7) 주불전에 개인적인 발원의 제례나 천도의례를 위한 공간을 갖춰 두는 현상은 16세기 말부터 나타나 18세기에는 정착된다. 유교 질서를 강조하던 조선 사회에서 불교의식은 조상에 대한 추숭(追崇)과 제례(祭禮)를 수용하며 형식과 절차를 체계화해 나갔다.[9] 주불전은 삼단이 갖춰져 의식을 수행하기에 편리했고 야외로 확장된 의식에서도 증명단(證明壇)으로 기능했다.

삼단을 설치하고 각 단에 예경(禮敬)하고 공양(供養)을 올리는 삼단의례는 조선 전기에 간행된 의식집에서부터 나타난다. 1496년에 인수대비(仁粹大妃)의 명으로 국역(國譯)된 『진언권공』에는 삼단에 대한 예경 절차가 상세하게 수록되어 있다. 삼단은 북벽과 동벽, 남벽에 마련되는데 북벽에 상단을 마련하여 불보살을 모시고 동벽에 중단을 마련하여 삼계제천(三界諸天)을 모시고 하단은 남벽에 두고 법계망혼(法界亡魂)을 위한 단을 가설했다. 이러한 방식은 방위와 주제의 변화는 있으나 조선 후기까지 지속되었다. 불교의식집과 문헌 기록, 현존하는 불화와 화기(畵記)를 통해 볼 때 삼단은 불화의 조합을 결정하는 데에도 적용되었음을 알 수 있다.

삼장보살도이나 감로도처럼 과거에 없던 새로운 주제의 불화가 조성된 것

7. 감로도(甘露圖). 16세기. 일본 고묘지(光明寺).

역시 불교의식의 성행에 따른 결과이다. 물과 육지에서 죽은 영혼을 천도하기 위한 의식인 수륙재는 10세기 이후 동아시아 불교문화에 가장 큰 영향을 미친 불교의식이었다. 중국에서는 북송대(北宋代)부터 수륙재 전용 공간인 수륙전(水陸殿) 혹은 수륙당(水陸堂)이 건립되었다. 수륙전 안에는 벽면 가

8. 수륙화(水陸畵). 중국 명대. 토벽 채색. 중국 비로사(毘盧寺) 비로전(毘盧殿).

득 수륙화를 도해한 벽화가 걸리거나 족자 형식의 권축화(卷軸畵)로 조성한 수륙화를 걸고 의식을 진행했다.(도판 8) 불교의식의 성행은 동아시아 전반에서 확인된다. 매뉴얼은 공유했으나 같은 의식도 절차가 재편성되었다. 특히 의식에 사용되는 의식구(儀式具)와 의식 공간의 설비에는 나라에 따라 독자성이 나타난다. 불화는 의례의 진행에서 핵심적인 기능을 수행했다.

조선에서는 수륙전과 같은 전각을 짓는 대신 주불전을 다양한 의식을 진행할 수 있는 공간으로 활용했다. 중국에서와 같은 수륙벽화나 수륙화가 제작되지는 않았으나 수륙재를 개최할 때 봉청되는 존상이 중단 불화로 조성되었다. 주불전의 삼단은 단순히 봉안되는 존격의 위계의 구분을 뜻하는 것만은 아니었다. 각각의 단은 고유한 신앙과 교리적 성격을 지니는 독립적인 영역으로 존재하는 동시에 의식의 진행에서는 상호 밀접한 관련을 가지고 기능했다. 본격적인 재를 지내기에 앞서 상단에서 영산작법으로 불보살단에 권공한 후 중단이나 하단, 혹은 별도로 마련된 단으로 이동하여 본재(本齋)를 진행했다. 신도들 역시 중앙의 예배상을 중심으로 오른쪽으로 도는[右遶] 순서에 따라 불화가 봉안된 불단 앞에서 예불했다.

전각 내부는 예배상을 봉안해 놓은 정적인 공간이 아니었다. 불화는 특정한 의식을 위해 전각 내에서도 이동했으며 의식의 규모가 커지거나 외부에서 개최해야 할 경우 야외로 옮겨졌다. 개인적인 의례의 공간이든, 승려의 숙소이든, 대중이 모인 야외 공간이든 불화는 쉽게 옮겨질 수 있었다. 의식을 위한 전용 공간이 있지 않고 하나의 공간 안에서 일시에 따라 여러 의식을 개최해야 한다는 점도 불화의 이동이 빈번해지는 요인이었다. 의식단으로 불화를 옮겨 거는 행위는 의식 절차의 하나로 정비되었다.

의식의 규모가 확장되었을 때 전각 내부 의식은 야외로 옮겨졌고 불화역시 불단을 따라 이동했다. 예를 들어 예수재를 지낼 때의 단(壇) 설치법을 수록한 의식집을 보면 의식이 개최되는 곳은 야외이다.(도판 9) 평소에는 쉽게 볼 수 없는 갖가지 신앙의 대상을 위해 야외에 여러 단이 마련되었다. 그런데 상위삼단(上位三壇)은 법당 내에 설단(設壇)하고, 중위삼단(中位三壇)은 법당 외변(外邊)에 설치하도록 되어 있다는 점이 주목된다.10

삼단은 다시 세 단계로 나누어 총 아홉 개의 단으로 구분되었다. 각각의 단에는 의식에 청해진 존상을 도해한 불화가 걸리거나 이들의 존재를 대신하는 번(幡)이 사용되었다. 단의 수와 종류는 점차 다양해졌고 의식 단에 필요한 시각 매체에 대한 수요 역시 증가했다. 의식 공간이 야외로 확장된 경우에도 주전각은 여전히 상위 삼단으로 기능했다. 중정에 의식단이

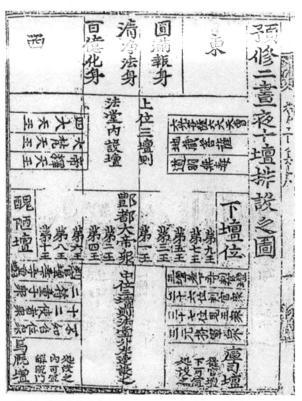

9. 「예수재십단배설지도(預修齋十壇排設之圖)」
『천지명양수륙재의범음산보집(天地冥陽水陸齋儀梵音删補集)』.

마련되고 중정을 기준으로 전각의 내부와 외부가 연결되었어도 주불전의
불단은 의식의 중심 장소였다. 의식을 주도하는 승려와 동참하는 신도들
은 야외에 마련한 각단(各壇), 혹은 명부전(冥府殿) 등 기존 전각 사이를 이
동하며 의식을 마치게 된다. 의식이 진행될 때 사찰의 전 공간은 각각의 기
능을 수행했고, 괘불과 같은 의식 전용 불화뿐 아니라 전각에 봉안된 불화
역시 일상적인 예불의 대상인 동시에 특정 의식에서 사용되었다.

3. 야외 의식과 괘불

불도(佛道)를 닦는 승도(僧徒)들이 모여 사는 사찰은 예불과 의례가 일상
적으로 이루어지는 종교적인 공간이었다. 의식은 주로 전각 내부에서 이
루어지지만 많은 사람들이 참여하는 큰 불교 행사는 불단을 야외로 옮겨
전각 밖에서 진행되었다. 괘불은 야외 의식을 위해 만든 대형 불화로, 대체
로 십 미터에 달하는 큰 규모로 조성되었다.(도판 10) 의식이 전각 외부에
서 활발하게 개최되고 대형 의식용 불화가 본격적으로 조성된 것은 조선
시대 불교의식의 가장 큰 특징 중 하나이다.

　괘불이 언제부터 만들어졌는가의 문제는 명확하게 밝혀지지 않았다. 그

10. 괘불재(掛佛齋) 모습. 갑사(甲寺) 중정.

11. 불화의 이운(移運). 티베트 드레퐁사원. 2002년.

12. 불화의 현괘(懸掛). 티베트 드레퐁사원. 2002년.

간의 논의는 불교의식이 국가 차원에서 빈번하게 개최되었던 고려시대부터 괘불이 사용되었을 것이라는 의견이 제시되었다.[11] 거란의 침입을 물리치기 위해 관음보살의 화상(畵像)을 봉안하며 의식을 베푼 기록이나 왕이 행차한 연복사(演福寺)에서 채색 비단으로 수미산(須彌山)을 만들고 삼천 명의 승속(僧俗)이 범패를 한 광대한 의식의 기록은 다이내믹하게 진행되던 야외 의식의 면모를 전해 준다.[12]

한국 이외에도 대형 불화를 사용한 사례가 있다. 티베트와 몽골 지역에서는 넓은 평원이나 건물 외벽에 대형 불화를 펼치고 의식을 진행한다. 도상의 차이는 있으나 대형 불화를 중심으로 진행되는 의식의 전체 구조, 도량을 장엄하는 각종 번과 의식 기물에 많은 유사성이 있다.(도판 11) 고려 말 원(元) 간섭기에 라마 불교의 영향을 받았던 역사적 상황도 괘불의 시원을 고려시대로 올리는 추정을 뒷받침한다.

티베트나 몽골에서는 대형 불화를 평원이나 언덕과 같은 자연 지형을 이용해 펼치거나 건물 외벽, 혹은 전불대(展佛臺)에 늘어뜨리는 것에 비해 조선시대의 괘불은 죽간(竹竿)을 세워 펼쳐 올린다. 이때 필요한 것이 죽간을 고정시키는 석주(石柱)이다.(도판 12) 괘불 석주는 당간지주(幢竿支柱)와는 달리 중정이 시작되는 주전각 앞에 위치하는데 좌우 한 쌍씩 총 네 개가 한 세트다. 석주의 위치와 규격은 괘불의 화폭을 고려하여 만들었다. 명문이 기록된 괘불 석주는 괘불이 현존하지 않는 사찰의 경우에도 괘불의 제작 시기와 소장 여부를 짐작하게 하는 중요한 자료이다. 괘불과 석주, 그밖의 도량을 장엄하는 의식구를 통해 18세기에 이르면 특정한 사찰이나 대찰 뿐 아니라 중소 사찰까지 괘불을 필수 품목으로 갖추게 되었음을 알 수 있다.

괘불의 기원을 고려시대로 보는 데는 현존하는 유물이나 문헌 자료의 측면에서 다소 부족함이 있다. 괘불을 사용한 기록이나 현존하는 백이십여 점의 괘불은 모두 17세기 이후에 조성된 것이기 때문이다. 그러나 애초에는 전란의 피해로 조선 후기 이전의 건축이나 건축 내부에 봉안된 불교미술품이 대부분 소실되었다는 점을 감안하면 괘불의 시원은 소급될 가능성이 높다. 괘불의 시원에 대한 문제는 의식을 전담하는 불화의 출현이란 관점으로 돌아가 재고할 필요가 있다. 괘불의 출현은 의식의 체계가 정립되고 불화가 예불의 목적뿐 아니라 의식용으로 본격적으로 사용되던 과정에서 그 의미를 이해할 수 있다.[13]

현존하는 가장 오래된 괘불은 전남 나주에 위치한 죽림사(竹林寺)에 소장되어 있다.(도판 13) 1622년에 조성된 보물 제1279호 〈죽림사 괘불〉은 조성 당시부터 '정중 괘불세존탱(掛佛世尊幀)'으로 불렸다.[14] 화기(畵記)에는 정중(庭中)에서 사용하는 괘불이며 석가세존을 도해했다는 내용이 기록되어 있다. 국보 제300호 충남 청양의 〈장곡사 괘불〉은 1673년 '대웅전 정중 영산대회 괘불탱(靈山大會掛佛幀)'으로 조성되었다.[15] 두 괘불의 화기에 기록된 '정(庭)'은 괘불을 사용한 의식의 설행 공간을 나타낸다.

중정(中庭)은 조선시대 사찰의 가람 배치에 있어서 가장 중심이 되는 영역이었다. 일주문(一柱門)을 지나 경내로 들어서면 사천왕이 수호하는 천왕문(天王門)이 나온다. 천왕문을 지나 누각을 통과하면 주전각과 누각 사이에 형성되는 중정을 볼 수 있다. 중정은 법당 바깥으로 확장된 의식에서 괘불이 걸리는 핵심 무대였다.

그렇다면 야외 의식용 불화를 뜻하는 괘불이란 용어는 어떻게 생겨났으며 조선 사람들에게 대형 불화는 어떻게 인식되었을까. 조성 당시의 기록에는 괘불, 괘불탱, 영산회탱(靈山會幀), 영산괘불탱(靈山掛佛幀) 등 여러 명

13. 죽림사(竹林寺) 괘불. 1622년. 마본(麻本) 채색. 보물 제1279호.

칭이 혼용되어 있다. 조선시대 유통되던 의식집 중 하나인『오종범음집(五種梵音集)』의「영산작법(靈山作法)」을 보면, 불보살에 대한 권공의례의 절차와 세부 지침이 수록되어 있다.16 이에 따르면 의식은 우선 도량을 청정하게 하고 사보살(四菩薩)과 팔금강(八金剛)을 의식 장소로 청하여 도량을 위호하게 하고 불화를 건 후에 시작한다고 했다.17 '불화를 건다'는 의미로 사용된 괘불탱(掛佛幀)이 점차 의식용 불화의 명칭으로 자리 잡게 된 것이다.

괘불의 화기에서 주목되는 또 하나의 용례는 '영산회'이다. 1664년 공주 신원사(新元寺)에서 조성된 괘불은 '대영산회탱(大靈山會幀)', 1673년 청양 장곡사(長谷寺)에서 조성된 괘불은 '영산대회탱(靈山大會幀)', 1673년 예산 수덕사(修德寺)에서 조성된 괘불은 '영산괘불화(靈山掛佛畵)'라는 기록이 있다. 영산회는 석가모니가『법화경』을 설했던 인도 기사굴산(耆闍崛山)에서의 설법 모임이다. 괘불에 표현된 영산회는 '영산회상을 재현한 불화'라는 의미와 '의식으로서의 영산회', 즉 오늘날 영산재라는 이름으로 개최되는 의식을 뜻하는 중의적 의미를 지닌다.

영산회는 조선시대 불보살에 대한 권공의식으로, 여러 종류의 재에 앞서 행하는 재전작법(齋前作法)이었다. 의식의 목적이 살아 있는 존재와 세상을 떠난 자의 화해이든 오랜 가뭄 끝에 비를 비는 기우재이든 죽어서 갚아야 할 생전의 업을 미리 갚는 예수재이든, 본격적인 의식은 영산작법으로 불보살에게 권공함으로써 시작되었다. 영산회는 불보살에 대한 상단권공에서 점차 하나의 독립된 의식으로 체계화되었다.

1) 괘불의 도상 유형과 특징

괘불을 헌괘한 의식의 종류는 매우 다양하다. 평소에는 쉽게 볼 수 없는 괘불이 걸리는 큰 행사는 괘불재(掛佛齋)라는 용어로 불리기도 했는데, 사십구재, 예수재, 수륙재와 같은 천도(薦度) 목적으로 개최된 경우가 많다. 이밖에도 전쟁이나 전염병으로 세상이 혼란할 때, 혹은 석가탄신일과 석가모니불의 성도일을 기념하는 성도재(成道齋), 불사(佛事)를 마친 후의 낙성식 같은 대형 행사에도 괘불이 사용되었다는 기록이 전한다. 괘불을 건 불교의식이 있을 때면 사찰의 전 공간은 의식을 위해 총동원되었다. 그날은 마을 전체가 일손을 멈추고 의식에 동참함으로써 공동체의 일원으로 결속을 다졌다.

그렇다면 의식의 종류에 따라 각기 다른 도상의 괘불을 걸었을까. 보통 괘불 한 점을 만드는 데 많게는 십여 명의 화승이 참여했고 백여 명에 달하는 사람들의 모연(募緣)이 필요했다. 괘불의 화기에는 막대한 시주 인력이 소요되는 제작 상황이 기록되어 있다. 보물 제1419호 〈선암사 괘불〉(1753)에는 십이 인의 화사가 동원되었으며 보물 제1350호 〈통도사 괘불〉(1767)은 이십 인의 화사가 참여했다. 괘불을 새로 갖추는 것이 대규모 불사로 인식되었음은 '대작불사시성(大作佛事始成)'이라 명시한 보물 제1695호 〈쌍계사 괘불〉(1799)의 화기에서도 엿볼 수 있다. 이러한 기록을 통해 한 사찰에서 여러 도상의 괘불을 갖는 것이 현실적으로 쉽지 않았음을 알 수 있다.

두 점의 괘불을 그린 사찰도 있다. 영주 부석사(浮石寺)의 경우 1684년에 갖추었던 괘불이 시간이 오래되어 낡고 훼손되자 1745년에 새로 불화를 조성하게 된다. 이때 옛 괘불은 수리를 거쳐 청풍 신륵사(神勒寺)로 보내지는데 두 점의 괘불 모두 현존한다. 옛 괘불의 도상을 따른 1745년의 〈오불회괘불(五佛會掛佛)〉은 보물 제1562호로 지정되었다. 안성 칠장사

(七長寺)에는 1628년에 그려진 국보 제296호 〈오불회괘불〉과, 1710년에 조
성한 보물 제1256호 〈삼불회괘불〉이 전한다.(도판 14) 양산 통도사(通度
寺)와 해남 대흥사(大興寺)도 두 점의 괘불이 전하는 경우이나 대체로 한
점의 괘불이 여러 의식에 사용되었다는 것이 정설이다. 그렇다면 어떤 존
상을 그려야 사찰에서 개최되는 여러 의식에 두루 헌괘할 수 있었을까.

여러 다양한 의식의 주존으로 가장 선호된 도상은 석가모니불이었다.
1700년에 제작된 보물 제1268호 〈내소사 괘불〉은 석가모니불을 중심으로
의식에 봉청되는 도상을 도해했다.(도판 15) 야외 의식이 진행될 때 도량
으로 청해지는 불보살은 특징적인 별호로 불리었다. 주존은 '영산교주(靈
山敎主) 석가모니불(釋迦牟尼佛)'로 좌우측에는 부처의 지혜를 상징하는
문수보살과 깨달음의 실천을 상징하는 보현보살이 협시한다. 삼존의 상단
에는 『법화경』 「견보탑품」에서 석가의 설법이 묘법임을 증명한 다보불[證
聽妙法多寶如來]과 극락으로 영혼을 인도하는 아미타불[極樂導師阿彌陀
佛]이 등장하며 관음보살과 세지보살(勢至菩薩)이 도해되었다. 이 유형의
괘불은 조선 후기 뛰어난 불화승인 의겸(義謙)에 의해 그려진 이후 괘불의
대표적인 도상으로 널리 제작되었다.

온 우주에 충만한 부처에 대한 사고를 바탕으로 삼신불(三身佛)이나 삼
세불(三世佛), 혹은 삼신불과 삼세불이 융합된 〈오불회괘불〉과 같은 도상
도 제작되었다. 이 도상은 괘불의 전체 유형에 있어 차지하는 비중은 크지
않지만, 여러 의식의 존상을 통합하여 신앙하는 의식 문화의 성격을 대표
적으로 보여 준다.

한편 보관을 쓰고 신체를 장엄한 존상이 주존으로 등장하는 〈장엄신괘
불(莊嚴身掛佛)〉은 일반 불화에서는 잘 나타나지 않는 괘불만의 독특한 도

14. 칠장사(七長寺) 괘불. 1628년. 마본 채색. 국보 제296호.

15. 내소사(來蘇寺) 괘불. 1700년. 마본 채색. 보물 제1268호.

상이다.(도판 16)[18] 〈장엄신괘불〉은 진리를 깨달은 석가모니의 모습으로, 깨달은 직후 설법하는 모습과 영산회상에서 꽃을 들어 보이는 두 가지 유형으로 제작되었다. 영산회 의식문에서 의식의 교주 석가모니는 '묘상장엄공덕신(妙相莊嚴功德身)' 으로 칭해졌다. 장엄신은 본원(本願)을 세우고

16. 통도사(通度寺) 괘불. 1767년. 저본(苧本) 채색.
보물 제1350호.

무량세월 동안의 수행 결과 공덕을 쌓아 그 과보로써 얻게 된 불신임을 나타낸다. 당시 보신불 신앙이 성행을 더고, 모든 부처는 수행을 통해 얻은 공덕의 몸을 지니고 있으나 중생을 제도하기 위해 그 몸을 숨기고 화신(化身)으로 현현하는 것으로 인식되었다.

패불의 도상으로 선호된 것은 특히 꽃을 들고 있는 후자의 유형이다. 영산회상에서 석가모니불이 꽃을 들어 보이자 가섭(迦葉)이 미소로 답했다는 염화시중(拈華示衆)의 설화는 선종(禪宗)에서 불교의 요체를 전한 세 가지 사건 중 하나이다. 영산회 의식에는 '영산회상에서 꽃을 들어 보인 우리 스승 석가모니불에게 귀의한다'는 염화게(拈花偈)가 독송된다. 영산교주 석가모니불에 대한 신앙은 의식문 전체에 투영되었으며 의식용 불화의 주제로 도해되었다.

17세기에 그려진 패불은 대웅전의 〈영산회상도〉와 마찬가지로 영취산에서 열린 부처의 설법 장면을 장대하게 재현한 예가 많았다. 그러나 17세기 후반 이후에는 설법하는 좌상 형식보다 입상 형식의 부처가 즐겨 그려졌다. 또한 야외에 걸리는 공간상의 이유로 가로로 폭이 긴 불화보다는 세로로 폭이 좁은 형식이 선호되었다. 점차 패불의 구성은 단순화되어 권속을 생략하고 의식의 주존만을 그린 형식도 유행했다. 거대한 화폭에 그려지며 관람자들의 시각보다 훨씬 높은 곳에 걸리는 만큼 시각적 착시 현상이 고려되었다. 화승들은 야외에 높이 걸리는 의식용 불화의 기능을 고려하여 하반신보다 상체가 큰 존상을 그렸다.[19] 바람으로부터의 위험을 최소화하면서 대형의 화폭에 이상적인 의식의 주존을 도해하는 것은 패불을 조성하는 화승들에게 맡겨진 큰 과업이었다.

조선시대 간행된 불교의식집을 보면 동일한 의식도 규모에 따라 절차를 간소화하여 전각 내에서 치르거나, 외부로까지 공간을 확장하여 삼주야 (三晝夜), 길게는 칠주야로 개최하는 두 가지 선택이 가능했다. 주전각 앞에 놓인 누각, 좌우측에 위치한 요사(寮舍) 등으로 인해 형성된 중정은 의식의 중심 장소였다. 중정을 사이에 두고 전각 내부에서 앞마당과 누각으로, 혹은 다른 전각으로 의식의 장소는 확장되었다. 전각 내에서 진행되던 의식이 야외로 확장되었더라도 주전각 내의 불단은 여전히 상단(上壇)이었다. 그러나 도량에 괘불을 걸 경우 괘불이 걸린 괘불단은 전각 내의 불단을 대신하는 상단의 기능을 수행하게 되었다.

괘불은 평소에는 괘불함에 넣어 전각 내부에 보관되다가 의식 날 아침 중정으로 옮겨 와 사용된다. 법당에서 괘불을 옮겨 와 펼치는 절차를 '괘불이운(掛佛移運)'이라고 한다. 괘불을 도량으로 옮겨 거는 괘불이운이 의식 절차의 하나로 정립된 것은 1709년에 간행된 『천지명양수륙재의범음산보집(天地冥陽水陸齋儀梵音删補集)』에서부터이다. 괘불이운은 개별 의식 절차와 별도로 항목화된 「이운편(移運編)」에 실려 있다. 「이운편」은 불상, 불사리(佛舍利), 경전, 가사 등의 성물(聖物)을 원래 있던 장소에서 옮길 때 행하는 의례를 모아 놓은 것이다. 「이운편」은 신앙의 대상이 되는 이들 사물의 이운을 일정한 의례 행위로 정비하려는 목적에서 만들어졌다. 괘불 이운이 「이운편」에 별도로 나타나는 것에서 재의 내용에 상관없이 의식의 규모가 커졌을 때 괘불이 사용되었음을 알 수 있다.

괘불을 이운할 때 동참자들이 송하는 진언과 게송은 석가모니불이 영산(靈山)으로부터 내려와 공양을 받고 설법하는 과정을 상징한다. 괘불이 헌괘되면 승려와 신도들은 의식문에 따라 게송을 주고받는다. 부처의 설법을 듣고 깨달음을 얻게 하여 보다 나은 다음 생을 기원하는 의식에는 불교음악과 무용, 공양, 시식(施食)의 전 과정이 한데 어우러졌다.

부처를 청하 올릴 때 '거불(擧佛)' 진행과 진행된다. 거불은 불보살의 명호를 불러 도량에 강림하기를 청하는 것으로, 의식의 성격에 따라 봉청(奉請)되는 존상에는 차이가 있다. 의식의 주존이 강림하기를 머리와 마음으로 떠올리며 그 명호를 부르는 거불은 의식의 클라이맥스이다.[20] '나무석가모니불(南無釋迦牟尼佛)'을 한뜻으로 암송하며 도량에 내려오시기를 바라는 절차는 의식에 동참한 사람들을 고조시킨다. 괘불은 의식의 주존을 도해하여 시각과 청각과 지각이 하나가 되는 체험을 가능하게 했다. 괘불을 통해 의식이 진행되는 사찰 앞마당은 『법화경』의 무대였던 영산회상이 되고, 그림 속 부처의 세계는 현실이 되었다.

의례의 대상을 삼단을 기본 구조로 체계화하고 그 밖의 여러 봉청 대상에게 자리를 마련해 주는 의식의 성격에 따라 여러 존상이 하나의 도량에 청해졌다. 승려와 신도를 포함한 의식 동참자들이 한 목소리로 존상의 명호를 부르는 거불(擧佛) 절차는 점차 봉청하고 싶은 불보살을 그린 불화를 걸거나, 각 존상의 위목(位目)을 기록한 번을 걸어 두는 것으로 변화되었다. 현재 사찰에 전해지는 번의 기능은 의식에 모셔지는 존상을 나타내는 것이었음을 알 수 있다.

거불이라는 소리를 통한 봉청과 불화를 통한 시각적 제시는 이처럼 밀접한 상관 관례가 있다. 불화는 의식 도량에 강림한 불보살의 현존성을 강조하는 데 있어 적극적으로 사용되었다. 『영산대회작법절차(靈山大會作法節次)』에는 대영산회탱(大靈山會幀)을 조성한 이후의 점안(點眼) 절차가 부록편에 수록되어 있다. 영산회 절차를 소개한 의식문에 불화를 새로 그린 후 신이력(神異力)과 영험을 부여하기 위한 의식을 기록한 것이다. 의식을 진행하기 위해서는 대영산회를 그린 불화가 필요했음을 알 수 있다. 1724년 계파(桂坡) 성능(聖能)에 의해 간행된 『자기문절차조례(仔夔文節次條例)』에는 재를 진행하기에 앞서 필요한 화상을 미리 그려 점안을 마쳐 놓을 것을 명시했다. 의식의 성행은 불화에 대한 수요를 가져왔다.

의식이 개최되는 곳으로 불보살을 모셔올 때의 게송과 화창(和唱)은 불보살의 강림을 극적으로 나타내기 위한 내용으로 구성되었다. 의식 승려와 신자들이 함께 암송하는 게송, 현실의 도량으로 내려온 불보살을 찬탄하며 올리는 범패는 의식 무대를 역동적인 공간으로 변화시켰다. 불화는 의식 존상의 강림과 현존을 시각화했다. 의식 도량의 장엄뿐만이 아니라 도량으로 강림한 존상의 현존성을 대신하는 데 있어 불화는 중요한 시각 매체로 사용되었다. 의식에 동참한 사람들은 영혼을 불러 불법을 듣게 하고 깨달음을 얻는 절차 속에서 현실의 도량에 강림한 불보살의 존재를 눈앞에 대면하는 느낌을 공유할 수 있었다. 의식의 성행으로 불화에 대한 수요는 증가하여 의식 절차와 의식문의 내용을 반영한 불화가 제작되었다.

의식의 구조에서 불보살을 도량에 청하여 시식을 베푸는 절차인 권공(勸供)과 시식(施食)은 주된 축이다. 의식 장소로 내려오시도록 도량을 청정하게 준비하고 강림을 청하여 자리에 앉으시도록 권하고 차와 향을 올리고 육법공양(六法供養)을 베풀고 설법을 청해 듣고 시식을 진행한 후에 봉송한다. 봉송은 의식의 마지막 단계로, 불보살과 성중(聖衆)을 원래 오셨던 곳으로 돌아가실 수 있도록 하는 절차이다. 봉송의 단계 역시 의식의 전 과정에 있어 매우 중요하다. 의식단으로 옮겨진 불화는 봉송을 통해 원래의 봉안처로 다시 모셔진다. 의식에 사용된 불화가 사찰의 전각 안으로 옮겨지는 것은 불보살과 성중이 원래의 세계로 돌아가는 것을 상징한다.

의식이 베풀어지는 사찰에서는 여러 다양한 교류와 만남이 이루어진다. 의식 공간에서는 신앙의 대상을 만나는 종교적 체험 이외에 세상을 떠난 영혼과 살아 있는 자들의 만남도 가능했다. 전통 사회에서는 억울하거나 갑작스런 죽음을 맞은 원혼은 세상을 어지럽힌다고 믿었다. 죽은 자에 대한 예우는 살아 있는 자가 수행했던 중요한 일상 활동의 하나였다. 두 세계의 대화와 화해를 꿈꾸는 불교의식은 가장 성스러운 종교 활동인 동시에 공동체의 요구가 드러나는 세속적인 장이다.

조선시대의 불화는 의식 문화가 활발하게 꽃피웠던 시기의 종교가 수행했던 사회적 기능을 반영한다. 사찰의 전 공간은 의식의 내용과 절차에 따라 하나의 시나리오를 완벽하게 재현했다. 승려와 신도, 의식에 청해진 불보살과 영혼은 갈등과 모순을 드러내고 화합을 꿈꾼다. 괘불은 신앙의 대상을 상징하는 데서 더 나아가 의식이 진행되는 도량을 영산회상으로 재현하는 적극적인 역할을 맡았다. 야외에 괘불이 펼쳐질 때 의식 도량은 부처가 강림한 듯한 인상을 준다. 수많은 사람들의 바람과 요구를 듣는 괘불의 주인공은 먹구름을 몰고 와 오랜 가뭄을 끝낼 용왕(龍王)보다 강력한 힘을 가진 존재이자 억울하게 세상을 떠난 영혼을 위로해 줄 자비로운 존재였다.

야단에서 열리는 불교의식에 동참한다면 도량은 이상적인 세계를 형상화함을 느낄 수 있다. 의식이 개최되는 현실의 도량에 부처의 세계를 재현하려는 분주함이 가득하다. 부처는 고요히 전각 안에만 존재하지 않는다. 많은 사람들이 모인 공간에는 법당 밖으로 걸어 나온 부처가 함께한다.

2) 상설 불화가 된 의식용 불화

조선 후기 주전각 내부에는 상설 예배 공간에서 삼단에 대한 의식 수행이 가능하도록 삼단 불화가 걸렸다.[21] 전각의 중앙에는 주존을 상징하는 상단 불화가 걸렸고, 중단에는 수륙재 의식을 진행할 때 봉청되는 대상을 도해한 삼장보살도나 지장보살도가 도해되며, 하단에는 감로도가 봉안되었다. 감로도는 아귀도(餓鬼道)에 빠진 고혼이 감로(甘露)를 매개로 악업에서 벗어나 구제받는 과정을 그리는데, 의식의 주존이나 봉청되는 대상을 주제로 하는 다른 의식용 불화와 달리 의식 장면 자체가 불화의 주제이다. 애초 특정 의식과 관련하여 조성되었던 불화는 전각 내 상설화되는 하단 불화의 역할을 수행하는 가운데 다양한 천도의식에 두루 사용할 수 있는 불화로 그 기능이 확대되었다.[22]

특히 16세기 말이 되면 고혼(孤魂)에게 음식을 베푸는 하단 시식을 강조하는 경향이 나타난다. 청허(淸虛) 휴정(休靜)이 간행한 『운수단(雲水壇)』에는 하단을 배치하는 방법인 「하단배치(下壇排置)」를 부록편에 추가했다. 개최하는 의식의 종류와 상관없이 쉽게 찾아볼 수 있도록 한 것으로 보이는데, 그 수록된 내용은 다음과 같다.

하단을 설치할 곳은 천장과 벽을 종이로 바르고 횟대와 판자를 마목(馬木) 위에 두어 단을 설치하고 초의(草衣)를 덮고 벽 위에 불화를 걸어 모신다. 단 위 한가운데에는 상(床)을 하나 놓고 상 위에는 신주번(神主幡)을 둔다. 단 위 좌우에는 꽃과 과일, 진수와 패백을 두고 단 위에는 물을 뿌릴 수 있는 버드나무 가지를 둔다. (…) 이 단의 전물(奠物)은 모름지기 상단이나 중단과 동시에 진설함이 가하다. 어찌 상단과 중단의 권공을 마친 연후에 그 남은 것으로 대접한단 말인가.[23]

『운수단』에는 하단을 설치할 경우 필요한 기물을 설명해 놓았다. 즉 현재와 같이 전각 내에 하단이 고정되기 이전의 모습을 추측할 수 있는데, 천장과 벽을 종이로 덮어 단을 마련하고 불화를 거는 행위를 통해 하단이 완성되었다. 조선 중기만 하여도 하단은 항상 고정된 공간이 아니었으며 필요에 의해 마련되었다. 하단 불화 역시 항상 걸려 있지 않았으며 하단은 상설화된 공간이 아니라는 점을 알 수 있다. 그러나 점차 영가를 위한 영단(靈壇)이 주법당의 한 측에 상설적으로 마련되면서 감로도는 하단 불화로 걸렸다.

현실에서 이 불화는 보이지 않는 존재들이 의식도량에 모여 구제받는 장면을 떠올리게 하는 하나의 재현물이다. 개인적인 규모의 사십구재, 소상(小喪), 대상(大喪)과 같은 천도의식이나 영혼을 위한 시식의례가 감로도 앞에서 진행되었다. 감로도는 마치 현대의 사진처럼 성대한 의식을 기억하게 하고 그 효능을 유지시킨다. 의식을 통한 구제의 대상은 특정 인물에서 감로도를 두고 진행되는 의식에 참여한 다수의 신자들로 그 수혜의 대상이 확장되었다. 감로도 앞에 서 있는 현실의 인물들은 성반을 마련한 그림의 상주(喪主)들에게 자신을 투영했다. 성대한 의식을 베풀 수 없는 상황이더라도 재를 마련한 사람들은 그림 속 의식의 공덕을 공유하고 대리적으로 만족했다. 아귀도에서 구제할 수 있는 의식의 공덕은 의식을 마련한 현실의 신자들에게도 동일하게 전해질 것임을 믿었을 것이다.

이후 『작법절차(作法節次)』와 같은 의식집에는 「영단배치규식(靈壇排置規式)」이 수록된다. 영단을 배치하는 법이 본격적으로 의식문에 수록되게 되는데, 설치 장소는 누각이나 혹은 야외이다. 누각을 활용하거나 넓은 야외 공간에 차일(遮日)을 준비해 장소를 만들고 있어 큰 규모의 영단배치법을 염두에 두고 있음을 알 수 있다.[24]

예불용 불화에서 의식용 불화로, 의식을 위해 이동하여 쓰이던 불화가 전각 내 상설 불화로 변하는 기능적인 측면이 불화의 장황(裝潢) 형식에도 변화를 초래했다. 17세기에서 19세기에 조성된 불화의 표장 형식을 보면 대체로 초기 형태는 족자이다. 이후 액자 형식이 보편화되는데, 수리와 보수를 통해 애초의 족자 형태가 액자로 다시 바뀌는 현상도 나타난다.[25] 고정된 공간에서 불화를 바꾸어 의식단을 마련하던 방식에서는 이동성이 강조된 족자형 불화가 선호되었다면, 이동에 대한 수요는 거의 사라진 뒤 고정된 공간에 걸려 예배할 때에는 뒷면을 내구성있게 배접한 액자 형식이 선호되었다.

4. 맺는 말

수륙재의 성행으로 대표되는 천도의식은 중국과 한국, 일본에 보편적으로 확산되었다. 의식집의 보급을 통해 절차와 내용에 대해서는 공통적으로 인지하면서도 의식구와 시각 매체는 큰 차이를 보인다. 조선시대 불교회화는 전각에 봉안되어 불상의 뒤편에 놓여 불전이 상징하는 불세계를 상징하는 데 그치지 않고 의식의 성행이라는 신앙의 흐름에서 역동적으로 기능했다. 주불전 안에 상단, 중단, 하단의 조합으로 불화가 걸리고 과거에는 없던 새로운 주제의 불화가 조성된 것은 이러한 변화를 반영한 결과이다.

불화는 의식단의 가설에 따른 수요로, 혹은 전각 내부에서 외부로 의식단이 옮겨짐으로써 이동했다. 펼쳐 보여 줄 수 있는 '족자'라는 형식과 '이운(移運)'이라는 절차가 결합하여, 의식용 불화는 불보살의 현존을 나타내는 나름의 방식을 갖게 되었다. 불화를 거는 절차의 핵심은 의식이 진행되는 곳으로 불보살의 강림을 청하는 것이다. 불보살의 강림은 도량에 초청하고자 하는 불보살의 명호를 부르는 기본 절차를 통해 상징되었다. 또한 거불의 대상이 의식용 불화의 주제로 그려짐으로써 구체적으로 시각화되었다. 이들의 강림을 찬탄하고 도량에 내려온 불보살에게 공양을 올리는 절차는 불화의 신이력을 높이는 데 기여했다.

의식용 불화에 있어 종교적 대상의 현존성은 매우 중요한 관건이었다. 조선시대 의식의 구조와 절차는 단순히 피안으로 향하는 이외에 현실의 의식도량으로 부처를 모셔오는 것이 중시되었다. 불보살과 성중, 세상을 떠난 영혼과 살아있는 자 모두 의식의 효험을 얻게 되기를 기원하였다. 상(像)에 대한 집중과 수행, 관상(觀想)을 통해 얻게 되는 불보살의 포착은 개인적인 규모를 넘어서 집단적인 의식 공간에서의 현현으로 확장되었다.

괘불은 조선시대 불화가 수행한 의례적인 기능의 정점에서 조성되었다. 괘불이 중정에 헌괘될 때 전각 내에 봉안되었던 불화 역시 옮겨져 의식단의 존상으로 사용되었다. 의식을 위해 불화를 꺼내 이동하고, 의식을 마치면 다시 말아 원래의 자리에 가져다 두는 일련의 절차는 불보살의 현존을 '도량으로의 강림'이라는 극적인 방식으로 전달했다.

전각 외부로 확장되는 의식과 의식을 전담하는 불화로의 이행을 대표하는 것이 괘불이라면, 감로도는 의식에 사용되던 불화가 전각 내부의 불화로 고정되는 현상을 보여 준다. 의식의 성행으로 의식 전용 불화가 생겨나는 동시에 특정한 의식에 사용되던 불화가 상설 불화로 봉안되었다. 조선시대 불교회화는 의식 수요에 부응하는 과정에서 그 주제와 구성에서 다양한 변용을 보이며 전개되었다.

수륙재(水陸齋)의 연유(緣由) 및 설행(設行)과 의문(儀文)의 정합성

삼화사 국행수륙재의 설단과 장엄을 중심으로

이성운(李誠雲)

1. 들어가는 말

전통적으로 한국 불교의 수륙재는 야외 설단으로 봉행된 것으로 보인다. 해서 야단법석(野壇法席)을 열게 되고 그곳을 장엄하게 된다. 이 글은 중요무형문화재 제125호 삼화사(三和寺) 국행수륙재(國行水陸齋)에서 행하는 설단(設壇)과 장엄(莊嚴)의 특징을 살펴보고, 아울러 삼화사 수륙재의 대본인 의문(儀文)과의 정합성을 알아보는 데 목적이 있다.

삼화사 국행수륙재의 설단에 대해 선행 논문에서[1] 다룬 것과 수륙재에 관한 개론적 설명 및 역사적 언급은 가급적 피하고, 그간 누차 연구자들에 의해 언급되었지만 견해를 달리하는 것들에는 자료를 인용하며 최소한의 의견을 더하려고 한다. 삼화사 수륙재의 설단과 장엄의 특징은 진관사(津寬寺) 수륙재의 그것과 비교해 보는 수준으로 논의하겠다.

그간 삼화사 수륙재 관련 세미나가 수차 개최되어 개괄적인 것은 대부분 보고되었거나 연구되었다. 따라서 수륙재의 설단과 장엄 등의 정합성을

고찰하려면 첫째, 현재 한국 불교 전반에서 설명하고 있는 수륙재의 의미
의 성격은 적합한가, 둘째, 현행 수륙재에서 기본으로 삼고 있는 의문과 설
단과 의식의 차서는 여법한가, 셋째, 수륙재 의문대로 설단되고 설행되고
있는가 등의 몇 가지를 염두에 두어야 할 것으로 보인다.[2]

예를 들면, 한국 불교에 전해지고 있는 수륙재 의문에는 '중례문(中禮
文)'이라고 불리는『천지명양수륙재의찬요(天地冥陽水陸齋儀纂要)』, '결
수문(結手文)'이라고 불리는『수륙무차평등재의촬요(水陸無遮平等齋儀
撮要)』, '지반문(志磐文)'이라고 불리는『법계성범수륙승회수재의궤(法
界聖凡水陸勝會修齋儀軌)』, '자기문(仔夔文)'이라고 불리는『자기산보문
(仔夔刪補文)』과 설단의 배치와 준비를 알려 주는 '배비문(排備文)'이라
고 불리는『천지명양수륙잡문(天地冥陽水陸雜文)』, 조선 중기 이후 간행
되기 시작한 '범음집(梵音集)'으로 불리는『천지명양수륙재의범음산보
집(天地冥陽水陸齋儀梵音刪補集)』등이 있다. 그런데 수륙재를 설행하려
고 할 때 물력에 따라 의문을 선택하게 된다.[3] 가령 삼화사에서는『중례
문』을 저본으로 삼고 있다면『중례문』에 의거한 설단이 이뤄지고 있는가
하는 것들이다. 나는 이같은 것들을 염두에 두고 글말을 전개하려고 한
다. 이것들을 제외하고 수륙재를 논의하다 보면 자칫 공허해질 수 있기 때
문이다.

중국이나 한국에서 수륙재회(水陸齋會)의 기원으로 보고 있는 6세기 초
의 양무제 설화나 '시아귀회(施餓鬼會)'의 원초 경전인『불설구발염구아
귀다라니경(佛說救拔焰口餓鬼陀羅尼經)』이나『불설구면연아귀다라니신
주경(佛說救面然餓鬼陀羅尼神呪經)』에는 현재 한국 불교 일반에서 이해
하고 있는 '물이나 뭍에서 죽은 영혼을 위해서 행한다'는 의미의 '수륙(水

陸)'이라는 말은 잘 보이지 않는다. 양무제 설화에서의 수륙재는 선황후 치씨를 윤회의 고통에서 제도하거나 굶주린 귀신인 '아귀'를 구제하고자 하는 목적이었다.

'수륙대재(水陸大齋)'라는 명칭은 송(宋) 본각의 『석씨통감(釋氏通鑑)』에서 "고통을 받고 있는 육도사생(六道四生)을 위한 수륙대재"[4]로 언급되고 있다. 이로 보면 중국의 양무제 때 수륙대회와 같은 무차재회(無遮齋會)가 금산사(金山寺)에서 설행되었다고 하더라도 당송(唐宋) 이후 확립되었다고 보이는 수륙의문(水陸儀文)으로 행해졌다고 단정하기는 어려울 것 같다.[5] 수륙재의 핵심이라고 할 수 있는, 시식(施食)의 이론적 기반이 되는 실차난타(實叉難陀)나 불공(不空)의 『염구시식다라니경(焰口施食陀羅尼經)』 계통의 한문 번역이 당대에 와서야 이뤄졌다는 사실이나, 수륙재가 중국 송대에 성행했다거나,[6] 최사겸(崔士謙)이 수륙재 의문을 처음 들여왔다는 기사[7] 등 적지 않은 자료로 볼 때 수륙재가 처음 설행되었다는 6세기 초기와는 상당한 시간적 거리가 있기 때문이다. 또 『자기문(仔夔文)』의 찬집이나 종색자각(宗賾慈覺)이 『수륙의문』 네 권을 완성했다는 사실이나 현 중국 수륙재의 대본이라고 할 수 있는[8] 『지반문(志盤文)』의 찬집 시기(1270)[9] 등으로 볼 때 더욱 그렇다.[10]

수륙재를 위한 일체의 설단과 장엄은 수륙의문에 입각해야 한다. 만일 의문(儀文)과 달리 설단과 장엄이 이뤄지고 있다면 그 불일치는 해소돼야 마땅할 것이다. 그 작업의 일환을 잘 보여 주는 사례로는, 한국 불교의례 의문의 명칭에 빈번히 등장하는 '신편(新編)' '산보(刪補)' '찬요(纂要)' '촬요(撮要)'라는 단어라고 할 수 있다. 이같은 현상이 일어나게 된 것은, 의례의 원형에 변화가 일어났거나 현실적인 상황으로 말미암아 요점만을 뽑아 찬집할 필요성이 발생했기 때문이라고 할 수 있을 것이다.[11] 최사겸(崔士謙)의 '수륙의문' 도입 이후 약 이백 년 뒤 14세기 초 혼구(混丘)의 『신편수륙의문(新編水陸儀文)』, 찬요(纂要)의 『중례문(中禮文)』, 촬요(撮要)의 『결수문(結手文)』 등이 새로 편집된 점이나, 17-18세기 『오종범음집(五種梵音集)』 『범음산보집(梵音刪補集)』이 편집된 것이 이를 말해 준다. 찬요나 촬요 등 요점 위주의 의문을 생성하게 된 배경에는 간편성의 추구가 우선이겠지만 또 다른 한편에는 수륙재의 현실적인 문제인 설단 및 장엄과도 밀접한 관련이 있다고 하겠다.

그러므로 이 글말에서는 수륙재의 연유와 이해 등을 다시 한번 정리하고, 삼화사 수륙재의 설단과 장엄이 수륙재의 의문과 정합을 이루고 있는지, 또 어떤 특성이 있는지를 살펴보며, 그 특징을 '삼화'라는 키워드로 정리해 보고자 한다.

2. 연유와 이해

1) 수륙(水陸)의 의미에 대한 견해들

수륙재의 성격이나 명칭에 관해 적지 않은 연구와 견해가 있는데 이에 대한 깊이있고 의미있는 논의와 점검이 필요한 시기라고 생각한다. 왜냐하면, 통일되지 않은 논의와 주장은 수륙재를 보급하고 널리 확산하는 데 도움을 주지 못하고 오히려 수용자들에게 혼란을 줄 수 있기 때문이다. 아울러 수륙재의 개념을 명확히 하면 수륙재의 성격과 목적이 선명하게 드러날 수 있다. 따라서 수륙재에서 '수륙(水陸)'이 무엇을 지칭하는가에 대해 기존의 견해를 갖추려 보면 다음과 같다.

첫째, 비교적 광범위한 지지를 받는 견해로 수륙재회의 개설 장소를 의미한다는 것이다. "수륙재회는 재회의 성질상 당우(堂宇) 없이 아무 데서나 적당한 장소를 정해서 도량을 베풀어 행할 수 있는 것"[12]이라는 입장이다. '수륙'의 '수(水)' 자에 집착해 현재 각 사찰에서 강변이나 해변으로 가서 수륙재를 지내고 있으며,[13] 또 "민간의 무속과 어울려 용왕재나 물가에서 행하는 천도재와 같은 형태로"[14] 설행되고 있다. 과거의 예를 보면, 1432년 당시 임금이었던 세종(世宗)의 숙부 효령대군(孝寧大君)이 한강에서 열흘 넘게 열었던 수륙재를 들 수 있다.[15] 또 선조(宣祖) 때 창의문(彰義門) 밖에서 개설한 수륙재도 그렇다.[16] 그런데 "부처님과 제자들이 대중이 먹고 남은 밥인 잔반의 평등 곡식을 주면서 이것을 가지고 물과 육지 사이에 가서 수륙재를 지내되 아귀들에게 먼저 주문을 들려주고 이 음식을 베풀어 먹게 하는"[17] 것은 불교사상에 부합하지만 사례가 잘 찾아지지 않는다.

둘째, 수륙재에서 추천(追薦)할 대상(망령)이 헤매고 있는 장소인 물과 뭍을 지칭한다는 인식이다. "수륙재는 물과 육지에서 헤매는 외로운 영혼과 아귀를 달래고 위로하기 위하여 불법을 강설하고 음식을 베푸는 불교 의식"[18]으로 이해한다. 위 개설 장소와 상관없이 개설 대상에 대해 이해하고 있는 것이므로 상당히 합리적인 이해라 할 수 있다. 이때 헤매고 있는 영혼은 의지처가 없기 때문이다. 다시 말해 제사를 지내 줄 후손이 끊겼다는 것이다. 이와 아울러 수륙재는 전쟁 이후 사회적 혼란기에 주로 설행했다.[19] 또 역병으로 집단적 사망자가 발생한 곳에서 시행하려고 했다. 한 예로 조선의 사대 임금 세종은 황해도 관찰사에게 봉산(鳳山)과 극성(棘城)에 창궐한 전염병으로 죽은 이들의 해골을 승려들에게 주어 태워 버리고

여제와 같은 수륙재로 구제하라고 전교하고 있다.20 이같은 사실을 염두에
두면 수륙재가 열리게 되는 이유를 쉽게 알 수 있다.

셋째, 수륙은 성인과 범부를 뜻한다는 것이다. 실차난타 역『불설구면연
아귀다라니신주경』의 아귀와 제 선인(仙人)에게 시식하는 행법에 의거하
여 추론한 견해라고 할 수 있다. 제선(諸仙)은 유수(流水)에서 취식하고,
귀신은 정지(淨地)에서 취식한다는 것이다.21 이 견해와 연담유일(蓮潭有
一)의 "제불, 보살, 연각, 성문의 이 네 성인은 성스러운 까닭에 깨끗한 것
은 물에 비유하고, 천도(天道)와 인도(人道), 아수라도, 방생도, 아귀도, 지
옥도의 이 여섯 범부는 물들었기 때문에 땅에 비유한다"22는 견해를 바탕
으로 수륙을 성인과 범부로 설명하기도 한다.23

넷째, 바라문(婆羅門) 선인을 위해서는 가지(加持)한 음식을 물에 뿌리
고, 지옥중생을 위해서는 땅에다 뿌리는 시식(施食)의 행법에서 유래한
다는 것이다.24 셋째 견해와 근거는 유사하지만 달리 해석한 데서 온 결
과이다. 수륙재 시식의 근원이 되는 다라니경전에 의하면 먼저 취득한
음식을 깨끗한 소반에 담아 변식진언(變食眞言)을 일곱 번 염송하고 문
안에 서서 (음식을 집은) 팔을 펼쳐 집 밖에 소반을 놓고 깨끗한 땅에 일
곱 번 손가락으로 튕긴다. 이렇게 사방으로 튕기면 수많은 아귀 하나하
나 앞에 음식이 이르게 되어 배불리 먹을 수 있다. 또 바라문과 선인에게
시식하고자 하면, 취득한 음식을 발우에 가득 담아 다라니를 일곱 편 외
우고 흐르는 물에 쏟으면 한량없는 바라문과 선인들이 만족하게 공양하
여 육근이 원만하고 길상을 구족(具足)한다. 또 일체의 삼보님께 공양하
고자 하면, 향기 나는 꽃과 음식을 준비하여 변식진언 이십일 편을 염송
하면 삼보님께 공양하게 된다.25 이 행법에 의지하면 하위의 존재와 중위

의 존재에 대한 행법이 정지(淨地)와 유수(流水)라는 것만 변별될 뿐 상위의 삼보에게 행하는 공양행법은 별도로 존재하지 않는다는 것을 알 수 있다.

다섯째, 수륙은 육도의 일체 중생의 의보(依報)라는 것이다. 육도중생의 의보에는 세 곳이 있는데 수(水), 육(陸), 공(空)이 그것이다. 육도중생은 모두 여기서 보처를 받는다. 오늘날은 수륙이라고 하지만 반드시 공(空)을 포섭해야 한다. 수륙 이 두 곳은 그 고통이 거듭되기 때문이다.[26] 대만 불교의 수륙재 저본이기도 한 『지반문(志磐文)』의 이 설명에 의거해서인지 대만의 영취산 불교 교단에서는 수륙법회를 '영취산 수륙공대법회'라고 칭명하고 있다.

수륙재에서 '수륙'의 의미에 대한 이해와 인식을 대략 다섯 가지로 정리해 보았다. 한국과 중국의 그것에 큰 차이가 있음을 알 수 있다. 중국 불교에서는 수륙재가 '수륙법회'로 통칭되고 있으나 한국 불교에서는 수륙재라고 주로 칭해진다. 또 중국 불교에서는 시식의 행법과 시식의 대상이 되는 육도중생의 의보처(依報處)에 의해 수륙이라고 칭하게 되는 것임을 분명히 인식하고 있으나 한국 불교에서는 물가[川邊]라는 설행 장소로 이해하거나, 수륙에서 떠도는 주인 없는 무주고혼(無主孤魂)인 혼령으로 이해하거나, 심지어는 성범(聖凡)으로 이해하고 있음을 알 수 있다. 만일 수륙을 성범으로 이해한다면 의문의 제목 '법계성범수륙승회수재의궤(法界聖凡水陸勝會修齋儀軌)'에서 확인할 수 있듯이 '성범'과 '수륙'의 중복을 피할 수 없다. 성인과 범부를 표현하고 다시 그들의 주처(住處) 상태로 수륙으로 표현한다는 것은 썩 적합한 이해라고 보이지 않는다.

2) 수륙을 어떻게 이해할 것인가

그렇다면 수륙재에서 '수륙'을 어떻게 이해해야 하는가. 첫째, 한국 불교 전반의 이해와 실행 현실에 적합한 쪽으로 이해하고, 그것이 불교의 교학과 실천에 부합될 수 있도록 이해해야 할 것이다. 양무제에 의한 수륙재는 왕후 치씨의 살생에 의한 윤회 업보를 모면하고자 하는 데서 설행되었다. 무제의 수륙재 창설 연기설화에 직접적으로 언급되지는 않지만 전쟁으로 나라를 세운 피해를 연상해야 하고, 신승(神僧)이 무제에게 "고통받고 있는 육도사생(六道四生)을 왜 수륙대재로 구원하지 않고 있습니까"라고 한 사실에 주목해야 한다.

지금은 수륙재에서 사성(四聖)과 육범(六凡)을 청해 공양과 재를 올리고 (齋僧) 음식을 베풀지만, 무제에게 수륙대재를 열 것을 건의하고 있는 신 승은 분명히 육도사생을 언급하고 있다. 육도의 범부라 하면 명계(冥界)의 중생이 떠오르지만 육도사생은 음계, 양계의 일체중생이라고 이해해야 한 다. 시식은 보시의 첫째인 음식 보시이다. 보시의 대표로 음식을 베푸는 연유에 대해 『불설식시획오복보경(佛說食施獲五福報經)』[27]에는 "다른 이에게 음식을 베푸는 것은 생명과 안색과 힘과 안정과 변재를 베풀어 살리는 것이므로 음식을 베푼 자는 세세생생 단정한 모습으로 밝게 빛나며 요절하지 않고 재물이 한량없고, 힘이 강성해서 출입하는 데 장애가 없고, 총명하며, 언행이 지혜롭고 아름다워 뭇 사람들이 기뻐하고 존경하게 된다"고 설하고 있다.

수륙재는 '재회(齋會)'이다. 그것도 큰 재회인 대회다. 『지반문』의 설명을 간단히 빌려 보자. "왜 큰 재(齋)라고 하는가. 음식을 베풀기 때문이다. 성인이나 범부나 공양하지 않음이 없기 때문이다."[28] 음식을 널리 베푸는 재회가 마지막의 영혼에게 베푸는 제사에 지나치게 치우친 나머지 재회의 개념은 많이 변질되었다. 1395년 2월 보름 고려 왕씨의 원혼을 달래기 위해 삼화사(三和寺) 등 세 곳에서 수륙재를 열었던 조선의 태조(太祖) 이성계(李成桂)는 1393년 2월 24일 의비의 기신(忌晨)일에 회암사로 행차해서 승려들에게 공양을 올리고,[29] 같은 해 7월 23일에는 오백 명의 스님들에게 기신공양을 올렸다. 이를 재승(齋僧)이라고 한다. 별도의 제사의식을 행했다는 기록보다 재를 베풀었다는 기사가 『조선왕조실록(朝鮮王朝實錄)』에는 훨씬 많이 전해지고 있다. 특히 세종은 건원릉(健元陵)에서 친히 행하는 기신일(忌辰日)에 개경사(開慶寺)의 승려들에게 음식을 먹이는 일을 영원하고도 일상적인 규례로 하라[30]고 전교하고 있다. 효령대군이 개최한 수륙재나 여타의 기신수륙재에 대해 유자(儒者)들이 '지나친 양식(糧食) 소비가 최대의 폐단'이라고 반발한 것 등을 볼 때 수륙재의 특징은 재식(齋食)을 베푸는 것이라고 할 수 있다.

수륙재의 의미가 개설 장소이든 무주고혼이든, 명계(冥界, 망자)와 양계(陽界, 산 자)의 중생들에게 무차(無遮)로 재식을 베풀어 민중의 아픔을 위무한 수륙재가 여타의 민중 구제와 결정적으로 다른 것은 바로 수륙재회에서 베풀어지는 삼단(三檀)[31]이라고 할 수 있다. 여기서 삼단은 세 바라밀이라는 뜻으로 재시(財施), 무외시(無畏施), 법시(法施)를 말한다. 불교의 수륙재는 무차재회(無遮齋會)에 동참한 이들에게 단순히 배불리 먹어 주는 데 그치지 않고 진리의 실상을 깨달아 고통받는 윤회를 끊을 수 있는 이익을 얻도록 하고 있기 때문에 승회(勝會)라고 한다.[32]

그런데 "먼저 '설회인유편(設會因由篇)'에서 그 시설에 삼단을 갖추고, 그 이치는 육도(六度)를 갖추고, 법도에 맞추어 수륙재를 열었음을 고한다"[33]라고 하여 삼단(三壇)의 시설로 오인할 수 있는 표현을 하는 경우를 종종 볼 수 있다. 수륙재에 대해 어떻게 이해를 하든지 수륙재는 전쟁으로 인해 고통받은 사람들이나 죽은 이들에게 제사를 올릴 사람이 없을 때, 오는 사람을 막지 않고 재식(齋食)을 베풀며 일체 고혼들에게 제사를 올리는 정기적인 행사였다는 사실이 핵심이라고 할 수 있다.

이같은 사실은 수륙재의 갖춘 이름에서 잘 드러나고 있다. '천지명양수륙재의(天地冥陽水陸齋儀)' '수륙무차평등재의(水陸無遮平等齋儀)' '법계성범수륙승회수재(法界聖凡水陸勝會修齋)', 수륙재를 지칭하는 세 명칭의 공통 술어는 '수륙'과 '재'이다. 결국 수륙재는 수륙의 일체 중생에게 재를 베푸는 재회임이 증명된다. 그러므로 수륙재는 재식의 베풂이 가장 먼저여야 한다. 이때 시식다라니경들에서 언급되는 변식(變食)을 통해 배고픈 중생과 고혼에게 시식하여 고통을 구제하는 일은 오늘날로 보면 사회복지라고 할 수 있다. 그 주체가 누구인가. 첫째는 변식을 행할 수 있는 법력이 있는 수행자여야 한다. 둘째는 세상의 욕망을 벗어난 이들이어야 한다. 왜인가. 양계의 중생들뿐만 아니라 명계의 고혼들에게까지 시식을 할 수 있는 이들은 수행자가 아니면 가능하지 않기 때문이다.

또 이와 같은 일을 추진하는 이들은 일에 공정해야 하고 사심이 없어야 하기 때문이다. 그래서 예로부터 청정한 수행을 하는 불교 수행자들이 국가로부터 이와 같은 일을 부여받았다고 할 수 있다. 해서 국행수륙재를 설행할 때는 몸과 마음을 청정하게 닦기 위해 백일기도, 사십구일 기도 등을 올리고 있음을 볼 수 있다.[34]

수륙재회를 찾아오는 일체 중생들을(특히 수륙의 고혼들을) 막지 않고 음식을 베풀고 법을 설해 주어 고통을 벗어나게 하는 수륙재의 설행 동기는 전쟁 등 변란에 의해 발생한 사회의 고통 해소와 아픔의 치유라고 할 수 있다. 그 아픔을 치유하기 위한 장치인 수륙재에는 동아시아의 기저 문화라고 할 수 있는 조상제사와 조상숭배사상이 깊게 배여 있다. 전쟁 등으로 인해 제사를 지내 줄 이가 없는 무주고혼에게 제사를 올리며,[35] 육도사생에게 재식을 베푸는 수륙재는 세간의 통합을 이루는 사회적 기제임과 동시에 깨달음을 이루는 성불의 도량이라고 할 수 있다.

이같은 성격을 전제로 해서 설행되는 수륙재에서는, 성인과 범부, 그것을 돕는 신중들을 청해 모시고, 공양을 베풀며, 하나가 되는 과정을 올바르게 이해해야 한다. 그래야 거기에 걸맞은 설단과 장엄이 가능할 것이다. 그러므로 수륙재회는 작은 단위의 원망(願望)만으로는 쉽게 성취하기 어렵다고 할 수 있다. 중국에서의 수륙재회의 출발이나 한국에서의 본격적인 전개가 국가에 의해 추동되었다는 사실은 그것을 웅변한다.

그렇지만 현 시대에서는 공식적인 국가제례는 묵념 정도에 한정될 뿐 지극히 제한적이다. 다종교 시대인 현대사회에서는 불교의 수륙재를 국가에서 공식적으로 설행하지 않는다. 국가에서는 수륙재를 무형문화재로 지정한 것이지, 그 본래의 역할에 대한 종교적 실천의 가부에 대해서는 개입하지 않는다. 이같은 현실을 감안한다면 수륙재회는 사찰이나 불교도에 의해 자발적으로 설행될 수밖에 없다.

국왕의 행향사(行香使)가 향과 축문을 내리고 국행(國行)하는 수륙재는 사실상 없다.[36] 이를 '국행'이라고 하려면 국민이 다 함께 와서 행하는 수륙재로 외연을 확대해 명실상부한 국민의 수륙재가 되어야 한다. 국행수륙대재를 봉행하는 사부 대중의 적극적인 노력이 요청된다.

수륙재의 연유와 이해 및 그 성격을 분명히 인식하고 그에 적합한 의례를 직조하여 그것을 따른 설단과 장엄은 당연하다고 하겠다.

3. 특성과 이상

1) 설단의 사례

수륙고혼의 추천을 위해서 열게 되는 수륙재에는 사성(四聖)과 육범(六凡)을 청하여 공양을 베풀어 그 공덕으로 고혼의 복락을 성취해야 하므로, 초청하는 분들에게 공양을 올리는 단(壇)의 시설은 필수적이다. 수륙재가 법당이 아닌, 주로 야외에서 개설되기 때문이다. 동아시아의 전통에서의 '단'은 제단(祭壇)을 지칭한다. 제수(祭需)를 차리기 위한 단이다. 물론 제사를 올리기 전에 제사를 받는 존재를 단으로 청해 모신다. 그러므로 설단(設壇)은 제사 또는 공양을 올릴 분들과 깊은 관련이 있으며 수륙재의 규모를 가늠할 수 있게 한다.

설단을 어떻게 하느냐 하는 것은, 수륙재를 하루에 하느냐, 삼 일에 하느냐, 아니면 칠 일에 하느냐에 따라 법회의 성격과 의식이 달라질 수 있지만 재회의 목적과 동참재자(同參齋者)의 규모에 의존하게 된다. 동참의 규모에 따라 설단을 하고, 그 영산작법을 봉행할 때는 『묘법연화경(妙法蓮華經)』을 독송하거나 해석하는 법문이 있어야 한다.

한국 불교 수륙재에서 설치되었다고 보이는 설행 일수에 따른 설단 사례를 간단히 보자. 다음의 도표는 삼화사 수륙재와 같이 삼 일 동안 행해졌다고 보이는 『오종범음집(五種梵音集)』의 지반(志磐) 십이단(十二壇) 삼주야(三晝夜) 배치 규식이다.[37]

```
                          북(北)

                    ┌──────────────────┐
                    │     상단(上壇)      │
          ┌─────────┼──────────────────┼─────────┐
          │ 제산단(諸山壇) │                  │ 중단(中壇)  │
          │─────────│                  │─────────│
          │ 풍백단(風伯壇) │                  │ 당산단(當山壇) │
          │─────────│                  │─────────│
  서(西)   │ 가람단(伽藍壇) │     중정(中庭)     │ 성황단(城隍壇) │   동(東)
          │─────────│                  │─────────│
          │ 사자단(使者壇) │                  │ 오로단(五路壇) │
          │─────────│                  │─────────│
          │ 가친단(家親壇) │                  │ 종실위(宗室位) │
          └─────────┼──────────────────┼─────────┘
                    │     하단(下壇)      │
                    └──────────────────┘

                          남(南)
```

『오종범음집(五種梵音集)』의 지반(志磐) 십이단(十二壇) 삼주야(三晝夜) 배치 규식.

 이에 비해 중흥사 판『천지명양수륙재의범음산보집』에는 십이단에 예적
단, 명왕단, 범왕단, 제석단, 사천왕단을 더해 십칠단도가 제시돼 있다.[38]
 또 칠주야 수륙재에 시설된 단은 상단을 제하고도 합수예일에 풍백우사
단, 1일에 천왕단, 용왕단, 가람단, 2일에 예적단, 명왕단, 범왕단, 제석단,
사천왕단, 성황단, 3일에 사자단, 오로단, 4일에 비로단, 지향단, 행주단, 삼
십삼단, 5일에 나한단, 개종단, 향당단, 제산단, 6일에 제천단, 제신단, 시왕
단, 마지막 7일에 종실단, 왕사단, 법계단, 지옥단, 아귀단, 방생단, 상중하
고혼삼단 등 삼십이단이 제시돼 있으며,[39]『천지명양수륙재의범음산보집』
도림사 판에는 자기문 삼십오단의 위목규(位目規)가 제시되고 있기도 하
다.[40]「칠주야 작법 절차」라고 하지만 사실상 팔 일에 걸쳐 행해지고 있다.
설행 일수로만 보면 대만의 불광사에서 행하는 수륙법회와[41] 유사하다. 대
만 수륙재가 상당과 하당에 사성 육범을 모시고 행하는 데 비해 한국의 수

류재는 각단을 따로 시설하여 행하는 점이 다르다.

십이단, 십칠단, 이십오단, 삼십오단의 설단은 욕계, 색계, 무색계의 삼계에 의지하는 육도사생의 명종(命終)에 따라 나누거나 고혼의 추천을 위해 짓게 되는 공양의 대상이 사성(四聖, 성문 연각 보살 불타)의 존재들을 어떻게 세분화하느냐에 따라 그 규모를 결정할 수 있다. 결국 설단은 수륙재회에 청하는 존재에 따라 설단하고 번을 달고 위패를 모셔야 한다.

『천지명양수륙재의범음산보집』의 「칠주야 작법 절차」에는 일차별로 『법화경』 칠 권을 한 권씩 독송하고 각 단을 소청해 권공하지만, 칠칠재 각 재의 오 일 전부터 진언법석(眞言法席), 참경법석(懺經法席), 화엄삼매참법석(華嚴三昧懺法席), 능엄법석(楞嚴法席), 원각법석(圓覺法席), 법화삼매참법석(法華三昧懺法席)을 행하고 칠재를 봉행한다는 내용이 담겨 있다.[42] 한국 불교의 전통 수륙재의 원형을 살펴볼 때나[43] 향후 한국 불교 수륙재의 설단에 참고가 될 수 있다고 하겠다. 하지만 현재 한국 불교 수륙재 설행은 전통적인 상중하 삼단과 수륙재를 성립하는 데 기여하는 사자단, 오로단 등이 건립되고 있다.[44]

전통 삼단 설단의 근거로 제시되고 있는 「진관사 수륙사(水陸社) 조성기」의 삼단에 대한 간략한 설명만으로 삼단에 어떤 위패를 어떻게 봉안하였는지는 명확하게 이해하기는 어렵다. 상단과 중단에 또 어떤 불신(佛神)의 위패를 상시 봉안하였는지도 분명하지 않다. 단지 전해 주는 기사는 중단과 하단에 욕실을 세 칸씩 설치했다고 할 뿐이다. 단지 하단에 조종영실(祖宗靈室) 여덟 칸을 마련했고 수륙도량을 열어 수륙무차재회(水陸無遮大會)를 베풀어 조종(祖宗)의 명복을 빌었다는[45] 것을 통해 보면 수륙의 삼계망령과 무주고혼 위패를 설치하지 않았을까 하는 생각이 든다.

한국 불교의 수륙재에 초청하는 대상은 사성육범으로 동일하지만 설단은 광략(廣略)에 따라 시설될 수밖에 없었다는 것을 위 사례는 말해 주고 있다. 그러나 기본적으로 상중하 삼단이나 재회에 참석을 청하는 역할을 하는 사자를 위한 단과 시간과 공간의 네 곳으로 떠나기 위해 사자가 타는 말에게 음식을 베푸는 마구단, 일체의 성현이나 중생들이 법회에 참석할 수 있도록 오방의 길을 열어 주는 오제(五帝)의 오로단과 용왕단과 고사단, 천왕단 등이 설단되고 있다. 삼화사 수륙재 또한 이같은 설단이 이뤄지고 있다.

2) 삼화사의 설단

그렇다면 삼화사 국행수륙대재의 설단과 장엄은 여타 수륙재의 그것과 무엇이 같고 다른가. 삼화사 수륙재에 대해 일차적으로 정리한 자료로는 삼화사 수륙재를 중심으로 정리한 『국행수륙대재(國行水陸大齋)』가 있다. 이 책에 실린 도판 등을 여타 수륙재를 설명하고 있는 설단46과 간략히 비교해 보기로 하자. 「중례문(中禮文)」을 저본으로 하여 삼주야로 진행되는 삼화사 국행수륙대재에 건립된 단은 사자단, 오로단, 상단, 중단, 하단과 시련소, 관욕소, 방생소, 간경소, 소대 등이다. 또 사원 전각의 건립과 위치에 따라 비로단, 미타단, 약사단, 산신단, 용왕단을 시설하고 있다. 그리고 전 의식을 관장하는 유나소(維那所)를 설치하고 있다.47 공양단을 별도로 건립하고 있는데 전각에 모셔진 존위의 경우 내단에 공양물을 시설하고 정문에 단방을 붙이고 있다. 아무튼 이는 여타 수륙재 설단과 다른 점이라고 할 수 있을 것 같다.

현재 삼화사 주전인 적광전(寂光殿) 오른편에는 삼화수륙사가 건립돼

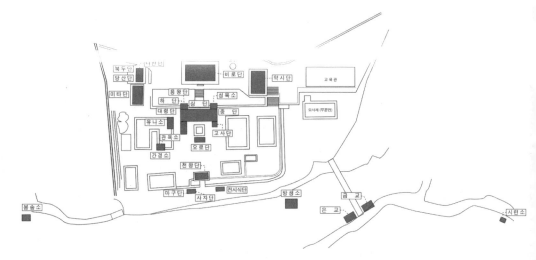

삼화사(三和寺) 수륙재(水陸齋) 십칠단(十七壇) 구소(九所).

있고 그 안에는 십칠단(十七壇) 구소(九所)의 설단과 위치를 다음과 같이 도시해 액자에 걸어 놓고 있다.

위 도판을 간략하게 살펴보면 다음과 같다. 적광전 동쪽에 비로단, 약사전(藥師殿) 뒤에 약사단, 삼성각(三聖閣) 북쪽에 나한단, 서쪽에 북두단, 극락전 뒤쪽에 미타단, 적광전 서남쪽에 용왕단, 정남쪽에 상단, 상단의 동남쪽에 중단, 상단의 서쪽에 하단, 서남쪽에 대령단을 설치하고, 중단의 끝 종무소 앞에 고사단, 중앙 탑 앞에 오로단, 천왕문 안쪽에 천왕단, 천왕문 서남쪽에 마구단, 남쪽에 사자단, 동남쪽에 전시식단을 설단한다. 그리고 상단의 서북쪽에 성욕소를, 대령단 남쪽에 유나소를, 그 남쪽에 관욕소를, 관욕소 옆에 간경소(看經所)를 설치한다. 사찰 전각 동쪽 끝 부분에 해당하는 무릉계곡 주변에 방생소(放生所)를 설치하고 사찰 입구에 시련소(侍輦所)를 설치한다.

소(所)로는 유나소, 관욕소, 간경소, 봉송소, 방생소, 시련소 등이 설치되고 있는데, 이는 의식을 감독하거나 설행하는 장소라고 할 수 있다. 다만 독특한 것은 간경소라고 할 수 있다. 중국 불교 수륙재의 경우 외단에서 행하는 경전독송의식을 위한 단을 간경소라고 하고 있는 것이 특이한데, 삼화사 수륙재에서는 금강경을 독송하고 있다. 그런데 십칠단 구소라고 명기돼 있다. 하지만 삼화사『국행수륙대재 준비자료집』에 의하면 상단, 중단, 하단, 오로단, 사자단, 마구단, 대령단, 고사단, 방생소의 용왕단은 별도 설치하고 여타 단은 전각 내부에 시설되고 있다. 별도로 시설되는 장소는 상위의 관욕소와 하단의 관욕소, 시련소, 소대 등이며, 금교(金橋)와 은교(銀橋)를 명칭하고 있다.

'진관사 국행수륙재'에서는 별도의 공양단이나 유나소, 간경소 등의 설립은 보이지 않는다. 다만 낮재와 밤재로 재를 나누어 낮재의 시련(侍輦), 대령(對靈), 관욕(灌浴)의 삼소(三所)와 밤재의 칠단으로 구별하고 있는데, 『삼화사 국행수륙대재』에서는 그런 구별을 보이지 않고 있다. 또 진관사 국행수륙대재에서의 상단 번은 삼신불 번으로 의미를 드러내고 있는 데 비해 삼화사 상단의 불보살 번은 삼신불 번과 아미타불 미륵불의 상단의 중심으로 하여 좌우로 문수, 보현, 관음, 대세지, 금강장, 제장애, 미륵, 지장보살의 번을 배치하고 다시 중단 방향(동쪽)으로 불타, 달마, 승가야중과 하단 방향(서쪽)으로 일체대보살중, 연각승중, 일체성문승중의 사성 번을 배치해 장엄하여 상단은 불보살 번이 빽빽한 숲을 이루고 있는 듯하다.

그런데 상중하 삼단에 거는 번은 다른 것이 아니다. 그곳에 청해지는 대상을 그림 또는 글로 써 다는 것이다. 그러므로 각 단에 다는 번은 삼화사 국행수륙재에서 저본으로 삼고 있는「중례문」의 상중하 삼단에 받들어 청하는 것과 일치해야 한다. 「중례문」 상단에서는 비로자나불, 노사나불, 석가모니불, 아미타불이 분보로 칭명되고 칭해지며, 승보(僧寶)의 경우는 문수보살과 보현보살, 그리고 아난존자와 목련존자가 대표로 칭명된다.

칠단(七壇) 삼소(三所) 등 설단의 세부적인 특징과 장엄의 모습은 현장을 세밀하게 관찰하거나 정리 보고된 자료에 의하지 않고는 막연한 수준의 언급밖에 이뤄지지 못할 것이다. 어느 단이든 단은 존위를 모시는 데 목적이 있다. 조상(彫像)이나 화상(畵像)으로 존위를 봉안하는 데서부터 번이나 위패로 존위를 모신다.

그러므로 모시는 존위에 따른 존상, 불화, 번, 위패 등과 일치하는 것이 여법하다. '보고 번'이나 '대회 번'을 거는 경우도 크게 다르다고 보기 어렵다. 단지 삼화사 상단의 삼단이 분명하게 시설되었다. 위패의 상상단과 향로와 과일의 상중단, 과자류의 상하단이 그것이다.

중단의 경우는 범음집의 거불로 모셔지는 삼장보살의 위패를 지화(紙花)로 장엄해 모시고 있으며, 사공천(四空天)에서 졸리(卒吏) 중까지 이십사 위(位)의 위패(位牌)와 팔금강사보살(八金剛四菩薩) 명왕(明王)과 천신(天神) 등 신중 번을 걸어 모신다. 이는 중단 의문의 소청과 설단이 일치하고 있다고 보인다.

진관사의 경우 하단에서는 화상으로 모시고 있음과 달리 삼화사 수륙재의 경우 선양가지(宣揚加持)를 위한 칠여래 번을 달고 있다.[48] 삼화사 수륙재의 성격을 보여 주는 고려 제34대왕 공양왕의 영가를 비롯하여 실직국(悉直國) 전란 당시 각 열위 영가와 삼국통일 전란 당시 각 열위 영가, 임진왜란 당시 순국 선열 각 열위 영가, 육이오전쟁 당시 순국선열 각 열위 영가 등이 배치되었으며, 동해시 천재지변 등 수중고혼 일체 각 열위 영가,

두타산 등반사고 사망 각 열위 영가, 쌍용양회 쌍용자원개발 순직 각 열위 영가, 삼화사 창건 당시 화주 시주 각 열위 영가의 위패와 선 두타산(頭陀山) 삼화사 개산조사(開山祖師) 자장율사(慈藏律師)와 범일국사(梵日國師) 각령의 위패가 배치되었다.

3) 설단의 이상

그렇다면 수륙재 설단의 이상은 무엇일까. 앞에서 언급하였지만 수륙재에 초청하는 사성과 육범을 얼마나 세분해서 각각 청해 별도로 공양을 올릴 것인가에 달려 있다. 그것은 지극히 현실적인 문제이다. 불법승 삼보나 중위의 신중과 하위의 고혼 등을 각각 청하지 않고 도청(都請)해서 세 곳에만 공양을 올리면 간략하게 행하는 재라고 할 수 있고, 각각의 대상을 별도로 청해 각각 공양을 올리며 의식은 길어진다. 「중례문」에는 상위의 경우 진여불보(眞如佛寶)와 심심법보(甚深法寶)와 청정승보(淸淨僧寶)의 삼위로 청해지고, 중위의 경우는 천신, 선신, 제신의 삼위로 청해지고 있다. 이는 설단의 위패 봉안에 하나의 참고가 될 수 있다. 「중례문」에 입각해서 의례를 집전한다면 말이다.

수륙재는 사성과 육범을 각각 청해 각각 공양을 올린다. 그러다 보니 각각 단을 설단하고 각각에게 공양을 권하거나 음식을 베풀고 있다. 따라서 설단의 문제는 수륙재를 봉행하는 데 중요한 요소라고 할 수 있다.

삼화사 국행수륙재에서의 상단은 제불보살의 번으로 숲을 이루고 있으며, 하단은 칠여래 번으로 장엄하고 있다. 크게 다른 점은 보이지 않는다. 다만 상단을 삼단으로 다시 구분해 위패와 과일과 과자를 권공하고 있는 것이나 하단에 개산조사인 자장율사와 범일국사의 위패를 모시고 있는 점은 지양해야 할 것으로 보인다.

삼화사 국행수륙대재를 위해 시칠단 구소이 설단을 준비하고 있는데 이를 위해서는 각 단의 별청과 공양이 행해져야 한다. 현재 「중례문」, 아니면 소례(小禮)의 「결수문」은 설단에 맞도록 편집되었다고 보기 어렵다. 수륙재에 초청할 대상에 걸맞은 의문과 설단이 일치돼야 한다.[49]

아울러 수륙재가 무주(無主)의 고혼을 위해 시설된 것이라면 상단과 중단의 그것 못지않은 정치한 하단의 위패와 번이 마련될 필요가 있다. 가령 삼화사 국행수륙대재의 하단 십육 위와 「중례문」의 하위 이십사 청은 일치하지 않는다.[50] 앞에서 언급했지만 삼위로 청하는 상위와 중위의 그것도 마찬가지라고 할 수 있다. 청할 때는 통청(通請)으로 하고 공양할 때는 삼처로 하고 있다. 옳고 그름의 문제가 아니라 해당 근거를 분명히 할 필요가 있다.

또 하단에 모셔지는 자장율사와 범일국사는 『범음집』설단에서 확인되는 조사단, 개종단, 향단단, 제산단이나 개산단 등 중단에 별도로 모시는 것이 적합해 보인다.

중국 수륙재에서 상당과 하당을 청할 때 법연을 따라 위패를 설치하는[51] 예를 참고할 필요가 있다. 설단을 십이단, 십칠단, 삼십오단으로 하는 문제가 아니다. 별도로 청해 공양하고자 할 때는 상당과 하당에 위패를 마련하고 청해 모셔 공양하면 어떨까 한다. 상중하 삼단으로 정형화된 한국 불교의 현실을 감안하면서 각 단에 해당되는 위패를 설치하여 장엄하는 것으로도 여법할 것이다. 단지 각각을 청할 때는 반드시 해당 위패 앞에서 행해야 할 것이다. 의문(언어)과 작법(행위)의 일치는 설단의 그것보다 더욱 중요할 것이다. 다만 수륙재를 설행하는 연유와 의미를 살리는, 특색있는 설단이 필요하다.

4. 삼화의 장엄

1) 장엄의 의미

장엄은 여러 종류의 갖가지 보배와 꽃과 보개(寶蓋)와 당(幢)과 번(幡)과 영락 등으로 도량 등을 장식하는 것을 말한다. 『화엄경』 등 여러 경전에는 종종 장엄하여 타방의 보살 등을 영접함으로써 중생들이 기쁘고 즐거운 마음을 가지게 하는데 그것은 불보살의 신통한 힘이 나타난 것이라고 한다.

수륙대재의 장엄에 대한 설명으로는 『대승의장(大乘義章)』의 인(人), 법(法), 사(事)의 삼 장엄이 의미있다고 할 수 있다.[52] 첫째 인(人) 장엄은 수승하고 선한 중생이 그곳에 거주하는 것이요, 둘째는 법 장엄인데 여러 불법이 구족해 있는 것이요, 셋째는 사(事) 장엄인데 오욕(五慾)이 특수하게 오묘한 것이다. 좋은 사람들이 거주한다는 것은 계행을 잘 지키며 정진하는 이들에 의해서 수륙재를 봉행하게 성취할 수 있음을 의미한다.

삼화사 수륙대재에 활용되는 지화를 만들기 위해 육 개월 전부터 준비를 한다. 염료를 채집하여 씻고 절구에 빻고 하나하나 염색하는 장면은 마치 『법화경』의 아버지가 병든 아들을 위해 약초를 구해 빻고 체로 쳐서 약을 만들어 먹여 병을 낫게 하는 것과 같다.[53] 그같은 정성이 들어간 지화로 장엄한 수륙도량에 온 이들은 원망을 풀고 화합하며 깨달음으로 나아갈 수 있을 것이다. 지화보존회 불자들이야말로 바로 제일의 인 장엄이라고 할 수 있을 것이다. 또 수륙대재를 원만히 봉행하기 위한 백일기도를 올리고

있는데 이는 인 장엄임과 동시에 법(法) 장엄이라고 할 수 있을 것이다. 인
과 법의 장엄으로 말미암아 이뤄지는 수륙대재는 이미 최상의 장엄이라고
할 수 있다.

삼화사 수륙재뿐만 아니라 진관사 등지의 수륙재에서도 갖가지 번과 지
화로 도량을 장엄한다. 삼화사 수륙대재의 사(事) 장엄은 보는 이들로 하
여금 환희심을 내게 하는 데 부족하지 않다. 나는 2012년 삼화사 세미나에
논평자로 처음 참가해 지화를 만드는 장면을 직접 관람할 수 있었고, 이 글
말을 준비하기 위하여 2014년 9월 2일 삼화사를 방문하여, 정성을 다해 영
가의 왕생극락을 발원하며 절구를 빻고 염색을 하여 지화를 만드는, 다시
말해 도사하여 화합하는 불자들을 직접 만나 귀한 말씀을 들었다. 지화보
존회 회원으로 수륙재의 지화를 준비하는 이분들의 신심과 세부적 기술의
전승을 위하여 앞으로 제도적 장치와 음양의 후원이 필요할 것이다.

두타산 삼화사의 '삼화(三和)'에 대한 인연 설화는 적지 않다. 창건 설화
가 셋이나 되고, 창건주로 삼선(三禪) 스님이 언급되는 설화나 고구려, 백
제, 신라 삼국 이래의 지정학적 위치와 관련한 설화도 있다.[54] 하지만 삼화
사 국행수륙재에서 무엇보다 중요한 '삼화'는 현재 국행수륙대재를 추진
하는 삼화사의 출가대중, 의례를 준비하는 재가대중, 전문적인 의례를 봉
행하는 전문 범패 작법 스님 등 삼연이 화합하여 수륙대재를 봉행하는 그
자체라고 할 수 있다.

전통 한국 불교의례의 큰 특징은 상주승(常住僧)과 운수승(雲水僧)의 조
화와 협력으로 의례를 봉행한다는 데 있다. 다시 말하면 재회(齋會)는 사
찰에 상주하는 스님들(주로 안채비)과 이곳저곳의 청을 받아 재회에 임하
는 전문적인 범패와 작법스님들(주로 바깥채비)에 의해 봉행된다는 것이

다. 이에 대해서는 상황에 따라 달라질 수 있으므로 다르게 해석될 소지는 많다. 사찰에 재가 들어와 재회가 열리게 되면 특정 스님을 청한다. 하지만 별도의 청이 없어도 인연 따라 이 절 저 절의 스님들이 재회가 열리는 도량을 찾는다. 이때 찾아온 스님들이 본 재회가 열리기 전에 '운수단작법(雲水壇作法)'을 행하여 각자의 능력에 따라 재회에서의 보직을 받는다.[55] 운수상단(雲水上壇), 별삼보작법(別三寶壇作法) 등으로 불리는 의식이 바로 이 의식이라고 할 수 있다. 일종의 리허설이라고 하겠다. 이 운수상단의 운수에 대해 운수불, 허공불(虛空佛)이라는 인식을 가지고 있는 분들이 많다. 하지만 상주불의 상대 개념인 운수불보다는 상주승의 상대 개념으로 이해하는 것이 적합하지 않을까 한다. 현재는 여기에다 의례를 준비하는 재가의 불자들이 그 과정에 신심으로 참여하고 있다.[56] 삼화사에서 삼화로 수륙대재를 봉행하는 이 자체가 바로 인(人) 장엄, 법(法) 장엄, 사(事) 장엄이요, 도사(擣篩) 정신이 아닐 수 없을 것 같다.

삼화사는 동해안에 자리하며 오랜 역사 속의 갈등을 온몸으로 보고 겪은 역사의 고향이다. 서해의 관음굴(觀音窟), 남해의 견암사(見巖寺), 동해의 삼화사, 1395년 고려 왕실과 왕씨의 제사와 해원을 위해 수륙재가 설해졌던 이 세 곳 가운데 이곳 삼화사만이 육백여 년이 지난 지금 그 정신을 현대적으로 계승하고 있다. 과거와 현재 그리고 미래의 화합을 위한 수륙재를 여는 이 자체 또한 삼화가 아닐 수 없다.

수륙재의 개설의 목적이 특정 원한있는 영가와 무주(無主) 고혼의 제사와 추천이라고 한다면 그것을 준비하는 전 과정은 화합이 최우선되어야 할 당위가 있다. 인, 법, 사로 장엄해야 하고 도사(擣篩) 화합해야 한다. 예로부터 재(齋)를 모시기 위해서는 삼일재(三日齋) 칠일계(七日戒)를 지켰다.

국왕의 신위를 모시는 종묘에는 재궁이 있다. 그리고 묘소나 영당에는 재
실이 있다. 이때의 재는 제사를 올리기 위해 대기하는 임금이나 제사, 또는
효자가 잠시 머무는 곳이다.

수륙사(水陸社)는 영실(靈室)을 안치하고, 재를 마련하고 재를 봉행하는
도구를 보관하던 곳이라고 할 수 있다. 복합적인 기능을 담고 있는 수륙사
는 단순하게 보면 재계하는 곳이라고 할 수 있다. 재계의 기본은 몸과 입과
생각을 정결히 하는 것이다. 그러므로 수륙재 장엄의 핵심은 신, 구, 의의
삼화요, 출가 재가대중과 전문 작법대중의 삼화요, 재계(齋戒)의 수지(受
持)라고 할 수 있을 것이다. 이것이 삼화사 수륙재에 담겨 있는 최상의 장
엄이다.

2) 장엄의 이상

아름다움으로 도량을 장엄하는 번, 불보살님과 신중 등의 위목(位目)을 적
는 번은 의문과 일치되어야 함은 당연하지만 이제는 적는 문자를 한자 위
주에서 한글로 적을 필요가 있을 것으로 보인다. 오늘날 대다수의 한국인
들이 한자를 모국어 문자처럼 이해하고 읽기는 쉽지 않다. '청정법신비로
자나불' '원만보신노사나불' '천백억화신석가모니불' 등의 불보살 명호
와 '유나소'나 '시련소'니 '대령'이니 하는 말들을 제대로 이해하기는 어
렵다. 설령 한자를 읽을 줄 아는 사람도 그 뜻과 의미를 바르게 이해하기는
쉽지 않다. 법신, 보신, 화신조차도 이해하기 어려운데 그것을 한자로 써
놓으면 누가 읽고 이해할 수 있겠는가. 한글로 써 놓으면 읽을 수 있으니
저것은 무얼까 하고 의심이라도 일으키게 될 것이므로, 주변에 아는 분들
에게 묻거나 검색이라도 할 수 있을 것이다. 나는 몇 해 전 이곳 삼화사 수

류재에 걸린 번의 오자(誤字)를 발견하고 당시 관계자 분께 말씀 드린 적이 있다. 한자는 자칫하면 오자를 내기 일쑤이다.

수륙재회가 '시아귀회(施餓鬼會)'의 일차적 의미에만 한정되어 단순히 과거의 수륙재회를 재현하는 데 머물지 않고 한 발 더 나아가 육도 사생의 수륙재회로 원한을 풀고 하나가 되는 국태민안(國泰民安)의 장이 되려면, 수륙재회에 동원되는 번이나 단방(壇榜) 등의 글귀를 대다수 동참 재자들이 읽을 수 있는 한글로 적는 것이 시급하다.

또 하나의 문제는 번의 제작에 대한 색상과 문안이라고 할 수 있다. 진관사 번은 삼원색을 번의 위아래 끝에 장엄하고 바탕은 청색 단색이다. 이에 비해 삼화사 번은 삼색을 세 줄 가로로 나눠 가운데 글자를 새기고 있는데, 선호가 다를 수는 있겠지만 장엄의 측면과 오방 오색의 배색이 조화로워 보이지 않는다. 삼신번(三身幡)은 법신(法身)의 다른 표현이므로 황색을 바탕으로 여타 색을 배치할 필요가 있을 것이다. 물론 경전이나 의궤에 따라 오방색이 달리 표현되고 있지만 한국 불교수륙재의 그것에는 동방의 청색, 서방의 백색, 남방의 적색, 북방의 흑색, 중방의 황색이 주로 활용되었다.

수륙재의 근원적 모티브인 무차대회(無遮大會)는 오 년마다 열렸던 인도의 고유한 국가 행사였지만 중국으로 전래되어 육도사생의 구제를 위한 수륙법회로 정착되었다. 하지만 한국에 와서는 무주고혼과 해원을 위한 국가 제례로 자리 잡아 왔다. 마치 수처작주(隨處作主)하듯이 설행되는 그곳 상황에 적합하게 변천해 왔다. 그렇다면 오늘날 수륙재회가 어떻게 설행되어야 하는지, 누구를 위한 것이 되어야 하는지에 대한 답은 분명해지리라고 본다.

5. 맺는 말

수륙재의 연유 및 이해, 설단과 장엄의 정합성에 대해 삼화사 수륙대재의
설단과 장엄을 중심으로 말글을 풀어 보았다. 서두에 거론했지만 유사한
논제가 다뤄진 적이 있으므로 나는 수륙재의 연유 및 한국 불교에서의 이
해를 바탕으로 하여 글말을 늘어놓았다. 수륙대재의 '수륙'에 대한 여러
견해가 상존하지만 한국 불교 전반이 이해하고 있는 수륙재는 수륙의 무
주고혼에 대한 제사와 추천이라는 입장을 견지했다.

수륙대재는 '재회'가 핵심이라고 이해하면서 재회에 초청되는 이들에
따른 설단이 이뤄져야 한다고 개설했다. 전통적인 한국 불교의 삼일재(三
日齋) 수륙재는 「지반문」에 근거하여 십이단, 십칠단, 이십오단, 삼십오단
등이 설단되었다고 보인다. 하지만 삼화사 수륙대재는 「중례문」에 의거하
면서도 「중례문」의 상중하 삼단을 제외하고 사자단과 오로단 이외에도 고
사단, 용왕단 등이 설치되고 있다. 이같은 모습은 수륙재가 「중례문」으로
만 설행되지 않는다는 것을 보여 준다.

또 삼화사 수륙재의 설단 특성으로는 화려함과 상(上) 삼단이 보인다. 또
하단에는 하단의 고혼의 정화와 불사를 담당하는 칠여래 번으로만 설치돼
있다. 또 하나 삼화사 수륙대재에서 개산조사 자장율사와 한국 불교 구산
선문(九山禪門)의 개조(開祖) 범일국사는 중단에 모셔져야 하며, 하단에
모시는 것은 적합하지 못하다고 보았다.

또 의문과 설단, 실행의 일치를 위한 노력의 필요성과 현실에 부합하는
수륙대재의 위목(位目) 설정의 필요성에 관해서도 언급했다. 설단의 경제
적 어려움이 따른다면 중국 불교 수륙재의 수연설위(隨筵設位)의 방식을

수용하면 어느 정도 극복할 수 있을 것이다. 아울러 육도의 사생이 함께 동참할 수 있는 수륙재회를 위해서는 설단과 장엄도 깊이 고려해야 하지만 당장 재장(齋場)에 다는 번이나 단방의 명칭을 한글로 적어 누구나 쉽게 읽을 수 있게 해야 한다. 또 번의 색상과 문안도 법신과 방위 등을 고려할 필요가 있을 것이다.

삼화사 수륙대재는 갖가지 삼화로 이뤄지고 있음을 알 수 있는데, 수륙대재를 준비하고 진행하는 출가, 재가 대중과 전문 의식 대중의 화합은 수륙재를 그 의미대로 전승되도록 하는 중요한 기제라고 할 수 있다. 설단을 준비하고 장엄의 번과 지화를 만들기 위해 재료를 채취하고 도사(擣篩)하면서 영가의 왕생극락을 기원하며 안팎의 출가재가 대중이 합심하는 모습은 수륙재의 본지를 실현하고 있다.

이제 무주(無主)의 고혼과 무주(無住)의 고혼은 명계의 세계를 대변하지만, 천지의 명계와 양계의 대중을 청해 공양하는 무차수륙대재에서는 양계의, 돌봐 줄 어른이 없는 어린이들이나 돌봐 줄 자식이 없는 독거노인들에게로 본연의 정신이 향해야 한다. 이렇게 봉행될 때 공식적인 국가 제례가 없는 현실에서 사찰이 국가의 역할을 사실상 대행할 수 있다. 삼화사 수륙대재는 철저히 '삼화'로 이뤄져야 한다. 설단도 장엄도 모두 삼화를 키워드로 하여 진행한다면 수륙의 고혼들뿐만 아니라 양계의 세상 사람들도 삼화사로 달려와 감로의 법수를 마시고 행복과 평안을 이루고, 그 공덕으로 자리에 동참한 이들이 다 함께 불도를 이룰 수 있을 것이다.

작법무(作法舞)의 연원과 기능에 대한 고찰

경산제(京山制)를 중심으로

심상현

1. 들어가는 말

2009년 9월 30일 아랍에미리트 아부다비에서 열린 제4차 정부간위원회에서는 대한민국 중요무형문화재 제50호로서 불교의식의 종합편이자 백미인 영산재가 세계문화유산으로 등재되는 쾌거를 이루었다.

여기서 다루고자 하는 것은 영산재의 구성 요소 가운데 '무용'에 해당하는 작법무(作法舞)에 관한 것이다. 종류로는 법고무(法鼓舞), 바라무(鈸鑼舞), 착복무(着服舞), 타주무(打柱舞) 등이 있다. 중국이나 일본 등 여타의 불교 국가에는 존재하지 않는 점으로 미루어 한국 불교만의 고유 의식임을 알 수 있다. 그러나 정확히 언제 누구에 의해 시작된 것인지 연원이 분명치 않은 것이 실정이다.

그런 만큼 이들 작법무가 존엄한 불교의식의 일부로 자리 잡기까지는 교리나 사상에 대한 독창적 해석이 필요했음도 알아야 한다. 왜냐하면, 승가에 입문하는 절차인 '수계식(受戒式)'에서 수지(受持)하는 사미십계(沙彌

十戒)[2]의 여덟번째 항목이 '부자가무작창고왕관청(不自歌舞作唱故往觀 聽)'이기 때문이다. 즉, 범패나 작법무도 노래와 춤인 이상 이를 행함은 계를 수지한 수행자에게 자가당착이 된다. 하지만 범패는 노래가 아닌 노래이고, 작법은 춤이 아닌 춤이라는 것이 한국 불교 승단의 입장이다.

사실 작법무의 종류와 그에 따른 연원, 의미와 기능, 그리고 그 전개 등을 살피면 이와 같이 주장하는 승단의 입장에 긍정하게 될 뿐 아니라 의식의 목적을 성취하기 위해 매우 치밀하게 계산된 방편임을 알 수 있다. 이들 춤사위의 통칭으로 '작법무(作法舞)'가 잘 어울리는 것도 그래서이다.

한편, 우리 민족이 겪은 역사의 질곡 가운데 하나인 일제 총독부의 사찰령(寺刹令), 그리고 해방 후 서구 문명의 범람 등으로 인해 무형문화인 범패와 작법의 대부분이 멸실될 위기에 처한 때도 있었다. 다행히 서울 지역을 중심으로 하는 경산(京山)의 범패와 작법무가 서울 봉원사(奉元寺)에 전승되어 오고 있으니 이를 '경산제(京山制)'라 한다.

이 글에서는 작법무로서의 위치를 바로 세움에 일조하기 위해 작법무의 연원과 기능에 대해 천착하고자 한다.

2. 작법무의 종류와 연원

작법무에는 법고무, 바라무, 착복무, 타주무 등 크게 네 가지가 있다. 이들 작법무의 연원에 대해 「작법무 거행의 배경과 의의」[3]에서 다음과 같은 내용을 볼 수 있다.

작법무의 유래와 의의를 '가섭작무(迦葉作舞)'[4] '어산(魚山)의 조자건 (曹子建)'[5] '원효(元曉)스님의 무애가(無㝵歌)와 무애무(無㝵舞)'를 통해 살필 수 있다. 이를 다시 체상용(體相用)으로 구분하여 정리하면, '가섭작 무'는 작법무의 본질을 보여 주었다는 점에서 '체(體)'로, '어산의 조자건' 은 작법무의 형태를 제시하였다는 점에서 '상(相)'으로, '원효 스님의 무 애무'[6]는 작법무의 목적을 확실히 했다는 점에서 '용(用)'으로 구분할 수 있다. 즉, 춤이 아닌 춤을 추기에 '부자가무작창고왕관청(不自歌舞作唱故 往觀聽)'이라는 계율에 어그러짐이 없고[體], 그런 춤사위기에 속되지 않 으면서도 진선미(眞善美) 모두를 머금고 있으며[相], 대중의 이목을 집중시 켜 흐트러지기 쉬운 마음을 추슬러 성불의 세계로 이끌어 가는바[用] 작법 무야말로 작법 가운데 작법이라 하겠다.

한편 연원이나 기능에 대한 이렇다 할 연구 성과가 보고되고 있지 않은 것은, 작법무에 대한 내용이 경전을 위시한 어느 곳에도 뚜렷이 언급되어 있지 않기 때문이다.

하나의 문화를, 그것도 종교문화를 제대로 알기 위해서는 그 내면의 세 계를 이해하지 않으면 안 되겠기로, 아쉽기는 하지만 몇 가지 정보를 바탕 으로 귀납적 방법을 택해 보고자 한다. 즉, 사종(四種) 작법무가 거행되는 시점이나 춤사위에 나타나는 특징 등을 작법무의 연원과 기능을 밝히는 실 마리로 삼으려는 것이다. 거행되는 시점은 곧 그 작법무를 필요로 하는 때 이고, 해당 작법무의 특징을 살피면 곧 거행하는 의의는 물론 연원과 기능 을 추정하는 데 많은 도움이 될 것으로 기대한다.

1) 작법무의 종류와 거행 시점

대한민국 무형문화재 제50호로 지정[7]되어 있는 영산재에는 위에 열거한 사종 작법무가 모두 들어 있다. 따라서 이 글에서는 영산재를 중심으로 살피기로 한다. 여기서는 우선 작법무를 종류별로 정리하기로 한다.

(1) 법고무(法鼓舞)

법고무는 거행하는 작법 형식이 동일하다. 따라서 거행 형식에 대해 달리 논할 것은 없다. 거행 시점은 시련(侍輦) 말미 「영축게(靈鷲偈)」 직전, 상단 권공(上壇勸供)의 「도량게(道場偈)」 다음과 「다게(茶偈)」 다음이다. 또, 식당작법(食堂作法)의 「기경요잡(起經繞匝)」에서 요잡(繞匝)을 거행하고 이어 당상(堂象)이 법고무를 거행한다.

(2) 바라무(鈸鑼舞)

바라무는 명바라(鳴鈸鑼)를 위시해 모두 일곱 종류가 있으며 작법 형식이 모두 다르다. 형식에 따른 종류별 명칭과 시점을 보면 다음과 같다. ① 명바라 ② 내림게(來臨偈)바라 ③ 천수(千手)바라 ④ 사다라니(四陀羅尼)바라 ⑤ 관욕금(灌浴金)바라 ⑥ 화의재(化衣財)바라 ⑦ 요잡바라 등.

(3) 착복무(着服舞)

착복무는, 향화게작법(香花偈作法)을 위시해 모두 십사 종이 있으며 형식이 모두 다르다. 형식에 따른 종류별 명칭과 시점을 보면 다음과 같다. ① 기경작법(起經作法) ② 삼귀의(三歸依)작법 ③ 도량게(道場偈)작법 ④ 다게(茶偈)작법 ⑤ 향화게(香花偈)작법 ⑥ 삼남태(三喃太)작법 ⑦ 지옥고(地

獄苦)작법 ⑧ 구원겁중(久遠劫中)작법 ⑨ 자귀의불(自歸依佛)작법 ⑩ 오
공양(五供養)작법 ⑪ 정례(頂禮)작법 ⑫ 운심게(運心偈) 작법 ⑬ 목단찬(牧
丹讚)작법 ⑭ 사방요신(四方搖身) 등.

(4) 타주무(打柱舞)

타주무는 식당작법(食堂作法)에서만 거행한다. 타주의 앉는 자세는 의식 진
행에 따라 변화가 있다. 거행 시점에 관한 것은 여기서는 생략한다.

2) 작법무의 연원과 기능

연원에 대해 언급한다고는 했으나 작법무가 언제 누구에 의해 시작된 것
인지에 대한 문헌적 사료가 분명치 않다. 다만 중국, 일본 등 여타 불교 국
가에 없는 점으로 미루어 교리나 사상에 대한 독창적 해석에 입각해 분화
발달한 한국 불교만의 독창적 고유 의식이란 점만큼은 분명하다.

(1) 법고무의 연원과 기능

법고무는 대사물(大事物) 가운데 법고를 대상으로 율동과 함께 거행하는
작법무다. 그간 법고무는, ① 축생 등 고통받는 모든 중생을 제도하기 위한
춤, ② 마음속에 있는 축생과 같이 어리석음을 깨우치는 춤이라 정의되어
왔다.

　이 글에서도 이 점에 공감하며, 좀 더 천착하여 법고무를 거행하는 시점
이 주로 크게 환희할 만한 사건이 있을 때이고, 춤사위가 여타 작법무에 비
해 매우 자유분방하고 활달한 점에 주목했다. 그리고 이런 춤사위에 근사
한 내용을, 태자 싯다르타(Siddhārtha)가 탄생하였다는 전갈을 받은 신하

마하나마(摩訶那摩)가 이 사실을 부왕인 정반왕(淨飯王)과 세상에 알리기 위해 울린 환희고(歡喜鼓)[8]에서 찾아볼 수 있었다. 태자의 탄생은 불교에 있어서는 환희 그 자체인 일대 사건이었고, 법고무의 거행 시점 역시 의식의 중요한 목표가 원만히 성취됨에 따른 법열(法悅)을 나타내는, 이른바 의식 가운데 큰 획을 이루는 대목이기 때문이다.

정리컨대, 법고무가 거행되는 시점을 연희적 용어로 바꾸면, '막(幕) 장(場)' 가운데 막이 오르기 전이나 내렸다가 다시 올리는 사이에 거행하는 작법무로서 '막'에 해당하며, 이 점은 법고무가 지닌 기능이기도 하다.

(2) 바라무의 연원과 기능

바라무는 지름 약 36센티미터에서 38센티미터로 심벌즈(cymbals) 형태를 하고 있으며 놋쇠로 만든 '바라(鈸鑼)'라는 악기를 사용하여 거행하는 무용이라는 점에서 명명된 작법무이다. 바라는 서역에서 전래하였으며 원래는 타악기의 일종으로서 자바라, 요발(鐃鈸), 발자(鈸子), 동발(銅鈸)이라고도 한다. 이것이 한국 불교의식에서 무구(舞具)로서 거듭나게 된 것이다. 연원을 정확히 추정하기는 어려우나 우리나라에서 바라가 쓰이기 시작한 것은, 『고려도경(高麗圖經)』에 그 기록이 있는 것으로 보아 그 이전임을 알 수 있다.

춤사위가 매우 빠르고 역동적이며 소리 또한 커서 '번개바라'라고도 하듯 남성적인 춤으로, 그리고 그 발상지가 서역인 까닭에 서역적인 춤으로서 기원, 찬탄, 법열 등을 나타내는 작법무로 평가해 왔다.

이 글에서 주목한 것은, '명발'과 '요잡'을 제외한 바라무는 모두 다라니를 가사(歌詞)로 하고 있으며, 그 다라니에 부여한 박자를 바탕으로 거행

하고 있다는 점이다. 다라니는 무엇보다 정확도를 생명으로 한다. 다라니
는 기계적 혹은 약속된 언어이기 때문이다. 그런데 다라니의 내용이 많은
경우에는 정확히 지송하는 것이 쉽지 않다. 하지만 다라니에 박자를 붙이
고, 그 박자를 바탕으로 춤사위를 더한다면 다라니의 정확도는 그만큼 향
상될 수 있다. '천수바라' 전에 「복청게(伏請偈)」를 먼저 거행함이 이런 사
실을 대변한다.

다시 말해, 타악기인 바라를 무구로 사용하여 거행한 바라무는 다라니의
정확도를 높이는 데 더없이 큰 성과를 거둔 예라 하겠으며, 바라무의 기능
적인 면이라 하겠다. 한 가지 잊지 말아야 할 것은, 작법 거행시 바라를 정
수리 뒤로 넘기거나 단전(丹田) 아래로 내리지 않는다는 점이다. 이는 참
선할 때의 자세를 유지하기 위한 것으로서 경산제의 특징이기도 하고, 장
차 바라무의 변형을 예방할 수 있는 백신과 같은 원칙이기도 하다.

한편, 요잡바라가 거행되는 시점을 연희적 용어로 바꾸면, '막 장' 가운
데 '장'에 해당되는데, 이때 요잡바라의 역할은 의식의 마디를 분명히 하
는 데 있다 하겠다.

(3) 착복무의 연원과 기능
착복무는 '나비춤'이라는 별명에서 알 수 있듯 지금까지의 평가는 주로 외
형적인 면에 집중되어 있었다. 예컨대 천이나 종이를 배접하여 만든 꼭대
기가 뾰족한 관모(冠帽)인 고깔을 쓰고 한 벌의 무게가 9.375그램에 불과
한 육수가사(六銖袈裟)를 입은 모습이 나비와 같고, 바라춤에 비해 여성적
이며 동양적인 점이 특징적이다. 착복무 역시 의의 면에서는 바라무와 같
이 기원, 찬탄, 법열 등을 나타내는 작법무라 평가되고 있다.

이 글에서도 이 점에 공감을 표하며 그 내면을 살피기 위해, 특히 '육수가사'를 입은 주인공이 장수천인(長壽天人)이라는 점에 착안하기로 했다.

장수천은 색계(色界) 사선천(四禪天)의 네번째 하늘 '무상천(無想天)'의 별호이다. 이곳 천인의 정명(定命)은 무려 오백 대겁(大劫)[9]이다. 색계천에서 최장수(最長壽)이므로 이렇게 이름 붙인 것이라 한다. 여기서 한 가지 생각해 볼 것은, 그들이 왜 이 도량에 운집하여 춤을 추고 있는가이다. 이렇듯 오래 사는 존재들에게 어필할 만한 것은 흔치 않다. 세상의 이치나 일이 늘 보아 오던 것들이고 이미 잘 알고 있는 것들이기에 신기할 것도 새로울 것도 없기 때문이다.

하지만 이들에게도 예외가 있으니 불법(佛法)이 그것이다. 진리는 시공을 초월한 것이기 때문에 깨닫기 전에는 늘 새롭고 신기할 수밖에 없다. 정리하면, 육수가사를 입은 장수천인이 춤을 추고 있다는 것은 그곳이 곧 진리가 베풀어지고 있는 현장임을 나타내는 것이 된다. 단순히 아름다움을 추구하는 세속적인 춤이 아니라 그곳이 진리의 전당임을 착복무로써 나타내고 있는 것이다. 즉, 착복무라야만 나타낼 수 있다는 점이 곧 착복무의 기능적인 면이며 발생하게 된 연원이라 하겠다.

(4) 타주무의 연원과 기능

1969년 문화재조사보고서 제62호 '범패와 작법'에서는 타주무를 독립된 작법무로 취급하지 않았다. 착복무와 비교해 이렇다 할 차이가 없다는 것이 그 이유다. 그러나 대중의 마음에 경각을 줌으로써 당외에서 거행하는 데 따른 혼잡을 불식하고, 종교의식으로서 갖추어야 할 정신적 숭고함과 실질적 질서 유지를 효과적으로 성취하게 하는 특별한 의의와 기능이 있기에, 이 글에서는 착복무와 구별하여 살피기로 했다.

타주무는 영산재의 일부인 식당작법에서 추는 작법무로서 대중에게 경각을 주는 춤이다. 그리고 그 연원은 삼국시대로부터 있어온 반승(飯僧)에 이미 있었을 것으로 추정하고 있다. 팔정도(八正道)의 덕목이 적힌 '백추(白槌)'라는 이 척 가량의 팔각기둥을 식당 중앙에 세워 두고 육수가사를 입은 타주 두 명이 '타주채' 하나씩을 들고 상하판(上下判)을 향해 앉아 거행한다.

연원은 육수가사를 수하고 거행하는 만큼 착복무와 같다고 하겠으나 기능적인 면은 도구(道具)인 '백추(白槌)'와 '타주무 절차' 등 두 가지 면에서 구체적으로 살펴야 한다.

우선 도구인 백추가 시사하는 내용을 살피면, 백추를 일명 '팔정도주(八正道柱)'라 하는 데서 짐작할 수 있듯 공양에 임한 대중에게 경각을 주기 위해 설치해 놓은 일종의 스트레스성 도구이다. 추담정행(秋淡井幸)이 편찬한 『승가일용식시묵언작법(僧家日用食時默言作法)』「사물연기(四物緣起)」에는 백추에 대해 다음과 같은 유래가 실려 있다.

> 백추(白槌)는 그 몸체가 모두 나무이며 팔면으로 팔정도(八正道)를 나타낸다. 예전에 한 비구가 있었는데 오래도록 한 마을에 머무르며 많은 단월(檀越)로부터 네 종의 공양을 받았다. 목숨을 마친 후에 마을 가운데 큰 나무가 되어 많은 사람에게 그늘을 드리웠다. 그 나무가 세월이 오래되자 고목이 되어 땅에 쓰러졌다. 많은 버섯을 내어 마을 사람들에게 공양하였지만 그 보를 다 갚지는 못했다. 또 지옥에 떨어져 한량없는 고통을 받았다. 뒤에 지혜있는 사람에게 잘려 팔면으로 다듬어졌다. 백추의

정상을 두드릴 때 모든 비구를 경각시켜 (한곳에) 오래 머물거나 사 종의
시주물에 탐착하지 않게 하였다.

「사물연기」에서 백추가 전하는 메시지를 다음과 같이 네 가지로 정리할
수 있다.
　① 수행자는 한 사찰에 오래 머물면 안 된다.
　② 수행자는 시주물에 탐착하면 안 된다.
　③ 수행자가 수행이 철저하지 않으면 수용한 시주물이 빚이 된다.
　④ 빚은 어떤 형태로든 반드시 갚아야 한다.
　즉, 백추가 식당작법을 거행하는 도량 한가운데 자리하고 있는 것은 이
런 교훈을 대중들로 하여금 깨닫도록 하기 위해서이다.
　다음, 타주무의 절차를 중심으로 살피면, 일명 '팔정도주'인 백추에 적
혀 있는 팔정도는 사제(四諦) 가운데 도제(道諦)의 내용이며 불교에서 중
요시하는 중도(中道)의 기본이다. 즉, 불자에게 있어서 발심과 수행은 이
를 바탕으로 시작하고 급기야 정각(正覺)에 이르게 되는 것이다. 타주무의
전개에 관한 자세한 내용은 바로 뒤이어 살피기로 하겠거니와, 기능적 의
의는 '백추'로써 대중의 경각심을 일깨우고 타주무로써 바로 그 수행차제
(修行次第)를 보인다는 데서 찾을 수 있다.

3. 작법무의 전개

작법무의 연원과 기능을 살필 수 있는 방법이 귀납적일 수밖에 없었다는

데 따른 아쉬움은 남지만, 그 결과에 공감한다면, 이를 바탕으로 전개되는
작법무는 지금까지와 사뭇 다른 경지로 우리를 안내할 것으로 믿는다. 굳이 종교적 입장이 아니더라도 약간의 연희적 감성과 재능만 동원하면 거행하는 당사자나 신도 혹은, 관람하는 관객이 다음과 같은 공감대를 형성할 수 있을 것이다.

—법고무: 우선, 법회의 시작을 알리며 울리는 커다란 법고의 우렁찬 북소리 그리고 활달한 법고무의 춤사위에서 대중은 가비라국(迦毘羅國)의 태자 싯다르타의 탄생을 알린 환희고(歡喜鼓)에서 울리던 코끼리 발자국 소리와 같은 소리를 듣게 될 것이다. 그리고 한 걸음 나아가 자기 자신을 포함한 모든 것이 태자의 탄생처럼 진리 가운데 새롭게 태어난다는 환희도 느낄 수 있을 것이다.

—바라무: 태징 박자가 가미된 다라니[구밀(口密)], 여기에 맞춰 무구(舞具)인 바라로 거행하는 남성적이면서도 절제된 바라무[신밀(身密)], 그리고 다라니의 공능(功能)에 몰입하려는 삼매[의밀(意密)]가 하나가 되는 삼밀가지(三密加持)의 경지에서 이미 성불의 경지를 넘보게 될 것이다.

—착복무: 한 벌의 무게가 겨우 9.375그램에 불과한 육수가사. 이를 입고 정지된 듯 이어지는 춤사위에서 오백 대겁이 정명(定命)인 장수천인(長壽天人)을 만날 수 있다. 따라서 그곳은 이미 사바세계가 아니다. 진리가 펼쳐지고 있는 현장에 있다는 법열로 몰아의 경지를 체험하게 될 것이다.

—타주무: 지금까지의 전개된 일련의 작법무가 우리에게 이상향을 체험하고 확인하게 한 것이었다면, 타주무는 그곳에 이르는 방법을 모두에게 제시한다. 실참실구(實參實究) 즉, 팔정도를 출발점으로 하는 구도자의

기본자세를 일깨워 주는 작법무로서 세간의 그것과 달리 수행의 원칙[10]에서 한 치의 어긋남도 없어야 하기 때문이다.

지금부터 사종 작법무의 전개를 차례로 살펴보기로 한다.

1) 법고무와 바라무

(1) 법고무의 전개

작법은 일 인의 승려가 거행하며, 복식은 장삼과 가사 등 일반 법복을 착용한다. 때로는 착복무를 담당한 승려가 고깔만 벗어 놓고 육수가사를 입은 그대로 거행하는 경우도 있다. 식당작법에서는 법고무를 거행하는 승려의 직책을 당상(堂象)이라 부른다.

법고무 거행시 특별한 가사는 없고, 어산(魚山)에서 울리는 태징의 박자를 기본으로 법고를 울리며 거행한다. 춤사위를 보면, ① 시선을 북에 고정시키고 두 손으로 북을 두드리는 면(面)치기, ② 옆 치기, ③ 북 돌려치기, ④ 무릎 굽혀 펴기, ⑤ 양 손발 사이로 마주치기, ⑥ 북 어르기, ⑦ 어르면서 회전하기, ⑧ 뒷북 치기, ⑨ 팔 벌리고 돌기, ⑩ 북 망치 치기, ⑪ 합장 등이 있다.

작법이 거행되는 동안 법고 뒤편에서 일 인의 스님이 태징과 같은 박자로 북을 울려 주고, 호적과 여타의 사물이 함께 호응한다. 또 전체적인 면에서 북소리와 박자의 흐름을 보면, 느리게 시작하여 점차 빨라지며 춤사위도 격렬해진다. 약 칠팔 분 소요되는 법고무는 끝 부분으로 가면서 소리와 박자가 시작할 때와 마찬가지로 점차 느려지며 춤사위 역시 평온하게 마무리된다.

의미는 의식의 서막(序幕)을 알리거나 다음 의식으로 이어짐에 따른 환희로움을 율동으로 나타내는 것이다.

작법은 '선완중긴(先緩中緊)'과 '중긴후완(中緊後緩)'의 형태로 거행한다. 선완중긴은 섭용귀체(攝用歸體, 殺)로서 자리(自利) 즉, 자수용(自受用)을 나타냄이고, '중긴후완'은 종체기용(從體起用, 活)이니 이타(利他) 즉, 타수용(他受用)을 나타냄이다. 『현우경(賢愚經)』에서의 표현대로 석존께서 중생을 위해 사바세계에서 보이신 일대 행적 그대로를 세간중생(世間衆生)에게 보여 일깨우는 법고[11]요 작법이다.

(2) 바라무의 전개

바라무는 춤사위의 빠르기나 박자 그리고 악기와 바라의 소리 등이 주는 느낌 때문에 남성적인 춤으로 평가되고 있다. 바라무를 담당한 어산[12]은 평장삼(平長衫)과 평가사(平袈裟)를 착용하고 불전(佛前)이나 관욕소(灌浴所) 등 정해진 장소로 나가, 바라에 부착된 끈을 이용하여 양손에 바라를 한 짝씩 감아쥐고 바라지가 울리는 태징에 맞추어 양손을 함께 머리 위로 올리거나 내리고, 또는 교차시키며 바라를 돌리기도 한다. 이때 몸의 자세는 기(氣)를 단전에 모은 채 바로 하고 시선은 코끝에 두며, 발을 '丁'자로 떼어 가면서「도량게」나「다게」에서 보이는 우요(右繞)와 달리 제자리에서 좌요(左繞)하며 작법을 거행한다. 이때 좌요는 섭용귀체의 도리를 보이기 위함이다. 또 기를 단전에 모으고 거행하는 것은 안정된 자세와 마음을 유지하기 위해서이다. 한편 이런 자세를 유지하기 위해 바라를 머리 위로 넘기거나 단전(丹田) 밑으로 내리지 않음을 원칙으로 한다.

2) 착복무와 타주무

(1) 착복무의 전개

착복무에서 착용하는 장삼은 소매가 유난히 길고 빛깔은 희다. 그 위에 드
리운 육수가사, 얼굴을 감추듯 눌러 쓴 고깔과 선(線)이 고운 외씨버선, 멈
춘 듯 서서히 그리고 곱게 움직이는 춤사위 등이 주는 느낌 때문에 여성적
인 춤으로 평가받고 있다. 또, 나비가 춤을 추는 듯하다 하여 일명 '나비춤'
혹은 '나비무'라고도 한다. 또, 양손에는 종이로 제작한 연꽃을 한 송이씩
들어 오탁악세(五濁惡世)에 있으면서도 그것에 물들지 않는다는 처염상정
(處染常淨)을 나타내기도 한다.

보통은 일 인의 승려가 작법을 행하는데 이를 '향착복무(香着服舞)'라고
하고, 이 인이 행할 경우에는 '쌍착복무(雙着服舞)'라 한다. 특별히 오 인
이 행하는 경우도 있다. 이때는 중앙에 일 인이 서서 자리를 지키며 작법을
행하고, 이를 중심으로 동서남북에 각기 일 인씩 자리하여 서로 교차하며
작법을 행하는데 이를 '오행착복무(五行着服舞)'라 한다. 외에도 재의 규
모나 성격에 따라 작법의 사람 수를 늘이기도 하는데 이런 경우는 '잡착복
무(雜着服舞)'라 한다.

의미로 보면, 여타의 작법무가 그렇듯 기원, 귀의, 찬탄, 법열 등을 율동
으로 보이는 신업공양(身業供養)이다. 다만 바라무가 사적(事的)인 면에
서 대중의 마음이 불법을 향할 수 있도록 분위기를 돋우는 역할[이완(弛
緩)]이었음에 비해 착복무는 『법화경』「묘음보살품(妙音菩薩品)」에서 묘음
보살께서 팔만사천 보살로 하여금 모두 '현일체색신삼매(現一切色身三
昧)'를 얻게 하였듯, 이적(理的)인 면에서 대중으로 하여금 행하는 의식을

주제로 마음을 가라앉히고 삼매에 들게(긴장)하는 특징을 지닌다. 즉, 바라무는 '이완'을 차분무는 '긴장'을 나타내며 궁극적으로 '중도의 상'으로 인도한다.

(2) 타주무의 전개

영산재의 소의경전(所衣經典)은 『법화경』이다. 영산재의 모든 작법은 법화의 도리인 제법실상(諸法實相)으로 귀일(歸一)된다. 그래도 그 시작은 역시 팔정도(八正道)다. 백추를 중심으로 거행하는 타주무는 중도의 기본인 팔정도로부터 제법실상까지 발전해 가는 수행의 계위를 보이며 대중의 경각심을 일으키는 것이다. 식당작법이 궁극적으로 무엇을 위한 의식인지는 백추의 존재 이유 하나만으로도 알 수 있다.

식당작법의 순서에 입각하여 타주무의 전개를 순차적으로 살피면 다음과 같다.

「할식당방(喝食堂榜)」으로부터 「오관게(五觀偈)」까지 백추를 등지고 상하판을 향해 자리 잡고 앉아 있다. 이는 불법의 이치를 아직은 모르고 있다는 뜻이다.

「반야심경(般若心經)」을 거행하기 시작하면 서로 마주 보게 되는데, 이는 공(空)의 이치를 깨닫게 되었음을 나타냄이니 불법의 이치를 깨닫기 시작했음을 의미한다.

타주가 우요하며 작법을 행할 때에도 전반부에는 백추를 등진 채 돌다가, 백추를 두드릴 때만 백추 쪽을 향한다. 이는 불법을 모르는 상태에서 조금씩 그 이치를 깨달아 감을 동작으로 나타내는 것이며 동시에 대중에게 경각을 줌을 의미한다.

「식시게(食時偈)」에서 타주는 상하판 쪽에서 다시 한번 백추를 등지고 앉는다. 이는 반야의 도리인 제법개공(諸法皆空)은 알았지만 아직 법화의 도리인 제법실상(諸法實相)을 알지 못함을 의미한다.

「막제게(莫啼偈」 혹은 「식영산(食靈山)」에 이르러서는 백추를 중심으로 타주(打柱)는 마주보고 앉는데 이는 제법실상의 도리를 짐작했음을 의미한다.

「권반(勸飯)」후, 타주는 백추를 등지고 앉는데, 이는 제법실상의 도리는 알았으나 아직 체득의 단계에는 이르지 못했음을 의미한다.

「귀의게(歸依偈)」에 이르면 타주는 「도량게」나 「다게」에서와 같이 '착복무'를 거행한다. 이때 타주는 백추를 발로 차서 쓰러트린다.[13] 이는 뗏목과 같은 교법 수행의 단계를 초월해서 바른 이치를 깨닫게 되었음을 나타내는 것이다.

착복무가 끝나면 타주는 고깔을 벗어 놓고 오관(五觀)의 태징에 맞추어 바라무를 거행한다. 이는 정각을 성취함에 따른 법열을 율동으로 나타내는 것이다. 타주가 우요하며 휘두르듯 추는 세 번의 춤사위와 백추를 두드리는 것은 수행자로 하여금 한곳에 오래 머물거나 시주물에 탐착하려는 마음 그리고 지나치게 음식을 취하려는 것을 경계하는 것이다. 타주가 백추를 두드리는 시점과 횟수는 금당좌(金堂佐)가 소리하며 광쇠를 울릴 때이다. 즉, 타주가 우요하며 휘두르는 춤사위의 횟수는 광쇠 울리는 수와 일치한다. 또, 이 춤사위는 한 대목의 의식에서 시작할 때와 끝날 때 거행되는데 이는 시작과 끝이 여일할 것을 요구하는 것이다.

정리하면, 타주의 몸동작이나 앉는 자세는 발심으로부터 정각에 이르기까지의 수행차제를 율동으로 보이는 한편 대중에게 경각을 주는 것이다.

4. 맺는 말

불교의 성격을 '보화응동(普化應同)'이라 한다. 널리 교화하되 응하여 하나가 된다는 뜻으로 '화광동진(和光同塵)'과도 통하는 말이다. 불교의 이런 성격과 가무를 사랑하는 민족의 정서가 어우러져 세계 불교 가운데 차별화된 한국 불교의 위치를 가능케 했다.

그 가운데 하나가 작법무다. 한편, 작법무를 이해하기 위해서는 불교적 시각이 필요하다. 즉, 범패가 한국의 삼대성가(三大聲歌) 가운데 하나임에도 '노래 아닌 노래'라 하듯, 작법무 역시 '춤 아닌 춤'이기 때문이다. 당나라 시인이자 선승인 선월관휴(禪月貫休)는 무애춤을 관람하고 이렇게 노래했다.

두 소매를 휘두름은 이장번뇌(二障煩惱) 끊음이요
발을 세 번 치켜듦은 삼계화택(三界火宅) 넘음이라[14]

지금까지 살펴본 작법무의 내용을 간단히 정리하면 다음과 같다.

법고무의 경우, 법열을 나타내는 춤사위 정도로 이해한 것이 기존의 시각이었다. 이 글에서는 거행하는 시점과 춤사위의 활발함에 착안하여 그 연원을 '환희고'에 연결 지어 법고무를 거행하는 당위성을 찾아보았다.

바라무의 경우, 법고무와 같은 시각에서 이해해 온 것이 사실이다. 그러나 명발(鳴鈸)과 요잡(繞匝) 외의 바라무는 '다라니'를 가사로 거행하고 있고, 다라니는 정확도를 생명으로 하고 있는 만큼 바라무는 다라니의 정확도를 향상시키는 데 거행 목적과 사상적 연원이 있음을 밝힐 수 있었다.

또, 거행에 있어서의 기본자세 즉, 참선의 자세가 그대로 유지되어야 하는 당위성을 천명함으로써 최소한 경산제 바라무의 변형을 차단할 수 있게 되었다. 이 외에도, 명바라나 요잡바라는 연극에 있어서 막이나 장에 해당하는 의식임을 밝히는 성과도 있었다.

착복무의 경우, 바라무가 서역적이고 남성적인 춤임에 견주어 여성적이고 동양적인 춤이라는 점에 주안을 두고 설명해 왔다. 그러나 무복(舞服)이 9.375그램에 불과한 육수가사인 점과 이를 착용하는 주인공들이 장수천의 천인이라는 점에 착안하여, 착복무가 거행되고 있는 도량이 곧 진리가 베풀어지고 있는 현장임을 나타내고자 하는 것으로 정의했다.

타주무의 경우, 수많은 대중의 공양이 원활하게 진행되려면 무엇보다도 승려 본연의 자세를 잃지 않아야 한다. 도량 중앙에 설치한 '백추'와 이것을 중심으로 마주 앉은 '타주'가 보이는 춤사위에서 실마리를 찾은 결과, 아함(阿含)의 세계로부터 제법실상(諸法實相)인 법화의 세계로 인도해 가는 절차임을 알게 되었다.

끝으로, 오늘의 이 자리를 인연으로 작법무와 우리 문화의 이해에 최소한의 화학적 변화가 있기를 기대한다. 아울러 이런 변화가 각자가 지닌 불성(佛性)을 발현하는 기폭제가 되어 머리말에서 언급한 인류의 진정한 행복이 구현되길 기원한다.

중세 한국의 강경(講經)과 창도(唱導)[1]

윤광봉(尹光鳳)

1. 강경과 설경

고승이 불교를 홍보하기 위해 제자에게 불교의 깊은 뜻[奧義]을 널리 연출
한 것이 강경(講經)이라면, 대중에게 경전을 풀어 전해 주는 것이 설경(說
經)이다. 한국의 경우, 신라시대부터 조선조에 이르기까지 크고 작은 설법
회가 자주 열렸다. 특히 신라시대에는 백고좌(白高座)를 비롯한 법회 등을
설치하여 많은 승려들이 호국 불교란 구호 아래 같은 자리에서 송경(誦經)
하는 일이 많았으며, 고려시대에는 보다 많은 불교의례가 열려 고려사에
기록된 불교 관계 기사만 약 육천 건이 되고, 이중 의례에 관한 것은 약 일
천삼백 건에 이르고 있다.[2]

고려의 대표적 불교의례로 소재도량(消災道場), 인왕회(仁王會), 연등회
(燃燈會), 팔관회(八關會)를 들 수 있다. 태조(太祖) 왕건(王建)은 『훈요십
조(訓要十條)』를 남겼는데, 그 중의 하나가 팔관회와 연등회를 왕 대대로
매년 꼭 지키는 것이었다. 연등회는 석가를 위한 것이었으며, 팔관회는 천

령(天靈) 및 오악(五岳) 명산대천(名山大川)과 용신(龍神)을 섬기는 것이었다.[3]

그러나 고려 팔관회는 부처를 섬기는 연등회와는 달리 불교의례만은 아니었으며, 한국의 고유 전통인 조상 숭배, 자연 숭배, 화랑 제도 등이 결합된 의례였다.[4]

이 글은 불교를 국교로 삼았던 신라, 고려시대의 불교의식을 조명하고, 당시 스님들의 설법이 어떤 형식으로 이뤄졌는가를 몇몇 기록을 통해 강경과 창도(唱導)라는 주제에 맞춰 살피고자 하는 것이다. 그러나 한국에서는 창도라는 용어가 사용되지 않으며, 실제 구체적인 의식 진행에 대한 기록이 많지 않아, 여기에서는 소개 차원에서 그동안 이 방면의 연구 업적을 바탕으로 나의 소견을 피력하고자 한다.

이를 위해 먼저 중세 중국에서 이뤄진 강경과 창도의 모습을 고찰하고, 이와 관련된 한국의 강경과 창도의 모습을 『삼국유사』와 『고려사』를 중심으로, 신라 사원에 대한 구체적 의식은 엔닌(圓仁)의 적산원(赤山院) 기록으로 살펴볼 것이다. 그리고 고려 팔관회에서 강경의식과 별도로 군신, 승려를 위해 벌이던 잡희의 모습과 현재 시행되고 있는 국행수륙대재(國行水陸大齋)를 간략히 소개하고자 한다.

2. 강경과 창도의 변용

중국의 경우, 사원에서 이뤄지는 통속적인 모임을 속강(俗講)이라고 표현하지 않고, 강경이라고 표현한 기록들이 꽤 있다. 한유(韓愈)의 시 「화산녀

(華山女)」에서는 다음과 같이 여러 사원에서 행해지는 설법회를 강경이라고 표현했다.

동서 여기저기에서 강경들을 하는데 종 치고 나팔 불며 궁정 안까지 시끄럽구나. 죄니 복이니 너스레 늘어놓으며, 유혹과 협박거리를 삼고, 청중들 좋아라고 이리저리 떠들썩하구나. 황의(黃衣) 입은 도사도 강설하기는 하지만, 그 자리에는 샛별 하나 뜬 것처럼 사람 없어 쓸쓸하구나.5

그 내용을 보면, 죄니 복이니 너스레를 떨며 종을 치고 나팔을 불며 유혹과 협박거리를 삼는데도 이를 듣는 청중들이 너무 좋아해서 설법 장소가 시끄럽다는 것이다. 그런데 이와 달리 법복 입은 도사(道師)가 강설할 때는 사람들이 없어 쓸쓸하다는 것이다. 이로 보아 당나라 때엔 진지하고 지루한 설법보다는 도창(導唱)을 수반하는 강경들이 대중들에게 꽤 인기가 있었음을 알 수 있다.

조린(趙璘)은 또 강경이 당시 얼마나 통속화되었는가에 대해 이렇게 서술했다.

문서(文漵)라는 중이 있는데, 그는 공공연히 대중들을 모아 놓고 담설을 할 때 그 담설의 내용을 경론(經論)에 가탁한다. 그런데 하는 말이라곤 모두 음란하고 비속한 말들뿐이다. 좋지 못한 사람들이 서로 선동하고 부추기며 어리석은 남녀들이 이야기 듣기를 좋아한다. 그것을 들으려고 모여든 사람들이 절 안에 가득 차고, 예배하고 숭배하며 그를 화상(和尙)이라고 부른다. 교방에서는 그의 성조를 본떠 가곡을 만들었다.6

경론에 가탁해 담설을 하는 그의 말이 음란하고 비속한 말들뿐이라는 지적과 교방에서조차 그의 성조를 본떠 가곡을 만들었다는 것은 당시 강경이 얼마나 비속화되어 대중들에게 인기가 있었는가를 알 수 있게 한다. 그러나 이와는 달리 경전을 설하는 강경의 모습이 쉬우면서 진지한 경우도 보인다.

불법의 위없는 깊은 뜻은 참으로 알아듣기 어려운데, 오직 이 스님의 말씀만이 바르고 참되다 하겠네. 멀거나 가깝거나 모두들 재물 들고 와 열심히 들으니, 술집이나 어시장에는 사람이라곤 아무도 없겠구려.7

강의하는 법사에 따라 강경 장소의 분위기는 얼마든지 바뀔 수 있다. 강경의 모습이 얼마나 진지하고 재미있었으면 작자인 요합(姚合)이 술집이나 어시장에 사람이라곤 아무도 없다고 표현했겠는가. 어쨌든 이러한 강경이라는 이름이 사원의 대중 행사에서 한자리를 차지하게 되고, 또한 이에 곁들인 창도(唱導)가 강창(講唱)과 매우 밀접한 관계를 갖게 되었음을 위의 예를 보며 다시 확인하게 된다.

창도가 이처럼 세속화된 것은 당시 창도의 핵심이 세속의 강창처럼 좋은 목소리와 극적 효과가 요구되는 구연 이야기에만 있는 것이 아니라, 청중을 불러들이려는 불교 교단의 특수성과 부합되기 때문이다. 따라서 대중을 목적하는 대로 이끌고자 하는 창도의 본질은 창도가 여러 모습으로 변하는 근거가 되었고 실제 창도는 여러 모습으로 변용되었다.8

극적 효과가 요구되는 승려 개인 단위의 행위는 중국의 경우, 유화승(遊化僧)들의 행적 즉 걸승에서 찾아볼 수 있다. 걸식행의 분위(分衛)도 그 중의 하나이다. 분위는 먹을 것을 주는 자에게 복을 받게 하고, 수도자 스스로에게는 하심(下心)을 돕게 하는 수행 방법이다. 한국의 걸인들이 불렀던 「품바타령」의 유래도 여기에서 왔다. 유화는 돌아다니면서 즐겁게 연행을 하고 감화를 주는 것이다. 원래 석가는 승려들이 집을 짓고서 한 곳에 정착하는 것을 금했다. 이것은 인도의 기후와도 관계가 있다. 승려들의 걸식은 불교의 홍보가 목적이므로, 걸식을 구실 삼아 사람들에게 호감과 존경을 받을 만한 일을 하면서 사람들의 믿음을 사게 했다. 따라서 이를 보고 믿게 되는 신자들의 귀의를 받아들인 것이다.

앞에서 본 바와 같이 신라시대 명승 원효(元曉)도 이러한 식으로 파계를 하고 유화했는데, 그는 「무애가(無碍歌)」를 부르며 대중들을 귀의케 했다.

또한 이와 비슷한 것의 하나가 주술, 의술 행위이다. 다라니 가운데 신주(神呪)를 뜻하는 주어(呪語)들은 밀교(密敎)에서 중시되는 것인데, 민중들은 밀교 교리의 의미보다는 그저 들어서 재미있고 신통한 다라니의 능력에만 매료될 뿐이다. 따라서 유화승들은 교리보다는 민중의 호감을 사는 데 주력하게 되고, 점차 흥미성과 오락성만이 증가하게 된다. 이러한 것을 감안할 때, 어느 나라 사원에서도 커다란 의식이 거행될 때는 대중들의 지루함을 달래기 위한 방편으로 창도 외에 유화승들의 이러한 행위가 자주 있었을 것으로 짐작된다.

이와 같은 영향으로 나타난 것 중의 하나가 연화락(蓮花落)이라는 곡예이다. 곡예란 연출자가 노래 형식의 창을 위주로, 이야기 형식의 설을 섞어 가며 일정한 내용을 청중들에게 들려 주는 간단한 형식의 민간 연예이다. 그 내용은 서정적인 것, 서사적인 것, 풍자적이고 기교적인 것도 있으며, 긴 형식의 설창도 있다. 기본적인 반주 악기는 박판(拍板)과 북(鼓)이고 현악기의 반주도 있다. 한 사람이 반주를 하면서 설창하는 게 원칙이지만, 반주자와 설창자가 두 명 이상으로 늘어나는 경우도 있다. 연화락은 글자에서 보듯이 불교의 상징인 연꽃과 연계된 강창을 하는 간단한 노래였으나, 불교에서 만들어져 발전하던 중 남송(南宋) 이후 청대(清代)에 이르기까지 중국 걸인들의 「장타령」으로 노래 불렀다. 이것은 불교에서 모화(募化)의 방법으로 쓰이던 산화 또는 산화악(散花樂)에서 발전하여 이루어진 것이다.[9]

양대(梁代)의 학승 혜교(慧皎)의 『고승전(高僧傳)』에 의하면, 위(魏), 진(晉) 시대에 교리를 창하는 범패가 있었고, 남북조(南北朝) 시대로 들어와서는 창에 강설(講說)을 엇섞었다. 창도는 창설(唱說)이라고도 불렀다. 수나라 말기 당나라 초기에 와서는 창도가 더욱 발전하고 통속화하면서 '낙화(落花)'라는 것을 만들었다. 낙화는 중들이 절이나 탑을 새로 세우거나 사원을 수리하기 위해 돈이 필요할 때 공개적으로 모화(募化)를 하기 위하여 흔히 연출한 것이다.[10] 한국의 경우도 마찬가지로 모연(募緣)을 했는데 이에 대해서는 다음 장에서 보기로 한다.

3. 적산원 강경의식과 신라사원 의식

한국의 경우, 범패는 804년 세공사(歲貢使)로 당나라에 유학 갔다가 돌아온 진감국사(眞鑑國師)가 830년에 귀국해 옥천사(玉泉寺) 즉 경남 하동 쌍계사(雙磎寺)에서 많은 제자들에게 범패를 가르친 것이 처음이다.[11] 그러나 『삼국유사』의 '월명사 도솔가' 조에 의하면, 월명사가 왕의 명령으로 개단작게(開壇作偈)하여 산화공덕가(散華功德歌)를 범음(梵音)으로 부를 것을 소명빌고 "저는 국선의 무리에 속함으로 향가만 일 식 밥성은 모습니다"라 말하며 향가는 불러도 범패는 부를 수가 없다고 했다.

이것은 진감이 전한 쌍계사 범패보다 백여 년 앞선 이야기다. 또한 이것은 엔닌이 『입당구법순례행기(入唐求法巡禮行記)』에 기록한 신라 범패에 비해서도 백여 년 앞선다. 이미 8세기 신라에서는 신라식의 범패가 존재했던 것이다.[12]

적산원에서 거행된 강경의식에 대한 엔닌의 기록을 보자. 강경의 기본 형식은 강사(講師)와 도강(都講) 두 사람이 고좌(高座)에 올라가 서로 마주보고 앉은 다음, 도강이 먼저 경전의 문구를 창하고 나면 그 부분을 강사가 강설하고, 다시 다음 부분을 도강이 창한 다음 강사가 이에 대해 해설하기를 반복하는 형식이다.

적산원은 신라인 장보고(張保皐)가 청해진(淸海鎭) 대사로 부임한 초기에 건립된 원사(願寺)였다. 이곳은 몇몇 의식을 제외하고는 모두 신라인에 의해 신라식의 의례로 거행되었던 사원이다. 이곳에서는 『법화경』을 외우고, 『금강명경(金剛明經)』 여덟 권을 강의했다.

한국의 강경의식에 대한 기록은 엔닌이 기록한 『입당구법순례행기』의 신라방 적산원에서 거행되었던 의식이 처음이다. 엔닌은 현장에서 본 적산원의 강경의식과 신라인들의 일일강경의식 그리고 신라의 송경의식(誦經儀式)을 나누어 기록했다. 그 의식의 일부를 보면 다음과 같다.

진시(辰時)에 강경의 시작을 알리는 종을 친다. 대중을 경각시키는 종을 친 다음, 조금 지나면 대중들이 강당으로 들어가고 이내 종소리가 멎는다. 강사가 강당으로 들어와 높은 자리로 올라가는 동안 대중들은 같은 소리로 부처님의 이름을 부른다. (…) 그 음곡은 한결같이 신라의 소리이지, 당나라 소리 같지는 않다. 강사가 고좌에 오르면 부처님 이름을 외던 소리는 곧 그친다. 이때 아랫자리에 있는 한 승려가 범패를 한다. 범패는 한결같이 당풍(唐風)인데 '운하어차경(云何於此經) (…)' 등의 구절이 나오는 게송이다.[13]

게송이 「원불개미밀(願佛開微密)」의 구절에 이르면 대중이 함께 계향(戒香), 정향(定香), 해탈향(解脫香) 등을 부른다. 위를 보면, 적산원에는 두 가지 품격의 범패가 있었는데, 하나는 당나라의 범패이고 다른 하나는 신라의 범패라는 것이다. 이때 불렀던 신라의 범패는 혜소(惠素)가 중국으로부터 배워 전한 범패가 불과 팔 년 만인 839년에 적산원으로 전해진 것일 수도 있고, 아니면 이전부터 있었던 신라식 범패로 생각할 수 있다. 어쨌든 이러한 정황은 중국 범패가 한국에 일찍 전해져 한국식으로 빠르게 변화했다는 점을 보여 준다.

그러나 혜소에 의해 전해진 범패는 전승 기록이 결여되어 있고, 신라 말기부터 고려 초기에 이르기까지 그러했다. 이 시기는 중국의 송(宋), 요(遼), 금(金), 원(元)이 교체되는 시기로 당나라 범패도 일련의 변화를 겪는다. 이를테면 원나라의 불곡은 모두 당시 성행하던 남북 악곡의 각종 곡조를 따라 찬창(贊唱)되었으며, 조정에서는 라마교를 숭배하였기 때문에 라마교 고유의 찬창의 영향을 받지 않을 수가 없었다. 이러한 현상은 한국에도 영향을 주었다. 비교적 순수했던 범패는 잡색으로 변하게 되었다. 이렇게 변이된 범패가 고려시대의 주류였을 뿐 아니라, 조선 초기에도 성행했다. 경기도 안성 청룡사(靑龍寺) 주지 홍월운(洪月運) 화상은, "조선의 범패는 몽고 승려의 소리와 비슷하다. 조선 시대의 범패는 위로 고려 범패의 영향을 받았는데, 고려 범패는 송, 요, 금, 원 중 특히 원나라 범패의 영향을 많이 받았다"고 했다.[14]

다시 적산원의 의식 절차를 보면, 앞의 의식에 이어 범패가 끝나고, 강사는 경전 제목을 창한 다음, 곧 경전 제목의 설명에 들어간다. 이것이 끝나면 유나사(維那師)가 나와 이 모임의 연유와 시주의 이름 그리고 시주한 물건의 내역을 밝힌다. 그리고 강사는 진미(塵尾)를 쥐고 시주자의 이름을 부르면서, 각자에게 서원(誓願)하게 한다. 서원이 끝나고 논의자가 질문을 하면, 강사는 즉시 대답을 한다. 이것을 힐난의식(詰難儀式)이라고 한다. 논의가 끝나면 이에 상응한 조문(條文)을 낭독한다. 이것이 끝나면 대중이 같은 음으로 길게 찬탄(讚歎)하는데, 그 가운데 회향사(廻向詞)가 들어 있다. 강사가 자리에서 물러나면[下座], 한 승려가 '처세계여허공(處世界如虛空)'이라는 게를 창한다. 강사가 예반(禮盤)에 오르면, 한 승려가 먼저 창하고, 대중들이 같은 음으로 창하면서 부처에게 삼례(三禮)를 한다. 예가 끝나면 당(堂)을 나와 승방으로 돌아간다. 이튿날 복강사(復講師)가 교좌(敎座) 남쪽에 앉아, 전날 강문(講文)을 반복하여 강의한다. 이른바 복습이다. 경문을 다 외우면, 다음에 강의할 경문을 낭송한다. 말하자면 예습이다.

이를 요약해 보면 다음과 같이 정리할 수 있다.

시작종—경각종—스님들 강당에 모임—강사 입장하여 고좌에 오름—대중들 부처님의 이름을 외침—아랫자리[下座]의 승려가 범패를 함(당풍 게송)—강사가 경전 제목을 창함—경전 제목 설명—유나사가 법회의 연유와 시주자에 대해 설명—힐난(질문)—석난(대답)—부처님을 향해 삼례—이튿날 복강, 예강.

한편 신라 일일강경의식은 다음과 같이 진행된다.

진시(辰時)에 종을 친다. 대중들이 먼저 들어가 앉으면 강사 도강(都講) 두 명이 뒤따라 당에 들어서는데, 대중들이 같은 음으로 부처 이름을 찬탄하며 길게 뽑는다. 강사가 북좌(北座)에 오르고 도강이 남좌(南座)에 오른다. 자리에 오르고 불명 찬탄이 끝나면, 하좌의 승려가 작범(作梵)하여 『운하어비경(云何於此經)』등「일행게(一行偈)」를 창한다. 작법이 끝나면 남좌(都講)가 경전과 제목을 창한다. 창경(唱經)은 길게 뽑는데, 음에는 굴곡이 있다. 창경할 때 대중들은 세 번 산화(散花)하고, 산화할 때마다 각기 소송(所頌)한다. 창경이 끝나면 짧은 음으로 제목을 창한다. 강사가 경전의 제목을 해석하며 경전의 대의를 이야기한다. 경의 제목 풀이가 끝나면 유나사가 다시 법사를 행하게 된 연유를 먼저 읽는데, 그 글 속에는 무상도리(無常道理), 망자공능(亡者功能), 망자일수(亡逝日數)가 모두 기록되어 있다.[15]

위를 보면 망자를 위한 법회임을 알 수 있는데, 일반 강경의식인 적산원 의식에 비해 간단하다. 그러면서도 신라사원 의식은 적산원 의식과 후반을 제외하고는 매우 흡사함을 알 수 있다. 신라사원의 경우 강사 유나사(維那師) 이외 도강(都講)이 더 있고, 도강이 경전과 제목을 칭하는 것과 대중이 세 번 산화(散花)하는 것들은 신라사원에만 있고 적산원에는 없다. 어쨌든 이 기록만으로는 대중의 흥미를 유발하는 본격적인 도창의 모습이 드러나지 않는다. 강경의식에 대한 보다 구체적인 기록이 보이지 않기 때문이다. 그러나 『삼국유사』에 보면 다음과 같이 기록했다.

"第五十四 景明王代 四天王寺壁畫狗鳴 說經三日攘之."(「紀異」第2 '景明王')

"第五十五景哀王卽位 (…) 同光二年 皇龍寺說百座說經 兼飯禪僧三百 大王親行香致供 此百座通說禪敎之始."(「紀異」第2 '景哀王')

"眞平王三十五年 秋 隋使王世儀至於 皇龍寺說百座道場 請諸高德說經 光最居上首."(「遺事」第5 '圓光西學')

이에 따르면 사천왕사(四天王寺)와 황룡사(皇龍寺)에서 설경(說經)하는 모습이 보인다. 특히 선승(禪僧) 삼백 명을 불러 식사를 대접하는 백좌도량의 모습에서 이 큰 법회를 위해 음악을 동원한 도창의 모습을 유추할 수 있다. 이러한 설경의 모습과 그 변형은 전언한 바 원효의 「무애가」에서 찾을 수 있다. 무애가는 무애가무(無碍歌舞)로서 유화승이나 광대가 교화를 위해 담설(談說)하고 극을 연출해, 거리나 연회에서 연행되었을 것이다. 이것은 이미 지적한 바와 같이 조선조를 거쳐 현재까지 무애무(無碍舞)로 전승되고 있다.16

『회현기(會玄記)』를 보면, 원효는 일찍이 의상과 함께 당나라에 유학하러 가는 도중, 서로의 인연에 이미 차이가 있음을 깨닫고 원효는 서쪽[唐]으로 가려는 마음을 그만두었다. 그는 언어에 거리낌이 없고 상식을 벗어

낮으며, 행동거지는 일반인들과는 뚝 떨어져 있어 재가(在家)의 거사들과 함께 술집, 창기 집을 드나들곤 했다. 지공(志公)처럼 칼과 쇠지팡이를 잡기도 하고, 소(疏)를 지어 그것을 가지고 잡화(雜話)를 가르치기도 했다. 또한 가야금을 타서 사우(祠宇)를 즐겁게 하기도 하였다. 어느 날 왕의 초청을 몇 번 거부하다가 황룡사에서 『금강삼매경(金剛三昧經)』을 강설했다. 왕과 신하, 승속(僧俗)이 법당에 구름처럼 모였다. 그랬더니 마지막에 "이에 논쟁을 끝냈으니 기본으로 삼을 만하다"고 떠들어댔다. 원효는 사람들을 교화하는 방법이 일정하지 않아서, 접시를 집어던져 대중을 구하기도 하고, 또는 물을 뿜어 불길을 잡거나, 여러 곳에 동시에 모습을 나타내기도 했다.[17]

원효와 같은 서민을 교화하는 유행승(遊行僧)은 또한 대안(大安), 혜숙(惠宿), 혜공(惠空)의 행적에서도 볼 수 있다. 또한 모량리(牟梁里)의 가난한 여자 경조(慶祖)의 아들 대성(大成)의 앞에 나타나 권선(勸善)한 점개(漸開)는 문승(門僧)이다. 이들은 교화의 과정에서 공덕류(功德類)의 설화를 담설(談說) 내지 송창(誦唱)했을 가능성이 있다. 문승 가운데는 이른바 걸승(乞僧)으로 지칭되는 걸식승도 있다.[18]

도창의 일부 모습은 고려 기록에도 나타난다. 『고려사』 예종 원년(1106) 7월조에 계묘날, 우란분재(盂蘭盆齋)를 장령전(長齡殿)에 마련하고 숙종의 명복을 빌었다. 다음 갑진날에 또 명승을 불러 『목련경(目蓮經)』을 강(講)하게 했다. 이로 보아 우란분재의 습속과 목련구모(目蓮求母)의 고사가 실린 『목련경』을 강하는 습속도 이미 송나라로부터 들어왔음을 알 수 있다. 고려 충목왕(忠穆王) 3-4년(1347-1348) 때 편찬된 『박통사(朴通事)』 하권을 보자.

7월 15일은 여러 부처님이 해하(解夏)하는 날이어서 경수사(慶壽寺)에서는 여러 죽은 영혼(靈魂)들을 위해 우란분재를 한다기에 나도 사람들 따라서 구경을 갔다. 거기의 단주(壇主)는 고려의 스님이었는데, 새파랗게 깎은 둥근 머리에 새하얀 얼굴을 가졌고 총명과 지혜가 남보다 뛰어난 사람이었다. 창하고 읊는 소리가 여러 사람들을 압도하였고, 경률론(經律論) 삼장(三藏)에 모두 통달한 정말로 덕행이 뛰어난 스님이었다. 『목련존자구모경(目蓮尊者求母經)』을 설하는데, 승니도속(僧尼道俗)과 선남선녀들이 그 수를 헤아릴 수 없을 정도였으나, 모든 사람들이 두 다리를 꼬고 앉아 두 손을 들어 합장하고 귀를 기울여 소리를 듣고 있었다.

『목련경』을 설하면서 창하고 읊는 소리가 여러 사람을 압도했다는 표현으로 보아, 경수사(慶壽寺)에서도 중국의 송경(誦經)과 같은 형식으로 대중의 흥미를 유발하는 창도의 모습을 보여 주고 있음을 알 수 있다.

한편 충혜왕(忠惠王) 4년(1343) 8월조를 보면, 곳곳마다 세워진 사원이 의식의 장소이면서 동시에 놀이의 장소가 되었다.[19] 이와 같은 상황을 감안할 때, 사원에서 이뤄진 강경의식이 대승경전(大乘經典)을 줄여 해석하는 형식에서부터 통속적인 대중 공연과 다름없는 형식으로까지 변모했고, 또 변모하는 과정에서나 사원이 소재한 지역 성향에 따라 다양한 형식의 강경(講經)들이 혼재했던 중국처럼, 한국의 경우도 거의 비슷한 상황들이 혼재해 왔음을 감지할 수 있다. 고려시대의 사원이 얼마나 비속화되었는가는 다음 기록에서도 확인된다.

경자일(更子日)에 원나라 사신 감승(監丞) 오라고(吾羅古)가 왕을 접대하기 위해 초청하였더니, 왕이 말하기를 "오늘은 꼭 묘련사(妙蓮寺)에 가서 즐겁게 놀아야겠다"라고 했다. 그리하여 오라고가 먼저 가서 기다리고 있었는데, 왕이 두 궁인을 데리고 저녁때나 되어 도착했으며, 이어 절북쪽 봉우리에 올라가 풍악을 즐겼다. 천태종 승려 중조(中照)가 일어나춤을 추니, 왕이 기뻐서 궁인을 시켜 마주 춤추게 하고, 왕도 역시 일어나 춤추면서 또 옆에 있는 사람들을 시켜 모두 춤추게 하였다. 그러다가처용놀이도 하였다.[20]

이 기록은 당시 많은 사원들이 각종 의식을 하는 장소 외 희장(戲場)으로사용됐다는 예증이다. 더구나 승려인 중조가 춤을 추니 왕과 궁인들이 함께 어울려 난장을 이루고, 그러다가 신라 때부터 이어져 온 처용무까지 놀았던 것이다. 이러한 폐단은 일찍이 행해져 온 것이기에, 헌종(憲宗) 12년(1021) 6월 사헌부(司憲府)에서 모든 사찰의 승려들이 술을 마시고 풍류를즐기는 것을 금지하자고 청하는 결과를 초래하게 되고, 7월에 이르러선 다시 사원에서 술 빚는 것을 금지하였는데, 원나라 사신을 위해 이러한 난장을 이뤘던 것이다. 이러한 난장은 백십 년 뒤 완전히 퇴폐한 놀이로 변했으며 급기야 음양회의소(陰陽會議所)에서 금지 명령을 내리게 된다.

인종(仁宗) 9년(1131) 6월 음양회의소에서 제의하기를 "근래에 승려, 속인, 잡류들이 떼를 지어 만불향도(万佛香徒)라는 명목으로 염불도 하고불경도 읽어 허황한 짓을 하며, 혹은 서울과 지방의 사원에서 승려들이술과 안주를 팔며 혹은 무기를 가지고 날뛰면서 유희를 하는 등으로 윤리와 풍속을 문란케 하고 있으니, 청컨대 어사대(御史臺)와 금오위(禁五

衛)에 지시하여 이를 순찰하여 금지케 하십시오"라고 하니, 왕이 조서로 써 승인하였다.[21]

이렇게 엄명을 내렸음에도 이백 년이 지난 충혜왕 때도 문란하기는 마찬가지였던 것이다. 이렇듯 모든 행사에 사원이 중심이 된 것은 바로 왕건이 『훈요십조』로 남겨, 매년 왕이 중심이 되어 2월 내지는 4월 초파일에 거행되는 연등회와 11월 15일 전후를 기해 거행되는 팔관회의 영향이 크다. 불교를 국가 종교로 승격하다 보니 사원과 승려들이 많았기 때문이다. 그렇다면 팔관회와 연등회의 모습은 어떤 것인가. 여기서는 전자인 팔관회에 한해서 살피기로 한다. 고려 관청에서 연등회 행사를 위해 감독청인 연등도감(燃燈都監)을 두었듯이, 팔관회 행사에서도 이를 주관하기 위한 팔관도감(八關都監)을 두었다.

4. 팔관회의 의식과 창도

팔관회는 고려 구대속절[원정(元正), 상원(上元), 한식(寒食), 상사(上巳), 단오(端午), 중구(重九), 동지(冬至), 팔관(八關), 추석(秋夕)] 중의 하나이다. 중국의 팔관재(八關齋)는 필요에 따라 승려들과 재가 신자에 의해 개최되었다. 그러나 고려 팔관회는 매년 같은 날에 개최되는 정기 행사였다. 고려 팔관회가 얼마나 중요했는가는 팔관회에 대한 역사적 기록의 양으로 확인할 수 있다. 고려 팔관회는 고려인들의 인생관, 사회관, 세계관이 투영된 국가적 행사였던 것이다.[22]

고려 초기 민심이 안정되어 있지 않은 상황에서 외교에 능통한 서희(徐熙)는 신라에서 실시되었던 연등회, 팔관회, 선랑(仙郞) 등의 행사를 다시 거행하라는 글을 올린다.

또한 국토를 경솔히 적국에 할양하는 것보다는 차라리 선대로부터 전하여 오던 연등, 팔관, 선랑 등 행사를 다시금 거행하고 타국의 색다른 풍습을 본받지 말며 그리하여 국가를 보전하고 태평을 누리는 것이 좋지 않겠습니까. 만일에 그렇다면 마땅히 먼저 신명(神命)에 고한 후에 싸움하고 화해하는 것은 오직 임금께서 재단하소서.23

선대란 고구려, 신라, 백제를 말하며, 특히 삼국을 통일한 신라를 두고 말함이니, 신라의 삼대 행사로서 연등, 팔관, 선랑을 강조했다. 연등회와 팔관회는 주지하다시피 불교의식의 대표적 행사로서 국가적 의식이었다. 여기에 더불어 신라에서 삼국 통일의 주체 세력이었던 화랑의 역할이 무(武)에서 문(文)으로 바뀌면서 행사 주체가 되었으니, 이들이 벌이던 의식이 선랑(仙郞)이다. 여기서 선랑은 화랑의 이름이라기보다 화랑들의 행사였던 것이다. 그래서 서희는 다른 나라의 색다른 풍습보다는, 지금까지 이어 온 전통의식인 연등회와 팔관회에서 연출되는 선랑이 중요한 행사임을 일깨웠다. 선랑의 중요성에 대한 예종(睿宗) 11년(1116) 4월 경신일(庚辰日)의 기록을 보면, "선조들이 쌓아 온 많은 업을 제대로 잇지 못할까 두려워, 그 중의 하나로 사선(四仙)의 행적은 마땅히 영광을 더해야 할 것이라 강조하고, 원구(圓丘), 대묘(大廟), 사직(社稷), 적전(籍田) 및 여러 원릉(園陵)은 국가가 공경하고 중히 여기는 곳이니 관리하는 사원(史員)이 가끔 손을 보도록 하며, 소위 국선의 일은 근래 사환(仕宦)의 문(門)이 많으므로 조금도 이를 구하는 자가 없으니 마땅히 대관의 자손으로 하여금 이를 행하도록 하라"[24]고 엄명을 내린다. 여기서 사선이란 신라시대의 화랑인 남랑(南郞), 술랑(述郞), 영랑(永郞), 안상(安詳)의 네 국선을 말한다. 백희(百戱) 또는 사선악부와 관련된 선랑 또는 국선이 선가(仙家)로 칭해졌던 것이다.[25] 곽동순(郭東珣)의 「팔관회선랑하표(八關會仙郞賀表)」를 보면 그 모습이 구체적으로 드러난다.

복희씨(伏羲氏)가 천하의 왕이 된 뒤로부터 최고는 우리 태조의 삼한(三韓)이요, 저 막고야(藐姑射)에 있다는 신인(神人)은 바로 우리 월성(月城, 신라의 수도)의 네 사람[四子]임이 분명합니다. 역대로 전해 오던 풍류가 본조에 와서 그 모습이 갱신되었으니 비로소 조상들이 즐긴 것을 상하가 조화를 이루게 된 것입니다. (…) 전조, 즉 신라에서 오백 년 동안 화랑이 배출되니 원랑(原郞), 난랑(鸞郞) 같은 이들이 명승지를 두루 소요하며 노닐었고, 이를 따른 자들이 천만에 이르렀습니다.[26]

이를 보면, 전쟁 때의 영웅들인 화랑이 삼국이 통일되며 나라가 안정되면서 점차 그 세력이 약화되고, 어느새 신라 말년에는 가무 집단으로 변해 있음을 알 수 있다. 따라서 네 화랑과 관련된 고사를 중심으로 연희를 꾸미는 집단으로 바뀌었던 것이다. 팔관회 때 연행된 사선악부와 관련된 선랑이 등장함도 이와 관련이 있다.

이처럼 국선이 참가하는 팔관회였지만, 성종대(成宗代)에 이르러서는 팔관회 때 연행되는 잡희(雜戱)가 정당치 못하며 또 번잡스럽다고 해서 모두 다 그만두게 했고, 다만 법왕사(法王寺)에 가서 행향(行香)하고 돌아와서 구정(毬庭)에서 문무백관(文武百官)의 조하(朝賀)를 받을 뿐이었다.

팔관회 행사는 고려 수도인 개경의 경우 11월 15일 전후로 소회일(小會日), 대회일(大會日)로 나뉘어 이틀간에 걸쳐 설행되었다. 소회일 행사는 예조진작헌(藝祖進爵獻)과 좌전수하(座前受賀)를 중심으로 설행되었고, 대회일에는 대연회가 열렸는데 이때 외국인 조하도 이루어졌다. 건국한 해부터 설행된 팔관회는 정종대에 이르러 의례 절차의 틀이 잡힌다.

정종 즉위년(1034) 11월 경자일에 왕이 신봉루(神鳳樓)로 나아가 팔관회를 열고 백관(百官)들에게 주연(酒宴)을 베풀고 저녁에는 법왕사로 행차하였다. 이튿날 대회에서 다시 주연을 배설하고 음악을 감상하였으며 동서이경(東西二京), 동북양로(東北兩路) 병마사(兵馬使), 사도호(四都護), 팔목(八牧)에서는 각각 표문(表文)을 올려 축하하였다. 또한 송나라 상인들과 동서번(東西蕃)과 탐라국에서도 토산물을 바쳤는데, 그들에게 좌석을 배정하여 의례에 참가할 수 있도록 하였다. 이후부터 이것이 상례가 되었다.[27]

이 기록만을 볼 때 팔관회에서 강경의식이 어떻게 거행되었는지를 알 수가 없다. 첫날[小會] 낮에는 왕이 주연을 베풀고 저녁에 법왕사(法王寺)로 행차를 했는데, 이것은 매번 다름이 없었다. 법왕사의 '법왕'은 문자 그대로 석가를 뜻하는 것으로, 왕이 아니면 마음대로 드나들 수 없는 엄한 사원이라 할 수 있다. 따라서 이곳에서 열리는 법회에는 고승들이 많이 참가해 설법을 했을 것이다. 참고로 빈번하게 드나들었던 왕의 법왕사 행차 기록을 보자.

"靖宗 卽位年十二月更子 設八關會御神鳳樓 賜百官輔 夕行法王寺 翌日
大會 又賜輔觀樂."(『高麗史』卷6, 1章)
"文宗 十三年十一月 設八關會 幸法王寺."(『高麗史』卷8, 14章)
"肅宗二年十一月設八關會 幸法王寺."(『高麗史』卷11, 12章)
"睿宗元年十一月 設八關會 幸法王寺神衆院 還排百神于闕庭."(『高麗史』
卷12, 26章)
"毅宗元年十一月 設八關會 御幕次 受賀 命去殿上女樂 遂行法王寺."(『高
麗史』卷17, 20章)
"神宗卽位年 十一月 設八關會 幸法王寺."(『高麗史』卷21, 4章)

보다시피 팔관회가 열리는 날이 되면, 언제나 왕은 법왕사를 방문했다.
그러나 이 법왕사에서 의식을 구체적으로 어떻게 진행했는지는 확실치가
않다. 중국의 경우,『고승전(高僧傳)』권13 '석지종(釋旨宗)' 조의 팔관재
가 거행되는 날 풍경에 창도사의 구연 모습이 구체적으로 드러나 있다.

팔관재를 지내는 긴 밤 같은 경우 자정이 지나 대중들이 졸음에 겨워 하
면 지종(至宗)이 법좌에 올라가 한바탕 하늘 끝까지 울리는 범패를 부른
다. 그렇게 하면 정신과 육체가 탁 트여 갑자기 깨어나지 않는 사람이 없
었다. 그런가 하면 팔관회를 지내는 초저녁 같은 때는 사람들이 줄지어
서 둥글게 탑돌이를 하고, 향연기(香煙氣) 자욱하여 고요한데, 등불만이
고요히 비치는 곳에서 사부 대중은 마음을 오롯이 하고 손을 잡고 침묵

을 지키고 있다. 이때 창도사는 향로를 높이 받들고서 강개(慷慨)에 차 있는 듯하다가 목소리를 자유자재로 올렸다 내렸다 하면서 끊임없이 토해내었다. 무상의 도리를 얘기할 적엔 두려움이 눈물이 나게 하며, 옛날 인연을 밝혀낼 때는 마치 옛날 일을 직접 보듯이 만들고 (…)28

특히 팔관회 날 초저녁에 탑돌이하는 장면이 흥미를 끈다. 이로 볼 때 우리의 경우도 일반 절에서 이러한 탑돌이가 행해지지 않았을까 유추해 본다. 어쨌든 이러한 분위기의 표현은 우리 팔관회에 관한 자료에서는 잘 보이지 않는다.

다만 고려시대 문인인 이규보(李奎報)의 「법왕사 팔관설경문(八關說經文)」에서 그 정경을 일부나마 확인할 수 있다.

삼주일월(三舟一月)이란 모든 법이 하나로 돌아가는 것을 비유한 것이지만, 오수천병(五水千瓶)을 쓰는 것은 팔관의 청정한 계율이므로, 선조로부터 깊이 믿어서 갑령(甲令)으로 끊이지 말 것을 밝혀 놓았나이다. 중동(仲冬)의 좋은 달에 절[香城]에 나가서 성대한 불사를 행하여, 영취산의 고승들을 청하고, 용주(龍柱)의 영문(靈文)을 베풉니다. 그리하여 부처님 신력의 가지함을 입어 온 백성들의 마음이 편안하게 하소서.29

위 내용을 살펴면, 중동의 좋은 날에 절에 가서 고승을 초청하여 용주의 영문을 베푼다고만 되어 있지, 실제로 설경과 관련된 구체적인 창도의 모습은 보이지 않는다. 이로 볼 때, 이날 법왕사에서는 반드시 훌륭한 스님들을 초청하여 강경을 베풀었음을 다시 한번 확인할 수 있다. 어쨌든 신라를 이은 고려이기에, 법왕사에서 개최한 강경도 전언한 바 신라시대의 설경의 모습과 크게 다르지 않을 것이다. 그러나 첫날 신사의 관관회 법식과는 달리, 그 이튿날의 행사는 팔관회의 흥취를 위해 악과 잡희를 벌였다.

이날 행사는 주연과 음악 감상을 비롯하여 각 지역에서 표문(表文)을 올려 축하하고, 송나라 상인들과 여러 나라에서 토산물을 바치는 행사를 했는데, 오늘날 외국 사절들이 참석하는 경축 행사와 다름이 없다. 팔관회를 맞이해 대궐 뜰에서 공인(工人)들이 벌이는 백희는 의식적 색채를 띤다. 임금과 신하가 대궐 뜰에서 술과 음식을 받기에 앞서 따로 관람하고, 여악(女樂)의 교방 무대는 전상(殿上)에서 삼미삼잔(三昧三盞)에 따라 정재를 올린다.

중동의 가절(佳節)을 만나 크게 성전(盛典)을 거행하니, 아름다운 상서가 답지하여 큰 거북이 산을 이고 그림을 지고 나오며 온갖 음악을 다 벌이니, 용이 피리를 불고 범이 비파를 타나이다.[30]

이로 볼 때 팔관회는 신성한 불교적 의식이라기보다는, 명목은 국가 축제라고 하면서 왕을 중심으로 왕가의 번영과 장수를 기원하며 신하들과 함께 먹고 즐기는 향연에 치우치고 있음을 감지하게 된다. 그 모습의 일부를 보면 다음과 같다.

좌우집예관(左右集禮官)이 왕의 명령을 받아 양부악관(兩部樂官)과 근위장(近衛仗) 십 인에게 층계 위로 올라와도 된다는 분부를 전하면 양부악관들과 위장, 장사(壯士)들이 다 같이 만세를 부르고 재배(再拜)한 후 차례로 층계를 올라 좌우로 나뉘어 모두 북쪽을 위호(衛護)하면서 두 줄로 선다. 이때 협률랑(協律郎)이 휘(麾)를 들면, 태악령(太樂令)이 백희가 등장할 것을 아뢰고 이어서 백희가 공연한다. 협률랑이 휘를 눕히면 모두 물러간다.[31]

그 진행이 이렇듯 엄격할 수가 없다. 이 장면만을 볼 때 팔관회가 결코 백성들과 더불어 하는 행사라는 것을 감지할 수 없다. 따라서 고려 팔관회는 불교를 빙자한 의례이면서, 실제로 행하는 것은 금지 사항인 팔계(八戒)와 거리가 멀다. 오죽하면 종묘(宗廟)를 세우고 사직(社稷)을 정한 성종이 불합리하고 시끄럽다며 팔관회에서 잡기(雜技)를 폐하고 행향(行香)과 수하(受賀)만 남겼을까.[32]

이렇듯 번잡한 잡희가 난무하는 팔관회가 왜 부활했을까. 그것은 신라를 이은 태조 왕건이 유사(有司)에 전 주인인 신라왕이 매년 중동에 크게 팔관회를 베풀어 복을 빌었음을 상기시키고 이를 고려에서도 잇도록 하라는 간곡한 영을 내렸기 때문이다.[33]

그리고 이 의식에 있어 빠질 수 없는 것이 임금에게 올리는 치어(致語)이다. 치어는 변려체(騈儷體)로 된 시로서, 경사가 있을 때나 신하가 출퇴장할 때 임금에게 올리던 송덕의 글이다.

한번은 김부일(金富佾)이 팔관회 행사에서 쓰는 치어 구호를 지었는데, 예종이 그것을 대단히 기뻐하면서 앞으로 이 글을 언제나 사용하고 바꾸지 말라는 명령까지 하달했다. 그리고 송나라의 음률가(音律家) 기중립(夔中立)이 고려로 와서 악관으로 복무하였다가, 본국으로 돌아가서 송나라 황제 앞에서 팔관회 때 들은 가사를 낭송한 일이 있었다. 후일에 이자량(李

資諒)이 중국에 사신으로 갔을 때 황제가 말하기를 "팔관의 치어 구호는 누구의 창작인가? 그 내용이 잠월(僭越)한 어구가 있기는 하나 잡으로 실된 글이다"라고 했다.[34]

이렇듯 성대한 의식이었지만, 강경의식에 대한 구체적인 기록은 보이지 않는다. 따라서 여기에 따른 도창의 모습도 확인할 수가 없다.

5. 영산재와 수륙재

지금도 불교의례는 문자를 잘 모르고 난해한 법문을 이해할 수 없는 이들을 위한 일종의 방편적 수행으로 이어져 오고 있다. 종교적 위의(威儀)가 강한 종교 단체 내지 수행 전통에서는 의례 법식이 지금까지도 매우 엄격하고도 경건하게 치러지고 있다. 이 글을 마무리하며 현재 시행되고 있는 조선 초기의 수륙재를 소개한다. 현재 우리나라에 현존하는 재의식 가운데 대표적인 것은 영산재, 수륙재, 생전예수재를 들 수 있다. 이 중에서 영산재의 유래에 대해서는 조선 세종 때 이전의 의식집이 발견되지 않아, 문헌학적인 면에서 명확히 알 수가 없다. 앞에서 살핀 적산원의 강경의식에서도 보았듯이, 이때 행한 의식이 강경에 즈음한 예참(禮懺)이었음과 의식 가운데 신라풍과 당풍이 있었고, 또한 범음과 범패의 내용이 단편적이지만 게송이었음을 알 수 있다. 그러나 이것이 오늘날 거행되고 있는 영산재의 원형이라 할 만한 근거는 못 된다.[35] 이에 비해 수륙재에 대한 기록은 고려조에 꽤 보인다.

『고려사』 충목왕 4년(1348) 11월조에 보면, 초하루에 공주가 왕의 병 치료를 위해 이군해(李君侅)를 천마산(天馬山)에 보내 수륙회를 베풀고 기도하도록 했다. 이러한 수륙재는 유교 국가인 조선조로 바뀌어서도 계속되었는데, 지금까지 이어져 오고 있는 진관사(津寬寺), 삼화사(三和寺)의 수륙재도 그 중의 하나이다.

이 중 서울에 있는 진관사와 삼척에 있는 삼화사는, 왕건이 후삼국을 통일하고 화합을 도모한다는 의미로 수륙회를 설행하던 사원이다. 통일 전쟁으로 인해 가족과 재산을 잃은 후삼국 유민들의 슬픔과 불만을 달래기 위해 왕건은 전국에 인연있는 사찰에 천도재를 베풀어 민심 수습에 총력을 기울였다. 진관사와 삼화사도 민심을 위무하기 위한 중심 사찰의 역할을 맡았다. 이 두 곳에서는 현재 매년 11월 22일부터 24일까지 사흘에 걸쳐 의식을 거행한다. 이 중 삼화사에서 거행되는 의식 절차를 묶어 정리하면 다음과 같다.

첫째날(준비의식): 시련(侍輦), 대령(對靈), 괘불이운(掛佛移運) 의식.
둘째날(본의식): 쇄수결계(灑水結界), 설법(說法), 사자단(使者壇), 오로단(五路壇), 상단(上壇) 의식.
셋째날(본의식과 회향의식): 중단(中壇), 방생(放生), 하단(下壇), 봉송회향(奉送回向) 의식.

이 중에서 주목의 대상은 역시 강경과 연계된 설법의식이다. 이 의식은 수륙도장에 참석한 대중을 위하여 법사가 부처님의 말씀을 설하는 의식이다. 오늘날 설법은 대중이 가장 많이 운집하는 시간으로 정하며, 의식의 순서에 신축성을 보인다. 그 순서를 보면, 먼저 향을 살라 설법 도장을 결계

(結界)하고, 삼보(三寶)님께 지극한 마음으로 정례(頂禮)를 올리며 시작한
다. 그리고 분보살님을 찬탄하는 의식이 이어진다. 이니안 실사는 일반적
인 의례에서도 공통적으로 행한다. 설법 전에 먼저 청법재자(請法齋者)를
청정하게 하는 의식이 선행된다. 이것이 참회의식이다.

참회의식은 「신묘장구대다라니(神妙章句大陀羅尼)」로 시작하여 「사참
게(事懺偈)」「참제업장십이존불(懺除業障十二尊佛)」「십악참회(十惡懺
悔)」「멸죄게(滅罪偈)」「이참게(理懺偈)」「참회진언(懺悔眞言)」 순으로 진
행된다. 설법을 듣기에 앞서 여래의 진실한 뜻을 받아 지닐 수 있게 해 달
라고 발원한다. 그리고 「개경게(開經偈)」와 「개법장진언(開法藏眞言)」을
한다. 「개경게(開經偈)」에서 대중을 대표하여 스님 둘이 법사 앞으로 나가
법을 청하는 삼배(三拜)의 예를 올린다. 이때 참석한 대중들이 일어나 합
장하여 예를 갖춘다. 법사가 등단하여 좌정하면 청법게(請法偈)로 법을 청
한다. 인도승(引導僧)의 목탁에 맞추어 대중들이 삼배를 한다. 참석 대중
이 좌정하면 인도승이 죽비삼성(竹篦三聲)을 신호로 입정(入定)에 든다.
입정의식은 마음을 한 곳에 정해 신(身), 구(口), 의(意) 삼업(三業)의 작용
을 그치게 하는 것이다.[36]

그런데 내가 이 의식을 볼 때마다 아쉬운 것은 법문 시작을 바로 설법으
로 들어가는 경우가 대부분이어서, 듣는 사람들이 자칫 지루하게 느껴지
는 분위기라는 것이다. 물론 이 의식을 주도하는 법사에 따라 분위기가 다
르긴 하겠지만, 법문 시작 전에 게송을 읊되 가락을 넣어 주의를 환기시키
고, 법문을 이어가다가 다시 게송을 창하는 식으로 진행한다면 훨씬 부드
럽고, 집중이 되는 분위기가 될 수 있을 것 같다. 의식 자체가 엄숙하기 이
를 데가 없는데, 설법마저 엄숙하게 진행되다 보니 분위기가 더욱 굳어지

는 양상을 보인다.

6. 맺는 말

이상 앞에서 적산원의 강경의식을 보았듯이 강경의 기본 형식은 강사(講師)와 도강(都講) 두 사람이 고좌(高座)에 올라가 서로 마주 보고 앉은 다음, 도강이 먼저 경전의 문구를 창하고 나면 그 부분을 강사가 강설하고, 다시 다음 부분을 도강이 창한 다음 강사가 이에 대해 해설하기를 반복하는 형식이다.

강경의 도창은 한국 전통연희로 말하자면 창극의 도창과 대비된다. 도창은 단순히 설명하는 역(役)에 그치는 것이 아니라 극 전체를 이끌어 가는, 이를테면 극중 연출가이다. 이러한 의미에서 최근에 많은 사람들에게 감흥을 일으킨 송담(松潭) 노스님의 법어는 바로 이 도창을 연상케 해 주목할 만하다. 선(禪)으로 단련된 청아한 목소리로 한시를 창한 뒤 해설을 덧붙이고, 다음을 이어가는 그 모습이 도창과 비슷한 데가 있어서이다. 아침 여섯시면 송담 스님의 법어를 듣는 것이 익숙해서일까. 도창이란 말에 익숙해 있는 사람으로서 스님의 말씀이 늘 가슴에 와 닿는다. 이를테면 참선이란 제목으로 설하면서 먼저 다음과 같은 칠언절구의 한시를 창으로 이끈다.

파수오경간월출(芭岫午更看月出)허고
두견성리목장려(杜鵑聲裡牧將驢)로구나

오오오오 아미타불

원앙수출종교간(鴛鴦繡出從敎看)허되
불파금침도여인(不把金針渡與人)이니라
오오오오 아미타불[37]

　기구, 승구를 창으로 끝내고, 이어 긴 염불가락과 함께 '오오오오 아미타불'의 창으로 끝내면, 객석의 신도들이 함께 합창을 한다. 다시 나머지 전, 결구를 스님이 같은 형식으로 끝내면서 '오오오오 아미타불'로 다시 분위기를 쇄신하며 끝낸다. 이러한 분위기에서 중국의 설자(楔子)와 우리 창극의 도창을 연상하게 된다. 설자와 도창은 장면과 장면 사이에 소리와 아니리를 섞어 극 전체를 이끌어 가는 주역이다. 이러한 의미에서 중국의 희극이나 우리 창극 형식이 은연중 그 형식을 불교에서 이끌어 왔음을 감지하게 된다. 스님은 시창을 끝내면 위 시를 풀어 분위기를 바꾼다. 판소리로 말하자면 아니리이고, 창극으로 말하자면 도창이다.

　"뾰족한 산봉우리에 달 뜨는 것을 보고, 두견새 소리 속에 나귀를 먹인다." '파수오경'의 오경은 '낮 오(午)' 자 오경입니다. 달은 밤에 뜨는 것인데 어떻게 해서 낮 오경에 달 뜨는 것을 보느냐? 이 '파수오경간월출'은 보려야 볼 수 없고, 들으려야 들을 수 없고, 만져 보려야 만져 볼 수도 없는 한 생각을 깨닫는 도리를 표현한 것이고, "두견새 소리 속에 나귀를 먹인다" 하는 것은 내가 나를 깨닫는 그 도리에 입각해서, 깨달은 뒤에 수행해 나가는 것을 표현한 것입니다.

"원앙새 수놓은 것은 보여 주거니와 수놓는 금침은 사람에게 건네줄 수가 없느니라." 참선은 바로 내가 나를 깨닫는 길이며, 그 길을 통해서 목적지에 도달할 수가 있는 것입니다. 아무리 내가 가고자 하는 목적지가 있다 하더라도, 그 목적지에 도달하는 바른 길을 알고 열심히 수행해야 그 목적지에 도달할 수 있는 것입니다.[38]

이렇듯 알기 쉽게 설명하니 청중들은 시루한 줄을 모르며, 다음 말씀에 귀를 기울인다. 그러면 스님은 덧붙여 해설한다.

내가 나를 깨달아서 생사해탈(生死解脫)을 하고 불조(佛祖)의 혜명(慧命)을 이어받음으로써 나도 영원히 행복하고 모든 중생도 영원히 행복하게 할 수 있는 그런 소원이 있다 하더라도, 바른 수행 방법을 알지 못하면 그 소원을 이룰 수가 없을 것입니다. 또 바른 길을 알았다 하더라도, 쉬지 아니하고 중단하지 아니하고 열심히 가지 아니한다면 도를 성취할 수가 없는 것입니다.[39]

삼천 년 전에 부처님이 출현하여 불교를 펴기 이전부터, 이 우주가 생겨나기 이전부터 '참나'는 있어 왔던 것이라고 설법한다. 앞에서 인용했던 요합의 글을 다시 보자.

"불법의 위없는 깊은 뜻은 참으로 알아듣기 어려운데, 오직 이 스님의 말씀만이 바르고 참되다 하겠네. 멀거나 가깝거나 모두들 재물 들고 와 열심히 들으니, 술집이나 어시장에는 사람이라곤 아무도 없겠구려."[40]

이 글에 등장하는 스님의 분위기를 송담 스님에게서 느낀다면 지나친 비약일까. 이것은 결코 비속화하는 것이 아니라, 총명과 지혜가 남보다 뛰어나고 경률론에 통달하고 덕행이 뛰어난 분이 창하고 읊는 소리이기에 청중들을 매료시키는 것이 아닐까 해서이다.

이것은 경론에 가탁해 담설하는 말이 음란하고 비속한 말들뿐이라는 지적과 교방에서조차 성조(聲調)를 본떠 가곡을 만들었다는 당나라 때의 분위기와는 또 다른 우리만의 것이기 때문이다. 도창에는 이렇듯 청중을 감화시키는 신비함이 깃들어 있다.

영산재(靈山齋)와 범패(梵唄)[1]

채혜련(蔡蕙璉)

1. 연구의 목적

범패(梵唄)는 불교음악의 대명사이다. 그것은 영산재 등의 불교의식이 진행될 때 불리는 의식음악, 종교음악으로 부처의 명호나 공덕을 찬탄하는 게송을 가사조로 부르는 노래이다. 일명 범성(梵聲), 어산(魚山)이라 한다. 전례로 체계화된 의례가 불교의 의궤(儀軌)에 해당하는데, 영산재는 불교 의례 중 한국의 불교문화예술을 종합예술로 표현하면서 철학적 사상적으로 표상되어 있고, 음악학적 국문학적 무용학적으로 불교의 심오하고 장엄한 사상적 이상을 내포하고 있다.

불교는 석존의 정각을 통해 체현된 구세제인(救世濟人)의 가르침을 전개하는 과정에서 각종 의식이 구체화되었다. 그 가운데 영산재는 석존이 영취산에서 『법화경(法華經)』을 설하는 법회 정경을 형상화한 의식이다. 나아가 영산재는 죽은 이의 명복을 빌기 위해 불보살에게 재를 올려 그 넋이 정토세계에 닿고 나아가 불타를 이룰 수 있도록 발원하는 천도재의 일종으로 인식되고 있다. 따라서 한국 불교의례에서 주류를 점해 왔고, 오늘날 중요무형문화재 제50호의 2009년 유네스코 세계무형문화유산으로 등재되기도 했다.[2]

영산재는 범패, 연극, 무용, 미술, 음악, 무대까지 서양의 오페라보다 훨씬 장엄하고 웅대한 종합예술이라 할 수 있다.[3] 의식이 진행되는 동안 일체의 진행을 이끌어 가고 있는 범패는 재(齋)의 꽃으로 독보적인 위치에 있음을 주목해야 한다.

이러한 범패는 우리나라 삼대 성악곡에 속하면서도 일반인들에게는 잘 알려지지 않은 낯선 음악이다. 범패는 불교가 전해지면서 현재까지 어장(魚丈) 스님들의 구음으로만 전통의 맥으로 이어져 왔다. 범패 선율은 화음이 없는 하나의 가락만으로 부르는데 이를 '단성 선율'이라 부른다. 또한 범패는 영산재, 상주권공재, 각배재, 생전예수재, 수륙재 등 각종 불교의식에서 장엄하고 경건하게 불리는데, 인간의 마음과 몸을 우주의 생명력으로 느끼게 하는 깨달음의 가락이기도 하다.

본 연구의 목적은 첫째, 연극, 무용, 미술, 음악, 무대 등 종합예술을 이끌어 가는 선두적인 역할을 담당하는 범패의 종류와 영산재가 진행되면서 부르는 범패 구성을 살펴보면서 영산재 속 범패가 가지고 있는 중요한 위치를 파악하고 나아가 심오하고 장엄한 의미가 무엇인지를 파악해 보는 데 있다. 둘째, 범패는 음악적, 불교의례적, 전통음악적, 선율적, 무용학적, 작법적으로 꾸준히 연구한 성과물을 바탕으로 구전으로만 전해져 특정한 장소에서 특정한 사람만이 배우는 음악이 되어 왔는데, 이를 대중들이 쉽게 접할 수 있으면서 보편화되고 범패의 가치가 한층 고조될 수 있는 기반을 마련하고자 하는 것이다.

2. 선행 연구의 검토

현재까지 한국 범패에 관한 연구의 흐름을 찾아보면 범패에 대한 연구의 선구자는 국학자였던 안확(安廓, 1886-1946)이다. 그러나 1918년 이능화 (李能和)의 『조선불교통사(朝鮮佛敎通史)』에서 승무는 불교의 법고춤에서 유래한 것이라고 밝힘으로써 범패의 흐름을 살펴볼 수 있는 자료를 제공하고 있다. 연구의 흐름을 파악하기 위해 영산재와 범패에 관한 업적을 살펴보면 다음과 같다.

한국 범패에 관한 연구 중 최초의 글은 앞서 말했듯이 안확이 1929년부터 이 년에 걸쳐 쓴 『조선악(朝鮮樂)과 구자국악(龜玆國樂)』[4]이다. 이 자료는 삼국시대부터 고려, 조선시대까지 불교음악의 역사적인 측면과 더불어, 불교와 함께 들어온 음악과 악기들에 대해서 여러 사료들을 통해 고증하고 있다.[5]

다음으로 불교의식에 있어서 안진호(安震湖)의 『석문의범(釋門儀範)』은 제반 의식집을 모은 통일 의례집인데 종래의 불교의식에 관련된 자료와 작법체계를 종합 정리했다. 따라서 한국 불교 각 종파에서 행하는 의식의 기본은 이를 준거로 하고 있다. 그럼에도 불구하고 불교의 교리사상에 비하면 이 방면의 연구는 그다지 활발하지 못하다. 이는 의식이 갖는 기록의 한계, 음악과 무용 등의 전문적 식견의 제약에 의한 것이다.

1960년대 들어 범패에 관한 연구가 집중되는 현상을 보이고 있는데, 홍윤식(洪潤植)은 1965년에 발표한 「범패의 문화적 가치」를 통해 범패의 포괄적인 내용을 정리하며 불모지에 있는 범패를 이끌어냈다. 이 글에서는 범패의 생성, 유래, 내용, 문화적 위치, 의식과의 연관성, 불교음악과 민속음악, 일본에 전한 범패악보 등을 논하고 있다. 더불어 1966년에 쓴 「범패자료조사기」는 사라져 가는 문화계 자료를 찾기 위해 전국을 돌아다니며 정리한 기록이다. 범패에 대한 열정으로 하동 쌍계사(雙磎寺)를 시작으로 경상도, 제주도까지 당대의 어장(魚丈)들을 찾아 특별한 창법 등을 낱낱이 조사한 귀중한 자료를 발표했다. 이는 경상조와 영남조의 구분, 범패의 분포, 어장들의 계보를 살펴볼 수 있는 발판을 제공한, 소중한 자료라 할 수 있다.

이혜구(李惠求)와 성경린(成慶麟)은 「무형문화재조사보고서」(1965)를 통해 범패를 중요무형문화재로 지정할 것과 보유자로 다섯 명을 추천할 것을 주문했다. 이 보고서에는 보유자 지정에 관한 의견서 및 한국 범패의 연혁 그리고 가사 등 여러 내용이 수록되었다. 성경린은 『한국음악논고』(1976)[6]를 통해 범패의 의의, 유래, 종류, 겉채비, 안채비 등을 설명하여 후학들에게 중요한 자료를 제공했다.

이혜구(李惠求)는 「한국 범패의 연혁」(1965)을 발표했는데, 이 논문에는 범패에 대한 역사적 개관을 비롯하여 통일신라시대의 범패, 조선시대 및 구한말과 일제강점기의 범패 계보, 일본인 엔닌(圓仁)의 『입당구법순례행기(入唐求法巡禮行記)』에 전하는 중국 적산원(赤山院)의 강경의식, 『작법귀감(作法龜鑑)』 『범음집산보서(梵音集珊補序)』의 원문, 그 외 『동음집(同音集)』 원문 등이 수록되어 있다. 또한 『한국음악서설』(1972)을 통해 앞의 내용을 재차 확인할 수 있는 문헌 자료를 남겼다.

한만영(韓萬榮)은 「범패 짓소리와 홑소리의 비교 연구: 특사가지(特賜加持)에 대하여」(1969)에서 범패의 짓소리와 홑소리를 비교 분석한 내용을 발표했다. 1968년에 녹음된 김운파(金雲坡), 조덕산(曺德山), 박송암(朴松巖)의 말을 통하여 성, 지속, 규모, 음역, 합창, 창법 등을 비교 분석한 것이다. 이 논문은 범패의 음악적 율(律)을 채보하여 비교 연구했다는 측면에서 좋은 선행 자료라 할 수 있겠으나, 범패 율을 정확하게 채보했다고 하기는 어렵다. 또한『한국 불교음악연구』(1980)는 초판『한국음악연구』를 고친 것으로「짓소리조사기」와 사 종(種)의『동음집』을 원본대로 영인하여 첨가했고, 범패를 배운 뒤 정리하여 채보한 곡을 실었다. 범패의 현장 조사를 통한 선율 그 자체에 대한 연구 발표였기에 생생한 현장감을 느낄 수 있고, 범패의 율에 관한 내용을 담고 있어 비교적 원형에 가까운 범패 가락(melodic pattern)을 살펴볼 수 있다.

김응기(金應起, 法顯)는 1994년의 영산재 의식 구성에 관한 연구에서 작법과 범패에 관한 논문을 시작으로[7] 영산재와 범패에 관한 많은 논문[8]을 발표하여 범패, 작법무, 영산재, 불교의식 전반에 이론적 체계의 기초를 세웠다.『영산재 연구』(1997)에서는 영산재 진행 과정과 그 과정에서 불리는 홑소리, 짓소리 등을 소개하여 범패 전수를 위한 밑거름을 제공했고, 불교의식 무용의 일부분을 다룬『불교무용』(2002), 무용 반주곡 및 불교무용 구성을 다룬『불교음악감상』(2005), 영산재 작법무 범패에 대한 연구서『한국의 불교음악』(2012)을 통해 범패와 무용악곡의 진행 구성과 의미를 밝혔다. 또한 관련 악보를 분석하고, 오선보로 악보화하여 범패를 어렵지 않게 살펴볼 수 있는 계기를 마련했다. 그 외 범패의 각필(角筆) 악보를 최초로 발견했고 범패의 가치와 미학적인 면까지 고찰하며 범패에 관한 다수의 논문을 발표해 후학들에게 모범이 되고 있다.

박범훈(朴範薰)은「불교음악의 전래와 한국적 전개에 관한 연구」(1999)[9]를 통해 불교음악의 변천 과정, 경전에 기록된 불교음악과 불교음악의 한국적 전개를『고승전(高僧傳)』을 중심으로 전개하며, 범패가 한국에 전래된 후 찬불가로 이어진다는 불교음악의 전개 과정을 연구했다.

심상현(沈祥鉉)은 『중요무형문화재 제50호 영산재』(2003)⁸를 통해 영산재의 기원과 의미를 비롯하여 실연되는 범패와 작법, 준비 과정 등 포괄적으로 영산재를 다루었고, 『불교의식각론』 I – IX (2001-2006)¹⁰에서는 각종 의식에 대해 고찰했다.

김영렬(金英烈)은 『영산재의 문화콘텐츠 만들기』(2009)¹²를 통해 영산재의 원형과 맥을 살리면서 21세기 글로벌 시대에 맞춰 문화콘텐츠화하는 방안을 궁구하며 영산재를 유네스코 세계문화유산으로 등재시키려는 열망을 보여 주었다.

3. 영산재의 유래와 의미

한국의 전통문화는 불교의 영향을 가장 많이 받았다. 이는 우리말에 수많은 불교 용어가 사용되고 있으면서도 모르고 쓸 정도이다. 우리 문화에 불교문화가 차지하는 위상은 건축이나 그림, 조각 및 음악의 분야에서 절대적이라 할 수 있다. 이 불교문화예술 중 대표라 말할 수 있는 것으로 영산재를 들 수 있다. 따라서 이를 위해 영산재의 유래와 의미에 대해 살펴보는 것이 선행되어야 할 것이다.

석존(釋尊)은 카필라성에서 태어나 부다가야에서 정각을 얻고 마갈타국(摩竭陀國) 수도인 왕사성(王舍城) 부근에 안착했다. 대승경전인 『법화경』에서 보면, 영취산에서 천이백오십 명의 제자들과 그 외 재가 신자, 신중 등 많은 대중들에게 법을 설한 것으로 나와 있다. 석존 당시 법회는 세계의 주도자이며 최고의 신으로 신앙되고 있었던 브라마가 석존의 의중을 헤아리며 설법을 간청했다는 것부터 시작되었다.

석존의 설교하는 모습에 온 세상은 깨우침을 받고 감동의 물결로 출렁였으며, 하늘에서는 수많은 만다라 꽃이 흩날렸고 묘음보살(妙音菩薩) 및 천동천녀(天童天女)가 내려왔으며, 꽃과 향으로 장식되었고, 성스러운 음악과 춤으로 수많은 대중들과 신들은 감동을 받았다. 이러한 장엄한 광경에 환희심을 느꼈던 그때의 설법 자리 즉, 석존이 왕사성 영취산에서 중생들에게 정법(正法)을 찬탄하고 공양하며 『법화경』을 설할 때의 광경을 '영산회상'이라 한다. 이 영산회상을 재현하는 것이 바로 영산재이다. 그러나 영산재에 대한 구체적인 전거를 명확히 밝히기는 어렵다. 단지 불교가 인도를 배경으로 생성되었기에 영산재도 역시 인도에서 발생되지 않았을까 추측하는 정도이다. 그리고 불교가 서역, 중국을 거쳐 우리나라로 전래되어 정착하는 과정에서 우리의 정서와 환경에 맞는 불교의식으로 자리 잡았을 것이다.[11]

또한 불교문화의 독특한 형태를 반영하여 새로운 세계를 예술적으로 표현했을 것이며, 장엄하고 경외스러움을 느낄 수 있었을 것이다. 평범한 일상생활 속에서 의식과 공연 문화를 접할 수 있었던 것은 바로 불교의식을 통하여 이루어질 수 있었던 것이다. 여기에서 불교의식이란 석존에게 예를 표시하는 것을 말한다. 불교를 통해 서민의 신앙생활과 일상생활이 활성화되었고, 생활의 안정과 발전을 가져오게 됐다. 또한 새로운 문화를 통해서 의식의 변화가 생기는 계기가 되었고, 일상생활의 변화가 서민들의 이념과 국가관의 변화를 초래하여 강한 결속력으로 불교가 정책적으로 받아들여졌으며, 정치, 문화, 예술에 많은 영향을 끼쳤다. 더불어 불교의례가 다양하고 화려하게 발전되면서 대중들은 소리로는 범패를, 동작으로는 작법으로 예를 갖추었다.

석존의 지혜와 덕에 대한 찬양과 중생들의 염원이 담겨 있는 일련의 불교무용은 몸동작으로 석존를 찬탄하고 석존의 가르침을 널리 펴서 중생구제를 염원하기 위한 것으로써 불법을 진행해 가는 승려들의 신체 율동 행위이다. 그리고 부처에게 예경(禮敬)하는 의식에서 스님들에 의해 불리는 범패는 소리를 길게 뽑으며 독경하거나 게송을 읊는 것, 곡조를 붙여 경문을 노래하는 것을 말한다.12 불교에서 행해지는 재의식(齋儀式)은 석존의 공덕을 찬미하고 석존의 가르침을 자신의 마음속에서 다시 한번 되새기며 부끄러움이 없는 마음 자세를 갖게 한다. 석존의 설법을 대중들에게 교화시키는 불교의식 속에서 범패와 작법은 재를 순조롭게 진행시키는 데 매우 중요한 역할을 담당하고 있다.

영산재는 법화신앙을 기본으로 한 불교천도의식으로 전개되었다. 이 의식은 살아 있는 후손들이 일정한 절차를 통해 공덕을 쌓고 회향(回向)함으로써 돌아가신 선조들이 극락왕생한다는 데 목적을 두고 있다. 모든 행사는 의식과 더불어 강경(講經)과 독송(讀誦)으로 이끌어 가며 왕실을 중심으로 실시되었지만 재를 설행할 때는 승려 중심으로 범패와 작법이 함께 행해지고 있다. 그러면서 차츰 일반 대중들에게도 확산되었다.13

영산재는 작법, 범패를 중심으로 오늘날 우리의 불교의식을 잘 보여 준다. 종교적인 불교의식이 예술적으로 표현되면서 대중과 함께 오늘날까지 전통의식으로 승화되었던 것이다. 또한 인도, 중국, 일본 등에서 확인할 수 없는 가장 한국적인 불교의식으로 자리매김했다.

『법화경(法華經)』의 원어는 범어 '삿다르마 푼다리카 수트라(Saddharma

pun-darīka sūtra)'로, 직역하면 '무엇보다도 바른 백련(白蓮)과 같은 가르침'이다. '흰 연꽃과 같은 정법(正法)'이라는 것이 경제(經題)의 의미로, 더러움에 물들지 않는 마음의 본성을 밝히는 것이 『법화경』의 목적이다.[14] 406년경 요진(姚秦)의 『구마라집(鳩摩羅什)』에서는 '정(正)'을 '묘(妙)'라고 해석하여 『묘법연화경(妙法蓮華經)』이라고 한역했다.

묘법에 교묘(巧妙), 승묘(勝妙), 미묘(微妙), 절묘(絶妙)라는 네 가지 뜻이 있듯, 이는 석존이 중생에게 수기(授記)하여 불위(佛爲)를 전승하게 하는 최상의 경이라 말할 수 있다. 삼승(三乘)에 집착하는 견해를 없애고, 진실한 모양을 볼 수 있으며, 슬기로움을 발휘할 수 있다는 것이다. 그리하여 오늘날까지 불교도의 정신생활 속에 끝없이 생동하며 살아 숨 쉬고 있는 경이 바로 『법화경』이다.

이렇듯 『법화경』 경전의 원형은 기원 전후 서북 인도에서 성립하여 중앙아시아를 거쳐 중국에 전해졌다. 오늘날까지의 연구 결과 중앙아시아에서 출토된 경전의 사본들에 의하면 그 지역의 경전 간행이 매우 성행하였음을 알 수 있고, 4세기 말에서 5세기 중엽에 걸쳐 인도의 불적을 순례한 법현(法顯)에 의하면 중앙아시아 지역에서 불교가 융성했던 사실을 알 수 있다.

4. 영산재 의식 절차의 구성

영산재 진행은 육번 스님을 중심으로 전체 대중이 설행에 참여한다. '육번(六番)'이란 상번(上番), 중번(中番), 말번(末番), 단(壇), 시식(施食), 회주(會主)로 재를 거행할 때 부여된 중요한 직책을 말하며, 직책을 맡은 스님

을 '번주(番主)'라 한다. 상번은 할향을 담당하며, 중번은 노래의 장단을
지휘하고 깃소리의 총책임자이다. 말번은 흔히 '바라지'라 하나, 내·배주의
보조 역할을 담당한다. 단은 각 단의 유치를 담당하고, 시식은 시식을 책임
지는 법주(法主), 회주는 재를 올릴 때 법문을 중심으로 절차 등 모든 것을
책임지고 지휘하는 번주를 말한다.

우리의 음악은 원시신앙에서부터 제천의식이나 기도의식에서 행해진
인간사의 찬탄과 기원을 표현할 경우, 종교와 불가분의 관계로 악가무(樂
歌舞)가 결들어졌다고 볼 수 있다. 불교의식과 백고좌(百高座)가 설행되면
서 범패가 있었음을 확인할 수 있는『삼국사기(三國史記)』를 중심으로, 일
본에서 발견된 한국의 범패 각필 악보『판비양론(判比量論)』, 화엄경 의식
과정에서 범패승의 의식을 서술한『신라화엄경사경조성기(新羅華嚴經寫
經造成記)』, 신라 불교의식의 절차가 수록된 것으로 범패의 곡목과 가사를
자세하게 살펴볼 수 있는 엔닌의『입당구법순례행기(入唐求法巡禮行記)』
에서는 신라 승려들이 행하던 범패에 관한 자세한 부분들이 밝혀져 있다.

고려시대와 더불어 수륙재를 자주 거행한 조선시대에는 범패가 널리 사
용되었다. 이로써 불교신앙을 중심으로 민간인들에게 교화된 범패가 오늘
날까지 꾸준히 문헌적 자료로 간행되고 보존되면서 발전되었다는 것은 그
만큼 유행해 왔다는 것을 의미한다.

영산재는 영혼천도를 위한 의식으로 사십구재의 발전된 형태이다. 영산
재는 삼 일에 걸쳐 낮과 밤에 거행된 '일일권공(一日勸供) 삼일영산(三日
靈山)'이었는데 오늘날 삼 일간 설행되는 영산재는 찾아볼 수 없다. 시간
과 재정의 문제가 있고 삼 일 동안 영산을 인도할 어장들이 몇 되지 않기
때문이다.

이제 오늘날 범패를 대표할 수 있는 봉원사(奉元寺)의 삼일권공(三日勸供) 영산재의 의식과 절차를 살펴보자. 첫째 날에는 시련, 대령, 관욕 후 저녁에 다음날 아침 예불을 미리 봉행한다. 둘째 날에는 조전점안, 신중작법, 괘불이운 후 영산을 중간까지 한 다음 식당작법 후 다음날 아침 예불을 미리 봉행한다. 셋째 날에는 영산을 중간부터 시작한 다음 운수상단, 중단(소청중위), 신중퇴공, 관음시식·전시식, 소대봉송, 회향설법 순으로 진행한다.

진행 규모로 보면 영산재는 가장 큰 재로써 이십여 명의 어장과 기능보유자, 그 외 일반 대중스님으로 구성된다. 진행 순서는 시련(侍輦)－대령(對靈)－관욕(灌浴)－조전점안(造錢點眼)－신중작법(神衆作法)－괘불이운(掛佛移運)－상단권공(上壇勸供)－식당작법(食堂作法)－운수상단권공(雲水上壇勸供)－중단권공(中壇勸供)－신중퇴공(神中退供)－관음시식(觀音施食)·전시식(奠施食)－소대봉송(消臺奉送) 순이다. 그리하여 영산재가 설행되는 동안의 의식 절차와 범패에 대한 내용을 김응기의 『영산재연구』와 심상현의 『영산재』를 중심으로 살펴보면 다음과 같다.

(1) 시련(侍輦)

영산재 도량에 불보살, 옹호신중(擁護神衆), 영가(靈駕)를 봉청해 모시는 의식으로, 대중이 연(輦)을 들고 해탈문 밖의 시련터로 나아가 남무대성인로왕보살(南無大聖引路王菩薩)의 인도로 재 도량으로 모셔오는 의식이다. 즉, 재를 봉행하면서 영접하는 의미를 지니고 있다.

범패는 옹호게(擁護偈)－요잡바라－헌좌진언(獻座眞言)－다게(茶偈)－행보게(行步偈)－산화락(散花落)(세 번 부른다)－기경(起經)－영취게(靈

鷲偈)-보례삼보(普禮三寶) 순으로 불리며, 옹호게 후에는 요잡바라무, 다게 후에는 나비무, 요잡바라무가, 귀경 후에는 요잡바라무, 법고무가 진행된다.

(2) 대령(對靈)

영가(靈駕)에게 간단한 음식을 대접함을 말하며 시식이라고도 한다. 시식은 상단권공 전 시식과 권공 후 영가에게 베푸는 시식, 그리고 영반(靈飯)등 크게 셋으로 나눌 수 있다. 여기에서 진행되는 재대령(齋對靈) 의식은 상단권공 전 시식 절차로, 영가를 청해 모셔 와 상단권공에 들어가기 전 공양을 베푸는 의식이다.

범패는 거불(擧佛)-대령소(對靈疏)-지옥게(地獄偈)-착어(錯語)-진령게(振鈴偈)-보소청진언(普召請眞言)-고혼청(孤魂請)-향연청(香煙請)-가영(歌詠)-가지권반(加持勸飯) 순이며, 대령에는 작법무를 진행하지 않는다.

(3) 관욕(灌浴)

영가가 불단에 나아가기 앞서, 사바세계에서 지은 삼독(三毒)으로 더럽혀진 몸과 마음의 업을 부처의 감로법(甘露法)으로 깨끗이 닦아 드리는 의식이다.

범패는 인예향욕편(引詣香浴篇, 인예향욕-정로진언-입실게), 가지조욕편(加持操浴篇, 가지조욕-목욕진언-관욕게-작양지진언-수구진언-세수면진언), 가지화의편(加持化衣篇, 가지화의-화의재진언), 수의복식편(授衣服飾篇, 수의복식-수의진언-착의진언-정의진언), 출욕참

성편(出浴參聖篇, 출욕참성－지단진언－법신게－산화락－귀의인로－정중게－개문게), 가지예성편(加持禮聖篇, 가지예성－보례게－보례삼보진언－보례삼보), 가지향연편(加持饗宴篇, 가지향연－법성게－괘전게), 수위안좌편(受位安座篇, 수위안좌－안좌게－수위안좌진언－다게) 순이며, 관욕게(灌浴偈) 후에 관욕쇠바라무와 화의재진언(化衣財眞言) 후 바라무를 춘다.

(4) 조전점안(造錢點眼)

명부세계에서 사용되는 금은전을 점안하는 의식으로, 맨 먼저 금은전 등을 도량 한편에 마련하고 향탕수(香湯水)를 준비하여 점안하는 의식이다.

　범패는 전진언(錢眞言)－성전진언(成錢眞言)－쇄향수진언(灑香水眞言)－금은전진언(金銀錢眞言)－괘전진언(掛錢眞言)－헌전진언(獻錢眞言) 순이며, 조전점안(造錢點眼)은 금은전 이운(移運) 시 요잡바라무를 춘다.

(5) 신중작법(神衆作法)

불법을 옹호하는 신중을 청해 모시는 의식이다. 불법의 수호는 국태민안(國泰民安)으로 이어지므로 각종 의식을 진행할 때 빼놓지 않고 신중작법을 거행한다. 불법 듣기를 원하고 불보살을 옹호하는 신중을 봉청하는 절차로 일백사위(一百四位) 신중을 청하여 공양하고 신중으로 하여금 도량 수호는 물론 불보살을 옹호하여 재가 원만히 회향에 이르도록 발원한다.

　범패는 옹호게－요잡바라－거목(擧目)－가영(歌詠)－다게－탄백(嘆白) 순으로 부르며, 옹호게 후에 요잡바라무가, 탄백 후에 명바라무가 진행된다.

(6) 괘불이운(掛佛移運)

괘불에는 하단에 영혼을, 중단에 신중을 모시고 부처를 맞이하게 되는데, 괘불이운이란 상주권공재와 달리 야외에 특별히 단을 꾸며 법당 안에 모셔진 괘불을 밖의 괘불단으로 모시는 절차이다. 이는 영산재가 규모적으로 상당히 큰 행사임을 파악할 수 있는 부분이다.

범패는 옹호게-찬불게(讚佛偈)-출산게(出山偈)-염화게(拈花偈)-산화락(散花落)-거령산(擧靈山)-등상게(登上偈)-사무량게(四無量偈)-영산지심(靈山志心)-헌좌진언-다게-보공양진언(普供養眞言)-건회소(建會疏) 순으로 부르며, 옹호게 후에 요잡바라와 다게 후에 요잡바라무가, 나비무, 사방요신작법(四方搖身作法)을 한다.

(7) 상단권공(上壇勸供)

영산재의 가장 중추적인 부분으로, 핵심을 이루는 절차로 꾸며진다. 야외단에서 하단, 중단에 이어 상단 부처님을 맞이하여 권공을 하고 불법을 듣고 깨우침은 물론, 불보살의 가피력으로 고혼들은 극락왕생을, 살아있는 자는 깨침 등과 더불어 각기 서원을 발원한다. 상단권공은 바깥채비16 중심으로 진행된다.

범패는 명발(鳴鉢)-할향(喝香)-연향게(燃香偈)-할등(喝燈)-연등게(燃燈偈)-할화(喝花)-서찬게(舒讚偈)-불찬(佛讚)-대직찬(大直讚)-지심(志心)-삼귀두갑(三歸頭匣)-지심신례불타야양족존(志心信禮佛陀耶兩足尊)-삼귀의(三歸依)-중직찬(中直讚)-지심신례불타야양족존-보장취(寶藏聚)-소직찬(小直讚)-지심신례불타야양족존-오덕사(五德師)-개계소(開啓疏)-합장게(合掌偈)-고향게(告香偈)-영산개계(靈山

開啓)-관음찬(觀音讚)-관음청(觀音請)-향화청(香花請)·산화락(散花落)-가영(歌詠)-걸수게(乞水偈)-쇄수게(灑水偈)-복청게(伏請偈)-천수(千手)-사방찬(四方讚)-도량게(道場偈)-참회게성(懺悔偈聲)-대회소(大會疏)-육거불(六擧佛)-삼보소(三寶疏)-대청불(大請佛)-삼례청(三禮請)-사부청(四府請)-단청불(單請佛)-헌좌게(獻座偈)·헌좌진언(獻座眞言)-다게(茶偈)-일체공경(一切恭敬)-향화게(香花偈)-정대게(頂戴偈)-개경게(開經偈)-개법장진언(開法藏眞言)-십념청정법신(十念淸淨法身) 운운(云云)-거량(擧揚)·수위안좌진언(受位安坐眞言)-청법게(請法偈)-설법게(說法偈)-보궐진언(補闕眞言)-수경게(收經偈)-사무량게(四無量偈)-귀명게(歸命偈)-창혼(唱魂)-지심귀명례·구원겁중(久遠劫中)-욕건이(欲建而)·정법계진언(淨法界眞言)-향수나열(香水羅列)-사다라니(四陀羅尼)-운심게(運心偈)-상래가지(上來加持)-육법공양(六法供養)-배헌해탈향(拜獻解脫香)-배헌반약등(拜獻般若燈)-배헌만행화(拜獻萬行花)-배헌보제과(拜獻菩提果)-배헌감로다(拜獻甘露茶)-배헌선열미(拜獻禪悅味)-각집게(各執偈)-가지게(加持偈)-탄백(歎白)-회심곡(回心曲)-축원화청(祝願和淸) 순으로 부르며, 삼귀의 후에 사방요신(四方搖身)과 요잡바라무가, 산화락·향화청 후에 내림게바라무, 복청게 후에 천수바라무, 도량게(道場偈) 후에 사방요신나비무, 요잡바라 및 법고무가, 다게 후에 사방요신작법, 요잡바라 및 법고무, 향화게 후 사방요신작법, 요잡바라가, 개법장진언 후에 요잡바라, 귀명례 후에 요잡바라 및 사방요신작법이, 정법계진언 후에 요잡바라와 옴남작법이, 사다라니 후에 바라무가, 운심게 후에 요잡바라와 사방요신 작법이, 배헌선열미 후에 요잡바라와 사방요신 작법이 진행된다.

(8) 식당작법(食堂作法)

하단, 중단, 상단에 이어서 계에 동참한 대중은 물론 그 외 모든 중생에게
공양을 베푸는 절차로, 수행자는 과연 공양물을 받을 만한 몸인가 다시금
생각하고 지옥, 아귀, 축생에게도 불법과 공양을 베푼다.

범패는 운판삼하호(雲板三下乎)-당종십팔퇴(堂鐘十八槌)-목어당상
초삼통알(木魚堂象初三通謁)-목어당후오통알(木魚堂後五通謁)-오관
게(五觀偈)-하발금십오퇴(下鉢金十五槌)-대중기립(大衆起立)-정수
정건(淨水淨巾)-중수타주대중창(衆首打柱大衆唱)-약수상좌(若數上
座)-당좌창(堂佐唱)-중수대중창(衆首大衆唱)-대중창(大衆唱)-당좌
창(堂佐唱)-대중창십념(大衆唱十念)-당좌창-중수대중창(衆首大衆
唱)·불삼신진언(佛三身眞言)·법삼장진언(法三藏眞言)·승삼승진언(僧
三承眞言)·계장진언(戒藏眞言)·정결도진언(定決道眞言)·혜철수진언
(慧徹修眞言)-오관(五觀) 및 식령산(食靈山)-중수창(衆首唱)-정식게
(淨食偈)-삼시게(三匙偈)-타주상환(打柱相換)-당좌창-타주권반(打
柱勸飯)-당좌창-절수게(絶水偈)-반식이흘(飯食已訖)-당좌창-축원
문(祝願文)-왕생왕생(往生往生) 원왕생(願往生)-당좌창-축원문-금일
지성(今日至誠) 위천재자(爲薦齋者)-정찰정찰(淨刹淨刹) 생정찰(生淨
刹)-당좌창-금일지극(今日至極) 지정성(之精誠)-명장명장(命長命長)
수명장(壽命長)-금일공양재자(今日供養齋者)-사가부좌(捨跏趺坐)-
퇴좌출당(退座出堂) 당원중생(堂願衆生)-당좌창-영출삼계(永出三
界)-자귀의불(自歸依佛)-회향게(回向偈) 순으로 부르며, 오관게 후에
요잡바라, 법고무, 나비무가 이 회 이루어지며, 정수정건, 반야심경(般若
心經), 처무상도(處無上道), 삼덕육미(三德六味), 공백(恭白), 절수게(節水

偈), 계수게(稽首偈), 도축(禱祝), 귀의게(歸依偈), 영출삼계(永出三界) 등에서 타주무가 진행된다.

(9) 운수상단권공(雲水上壇勸供)

불보살을 청하여 공양, 발원하는 의식으로 운수상단, 소청상위 등 중단의식과 번갈아가며 상단의식이 진행되는데 총 오십일 단계 절차로 이루어진다. 명부시왕(冥府十王)에 대한 권공으로 소청상위는 불보살을 청하여 예를 갖추어 공양을 올리는 것이며, 소청중위는 명부시왕전에 공양 올리는 의식이다. 범패는 할향(喝香)—등게(燈偈)—정례(頂禮)—합장게(合掌偈)—고향게(告香偈)—원부개계(原夫開啓)—정토결계진언(淨土結界眞言)—쇄향수진언(灑香水眞言)—향수훈욕조제구(香水熏浴澡諸玖)—돌진언(乭眞言)—천수경(千手經)—복청게(伏請偈)—천수바라(千手哱囉)—사방찬(四方讚)—도량게(道場偈)—참회게(懺悔偈)·참회진언(懺悔眞言)—정대게(頂戴偈)—개경게(開經偈)—개법장진언(開法藏眞言)—십념청정법신(十念淸淨法身) 운운—거량(擧揚)—청법게(請法偈)—설법게(說法偈)—보궐진언(補闕眞言)—수경게(收經偈)—사무량게(四無量偈)—귀명게(歸命偈)—건단진언(建壇眞言)—거불(擧佛)—상단소(上壇疏)—진령게(振鈴偈)—보소청진언(普召請眞言)—유치(由致)—향화청(香花請)—가영(歌詠)—고아게(故我偈)—헌좌게(獻座偈)·헌좌진언(獻座眞言)—증명다게(茶偈)—근백(謹白)—보례삼보(普禮三寶)—재백(再白)—법성게(法性偈)—괘전게(掛錢偈)—다게(茶偈)—향수나열(香水羅列)—특사가지(特賜加持)—사다라니(四陀羅尼)—오공양(五供養)—가지게(加持偈)—보공양진언(普供養眞言)—보회향진언(普回向眞言)—축원화청(祝願和淸) 순으로 진행되며 정례작법(頂禮作法), 도량게작법, 삼남태작법, 옴남작법, 다게작법, 오공양작법(五供養作法) 등이 설행된다.

(10) 중단권공(中壇勸供)

불법과 도량의 옹호 및 당재의 원만 회향, 그리고 재자의 수행과 안녕을 기원하는 의식이다. 중단은 소청중위로 지장보살을 증명으로 각존자와 십대명왕 등 각 대왕과 각종 권속을 청해 권공하는 절차이다.

　범패는 거불(擧佛)－시왕소(十王疏)－진령게(振鈴偈)－보소청진언(普召請眞言)－유치－절이환희원중(切以歡喜園中) 운운－청사－무일심봉청(南無一心奉請) 염마라유명계(閻摩羅幽冥界) 운운－향화청(香花請)·가영(歌詠)·고아게(故我偈)－나무일심봉청인심과만(南無一心奉請因深果滿) 운운－향화청·가영·고아게－헌좌게(獻座偈)·헌좌진언(獻座眞言)－증명다게(證明茶偈)－청사[나무일심봉청생전병직(南無一心奉請生前秉直)] 운운－향화청·가영·고아게－청사[나무일심봉청유직비판(南無一心奉請有職批判)] 운운－향화청·가영·고아게－청사[나무일심봉청심상병감(南無一心奉請)심상병감] 운운－향화청·가영－청사[나무일심봉청심회대조(南無一心奉請心懷大造)] 운운－향화청·가영·고아게－[나무일심봉청인종원력(南無一心奉請因從願力)] 운운－산화락－모란찬(牧丹讚)－헌좌게－다게－중단개게(中壇開偈)－절이향등경경(切以香燈耿耿) 운운－사다라니－오공양·가지게－보공양진언－반야심경·화엄경약찬게(華嚴經畧纂偈)－보회향진언－탄백－지장축원화청(地藏祝願和淸) 순으로 진행되나 작법은 없다.

(11) 신중퇴공(神中退供)

중단권공의식으로 상단 불보살전의 공양물을 신중단에 퇴공하는 절차이다. 의식 구성은 총 열 단계 절차로 진행되며, 범패는 다게－거목－상래가지－보공양진언－보회향진언－원성취진언(願成就眞言)－보궐진언－정근(精勤)－탄백－축원으로 진행되고 모두 평염불로 불린다.

(12) 관음시식(觀音施食)·전시식(奠施食)

시식이란 베풀어 공양한다는 뜻으로 상단의 불보살과 중단의 신중들에게 권공을 마치고 하단인 영가단에 불법과 공양을 대접해 드리며 불법승 삼보에 귀의시키는 절차이다. 범패는 거불－축원－시일(是日)－금시사문대중등(今時沙門大衆等) 운운－신묘장구대다라니(神妙章久大陀羅尼) 운운－제불자이승삼보(諸佛者已承三寶) 운운－나무기교아난타존자(南無起敎阿難陀尊者)－제불자－이승삼보 운운－선밀가지신전(宣密加持身田) 운운－사다라니－칠여래(七如來)－신주가지(神呪加持) 정음식(淨飮食) 운운－제불자수법식이(諸佛者受法食已) 운운－아석소조죄악업(我昔所造罪惡業) 운운－참회진언－제불자참회죄업이(諸佛者懺悔罪業已) 운운－중생무변서원도(衆生無邊誓願度)－자성불도서원성(自性佛道誓願成)－발보리심진언(發報提心眞言)－제불자－발사홍서원이(發四弘誓願已) 운운－일체유위법(一切有爲法) 운운/반야심경 운운/원차가지식(願此加持食) 운운－장엄염불(莊嚴念佛) 순으로 부르나 작법은 없다.

(13) 소대봉송(消臺奉送)

금일 재를 위해 도량에 봉청한 모든 분들을 돌려보내 드리는 의식으로 영산재 전체 구성으로는 결말 부분에 해당하는 의식이다. 상단의 불보살, 중단의 신중, 하단의 고혼 순으로 봉송해 모신 후, 소대로 나아가 각종 경안사 영혼이 쓰던 옷가지 등을 모두 불에 소하여 다시금 공의 이치를 알리는 의식이다.

범패는 공성회향편(供聖回向篇)-보례삼보-경신봉송편(敬伸奉送篇)-법성게/축원(祝願)-보례삼보-행보게-산화락-인성(引聲)-나무대성인로왕보살마하살(南無大聖引露王菩薩摩訶薩)-하단전송(下壇錢送)-상품상생진언(上品上生眞言)-봉송진언-화재수용편(化財受用篇)-화재게(化財偈)-소전진언(燒錢眞言)-헌전진언(獻錢眞言)-봉송명부편(奉送冥府篇)-봉송진언(奉送眞言)-상단전송(上壇錢送)-봉송진언/시방제불찰(十方諸佛刹) 운운/보신회향편(普伸回向篇)(상래승회 운운)-보회향진언(普回向眞言)-나무환희장마니보적불(南無歡喜藏摩尼寶積佛) 운운-회향게(回向偈) 순으로 부르나 작법은 없다.

앞서 살펴본 바와 같이 영산재는 봉청의식, 권공의식, 회향의식 등 삼 일에 걸쳐 십삼단 의식으로 진행된다. 범패로 불리는 영산재 구성은 안채비와 바깥채비, 염불, 화청으로 진행되는 재의 진행 절차로써 경제 범패를 봉원사 영산재를 통해 찾아볼 수 있다.

5. 범패의 구성

범패의 종류에는 안채비, 바깥채비, 화청(和請)의 삼 종이 있다. 안채비에는 유치성(由致聲), 착어성(着語聲), 편게성(編偈聲), 게탁성(偈鐸聲), 소성(疏聲)이 있으며, 법당 안에서 학덕있는 스님들의 법력으로 심한 굴곡 없이 일정한 소리로 촘촘히 읽어 내려가는 형식이다. 바깥채비는 홑소리와 짓소리로 나뉘고, 짓소리는 홑소리와는 다르게 팔음(八音)을 벗어나는 넓은 음역으로 불리고 있다. 영산재의 가장 중요한 부분이 상단권공 범패인데, 상단권공은 홑소리와 짓소리로 진행되며 특히 홑소리가 대부분을 차지하고 있다. 화청은 전문 범패승이 아니어도 흥을 돋우면서 편안하게 부를 수 있는 가락과 가사를 구사한다.

범패는 범성의 5종인 음정도(音正道), 화아(和雅), 청철(淸徹), 심만(深滿), 주편원문(周偏遠聞)을 기본으로 하는 심오하며 불신력을 일으키는 불교음악이다. 불자들이 부르는 소리로, 가창의 형태에 따라 범패와 평염불로 나뉜다.

각 지방마다 소리를 달리하여 전승 지역에 따라 경제범패(서울 및 경기도), 완제범패(전라도와 인근), 중제범패(충청도), 영제범패(경상도)와 같이 지방제로 분류된다. 이 중 영남의 소리 계통은 좀 더 복잡하다.

대구를 중심으로 하는 팔공산소리, 부산, 양산, 김해 지역의 통도사, 범어사에서 이루어지는 통범소리, 통영, 고성 지역의 쌍계사, 화엄사에서 이루어지는 통고소리, 마산, 창원 지역의 장유암을 중심으로 이루어지는 불모산소리 등이 있다. 특히 우담[17]이 통범소리와 통고소리의 불교의식과 범패 및 작법을 전승한 것이 현재 마산 지역에서 전승되고 있는 불모산 범패이다.

덧붙이면, 경산제는 중요무형문화재 제50호 영산재, 영제는 부산시 시도무형문화재 제9호 부산영산재, 불모산제는 경상남도 시도무형문화재 제22호 마산 불모산영산재, 완제는 전라북도 시도무형문화재 제18호 영산작법이며, 중제는 충청남도 시도무형문화재 제40호 내포영산대재[18]이다. 이외 제주도 무형문화재 제15호 불교의식 등 독특한 소리 형태로 범패가 전

승되어 내려오고 있다.[19] 각 지방의 범패는 유형만 동일할 뿐 리듬과 박자
는 각각 달리하고 있다.

6. 범패의 특징과 분류

범패의 특징과 분류를 안채비와 바깥채비[20]를 중심으로 살펴보면 다음과
같다.

1) 안채비

(1) 유치성(由致聲)

불보살에 대한 찬탄의 글로, 상단유치와 중단유치로 나뉘고 일인(一人)이
노래한다. 상단유치는 '앙유(仰惟) 운운'으로 시작하며, 중단유치는 '절이
(切以) 운운'으로 시작한다. 사물을 사용하지 않고 독창으로 편문성(篇文
聲)으로 하며 직촉(直促)을 주로 쓴다는 특징이 있다. 직촉이란 '앙유'의
글자를 잡은 후, '삼보'의 '삼' 자에서 숨을 쉬지 않고 곧바로 다음 '보' 자
로 넘어갈 때 호흡을 멈추지 않고 소리를 작성하는 것을 말한다.

(2) 착어성(着語聲)

하단의식 가운데 시식[전시식, 관음시식, 화엄시식, 구병시식(救病施食)],
다빈의식[반혼착어(返魂着語)], 영반의식[종사영반(宗師靈飯), 상용영반
(常用靈飯)], 대령의식[대령, 사명일대령(四明日對靈)] 등에서 사용되며, 부

처님의 설법을 통해 영혼까지 깨우침을 주기 위한 법문으로 일인이 노래한다. 문과 송으로 마음의 경계인 착심(着心)을 여의도록 깨우치는 법어로써 공안(公案) 곧 화두(話頭)의 본칙이나 그 송에 대해 짤막히 평을 더하는 말로 하어(下語), 평성(平聲)이라 한다.

(3) 편게성(編偈聲)

한자의 사성(四聲)인 평성, 상성, 거성, 입성에 따라서 한 자씩 부르는 일인의 노래로 하단에서만 부르며, 대비주(大悲呪)와 진언의 힘을 얻어 해탈하게 하려는 소리로 각 글자의 소절을 분명하게 나누어 부른다. 리듬이 빠르게 진행되며 거성과 평성이 고르게 이어져 밝은 느낌이 들기도 한다.

(4) 게탁성(偈鐸聲)

한 자 한 자 홑소리로 글을 또박또박 짧게 끊어서 빨리 읽어 가기 때문에 삼십여 분 할 소리를 오 분에서 십 분 정도로 줄여 부르게 된다. 일인이 혼자 서서 반주 악기 없이 부른다. 홑소리 학습 과정인 상부개계(詳夫開啓), 원부개계(原夫開啓), 영산개계(靈山開啓)에서 학습한다. 가사는 산문 형태이고 거의 네 자로 구성되어 있다. 음의 높낮이가 매우 무난하게 진행되며 부드럽고 편안한 느낌을 주지만 힘이 들어가면서 강직하게 불러야 범패의 참소리가 나오는 것이다. 이는 가사의 정확성과 발성, 호흡의 균형에서 나오는 소리라 할 수 있다.

2) 바깥채비

바깥채비는 홑소리와 짓소리로 나뉘며, 상주권공, 각배, 영산 등 전문적으로 소리를 배운 스님들이 부른다.

(1) 홑소리

홑소리는 칠언사구(七言四句) 또는 오언사구(五言四句)의 한문으로 된 가사를 복식 호흡을 통하여 일인이 부른다.

홑소리는 대략 다섯 개의 가락으로 구성되어 있다. 반음을 위아래로 흔들어서 내는 소리, 점점 잦아드는 소리, 미분음으로 시작하여 돌려 나선형으로 올려내는 소리, 장식음을 많이 넣는 소리, 앞 짧은 꾸밈음 내지 겹 짧은 꾸밈음으로 구성되어 있다. 홑소리의 형식은 의식의 절차에 따라 길게 또는 짧게 부르는 것이 특징이다. 홑소리의 종류는 할향성(喝香聲), 개게성(開啓聲), 창혼성(唱魂聲), 가영성(歌詠聲), 헌좌게성(獻座偈聲), 탄백성(歎白聲), 송자성(頌子聲), 원아게성(願我偈聲), 창불성(唱佛聲), 삼례사부청성(三禮四府請聲), 욕건이성(浴建而聲), 향수나열성(香需羅列聲), 가지게성(加持偈聲), 보공양성(普供養聲), 소성(疏聲)이 있다.[21] 형식 부분에 대한 근거에 대해서는 앞 장의 내용을 살펴보면 알 수 있다.

(2) 짓소리

짓소리는 합창으로 부르며 홑소리를 터득한 어장들이 이끌어 간다. 홑소리에 비해 유현청화(幽玄淸和)하다는 것이 특징이다. 어장들은 소리를 전문적으로 배운 이들로서 소리를 자유자재로 표현할 수 있을 뿐만 아니라, 의식의 모든 흐름과 이론도 정확히 파악할 수 있다. 그러기에 이 수준까지 이르기 위해서는 많은 시간 동안 배워야 한다. 범패승들은 짓소리를 '길다' '규모가 크다' '장엄하다' 등으로 표현하기도 한다. 그 이유는 짓소리가 억세고 꿋꿋한 발성법과 장인성(長引聲), 많은 노래 인원을 필요로 하기 때문이라 할 수 있다.

짓소리는 낮은음으로 시작하며 짧은 가사가 여러 번 반복되고 옥타브를 넘나드는 음의 굴곡이 심하다. 한 음절이 보통 삼십 분에서 한 시간 이상 불리기도 하며 가사는 한문으로 된 산문 형식 또는 범어로 되어 있다.

짓소리에는 일흔두 곡이 있었다 하나 채록되어 전래되는 짓소리로 1968년 5월 13일부터 16일까지 봉원사에서 행한 영산재에서 겨우 열두 곡[22]이 불렸다 한다. 이후 박송암(朴松庵)에 의해 세 곡이 추가되어 현재 열다섯 곡이 전승되고 있다. 짓소리에는 음악 자체가 수록되어 있기에 이는 짓소리 연구에 가장 중요한 자료가 된다.

짓소리는 『동음집(同音集)』에만 수록되어 있으며 현재까지 간행된 『동음집』으로는 다섯 종[23]이 있다. 이런 『동음집』에는 범패승만이 알 수 있는 짓소리의 창법을 가사 옆에 표시하여 곡을 부르는데 도움이 되게 하고 있다. 『동음집』 내용을 보면 짓소리의 곡목이 꽤 많았음을 알 수 있다.

짓소리와 홑소리는 사설, 음계, 음역, 발성법, 가창자의 인원, 형식, 가락 등 여러 면에서 비교된다. 즉 짓소리는 여러 명의 범패승이 반탁성으로 부르기 때문에, 홑소리에 비해 엄숙하고 장중한 느낌을 주며, 짓소리는 종교적인 신성함이나 장엄함을 강조하는 효과적인 기능을 지닌 소리[24]라 할 수 있다.

3) 화청(和請)

화청은 불보살을 청하여 불법을 통한 공덕과 회향의 내용을 담은 상단축원화청, 지장축원화청 등을 말한다. 화청은 특히 축원을 통해 재를 지내는 재자의 소원 성취와 영가의 극락왕생을 발원하는 의식적인 의미를 담고 있다.

화청의 특징은 전문적인 범패를 부르는 범패 스님에 의해 화청의 가락을 배우는 것이 아니고, 본인 스스로의 음성에 따라서 가사와 곡조를 창작해서 부를 수 있다는 점이다. 화청은 재를 끝낼 때 부르는 것으로 정해진 장단이 없으며 사설가사에 따라 북이나 태징을 친다.

박자는 매우 빠른 삼박자와 이박자가 뒤섞여 생동감을 주고 반드시 독창으로 하며 독창자가 태징으로 장단을 친다. 음계는 주로 평조이며, 경쾌한 가락으로 높은음이 많이 나온다. 따라서 흥겹고 밝고 박진감 넘치는 분위기를 자아낼 수 있다.

7. 맺는 말

한국 불교음악이자 삼대 성악곡 중 하나인 범패 선율을 올바르게 파악하기 위해 고찰해 온 바를 요약정리하고, 이의 학문적 발전을 위해 몇 가지 제언하는 것으로 결론을 맺고자 한다.

첫째, 범패는 '법의 말씀을 노래로 읊는 것' '승려가 부처를 찬탄하는 소리'를 말한다 할 때, 여기에는 공통적으로 찬탄이라는 의미가 있다. 또한 범음성, 곧 불보살의 음성으로 경문을 읽거나 게송을 시창해야 교화력을 충분히 발휘할 수 있다. 그런 뜻에서 범패는 오직 불신력을 위한 설교의식, 강경의식, 영산재, 수륙재 등 의식 절차에서 불렸음을 알 수 있다.

둘째, 범패는 순수한 성악으로, 청아하고 중후한 소리로 수행의 공덕과 불교의 신앙심을 숭고하게 순화하여 인간의 고뇌와 번거로움을 끊을 수 있는 심묘한 법음이라 할 수 있다. 『장아함경(長阿含經)』에서는 전하고 있는 다섯 가지의 소리를 "음이 정직하고, 고상하게 화합하고, 맑고 청아하며, 깊고 가득 찬 것, 음이 두루 퍼져 멀리서도 들을 수 있는 것"이라 하여 범패의 쓰임이 매우 심오한 교화력을 지니고 있음을 말해 준다. 아울러 『고승전』에서는, 범패는 신체를 피곤하지 않게 하고, 푸른 새가 기뻐하며 나는 것을 잊었다고 한 것처럼, 인간뿐 아니라 동물의 영혼까지도 정화시키는 유토피아적인 힘을 가지고 있다고 했다. 그리하여 황준연(黃俊淵)은 범패를 평가하기를, "범패는 심산유곡에서 울려 퍼지는 범종 소리가 파고를 그리며 그윽하게 품위를 잃지 않고 흘러가는 것과 같고 무악은 어느 것이나 몰아의 황홀경을 경험하게 해 준다"[25]라고 격찬하고 있다.

한국의 범패는 서울 봉원사를 중심으로 영산재의 원형 발굴과 복원을 위해 활발한 연구를 진행하고 있다. 각 지방에서도 영산재 및 범패에 대한 관심이 활성화되어 그 연구가 근래에 이르러 활발해지고 있다.

세계적으로 명성을 얻은 영산재의 연구나 보급은 이제 지평을 연 단계이며, 이상의 연구를 통해 다음과 같은 제언이 가능할 것이다.

첫째, 영산재의 범패와 작법, 장엄을 전승할 수 있는 문화재 이수자의 계보가 꾸준히 이어져야 하며 범국민적 관심과 기대가 요구된다. 우리의 소중한 문화유산이 온전히 후대에까지 전승될 수 있도록 노력해야 할 것이다.

둘째, 문화예산을 책정하고 집행하는 국가의 관심과 보조가 절대적으로 필요하다. 특히, 전수자들에 대한 정책적 지원은 국가가 아니고는 할 수 없는 문제이기도 하다.

셋째, 우리의 전통문화에 대한 교육과정을 보다 심화해야 한다. 특히 청소년들을 대상으로 홍보하고 보급해야 할 것이다. 자세한 내용을 모르더라도 적어도 국민들은 '범패' 혹은 '영산재'라는 단어에 대한 기본적인 이해가 있어야 할 것이다.

넷째, 현재의 문화적 관점에 대한 연구와 이해가 증장되어야 한다. 이를 위해서는 이 문화적 관점을 가진 관계자, 전문 학자들의 지대한 공통적 관심과 노력이 더욱 필요하다.

다섯째, 한국 문화예술에 국한하는 것이 아닌 세계인들과의 다양한 교류 활동이 지속적으로 유지되어야 하며, 새로운 콘텐츠를 많이 개발하여 각 국어로 번역, 유포하는 작업[26]이 선행되어야 할 것이다.

여섯째, 문화예술계와 연계하여 학문적인 무형문화유산에 대한 연구 자료를 활용할 수 있는 기초를 구축하고, 국내외 예술단과 소규모 공연 작품 발표회를 통해 각 단체들의 트렌드와 정보를 교류하며 공동작품 제작을 통해 세계적 작품으로 개발하는 등 데이터베이스 구축 작업이 신속히 추진되어야 하겠다.

한중(韓中) 불교음악의 전통과 계승

윤소희(尹昭喜)

1. 들어가는 말

불교의식 음악인 범패(梵唄)의 어원 중 '범'은 시대의 흐름에 따라 그 뜻이 다르다. 베다 시대에는 브라만(Brahman)의 음역으로 찬가(讚歌), 제사(祭辭), 주사(呪辭)를 의미했고, 브라흐마나 시대 이후에는 세계의 근원적 창조 원리로 인식되는가 하면 범천(梵天)이라는 인격신으로 의인화되기도 했다. 불교에 들어와서는 불법의 수호신 중 하나가 '범'이었고,[1] 중국과 한국 등지로 불교가 전파되면서 '인도'를 의미하기도 했다.

'패'는 패닉(唄匿)의 약칭으로 범음을 읊는 것을 말한다. 그리하여 범패는 법회의 성명(聲明)이며, 파척(婆陟) 혹은 파사(婆師)라고도 했다.[2] 양나라의 고승 혜교(慧皎)는 519년에 저술한 『고승전(高僧傳)』에서 인도 지방에서는 무릇 법언(法言)을 읊으며 노래하는 것을 모두 '패'라 부른다고 했다.[3] 따라서 '범패'에는 '인도의 소리' '범천의 소리' '불교 노래' 등 다의적인 뜻이 담겨 있다.

초기 불교 시대에는 부처님의 말씀을 승려 대중이 함께 암송하는 데서 율조가 발생했고, 그것이 범패의 기원이 되었다. 부처님 입멸 후 부파불교(部派佛敎) 시대를 맞았고, 그 가운데 진보적 성향을 지닌 사람들에 의해 대승불교가 성립됐는데 중국에서는 '상구보리(上求菩提) 하화중생(下化衆生)'이라는 기치 아래 대승불교가 꽃피었다. 보다 많은 대중이 법의 수레를 탈 수 있도록, 신구의(身口意)로 불법을 실천할 수 있는 '의례' 문화가 번성했다. 그 결과 중국에서는 의례의 장엄이 국가적 사업으로 진행되었다. 많은 대중이 똑같은 경문(經文)과 의문(儀文)을 읊으려면 거기에는 율조가 수반되어야 했고, 이들을 수일에 걸쳐서 하려면 모음을 길게 늘여야 했으니 이러한 과정에서 오늘날 한국 범패와 같은 멜리스마 양식의 범패가 생겨난 것이다.

중국 불교는 크게 장전(藏傳), 북전(北傳), 남전(南傳)의 세 가지로 나뉘는데, 장전은 티베트 불교를 말하므로 이 글에서는 논외로 하겠다. 그외에 북전과 남전을 통칭하여 한족 불교음악이라 할 수 있는데 이 글에서는 한족 불교음악의 성립과 전개 과정을 간략히 살펴본 후에 현재의 중국 범패를 소개하도록 하겠다. 다만 오늘날의 중국 의례와 범패는 대만을 통하여 살펴볼 텐데, 이는 사회주의 혁명으로 인하여 중국 본토에서는 의례 전통이 단절되었기 때문이다. 한국 범패에 대해서는 앞서 여러 논문을 통해 소개되었음을 감안하여 한중 범패의 사적 관계에 한하여 살펴보고자 한다.

2. 중국 불교음악의 전개

동북아 지역으로 불교가 전파된 이후로는 전통 불교음악, 특히 경문이나 부처님을 찬탄하는 패찬(唄讚)이 불교의식의 발전과 긴밀한 관계 속에서 전개되어 왔다. 중국 불교의식의 정식 제정은 동진(東晉) 시대의 도안(道安)으로부터 시작되었다.[4] 『고승전』에서 "도안은 불법이 높아 삼장법사(三藏法師)와 견줄 만하였다"라고 했다. 이때 마련된 승려 규범, 불법 헌장의 조항에서는 향을 꽂고 정좌하는[行香正坐] 예법에서부터 독경법(讀經法)과, 일상의례와 참회 규범 등 승단의 규범과 예법이 담겨 있다. 이러한 예법과 규범은 중국 패찬 음악의 의례에 그대로 적용되었고 각처의 승단에 광범위하게 전파되었다.

인도에서의 초기 승단이 엄격한 절제와 금욕의 자세로 부처님의 말씀을 읊는 것 이상의 음악적 행위를 금했던 것과 달리 대승불교를 표방한 중국에서는 음성공양(音聲供養)의 덕목을 강조했다. 이는 대중에게 널리 불교를 전파하기 위한 방편이었는데 그 과정에서 의례의 장엄(莊嚴)이 일어났다. 보다 많은 사람들에게 법을 전하고자 할 때 음악의 효력을 간파한 중국 승단에서는 음악으로 불공하는 것을 수행의 일환으로 장려하기도 했다. 그리하여 중국 대승불교의 꽃이라 할 수 있는 『법화경(法華經)』에서 "기악을 연주하고 묘음으로 불보살을 공양하면 그 공덕이 크다"는 내용을 읽을 수 있는 것이다.[5]

1) 조식(曹植)의 중국 범패

인도와 인접한 남방 지역의 언어는 팔리어와 유사한 문법과 발음을 지니고 있는 경우가 많다. 그러므로 이 지역 승단과 일반 재가자들도 초기의 불교 전통을 비교적 그대로 지키는 범위 내에서 송경율조(誦經律調)와 게송의 패찬을 전승해 왔다. 예를 들어 동남아시아 원주민어인 캄마어, 크메르어는 팔리어 발음과 문법이 구십 퍼센트 이상 일치하고[6] 미얀마어도 마찬가지로 발음과 문법이 팔리어와 일치하거나 비슷한 것이 매우 많다. 그리하여 한국에서의 한자의 쓰임과 같이 팔리어가 폭넓게 쓰이고 있다. 이에 비해 중국에서는 인도와 다른 자연환경과 문화뿐 아니라 확연히 다른 언어로 인하여 초기 경전의 송경 율조를 그대로 노래할 수 없는 실정이었다.

혜교는 『고승전』 「경사편」 총론에서 "가르침은 동쪽에서부터 왔으나 원문은 대중들을 위해 해석되어야 한다. 이때 범음 소리에 한어를 얹어 영송하면 범음을 반복해야 하고, 한어는 단조롭고 기이하게 된다. 만약 범음을 가지고 한어를 읊는다면 소리는 화려하지만 가타(伽陀)는 촉급해진다. 그러므로 귀중한 뜻에 대한 번역은 있으되 범어의 소리를 그대로 이어받을 수는 없다"[7]고 했다.

언어와 율조가 맞지 않아 어려움을 겪던 중 조식(曹植)에 의해 중국식 어산(魚山) 범패가 창제되었다. 초기 불교음악의 전래에 관한 기록을 보면 조식이 창제한 중국식 어산 범패에 범어 율조가 어느 정도는 영향을 미쳤을 것으로 보인다. 따라서 조식에 의한 중국식 범패도 범어 가타에 의한 패찬과 산문체 범패의 두 가지로 대별된다. 거슬러 올라가면, 인도에서 초기 불교시대에는 범패가 경문 낭송의 한 방법이었는데, 이것이 중국에 전해진 후에 경전을 음영(吟詠)하는 것을 전독(轉讀)이라 하여 정확한 음정과 리듬으로 경문을 낭송하는 것을 일렀고, 가타와 같은 시구(詩句)를 읽는 것을 패찬이라 하여 노래를 불렀던 것을 일렀다.[8]

2) 의례의 장엄

남북조시대는 양무제(梁武帝)에 의하여 의례의 장엄이 본격화되었다. 이 무렵 수륙재(水陸齋), 우란분재(盂蘭盆齋)와 같은 의식이 제정되었고 이것이 한국에도 전해져서 한국 불교의례의 근간이 되었다. 수륙재는 무차법회(無遮法會)의 정신을 의례화한 것이므로 과거불, 현재불, 미래불을 포함하여 온 우주의 불보살과 천신들, 현세의 모든 생명, 지옥 아귀에 이르기까지 모든 중생들을 초대하여 법석을 여는 것이다. 중국 범패는 당대(唐代)에 전성기를 이루어 범패를 전문으로 하는 '창도사(唱導師)'와 같은 직승(職僧)이 있기도 했다. 그리하여 범패를 지칭하는 새로운 용어들이 많이 생겨났는데 이들을 간추려 보면 크게 낭송조인 가찬(歌讚)과 노래조인 패찬(唄讚)으로 구분할 수 있다.

패찬(唄讚): 범패(梵唄), 창송(唱頌), 게찬(偈讚)	가찬(歌讚): 전독(轉讀), 영경(詠經)
불경 혹은 불찬의 게송 부분을 창송한 것	불경의 산문 부분을 읊은 것

송경(誦經)과 찬팅(chanting)에 관한 용어들.9

불교가 중국에서 토착화하면서 의례와 음악이 홍법(弘法)을 위한 방편으로 적극 활용되었다. 의례의 장엄은 절제된 율조에서 모음을 길게 늘여서 노래하며 선율 골격이 더욱 확대되는 결과를 낳았다. 송대에 접어들어서는 불교의 대중화와 세속화가 더욱 활발해져 사찰이 그 마을의 중심이 되는가 하면 그 지역의 오락장이 될 정도였다. 이 무렵 중국 불교음악은 세속음악이 범패조로 융합하는 일이 더욱 빈번해졌는데, 「부모은중경(父母恩重經)」이나 「회심곡(回心曲)」과 같은 세속풍의 노래를 비롯하여 설담(設

談), 설창(設唱)과 같은 이야기체 노래가 성행했다. 이로써 동북아 지역 대
승불교권의 불교음악은 남방 지역과 달리 장엄하면서도 다채로운 장르를
양산하게 되었다.[10]

3) 불교음악의 전개

남경(南京)을 중심으로 하는 강회(江淮) 이남은 동진 관할 구역으로, '영가
(永嘉)의 난' 이후 문인, 학자, 승려들이 남쪽으로 와서 불교사상 연구와 문
화 발전의 붐이 일었다. 남조 통치자들이 불교의식 제도와 음악 등에 공헌
하여 불교음악이 발전한바 중국 각지 사원의 범패가 강남에서 전해졌고 전
국의 불교음악은 강남의 남파(南派) 범패로 통일되었다.[11]

　강남 사원의 범패가 중국 범패의 전형이 된 것은 사원 총림(叢林) 제도
의 발전과 관계가 깊다. 당말(唐末), 오대(五代) 시기에 총림 제도가 남방
에서 발전했고 북방의 총림은 송대(宋代)에 이르러 발전하기 시작했다. 강
남의 총림은 송대에 더욱 성행했고, 명(明)·청대(淸代)에는 율종(律宗)의
발원지인 보화산(寶華山) 총림이 영향력 큰 전계(傳戒) 도량이었다. 강남
의 천녕사(天寧寺)와 천동사(天童寺)는 법회가 매우 성행했으며, 중국 불
교사상 처음으로 수륙법회를 설행한 것으로 알려진 금산사(金山寺) 또한
이 지역에 있다. 이리하여 최근 몇백 년간 중국 각지의 승려들이 강남의
명찰에서 계를 받고 수행함으로써 강남 범패가 널리 전파되었다. 『고승
전』에서 언급된, '음악을 잘하는 고승'의 절반 이상이 강남 혹은 남경에
거주한 승려였다. 보화산 총림의 범패 곡조는 오랫동안 주도적인 위치를
차지했고, 근대에는 보화산의 영향을 받은 강소(江蘇), 절강(浙江) 사원의
곡조가 뛰어났다.[12]

4) 대륙 범패와 대만 범패

(1) 대륙의 불교음악

대만 범패의 대부분을 차지하는 해조음(海朝音) 범패는 강소(江蘇), 절강(浙江)의 범패이다. 중국 학자들은 이를 천령강(天寧腔)이라 부르며, 복건(福建)에서는 외강조(外江調), 대만에서는 해조음이라고 한다. 해조음과 함께 대만 범패의 또 다른 한 가지인 고산조(鼓山調) 범패는 복건의 불교 성지 고산의 이름에서 유래한다.

복건에 불교가 들어온 때는 서진 무렵으로, 당대(唐代)에는 각 종파가 들어와 급속한 발전이 이루어졌다. 이로 인하여 오(吳)·송대(宋代)에는 복건을 일러 남불국(南佛國)이라고 할 정도였다. 당시 복건의 토속적 운율에서 비롯된 고산조로 유명한 사원은 고산(鼓山)의 용천사(湧泉寺), 복주(福州)의 서선사(西禪寺), 설봉산(雪峰山)의 숭성선사(崇聖禪寺)이다. 나는 이들 중 용천사와 서선사를 답사해 보았는데, 지금도 사찰의 가람 배치와 건축 양식은 옛 모습을 하고 있으나 사회주의 혁명 이후 불교음악의 전통이 단절되었기에 현재는 의식과 음악을 대만에서 배워 와 복구하고 있는 실정이었다.

(2) 중국 불교의식의 대만 이주

오늘날 대만에는 송경류(誦經類)에서부터 백문류(白文類), 염불조(念佛調), 게(偈)와 찬(讚) 등 다양한 범패가 전승되고 있고, 이러한 범패는 승려의 독송, 승려와 대중이 주고받는 교창, 승려와 대중이 다 함께 노래하는 합송 등 다양한 연행 방식으로 이루어진다. 그러나 오늘날 대만의 사찰에서 불리는 범패를 들어 보면 마치 서양의 그레고리안 성가를 듣는 듯해서 승려들에 의해서 불리는 한국 범패만을 보아 왔던 사람들 중에서는 대만 범패가 전통이라기보다 누군가에 의해서 창작된 것이 아닌가 하는 의문을 가지기도 한다. 그리하여 본 항에서는 대만을 통해 중국 불교의식과 범패 현황을 살피기 전에 대만 전통 범패의 계승 과정에 관해 먼저 살펴본 후 의 례와 범패의 내용을 살펴보고자 한다.

① 국민당 이전

대만의 불교 전파는 한족이 유입되던 명대(明代)부터 시작되었다. 타이베 이의 가장 오래된 사찰인 용산사(龍山寺)는 청대(淸代)인 1738년에 건립되 었고, 대만 최초의 출가자는 복주 고산 용천사의 법맥이다. 국민당 이전부 터 형성된 총림은 복건 남부인 민남 지역의 방언과 지방색을 띠고 있으며 이러한 범패를 부르는 인구는 국민당 이후 소수 종파로 자리 잡게 되었다. 대만에서 가장 오래된 종단인 지룽(基隆)의 월미산(月眉山) 총림 영천사 (靈泉寺)와 타이베이의 연문(蓮門) 총림을 답사해 보니 이들은 나름대로 자신들의 고유한 승풍과 전통을 이어 가며 제법 큰 규모의 사원을 지니고 있었다. 그렇지만 전 세계에 퍼져 있는 불광산(佛光山), 법고산(法鼓山), 중대산(中臺山), 자제공덕회(慈濟功德會)가 워낙 큰 규모이다 보니 상대적 으로 약소한 위치에 처해 있었다.

② 국민당 이후

1945년 국민당의 이주 당시 본토에서 건너온 승려들에 의해 형성된 총림 은 보다 세련되고 조직적인 승풍으로 대만뿐 아니라 전 세계에 걸쳐 중국 불교의 위상을 떨치고 있다. 그 결과 전 세계에 퍼져 있는 중국 불교의 구십 퍼센트가 대만 불교라고 할 정도로 그 위세가 대단하다. 중국의 불교음악 전통이 본토에서 단절되고 대만에서 그 명맥을 유지하게 되었지만 중국 대륙의 광대한 지역의 한족들이 작은 섬에서 한데 섞여 의식을 행하고 새로운 승단을 형성하는 과정에서 각 지역의 서로 다른 언어와 관습들이 하나로 통일되어야만 했다.[13] 이러한 과정에서 표준어 운동과 맞물려 국어 범패가 형성되었고, 따라서 중국 각지의 다양함보다는 공통된 음악 어휘로 단순화되는 상황을 맞이했다.[14] 당시 민족 이동과 새로운 승단의 형성에 급급하여 원형이 변질되었으며, 변화 과정에 관한 기록과 연구가 이루어져 있지 않아 그 실태에 대해 추적하기 어려운 실정이다.

③ 대어 범패와 국어 범패

대만의 음반 가게에서 범패 음반을 찾다 보면 '대어(臺語) 범패' 혹은 '국어(國語) 범패'라는 표시가 있다. 이는 국민당 이전에 형성된 민남어 계통의 범패와 국민당 이후의 표준어 가사에 의한 범패를 표시한 것이다. 음반의 비중이나 대만 일대에서 불리는 범패의 영향력에서는 국어 범패가 압도적이다. 내가 실제로 민남 계통의 예불과 법회에 참석해 본 결과 이들 범패에 미세한 억양과 발음 차이는 있었지만 범패 선율이나 가사는 국어 범패와 같은 것이었다.

3. 중국 불교의식과 범패

중국 대륙은 근세기 사회주의 혁명으로 전통문화의 치명적인 단절을 겪게 되었다. 황실의 귀족들이 향유하던 예술음악은 부르주아의 음악이라 하여 퇴출되었고, 전통 불교의례 또한 유물론적 사회 흐름 속에 사양되어 갔다. 오늘날 중국의 문화 정책은 불교를 국가적 아이덴티티로 삼을 정도로 거대한 불사가 이루어지고 있고 광범위한 사찰 복원을 행하고 있다. 그러나 막상 사찰 내부를 들여다보면 주지 스님은 공산당과 연계된 관리 간부와 같은 느낌을 받는 경우가 많다.

워낙 넓은 대륙의 다양한 실정에 비추어 보면 각 지역에 나름의 지역 전통을 이어 가고 있는 곳도 있지만 내가 북경을 비롯하여 복건성, 호남(湖南) 등 각 지역을 다니며 다양한 불교의례에 참여해 본 결과 온전한 전통의 계승은 없었다. 대부분의 사찰에서 불리고 있는 범패는 대만에서 부르는 것과 같았는데 어떤 사찰은 아예 대만에서 배워 왔으므로 전통을 그대로 이어받았다고 자랑스레 말하는 경우도 있었다. 이상의 상황에서 보듯이 중국 한전(漢傳) 불교의식과 그에 따른 범패는 대만으로 이주한 사람들에 의해 그 명맥이 유지되어 왔으므로 본 항에서는 중국 불교의식과 범패를 대만의 불교 사원을 통하여 살펴보고자 한다.

1) 법기와 반주

대만의 불교의식은 각자 한 개씩 법기(法器)를 맡은 네 명에서 여섯 명의 승려들의 신호로써 이끌어 간다. 법기는 본래 대중을 모으는 신호로 사용하던 것이 나중에 반주(伴奏) 기구로 쓰이게 되었는데, 이것은 실용적 가치뿐 아니라 종교적인 상징적 의미가 있다. 종(鐘), 고(鼓), 어(魚), 경(磬)의 조합으로 이루어진 법기는 좌종우고(左鐘右鼓), 좌경우어(左磬右魚)로 배치되는데 좌는 지혜(prajna—열반경계)를 우는 법문(Upaya—반야에 다다르는 방법)을 상징하며 의식 중에 반주를 할 때 이러한 법기들을 연주하면서 반야경계(般若境界)의 완성을 상징한다.[15] 법기의 음향 조합은 전통 패독(唄讀) 음악의 주요 특징 중 하나이다. 과송본(課誦本)에는 게송과 법기 연주 기호가 병기되어 있다.[16]

2) 범패의 종류

(1) 해조음과 고산조

현재 대만에 전승되고 있는 범패 곡조는 해조음(海潮音)과 빠른 리듬 절주에 의한 고산조(鼓山調) 두 가지이다. 지역으로 분류하자면 해조음은 북방계통, 고산조는 남방계통이다.[17] '해조음'이라는 명칭은 느리고 완만한 선율이 마치 바다의 조류와 같이 유연하게 흐른다고 하여 붙여진 이름인데 주로 표준어 가사로 불린다. 해조음의 가사와 선율 관계를 보면 한 자에 여러 음이 붙는 모음 확대가 이루어지고 있어 일자다음(一字多音)의 멜리스마 성격을 지니고 있다. 이에 비해 남방계통에 속하는 고산조는 민남어[18] 가사인 경우가 많고, 민요조의 빠른 리듬으로 노래한다.

(2) 문체(文體)와 범패 형식

대만 범패의 종류는 가사의 형태로 인해 정해진다고 해도 과언이 아니다. 경전과 다라니를 읊는 송경과 송주, 사설조로 된 가사를 스님의 독창으로 부르는 백문류, 불보살의 명호를 반복해서 부르는 염불류, 정형시를 가사로 하는 게류, 장단구 시체(詩體)를 가사로 하는 찬류(讚類) 등이 있다.

3) 범패의 선율과 형식

(1) 찬류 악곡

찬류 악곡은 대만 범패를 대표할 만큼 예술성이 높다. 송대에 유행한 사(詞)를 가사로 하여 매 구의 자수가 길고 짧아서 장단구(長短句)라고도 한다. 찬류 악곡은 대개 의식이 시작될 때 가장 먼저 부르는 악곡으로, 오구찬(五句讚)으로 된 「보정찬(寶鼎讚)」을 비롯하여 육구찬의 「노향찬(爐香讚)」 등 다수의 악곡이 있다.

① 「보정찬(寶鼎讚)」

첫째 구부터 다섯째 구까지 자수가 5·4·7·7·4자로 이루어져 있어 전체 이십칠 자이다. 매 구의 자수가 일정하지 않으므로 선율과 형식을 가늠하기가 어려운 만큼 아정하면서도 고즈넉한 악상을 지니고 있다. 내가 대만 전역을 다녀 보았을 때 「보정찬」을 노래하는 사찰은 타이베이 인근 지역에 있는 승천사(承天寺)가 유일했다. 승천사는 다른 사찰보다 전통의례와 승풍을 고수하고 있어 대만 사람들의 많은 신뢰를 받고 있었다. 조석예불에 불리는 승천사의 「보정찬」은 느긋하고 느린 가락으로 고전미와 종교적 성스러움이 느껴졌다.

寶鼎熱名香	보정에 좋은 향을 피우니
普遍十方	그 향기 시방에 두루 퍼지네
虔誠奉獻法中王	정성 다해 법왕께 봉헌드리며
端爲全民祝安樂	모든 백성 안락하기 축원드리니

| 地久天長 | 땅처럼 오래고 하늘처럼 영원하여라 |

② 「노향찬(爐香讚)」

첫째 구부터 여섯째 구까지의 자수 배열은 4·4·7·5·4·5의 이십구 자로 이루어져 있다. 육구찬은 「노향찬」 외에도 「양지정수찬(楊枝淨水讚)」이 있는데 가사 자수가 같은 관계로 같은 선율에 다른 가사를 얹어 부르기도 한다. 노향찬은 대만의 여러 사찰에서 가장 즐겨 부르는 찬류 악곡이다. 대만의 여러 총림 중 가장 많은 신도를 거느린 불광산(佛光山)에서는 전국의 어느 사찰에서건 노향찬을 즐겨 불렀다.

爐香乍熱	향로에 향불을 지피니
法界蒙薰	법계엔 향기가 두루 훈습하네
諸佛海會悉遙聞	부처들 바다처럼 모이니 모두 아득히 들려
隨處結祥雲	어디든지 상서로운 구름 맺혀 있구나
誠意方殷	정성스런 뜻 시방 전에 가득 차 있어
諸佛現全身	여러 부처님 모습을 드러내시네

(2) 게류 악곡

'게(偈)'는 당대(唐代)의 정형시로써 한국 범패의 가사와도 상통하는 점이 많다. 가사의 종류는 사언, 오언, 칠언 절구 등이 있는데, 사언 게는 사언사구 십육 자 혹은 사언팔구 삼십이 자로 되어 있고 오언 게는 오언사구 혹은 오언팔구를 이루며 칠언 게도 이와 마찬가지이다. 「삼귀의(三歸依)」는 한국 범패에서는 '자귀의불(自歸依佛)'과 동일하다. 대부분 예불의 마지막 순서에 「삼귀의」와 「회향(廻向)」을 이어서 부른다. 「삼귀의」와 「회향」은 개류 악곡이 지니는 공통점이 있어 악구의 성격에 큰 차이가 없다. 모음 확대가 있더라도 찬류 악곡보다는 다소 단순하며 템포는 조금 더 빠르다.

自歸依佛 當願衆生 體解大道 發無上心
自歸依法 當願衆生 深入經藏 智慧如海
自歸依僧 當願衆生 統理大衆 一切無礙

부처님께 귀의하오며 모든 중생 큰 도를 깨달아 무상심을 얻기를 원하옵니다.
불법에 귀의하오며 모든 중생 경장에 들어 지혜가 바다 같기를 원하옵니다.
승가에 귀의하오며 모든 중생 깨달음 얻어 일체 장애가 없기를 원하옵니다.

(3) 기타

① 백문류: 백문류는 한국의 범패와 같이 승려 혼자 부르는 악곡으로, 대중이 함께 부르지 않으므로 무박절로 노래하며 모음의 장인(長引)이 긴 편이다. 대체로 법회나 의식의 성격에 맞추어 설법을 노래로 하는 경우가 많다. 수륙법회 중 염구시식(焰口施食)이나 우란분(盂蘭盆) 같은 천도의식에서는 영가들에게 들려주는 법문을 노래로 부르는 경우가 많다. 「삼계수(三稽首)」를 승려의 독창으로 부르고 나면 신도들이 이를 받아서 고산조의 흥겨운 율조로 노래하기도 한다.
② 염불류: 염불류는 수백 가지가 된다. 석가모니불 명호에서부터 관세음보살, 아미타불, 약사불 등 법회의 필요에 따라 같은 선율에 다른 불호를

엊어서 부르기도 한다. 아래 악곡은 미타성호의 칠음조 염불인데, 칠음조
란 일곱 가지 선율을 이어서 부른다는 뜻이다.

미타염불 칠음조.

4) 대만 범패의 특수성

(1) 중국 창극과 범패

① 탄창(歎唱) 휴지부

대만의 학자나 일반 신도들에게 대만 범패와 민간 음악과의 관련성을 물
으면 한결 같이 "중국의 어떤 전통음악이나 민간의 노래도 범패와 관련되
거나 비슷한 것이 없다"고 한다. 이는 한국의 범패가 동부 민요인 메나리
토리와 선법적으로 친연성이 있고, 모음을 늘여 가는 방식이나 창법은 전

통가곡과 연결되는 등 전통음악과 관련이 있는 것과는 대조적인 모습이다. 그런데 나는 연구를 거듭해 가면서 대만 범패의 독특한 부분을 믿기 시작하게 되었는데 노래 중간에 끊긴 듯이 지속되는 휴지부였다. 해조음 범패를 듣다 보면 어떤 부분에서 최저음으로 뚝 떨어져서 길게 늘이는 가운데 법기 소리만 들리고 선율은 마치 쉬고 있는 듯한 부분이 있다. 이러한 부분은 '탄창(歎唱)'이라고 하는데 이는 중국의 고전극인 곤극(昆劇)의 '탄식(歎息)'에서 유래한다.

대중이 합창을 할 때도 이런 부분은 나타나는데, 직접 의식에 참례하여 이 노래를 불렀을 때 마치 호흡을 조절하며 명상을 하듯 하여 동양화의 여백과 같은 느낌이 들기도 했고, 불교에서 말하는 유(有)와 무(無)의 경계를 넘나드는 듯도 했다. 이와 같은 창법은 곤곡(崑曲)[19]이나 남관(南管)의 일창삼탄(一唱三嘆)[20] 창법을 연상하게 할 만했다.[21] 그러나 남관 음악을 실제로 들어 보면 이 둘이 완전히 똑같지는 않아, 그 필연적 관계를 단정 짓기는 힘들다. 하지만 이러한 현상과 다른 종류의 음악의 가락을 비교해 본다면, 확실히 특별한 창법임을 알 수 있다.

② 경극의 타악기와 수륙법회 내단 법기

대만에서 행하는 수륙법회를 보면 마치 경극에서 배우들의 등퇴장을 지시하며 극을 이끌어가는 듯한 음향을 내는 악기가 있는데 그것이 목판과 요발(鐃鈸)이다. 앞서 탄창이 대만의 오래된 희곡인 곤곡에서 부르는 창법과 연결되는 것과 마찬가지로, 수륙법회 때 목판과 요발을 칠 때면 중국 정취가 물씬 느껴진다. 경극에서 목판을 치는 소리를 듣고 배우들이 등퇴장하거나 극의 진행을 따라가듯이, 수륙법회에서도 이 목판의 소리에 따라 의례를 이끌어 가는 법사의 진퇴(進退)와 의례 절차의 단락이 이루어진다.

이러한 두 가지 중국적 특징이 모두 창극 음악과 연결된다는 것은 앞으로 중국 범패의 원류를 찾는 데 큰 실마리가 될 듯하다.

(2) 총림 간의 차이

대만의 법회나 조석예불을 참례해 보면 마치 그레고리안 성가를 듣는 듯 부드럽고 유연한 선율을 느끼게 된다. 한국에서 승려가 부르는 무박절(無拍節)에 모음을 한껏 장인한 범패만 듣다가 이런 범패를 들으면 창작곡이라고 여기는 사람들이 더러 있다. 그러나 앞서 보았듯이 대중이 다 함께 부르려면 무박절로 부를 수가 없다. 또한 신도들이 이 절 저 절 다니면서 부르므로 어느 총림이나 특정 사찰에서 의도적으로 창작했다면 의식음악으로 소통이 불가능하다. 그러므로 전국 사찰의 범패가 대동소이하다. 이들 중 「삼귀의」 선율을 네 총림을 통해 비교해 보면 다음과 같다.

네 총림의 「삼귀의(三歸依)」.

위와 같은 선율은 각 총림에서 발간한 음반을 채보한 것인데 각 사찰의 승려들마다 그때그때 조금씩 다른 장식음이나 시김새를 구사하는 경우도 있었다. 그러므로 대만의 범패는 채보 악보가 거의 없는데, 그만큼 그때그때 부르는 선율에 변화가 있기 때문이다.

(3) 관용적 선율

대만의 여러 총림과 사찰에서는 다양한 범패를 노래해도 어떤 곡이든지 따라 하지 못할 곡이 없다. 이는 찬이든 게든 염불이든 대부분 해조음으로 느리게 순차 진행하는 선율인 데다 서로 다른 곡이라도 같은 선율이 골격을 이루는 경우가 많기 때문이다. 즉 대만 범패는 대표적인 선율에 약간씩의 변화를 주어 다른 가사를 얹어 부르는 실정이다. 이는 한국 범패에서도 마찬가지이다. 즉 영남 지역에서는 「거불성(擧佛聲)」만 할 줄 알면 다른 악곡도 그 바탕에서 조금씩만 변화를 주면 된다거나, 서울과 경기에서는 「할향(喝香)」을 기초 소리로 하여 조금씩 변화하는 것과 같은 맥락이다.

네 총림의 「회향(廻向)」.

위 악보를 보면 서로 가사가 다른데도 선율이 거의 같은 골격을 지니고 있다. 이와 같은 관용어구는 찬류 악곡에도 마찬가지로 나타나고 있어 대만 범패의 관용적 특성을 파악할 수 있게 한다.

5) 대만 범패에 대한 비판

대만으로 이주한 거대 총림은 각 지역에서 서로 다른 억양으로 말하던 사람들이 함께 범패를 노래하는 과정에서 표준화 과정을 거치지 않을 수 없었다.[22] 느리게 노래하는 해조음의 경우에도 얼핏 들으면 무박절 무박자 같지만 법기 타주의 패턴과 강박 주기를 파악해 보면 대개 네 박자 단위로 진행되고 있다.

갑자기 이주하여 의례를 함께해야 하는 데서 어쩔 수 없는 표준화 과정을 거쳤지만 한국의 찬불가와 같이 누군가에 의해 새로이 창작된 것은 아니다. 한국의 불자들이 그렇듯이 대만의 신도들은 사찰 여기저기를 다니며 신행을 이어 가므로 어느 사찰에서건 특이한 선율을 붙일 수가 없다. 마이크를 잡은 승려가 관용구의 골격에 준하여 부르면 모든 신도들이 그 소리를 따라가야 했던 실정이다 보니, 총림을 불구하고 대만 전역의 사찰이 같은 선율의 범패를 부르게 된 것이다.

이에 대해 음악이나 예술, 혹은 일반 학문을 하는 사람들은 대만 범패가 원형을 너무 많이 훼손했다고 유감을 표하는 경우가 있다. 그 중에 학자들로부터 호평을 듣고 있는 사찰이 있으니 타이베이의 승천사(承天寺)이다. 이 사찰은 복건의 천주(泉州)를 중심으로 법맥을 이어오던 전통 사찰이었고, 살아 있는 지장보살로 추앙받던 광친(廣欽) 노화상이 대만으로 건너와 창건한 사찰로 본토에서의 승풍을 그대로 유지해 가고 있다. 불광산, 법고산, 중대산을 창건한 승려들이 이십대 혹은 삼십대 초반에 이주하여 혁신적인 총림을 형성한 것에 비해 광친 노화상은 오십대의 원숙한 때에 이주하여 보수적인 승풍을 그대로 유지했고 수많은 신도가 있는데도 불구하고 거대한 총림으로 확대하지 않았다.

그렇다면 신세 음악은 어떤지 승천사와 불광사를 통해 비교해 보자. 앞에서 설명했듯 불광산이나 법고산의 사찰 예불이나 법회에서도 범패를 부르기 때문에 신도들도 승천사에 와서 특별히 고제의 범패를 부르기는 어려울 것이다. 반면 불광산이나 법고산 등지의 사찰에서 조석예불에 가장 많이 부르는 노향찬보다 가사가 짧고 선율이 느린「보정찬(寶鼎讚)」을 향찬 범패로 주로 부른다. 그러나 이 선율을 악보로 채보하여 다른 사찰과 비교해 보니 악보상으로는 그다지 큰 차이가 없었다. 다만 승천사에서는 아주 느리게 저음으로 부르므로, 고풍의 정취가 물씬 느껴진다.

반면 승려가 혼자 부르는 노래는 확연이 차이가 나는데 그것이 바로「고종게(叩鐘偈)」이다. 신도들과 함께 부르는 찬류, 게류, 염불류 범패와 달리 승려가 혼자 노래하기에 승단의 의지에 따라 얼마든지 원형을 유지할 수 있다.「고종게」는 한국으로 치면 조석예불 직전에 부르는「종송(鐘頌)」과 같은 것인데, 대만에서는 '신종모고(晨鐘暮鼓)'를 원칙으로 하여 아침에는 종을 치고, 저녁에는 북을 치면서 노래한다고 한다.

승천사(承天寺)의「고종게(叩鐘偈)」.

叩 鐘 偈

채보 : 윤소희

불광산(佛光山)과 법고산(法鼓山)의 「고종게」.

　앞의 두 악보를 비교해 보면 승천사는 박이 들쑥날쑥 자유롭게 진행되
며 각 음표마다 흘리는 음, 떠는 음, 장식음 등이 불규칙적이면서도 자연
스럽다. 그에 비해서 불광산과 법고산은 네 박자의 틀로 이루어져 있다.
이들 사원의 선율 골격은 거의 같지만 두 곡을 실제로 들어 보면 승천사의
「고종게」는 고졸미가 물씬 풍기지만 불광산과 법고산의 「고종게」는 유연
한 고전미가 그다지 느껴지지 않는다. 이러한 점에서 앞서 학자들이나 일
부 예인들이 현재의 대만 범패에 대해 안타까움을 토로하는 심정을 이해
하게 된다.

　그렇다면 이러한 범패에 대한 일반 신도들의 반응은 어떨까. 나는 지난
2013년 6월 14일 「대중 범패의 활용 모색」이라는 논문을 발표했는데, 이때
대만에서 온 한 학자가 이런 말을 했다. "우리는 수륙법회에 참가했다고 생
각하지 어떤 범패를 불렀는가에 관해서는 관심이 없다." 그만큼 대만의 신

도들은 의례와 기도 그 자체에 몰입하지 범패를 음악적인 대상으로 생각
~~지 않고있는 것이다. 그러므로 이에 대한 연구도 그다지 이루어지지 않은~~
상태이다. 대만에서 범패는 모든 사람들이 편안하게 기도에 몰입하게 하
는 수단이지 범패를 예술품이나 문화재로 생각하는 한국과는 그 상황이 다
르다.

필자가 대만 범패를 연구하기 전에 대만에서의 선행 연구를 조사해 보니
출판된 악보집이 없었다. 그리하여 주변의 학자들과 승려들께 알아보니,
악보가 있기는 하나 개별적으로 채보하여 쓰는 정도라고 했다. 따라서 대
만 범패를 총괄하여 그 종류와 내용을 정돈해 놓은 자료도 없었다. 그만큼
일상에서 범패에 젖어 살고 있으므로 이를 연구한다는 생각을 그다지 하
지 않고 있었다.

대만의 이러한 상황에 비추어 보면, 한국의 범패가 재의식을 문화재로
지정한 배경에는 단절이라는 현실이 있었기 때문이다. 조선시대의 억불
정책과 일제강점기의 사찰령, 해방 이후의 사찰정화 분규를 겪으며 범패
를 하는 승려들이 사라지다 보니 희귀성을 갖게 되었고, 민중이나 일상에
서 멀어지다 보니 옛 모습을 그대로 지니고 있던 범패가 어느 날 마치 박
물관의 진귀한 골동품과 같은 모습으로 우리네 일상으로 다시 돌아온 것
이다.

4. 한국 불교음악의 전개

한국에 범패가 전해진 공식적 기록은 신라시대 진감선사(眞鑑禪師)에게서

비롯된다. 그러나 실제로 불교의례와 이에 수반되는 범패는 불교가 공인되기 이전의 초전 불교부터 전래되었을 가능성이 크다. 왜냐하면 어떤 종교가 유입될 때에는 의식과 그에 따른 율조가 함께 들어오는 것이 순리이기 때문이다. 이러한 점을 감안해 볼 때, 신라시대 승려인 각덕(覺德)이 양나라에서 불법을 배워 왔을 때 양나라의 불교 악가무(樂歌舞)도 신라에 들어왔을 가능성을 배제할 수 없다.[23] 이는 월명사가 "서역풍의 성범을 모르고 향가만 안다"고 한 기록[24]보다도 약 이백여 년이 앞선 시기이다.

1) 신라시대의 불교음악

오늘날 한국에서 범패라면 스님들이 부르는 노래로 여기는 것이 일반적이다. 그러나 중국이나 대만에서의 범패는 승려와 신도들이 예불이나 기타 불교의식 중에 다 함께 부르는 것이 일반적이고, 승려에 의해 불리는 범패는 특수한 경우에 한정되어 있다. 통일신라시대의 불교의식에서도 이는 마찬가지인데 일본의 엔닌(圓仁) 스님이 기록한 『입당구법순례행기(入唐求法巡禮行記)』에서도 이와 같은 모습을 발견할 수 있다. 중국 적산원에서 신라인들이 행한 불교의식과 이에 수반되었던 음악이 신라 본토의 범패와 온전히 일치한다고는 할 수 없지만 신라의 범패에 대한 기록이 전무한 상태에서 추정해 볼 수 있는 유일한 문헌이므로 참고해 볼 만하다.

이 기록은 838년 6월 13일부터 구 년여에 걸쳐 기록한 내용인데, 이 중에서 적산원에 관한 기록은 839년 11월 16일부터 11월 22일 무렵의 내용이다. 이때 조석예불은 당풍으로 행했다고 하므로 논외로 하고, 신라 방식으로 행한 의식을 보면, 고좌(高座)의 승려가 독창으로 경의 제목을 노래하는가 하면 하단의 대중이 승려의 선창을 받아 신라풍으로 화답하고, 향을 바치거나 산화의식(散花儀式)을 하며 신도들이 불보살 명호를 신라풍으로 부르거나 하면 승려와 신도들이 다 함께 「삼례(三禮)」를 노래하기도 하고, 의례를 마칠 때는 「회향사(廻向詞)」를 노래하기도 했다.[25]

2) 고려시대의 불교음악

고려시대에 범패에 관한 구체적인 문헌은 없으나, 『고려사(高麗史)』와 『고려사절요(高麗史節要)』에는 국가나 왕실 차원에서 행한 불교 행사가 자주 눈에 띈다. 그 중 한 부분을 소개하면 다음과 같다. "십일월에 팔관회를 베풀었다. (…) 왕이 위봉루(威鳳樓)에 나아가 관람하고 그 명칭을 '부처를 공양하고 귀신을 즐겁게 하는 모임[供佛樂神之會]'이라 하였다."[26]

936년에 왕조가 고려로 바뀌었으나 불교의식은 변함없이 국가적인 행사로 거행되었다. 불교신앙에 의해 민심을 수습하고 국운의 가호를 위해 송도(松都)에 호국 도량으로 열 개의 절을 지었고, 서경(西京)에 호국탑인 구층탑을 세웠으며, 『훈요십조(訓要十條)』를 만들었고 팔관회와 함께 연등회를 열었다.

『고려사』에 의하면 팔관회는 토속신에 대한 제전으로서 등불을 밝히고 술, 다과와 함께 군신(君臣)이 함께 가무를 즐기면서 천지신명을 즐겁게 하여 나라와 왕실의 안녕을 기원한 행사였다고 한다. 본래 개경(開京)과 서경(西京)에서 토속신에게 제사 지내던 의식에 불교의식을 가미하여 개경에서는 십일월인 중동(仲冬)에, 서경에서는 시월인 맹동(孟冬)에 행하는 것이 상례였고, 예식은 전날인 소회일(小會日)과 당일인 대회일(大會日)로 나뉘었다. 소회일에는 왕이 법왕사(法王寺)에서 배불(拜佛)을 하고, 궁중에서 군신의 하례와 헌수(獻壽) 및 지방관의 축하 선물을 받으며 가무백희

(歌舞百戲)를 베푸는 것이 보통이었다. 대회일에도 역시 축하와 헌수를 받고, 여진, 왜(倭), 아라비아 상인들로부터 방물(方物)을 받았는데, 이를 계기로 외국과 일종의 무역이 행해지기도 했다. 의식 내용에서는 연등회와 별 차이가 없었으나, 연등회가 전국적으로 행해진 반면 팔관회는 개경과 서경에서 행해졌다.

그 외에 고려시대에 행해진 불교 행사에는 법회(法會), 재(齊), 도량(道場) 등이 있는데, 법회는 불보살을 받들며 경전을 강독하거나 교설하기 위한 사람들의 모임이라면 재는 불보살께 음식을 올려 공양하며 죽은 이를 천도하는 것으로 신라재(新羅齊), 제석재(帝釋齊), 기수재(祝壽齊), 우란분재(盂蘭盆齊), 기재(忌齊), 백일재(百日齊), 소상재(小喪齊)등이 있었다. 도량은 불교를 교설하거나 불도를 수행하는 장소를 이르는 것인데, 특히 밀교(密敎)에서는 기도수법(祈禱修法)을 짓는 장소였다. 고려시대에 궁궐 안에서 행해진 불교 행사는 대개 도량이라고 불리었는데 이것은 기도의 의미가 포함되어 있는 것이다. 따라서 법회는 내호의 반야(般若)를 선양하는 데 중점을 둔 것이고, 도량(道場)은 밀교의 영향이 짙은 외호(外護)를 수행하는 행사였다고 한다.[27]

이상 고려시대의 문헌을 살펴보면 초기에는 통일신라시대에 있던 기존의 천제 의식에 불교의식이 가미되어 내려오다가 후대에는 밀교적인 성격까지 부가되었다. 여기에는 원나라 몽고족을 통해 들어온 티베트 불교의 영향이 컸다. 한편 신라시대에 소수의 특수층이나 개인에 의해서 민중으로 퍼져 나갔던 것과 달리 고려시대에는 명실상부한 공식 음악 혹은 국가 음악으로써 신라의 향가에서 보는 개인적인 기원이나 서정성을 찾을 수 없고 불교사상과 문화가 국가로 수렴되어 사회 이념화되었다고 할 수 있다.

3) 조선시대의 불교음악

조선시대로 접어들면서 억불정책을 폈던 태조는 정치적으로는 불교를 억압하면서도 불교의식은 그대로 이어가 몇 가지 재(齋)는 그대로 시행했다. 『태종실록(太宗實錄)』 14년 2월 경술년 조에는 정월 15일에 고혼천도(孤魂薦度)를 위하여 불교의식인 수륙재를 행했다는 기록이 있다.

김수온(金守溫)[28]이 지은 『사리영응기(舍利靈應記)』[29]에 의하면 세종대왕이 불당을 건립하고 직접 범패를 지었다는 기록이 있다. 폭군으로 악명이 높은 연산군도 유생들의 반대에도 불구하고 선대의 조종에서 계속해 온 수륙재는 그대로 행했다.[30] 조선시대에 이르러 유교를 국교로 삼았으나 유교는 정치적 이념과 현세적 의례에 치중했고, 사후의 세계와 관련이 있는 불교적인 의례가 지속되면서 범패가 소멸되지 않고 맥을 이어 나갈 수 있었던 것이다.

그러나 유교를 국본으로 삼은 조선의 국가적 기반이 굳어져 가면서 불교음악에 대한 유생들의 반대가 거세어졌다. 그리하여 궁중에서 연행되던 「영산회상(靈山會相)」은 민간의 풍류 음악이 되었고, 왕실의 후원을 받던 사찰 의식은 민간 주도로 변해 갔다. 승려를 십천(十賤)의 하나로 여길 만큼 심화되어 가는 억불정책으로 강제 환속한 승려들이 잉여 인력으로서 민중 속에 거사(居士)로 자리 잡게 되었고, 사찰에서 행해지는 불교 악가무는 민간의 잡기(雜技)로 전락했다.[31]

당시 거사는 학식과 도덕이 높으면서도 벼슬을 하지 않은 사람, 불가에서는 출가하지 않은 재불 남자를 칭하는 호칭이었고, 재불 여자는 사당(社堂)이라고 했다. 세조 이후 이들 잉여 집단의 사회적 물의가 문헌에 등장하기도 한다. 임진왜란 이후 경제적 어려움에 처한 유민(流民) 일부가 거

사 집단과 합세하여 전기의 거사의 기능이 약화되고 떠돌이 예인 집단의
성격이 강해지면서 사당패로 바뀌게 되었다. 이들은 사찰의 빈약한 재정
을 해결하기 위해서 유랑 예인 집단과 전략적으로 제휴했고 사찰의 신표
를 받아서 불사를 행하며 서로 공조했다. 이 과정에서 승무, 바라춤 같은
무용을 선보이기도 했으며, 민중은 어려운 법문보다도 노래와 춤을 통하
여 불교에 친화감을 느낄 수 있었다.

　신라시대 왕을 중심으로 한 최상위 엘리트층에 의한 격조 높은 노래로서
비롯된 불교음악은 고려시대에는 가무백희와 기타 민간의 제사와 유희까
지 불교의식으로 흡수되어 거대한 종합예술로 확대되었다. 조선시대에 접
어들어 신앙의 주체가 서민과 민중으로 변화되면서 불교의식은 재의(齋
儀)적인 것은 무속으로, 예능적인 것은 민간 잡기와 예능으로 뿔뿔이 흩어
져 광대의 생계 수단이 되거나 거지들의 구걸의 수단이 되기까지 했다. 따
라서 오늘날 불리고 있는 재장(齋場)의 범패들도 이 무렵 한국적인 토속화
가 많이 이루진 상태인 것으로 보인다.

5. 한국 불교의식과 범패

1) 불교음악의 분류

대개 어떤 분야의 전반적 면모를 파악할 때 분류에 대해 알아보는 게 유용
한 경우가 많다. 그런 의미에서 중국과 대만 그리고 한국 불교음악의 분류
를 비교해 보면 다음과 같다.

　중국에서는 전통불교음악을 기악곡과 성악곡으로 분류한다. 여기에서

우리는 중국 불교음악에 기악곡의 비중이 많다는 것을 알 수 있게 된다. 실제로 중국 각 지에는 승려들로 이루어진 불악단(佛樂團)이 있는데 이들은 대개 악기로 연주하는 기악 연주단이다. 따라서 중국의 불교음악학자들의 연구에는 악기에 대한 내용이 상당히 많다. 예를 들어 돈황(敦煌) 석굴에 보이는 〈기악도(伎樂圖)〉를 비롯하여 어느 시대에 어떤 악기가 연주되었는지에 대한 연구이다. 이는 한국 전통 불교음악에 기악곡이 없는 것과 큰 차이를 보인다. 하지만 조선 초기까지만 하더라도 세종에 의해 수많은 악기가 동원된 기록이 있었기에,[32] 이러한 현상도 전통 단절의 결과라고 할 수 있다.

대만의 학자들은 불교음악의 갈래를 의식음악과 공양음악으로 나눈다. 대만 일대 각 사찰과 행사를 수차례 탐방했지만 중국과 같은 승려 불악단을 본 적이 없다. 반면 음악회나 기타 불교적 행사에서 연주되는 다양한 민간 기악단이 있는데 이러한 음악은 공양음악으로 분류한다. 이에 비해 의식음악은 법기 반주에 의해 법당에서 의식 중에 부르는 것을 통칭한다. 조석예불, 연중법회, 수륙법회 등에서 불리는 모든 율조가 이에 해당한다. 반면 공양음악은 법당 외에 공연장이나 기타 행사에서 연주되는 악곡들인데 여기에는 창작음악이 모두 포함된다.

한국에서는 전통음악과 창작음악으로 분류하는 것이 일반적이다. 이러한 분류에는 전통 단절이라는 배경이 자리하고 있다. 창작음악은 근대에 창작된 찬불가를 지칭하는 경우가 일반적인데 이는 일반 행사에서는 서구식 창작 기법에 의한 찬불가가 의식 중에 불리고 있음을 시사한다. 흥미로운 것은 대만의 학자들은 한국의 재의식에 연주되는 범패를 의식음악이라기보다 공양음악으로 인식하는 학자가 있었다. 그의 말을 들어 보면, 법당

이 아닌 사찰 마당에서 수많은 구경꾼들이 왔다 갔다 하는 데다 법기가 아닌 일반 악기들도 가세하므로 공양음악이지 의식음악이 아니라는 것이다. 이렇듯 중국과 대만, 한국에서 범패나 불교음악이 처한 상황이 다르고, 불교음악에 대한 기본 개념에도 차이가 있음을 알 수 있다.

중국	대만	한국
범패(성악)	의식음악(범패)	전통음악(범패)
불악단 음악(기악)	공양음악(행사)	창작음악(찬불가)

각국의 불교음악 분류 현황.

2) 조석예불과 법회

전 세계 어느 종교이든 아침저녁으로 성현들께 예를 올리는 것은 공통된 일과이다. 이렇듯 중국이나 한국의 불가에서도 조석의례가 행해지는데, 중국에서는 이를 조모과(早暮課)라 하고 여기에 행해지는 송경과 찬탄을 과송(課誦)이라 하는 데 비해 한국에서는 이를 조석예불이라고 한다. 양국에서 행해지는 조석 의례에 대한 용어가 다른 만큼 그 절차와 내용에도 차이가 있다.

　중국과 대만의 조모과는 아무리 짧아도 한 시간 이상이 소요된다. 향을 사르며 향찬을 노래하고, 이어서 그날의 경전과 다라니를 삼사십 분 이상 송경하며, 마치는 순서에 「삼귀의」와 「회향」을 노래한다. 그러므로 이러한 조석 의례는 수행자나 불자에게 주어진 매일의 과제와도 같은 것이므로 조모과송(朝暮課誦)이라고 한다. 이에 비해 한국은 「오분향례(五分香禮)」와 「칠정례(七頂禮)」로 불보살에 대한 인사를 마치고, 옆으로 돌아서서 신중단

(神衆壇)을 향해 「반야심경(般若心經)」을 외면서 종료된다. 여기에는 중국이나 대만과 같은 종성이나 송주가 없으므로 이 방면의 전문가는 한국 예불도 과송이 되도록 승가의 수행 전통을 회복해야 한다고 주장하기도 한다.[33]

조선시대에는 각 산문(山門)마다 전래되는 그 나름의 예불문(禮佛文)이 있었지만, 전체적으로 통일된 형태가 없었다. 이런 상황은 일제강점기에도 마찬가지였다. 해방 후 어수선한 시기에 사찰에서 예불을 드리면 서로 다른 율조로 인하여 마치 개구리 울음 소리와 같던 때도 있었다. 그리하여 당시 통도사(通度寺)에 주석하던 월운(月雲) 스님은 이러한 사정을 감안하여 현재 대한불교조계종에서 사용하는 예불문을 편집, 유포했다. 이후 다소의 변화가 있기는 했지만 이때의 불문이 오늘날 한국 대부분의 사찰에서 쓰이고 있으므로 현재의 예불의식과 의문의 전통이 그다지 오래된 것은 아님을 알 수 있다.[34]

그나마 예불문이 모두 한문으로 되어 있어 현재는 이를 한글화하기 위한 작업이 진행되고 있다. 대한불교조계종 포교연구실에서는 의례위원회를 결성하여 조석예불문을 비롯하여 갖가지 의례문을 번역하여 표준한글화를 위한 작업을 진행 중이며 현재 조석예불에 쓰이는 「헌다게(獻茶偈)」「오분향례」「칠정례」를 비롯하여 「천수경」과 「반야심경」을 음반으로 발매하여 교계 전반에 걸쳐 홍보와 교육을 실시하고 있다.[35]

한편, 중국과 대만에서 한국의 수륙재와 우란분재와 같은 의식을 '법회'라고 하는 데 비해 한국에서 '법회'는 행사에 가까운 성격을 지니며 이때 찬불가는 합창단이 부르는 경우가 많다. 법회에서 불리는 찬불가들은 모두 근세기 들어서 혹은 요즈음 특정 작곡가들에 의해 창작된 노래로 대부분 서양식 합창의 성격을 지니고 있다. 신라시대의 불교의식을 볼 때 대중이 함께 노래하는 많은 범패가 있었던 것에 비해 오늘날 합창단에 의해서만 불리는 찬불가는 한국 불교의 정서와 맞지 않는다는 지적이 많아 대중이 함께 노래하는 풍토를 만들어 가는 것이 필요하다.[36]

3) 융합적 특성을 지닌 한국 수륙재

2013년, 수륙재가 문화재로 지정되면서 전국 곳곳의 사찰에서 수륙재를 올린다는 소식이 심심찮게 들려오고, 세간에서는 수륙재와 관련한 갖가지 행사가 열리고 있다. 그러나 불과 얼마 전까지만 하더라도 수륙재는 물가에서 하는 용왕재와 같이 여겨 오던 터라 수륙재에 대한 이해가 매우 미흡하다. 그리하여 각처에서 수륙재에 대해 의문을 제기하는 경우가 많다. 이들 의문들을 종합해 보면 대개 수륙재의 역사와 전통이 어떻게 전개되어 왔는지, 수륙재와 영산재는 어떤 차이가 있는지, 국행 수륙재와 민간 수륙재의 차이는 무엇인가에 대한 질문이다.

이러한 질문에 대해서는 앞으로 각 방면의 여러 연구자들이 심도있는 연구를 해야겠지만 한국 수륙재에 내재해 있는 외래적인 요소를 가려냄으로써 그 정체성을 찾아 볼 수도 있다. 한국 수륙재의 현 상황을 들여다보면, 텍스트적 근거는 중국의 것이지만 실제로 행해지는 절차와 재장(齋場)의 상황을 보면 그렇지 않다. 여기에는 고려시대에 원(元)을 통해 들어온 티베트 불교와 한국 불교와의 토착화 과정에서 습합된 다양한 요소가 혼재하고 있기 때문이다.[37]

4) 한국 불교의식음악의 현 상황

조선시대 말기에는 불교 승단을 십천으로 여기며 승려들의 도성 출입을 금했을 만큼 불교가 심한 탄압을 받았고, 일제강점기의 사찰령과 해방 이후 보교정화 분규를 거치며 의식 중에 부르던 많은 노래들이 민간의 무가, 상엿소리, 민요 속으로 숨어 버렸다.[38] 해방 이후에는 범패승들을 '산중기생' 혹은 '무당중'이라고 할 정도로 그 위상이 추락하면서 범패의 품위에도 손상이 컸다. 이러한 제반 상황으로 말미암아 일부 승려들만이 예전에 부르던 노래들을 지켜 온 결과 범패는 승려들만 부르는 노래로 여겨지게 되었다.

1970년대 초반부터 범패가 문화재로 지정되면서 범패승에 대해 '예인' 으로서의 인식이 생겼지만 '수행자'로서의 위상은 아직 부족한 실정이다. 영산재가 무형문화재로 지정되자 전국에 우후죽순처럼 생겨 나는 범음범패보존회와 범패승단, 곳곳에서 행하는 영산재 등 양적인 팽창이 놀라울 정도이지만 수행으로 다듬어진 절제되고 품위있는 자태나 속세를 초탈한 성음을 갖춘 범패를 만나기는 쉽지 않다. 단지 목청만 좋으면 범패승이 될 수 있는 여건으로 인하여 "장판떼[39]가 묻은 범패승이 드물다"는 말을 하기도 한다.

이에 비해 대만에서는 종정(宗正) 스님이 수륙법회의 법주로 의식을 이끌며 범패의 선창을 하거나 대중들과 교창하는 것을 볼 수 있다. 이와 달리 한국에서는 조계종의 큰스님이 범패를 한다는 것은 뭔가 격이 떨어진다거나, 범패를 하는 승려의 지위도 막연히 한 단계 낮다는 생각을 가지고 있기도 하다. 근자에 들어 조계종에서도 의례의 중요성을 깨닫고 악가무(樂歌舞)가 수반되는 수륙재를 복원하는 데 많은 투자를 하고 있는가 하면 총림의 구성원이었던 염불원(念佛院)을 되살리자는 움직임을 보이기도 하고, 불교의례와 불교음악을 연구하는 학자들도 늘어나고 있다.

이러한 시점에서 불교음악의 가치와 미의 기준이 무엇인지 미학적 근거를 제시해 줄 연구와 비평이 필요하다. 범패는 문화재나 무대를 위해 생겨난 것이 아니라 불법으로써 세상 사람들의 마음의 상처를 치유해 주고 산 자와 죽은 자의 회한을 풀어 주며, 미움과 원망으로 얽힌 사회에서 소통과 화해의 역할을 해야 하기 때문이다. 이를 위해서 학계와 문화계, 종교계의 비평적 참여로 범패의 미적 특질에 대한 정립[40]이 필요하며, 승단 내부에서는 미성(美聲)이나 기교보다 수행자의 청정한 내면에서 우러나는 범음이 되도록 노력할 필요가 있다.

6. 맺는 말

한국의 범패는 통일신라시대에 진감선사를 통해 들어온 당풍 범패가 주된 근간이다. 그러므로 의례문을 비롯하여 이를 전달하는 장엄한 범패가 의례 중에 수반된다. 이에 비해 초기 불교의 전통을 지켜 가고 있는 스리랑카, 태국, 캄보디아, 미얀마 등지에는 불교의식음악이란 것이 아예 없다. 더구나 "출가 승려가 범패나 춤과 같은 예술 활동을 하는 것은 수행자의 계율과 맞지 않는다"는 일침을 가하기도 한다. 그러나 좀더 다각도로 조사해 보니 수행처에서 조석으로 행하는 예불문이나 법회 중에 법좌의 승려가 부르는 아름다운 율조도 있었다. 그리하여 팔리어 송경율조와 예불문을 연구해 보니[41] 거기에는 경문을 읊는 낭송율조와 법구경과 같이 가타(伽陀)를 읊는 율조가 있었다. 이러한 율조는 대승불교처럼 음악적이지는 않지만 나름의 율조를 지니고 있고, 이들은 중국의 전독과 범패로 연결되었고, 한국의 안채비 소리인 염불과 바깥채비소리인 범패와 상통하는 면이 있다.

　의례에 수반되는 율조를 극히 제한하고 있는 초기 불교와 달리, 상구보리 하화중생의 기치 아래 보다 많은 사람들이 불법에 합류하기 위한 중국의 대승불교는 음악이 포교에 미치는 기능성과 공덕을 중시했다. 그리하여 의례의 장엄화가 일어났고, 이로 인하여 게송의 모음을 한없이 늘이는 범패가 생겨났다. 그러나 근세기 중국 사회주의 혁명으로 인하여 대륙에서의 전통 의례는 단절되고 대만으로 이주한 사람들에 의해서 중국 전통 불교의례와 범패가 전승되었다. 그렇다 하더라도 중국과 대만의 범패는 끊임없이 대중들에게 불리며 자연스럽게 현대화가 일어났다.

　이에 비해 한국에는 고려시대에 원나라를 통해 들어온 티베트 불교의식과 범패가 섞여 들었고, 조선시대에는 억불정책으로 장엄한 의례에서 불리던 범패들이 무속이나 민간의 악가무와 섞여 들며 급격한 토속화의 길을 걸었다. 조선 말기 일제의 사찰령, 해방 이후 사찰 분규에 이어 현대 서구 문명에 밀려 범패의 전승이 단절된 결과 범패는 일부 승려에 의해서만 불리다 보니 예술적 전문성을 지닌 노래로 변했다. 그러므로 모음을 장인하여 고도의 표출력을 지닌 노래들은 중국이나 대만보다 한국에 더 많이 남아 있다. 이상의 내용들은 한중 불교음악에 대한 개략적인 내용에 불과하다. 앞으로 후학들에 의해서 세부 항목별로 중국과 한국 불교음악의 심도있는 비교 연구가 이루어지기를 바란다.

『삼국유사』 원효설화(元曉說話)의 스토리텔링과 불교사상

한성자(韓醒子)

1. 들어가는 말

『삼국유사(三國遺事)』는 우리 고전 가운데 근래 들어서 가장 각광받고 있는 책 중의 하나가 되었다. 고대를 배경으로 한 드라마들이 큰 인기를 끌면서 그 원천이 되는 『삼국유사』와 그 저자인 일연(一然)에 대한 대중적 관심과 사랑도 함께 높아졌다. 근세에 이르기까지 일연이 불교계에서 별로 주목받지 못한 인물이었고 『삼국유사』도 일연의 비문(碑文)에 적힌 저술서의 목록에 들어 있지 않을 만큼 간과돼 왔다는 것을 생각하면 크게 달라진 상황이다. 정통 역사서들이 왕들을 중심으로 전개되는 전통 속에서 『삼국유사』는 정통 역사서로 대접받지 못했고 대개 『삼국사기(三國史記)』와의 비교 속에서 정사에 대한 야사에 지나지 않는 것으로 간주되었다. 『삼국유사』의 가치가 새롭게 발견된 것은 육당(六堂) 최남선(崔南善)에 의해서였다. 1927년 방점을 찍은 『삼국유사』 교열본[1]을 발간하면서, 최남선은 함께 실은 해제에서 "삼국유사는 어느 의미로 말하면, 조선 상대(上代)를 홀로 담당하는 문헌이라고도 할 만하니, 조선의 생활과 문화의 원두(源頭)와 고형(古形)을 보여 주는 것이 오직 이 책이 있을 따름이다"라고 하여 『삼국유사』를 높게 평가했다. 『삼국유사』에 실려 있는 다양한 이야기들에서 고대문화의 원형을 보았던 것이다.

　대략 1281년에서 1289년 사이에 찬술된 것으로 추정3되는 『삼국유사』에는 「왕력(王歷)」「기이(紀異)」「흥법(興法)」「탑상(塔像)」「의해(義解)」「신주(神呪)」「감통(感通)」「피은(避隱)」「효선(孝善)」의 아홉 편목 아래 고조선부터 후삼국에 이르기까지 백사십여 개의 이야기들이 실려 있는데, 주목할 것은 이 이야기들의 대부분을 일연 자신이 평생 동안 광범위하게 수집한 당시의 국내외 고전 문헌들로부터 인용하여 서술하고 있다는 점이다. 자신의 의견은 협주(夾註)로써 원문과 분명히 구분하여 원래 내용이 가감 없이 독자에게 그대로 전달되도록 했다. 대개 내용에 대한 부연 설명을 하거나, 사실 여부를 알 수 없는 경우 판단을 유보하거나, 잘못된 경우 그것을 바로잡아 줄 때 협주의 방식을 취했다.4 인용된 문헌들은 정통 사서(史書)와 승전(僧傳)에서 빠뜨린 고대에 작성된 고기(古記), 사적기(寺蹟記), 금석문(金石文), 고문서(古文書), 향전(鄉傳) 등 수많은 책들을 포함하고 있는데 그 가운데 대부분의 책들이 전해 오지 않는다는 점에서 이 책의 문헌적 가치는 더욱 높다.

　그러나 『삼국유사』의 가장 큰 의미는 이른바 신이사관(神異史觀)을 바탕으로 신기하고 이상한 이야기들을 적극적으로 삽입했다는 데에 있다.5 신이사관은 대(對) 몽고항쟁을 주도한 무인정권 이후 일어난, 전통문화에 대한 새로운 인식과 주체성에 대한 자각과도 관련이 있는데 「기이」편의 시작에서 신이적 서술에 대한 그의 확고한 의지를 볼 수 있다.

대체로 옛날 성인이 바야흐로 예악(禮樂)으로써 나라를 일으키고, 인의(仁義)로써 가르침을 베푸는 데 있어 괴상한 힘과 어지러운 귀신에 대해서는 어디에서도 말하지 않았다. 그러나 제왕(帝王)이 일어나려고 할 때에는 부명(符命)을 받고 도록(圖錄)을 얻게 된다고 하여 반드시 여느 사람과 다름이 있었다. 그런 후에야 능히 큰 변화를 타서 제왕의 지위[大器]를 잡고 큰일을 이룰 수가 있는 것이다. (…) 그렇다면 삼국의 시조가 모두 신이(神異)한 데서 나왔다고 해서 무엇이 괴이하겠는가? 이것이 「기이」편을 이 책의 처음에 실은 까닭이며, 그 의도가 여기에 있다.[6]

여기서 옛날 성인이 "괴상한 힘과 어지러운 귀신에 대해서는 어디에서도 말하지 않았다"[7]는 것은 『논어(論語)』의 구절을 인용한 것으로 전통적인 유가사상을 가리킨다. 그에 대해 일연은 역대 제왕의 예를 들어 제왕이 되려면 당연히 신이한 일이 벌어졌다고 반론함으로써 유교의 합리주의에 도전하고 있다. 이러한 신이사관은 「기이」편에만 해당되는 것이 아니라 나머지 편목에도 적용되고 있어서 『삼국사기』에서 간과된 건국신화와 승려들의 이적을 비롯한 신기하고 이상한 많은 이야기들이 『삼국유사』를 통해 전해 올 수 있었다. 특히 단군신화의 기록을 통하여 우리 민족의 역사와 뿌리가 고조선에서 연유함을 주장할 수 있는 근거를 제공함으로써 삼국의 분립을 지양하여 오늘날에 이르기까지 통일된 민족의식과 자긍심을 갖도록 한 것은 무엇에도 비길 수 없는 의의를 지닌다고 하겠다. 아울러서 제왕 중심의 도덕적 정치 사관이 지배하던 과거에는 정통 역사서로 평가되지 못했던 반면에 근세에 들어서 정치사 중심에서 폭넓은 문화사적 측면을 강조하게 된 근대사학의 맥락에서 『삼국유사』는 오늘날의 가치관에 잘 맞는 현대성을 지니고 있다.

2. 스토리텔링과 대기설법(對機說法)

『삼국유사』가 가지고 있는 희소성과 현대성이라는 확고한 가치에도 불구하고 최남선 이래 『삼국유사』를 우리 '고대문화의 원형'으로 보는 관점에 대해서는 신중한 접근이 필요하다. 그것은 무엇보다도 일연 자신이 삼국사에 대한 대표성을 가지는 정통 역사서를 저술하려는 의도가 없었다는 점 때문이다. 『삼국유사』는 제목에서의 '유사(遺事)'라는 표현이 말해 주듯이, 삼국을 비롯한 고대국가에 대한 기존의 문헌에서 '빠뜨린 것들'을 보완하려는 목적에서 나온 것이다. 기존 문헌의 정통성을 인정하고 거기에 있는 내용을 독자들이 참조할 수 있다는 전제 아래 『삼국유사』를 편찬한 것이다. 따라서 정통 문헌의 내용을 고려하지 않고 『삼국유사』만으로 삼국시대 및 고대국가 문화의 원형을 찾으려고 하는 것은 상당히 무리가 있는 시도라고 할 수 있다. 『삼국유사』를 편찬할 때 일연이 염두에 둔 기존의 정통문헌으로는 사서(史書)에서는 유학자인 김부식(金富軾)이 국왕 중심, 정치사 중심으로 집필한 『삼국사기』를 들 수 있고, 승전(僧傳)에서는 교종 승려인 각훈(覺訓)이 찬술한 『해동고승전(海東高僧傳)』을 꼽을 수 있을 것이다. 『삼국유사』에서 이 두 문헌에 대해 언급한 것을 종합해 보면 두 문헌에 대한 비판이 없는 것은 아니지만 일연이 두 책을 각각 정통 사서와 정통 승전으로 인정했다고 보는 것이 타당하다고 하겠다.[8] 이렇게 『삼국유사』가 두 문헌에 대한 보완이라는 의미로 편찬됐다고 할 때 『삼국유사』에 나타난 것을 우리 고대문화의 원형으로 간주하는 것은 확실히 문제가 있다.

『삼국유사』가 고대의 정치, 종교, 문화적 상황을 그대로 보여 주고 있다는 것을 전적으로 긍정할 수 없는 또 다른 이유는『삼국유사』가 대상으로 삼고 있는 시기, 즉 삼국에서 통일신라를 거쳐 후삼국에 이르는 시기와 인용된 사료들이 편찬된 시기 사이에 상당한 시차가 있다는 사실 때문이다. 『삼국유사』에 인용된 문헌들은 4세기에서 13세기 말까지의 광범위한 시기에 걸쳐 발간된 것들이며 고려시대의 자료 및 일연이 직접 채집한 구전 자료도 포함돼 있다. 고려시대에 출간된 자료는 '고대문화의 원형'을 보여 주는 것이 아니라 고대문화에 대한 고려시대 사람들의 인식을 반영하는 것으로 보는 것이 올바른 시각일 것이다.9

마지막으로 일연이 전거가 확실한 인용문으로 내용을 구성하고 자신의 견해는 협주에 넣음으로써 철저하게 객관적인 내용을 전달하려고 노력했음에도 불구하고 자료의 취사선택에서부터 이미 일연의 시각이 반영돼 있기 때문에『삼국유사』가 삼국을 비롯한 고대국가의 실상에 대한 사료로서의 신뢰성과 객관성을 확보하고 있다고 말하기 어렵다. 그것은 오늘날 매스컴의 기사 작성 태도에서 볼 수 있는 것처럼 어떤 사건에 대한 보도 여부 자체가 전달자의 주관에 의해서 결정되므로 기사 작성에서 객관적인 태도를 보여 주었다고 해서 그것이 전달자의 객관성을 보장해 주는 것은 아니다. 매우 중요한 사건을 어떤 특정 집단의 이익이나 그 외의 여건을 고려해서 아예 보도를 하지 않는다고 할 때 그것은 기사 안에서 사건을 왜곡하는 것 못지않게 혹은 더욱 심하게 사건에 대한 수신자의 시각에 영향을 미치는 것이다. 그와 같이 다른 문헌들이 사라진 상황에서 일연이 선택한 사건만을 통해 구성되는 고대국가의 모습은 실제의 모습과 크게 다를 가능성이 있다.

이상에서 간략히 본 몇 가지 문제점을 고려해 볼 때 『삼국유사』는 삼국의 정황을 그대로 드러내는 객관적인 서술이라기보다는 삼국에 대한 일연의 스토리텔링이라고 보는 것이 보다 적절할 것이다. 근래 들어 많이 쓰이고 있는 스토리텔링이란 간략히 정의하면 이야기를 전달받을 수신자의 눈높이에 맞춰 '이야기하는 것'을 의미하며 이때 전달 수단은 다양한 종류의 매체가 된다.[10] 텍스트, 비텍스트, 시청각, 디지털 등의 다양한 매체가 사용됨에 따라 이렇게 다양하게 이루어지는 소통 시스템을 모두 포괄할 수 있는 개념으로 문화 콘텐츠라는 용어가 등장하게 되었다. 이야기를 텍스트로 전달하면 문학이 되고, 비텍스트적인 수단으로는 미술작품, 공연 등을 들 수 있으며, 영상 매체를 쓰면 영화가 되고, 디지털 매체를 사용하면 애니메이션, 게임 등의 디지털 서사가 되는 것이다.[11] 문화 콘텐츠는 이와 같이 다양한 소통 시스템을 포괄하고 있지만 이것들 모두를 관통하고 있는 것이 바로 스토리텔링이다. 문화 콘텐츠의 어디에서나 스토리가 이야기되고 있는 것이다.

스토리텔링이라는 개념을 불교와 연관해 생각해 보면, 수신자의 눈높이에 맞춰 이야기한다는 점에서 불교의 '대기설법(對機說法)'을 상기시킨다. 대기설법은 붓다가 듣는 자의 근기(根機)에 맞춰서, 즉 이해력에 맞춰서 가르침을 펼쳤던 것을 말한다. 예를 들면 출가자와 재가자의 구별이 엄격했던 초기 불교 당시에 붓다는 출가자에게는 깨달음에 이를 수 있는 사성제(四聖諦), 십이연기(十二緣起) 등의 심오한 교리를 가르쳤지만 재가자에게는 다음 생에 천상에 태어날 수 있도록 하는 오계(五戒)와 보시 등의 일상생활에서 지켜야 할 간단한 계율만을 설했다. 그렇기 때문에 붓다를 가장 잘 받들었던 재가불자 중의 하나였던 급고독(給孤獨, Anāthapindika) 장자도 평소에는 해탈로 이끄는 가르침을 듣지 못하다가 임종에 이르러서야 비로소 사리불로부터 육신의 본 모습을 알려 주는 심오한 설법을 듣고 기쁨의 눈물을 흘렸던 것이다.12

스토리텔링과 불교의 대기설법에 이같이 수신자의 능력에 맞추어 이야기한다는 공통점이 있다고 할 때『삼국유사』에 있어서 일연의 스토리텔링의 수신자는 동시대의 고려인들이 될 것이다.『삼국유사』에는 당시의 정통 사서나 승전과 마찬가지로 왕이나 훌륭한 업적을 이룬 인물과 훌륭한 고승대덕들의 이야기들이 수록돼 있으나 그와 함께 기존의 문헌들과는 달리 평범하거나 혹은 사회적으로 미천하다고 여겨지는 사람들의 이야기가 다수 실려 있다. 일연이『삼국유사』를 통해 교화의 대상으로 삼은 사람들에는 바로 이런 사람들도 포함돼 있다는 것을 알 수 있다. 그에게 있어서 불법(佛法)은 세속을 무시하고 깨달음의 청정한 세계만을 추구하는 편협한 것이 아니었다. 그렇기 때문에 그의 스토리텔링을 통해 드러난 삼국을 비롯한 고대국가의 모습에서 우리는 왕 중심의 역사가 아닌 민중의 역사를 볼 수 있고, 불교가 아닌 토속 종교의 모습을 볼 수 있으며, 다양한 설화, 시가, 향가 등에 나타난 민중의 삶의 모습을 엿볼 수 있다.

일연이 평범한 사람들을 비롯한 동시대 고려인들을 대상으로 이야기를 통해 전달하고자 한 것은 불법이었고 목표는 그들을 교화하는 것이었다. 불법을 전달함에 있어서『삼국유사』가 어떤 스토리텔링의 전략을 쓰고 있는지, 또 거기에는 어떤 불교사상이 나타나고 있는지를 규명해 보고자 한다. 그에 있어서 방대한『삼국유사』의 내용 가운데 원효와 관련된 이야기들을 취해서 거기에 나타난 불교사상을 살펴보기로 한다. 분석 대상으로

『삼국유사』가운데 원효설화를 택하게 된 것은 양적으로나 질적으로 원효설화가 『삼국유사』에 대한 대표성을 가지고 있다고 생각되기 때문이다. 「의해」편에 '원효불기(元曉不羈)'의 항목을 두어 원효 전기를 구성했을 뿐만 아니라 『삼국유사』의 다른 이야기들에도 원효가 여러 번 등장한다. '원효불기'가 『삼국유사』전체 중에서 유사(遺事)로서의 속성을 가장 잘 드러내고 있다는 분석도[13] 이 글의 연구 대상으로서 원효설화를 선택한 것에 대한 타당성을 뒷받침해 준다. 그 분석에서는 '원효불기'조의 문헌 자료의 인용 상황을 검토해 본 결과, 수행과 깨달음 및 교화의 행적과 같은 중요한 사항을 기존의 승전(僧傳)에 양보하고 많은 부분을 향전(鄕傳)에 의지하고 있다고 했다. 그런데 그 사이에 행장(行狀)은 유실되고 두 개의 비석이 훼손되면서 조선시대 이후 '원효불기'가 거의 유일한 국내 전승이 되면서 문제가 생긴 것이다. 일연의 기록은 기존의 승전에서 빠진 것을 보완하고자 한 것이기 때문에 『삼국유사』의 원효상(元曉像)은 13세기 후반까지의 원효 인식을 총체적으로 반영한 것이 아니며 또한 교단 차원의 공식적인 원효 인식을 대변하는 것도 아니다. 이런 점에서 '원효불기'는 '원효유사'(元曉遺事)라 불릴 만하며 그런 점에서 『삼국유사』의 성격을 대변한다는 것이다.[14] 앞에서 살펴본 『삼국유사』전체의 문제가 원효 전기인 '원효불기'에 가장 뚜렷하게 반영돼 있으므로 『삼국유사』의 축소판이라고 할 수 있는 원효설화에 나타난 불교사상을 규명하면 일연이 『삼국유사』를 통해 전달하고자 했던 불교사상의 대체적인 모습이 드러날 것으로 보인다. 또한 그러한 불교사상이 어떤 스토리텔링의 전략 아래 전달되고 있는 가를 살펴보기로 한다.

3. 원효설화에 나타난 불교사상

1) 무애행(無碍行)─요석 공주와의 만남

'원효불기'는 서두에 원효에 대한 간략한 생애를 서술하고 나서 앞에서 말한 바와 같이 자세한 전기는 『당고승전(唐高僧傳)』과 '행장'을 제시하는 것으로 그쳤다. 민간의 이야기라고 하면서 인용한 원효의 탄생 장면은 붓다의 탄생설화를 연상시킨다. 원효의 어머니가 밤나무 밑을 지나다가 갑자기 해산하게 돼서 남편의 옷을 나무에 걸고 우선 누워 있었기 때문에 그 나무를 사라수(沙羅樹)라 했다고 하는데 불교 전승에 따르면 붓다의 어머니 마야부인도 친정에 해산하러 가는 도중에 룸비니의 사라수 아래에서 붓다를 낳았던 것이다.[15] 이어서 향전에서 인용했다고 한 요석 공주와의 만남에 대한 이야기가 나오는데 '원효불기'에서 사실상 온전한 스토리로 이야기되고 있는 것은 이 사건 하나라고 할 수 있다. 원효의 전기를 쓰면서 비록 그의 수행 과정과 교화의 업적은 『당고승전』과 행장을 참고하라고 했다 하더라도 거의 유일하게 들어간 이야기로서 여성과의 만남을 꼽았다는 것에는 중요한 의미가 있을 것이다.

원효는 요석 공주와의 만남을 통해 불교 계율에서 가장 중요시 여기는 불사음(不邪淫)의 계를 범했다. 이 계는 재가자와 출가자에게 공통적으로 요구되는 계율이지만, 출가자에게는 결혼이 허용되지 않고 재가자에게는 결혼이 허용된다는 점에서 이 계율의 내용은 출가자와 재가자에게 있어서 각각 다르다. 출가자의 경우에는 철저한 금욕이 요구되며, 일체의 음란한 행위가 허락되지 않아서 비구가 지켜야 할 이백오십계 가운데 성교를 금지하는 것이 첫번째로 제정되었다.[16] 한 비구가 어머니로부터 집안의 재산

을 보호할 수 있게 아들 하나만 낳아 달라는 말을 듣고 출가 전 부인과 동
침한 것을 알게 된 봇나는 이 계율을 만들면서 여자와 관계하는 것보다 차
라리 뜨거운 화로에 들어가거나 독사에게 물리는 것이 더 낫다고 크게 나
무랐는데 그것은 인과(因果) 때문이다. 독사에게 물리거나 뜨거운 화로에
빠지면 최악의 경우 죽거나 크게 다치는 것으로 끝나지만 여자와 관계를
맺게 되면 지옥에 태어나는 과보를 받는다.[17] 이 계를 어기는 것은 가장 큰
죄인 바라이죄(波羅夷罪)[18]에 해당되는 것으로 승단에서 퇴출되며 다시는
승단에 들어오지 못한다.

　이렇게 큰 중죄에 해당하는 일을 원효가 자청해서 저질렀다는 것은 특별
한 의도가 있지 않고서는 쉽사리 일어날 수 없는 일이다. 그 의도가 무엇인
지는 그가 불렀다는 노래에 나타난다. "누가 자루 빠진 도끼를 허락하려는
가? 나는 하늘을 받칠 기둥을 다듬고자 한다."[19] 이 말을 들은 태종은 원효
가 "귀부인을 얻어 훌륭한 아들을 낳고 싶어 하는" 것으로 알고 "나라에 큰
현인이 있으면 그보다 더한 이로움이 없을 것"이라고 생각하여 요석궁에
홀로 사는 공주와 맺어 주게 된다. 이를 통해 볼 때 비록 향전을 인용했다
고는 하지만 일연은 원효의 파계를 나라를 위한 인물을 내기 위한 것으로
변호하고자 하는 의도가 있었던 것으로 보인다. 불교가 중국에 들어온 초
기부터 이미 불교의 출가는 나라와 부모를 저버리는 것이라는 비난이 있
었으며, 일연 당대의 시기는 유학의 기세에 불교가 위축되고 있던 때이므
로 불교에도 충효사상이 있다는 것을 강조하고 싶었을 것이다. 자신의 어
머니를 위해서 『삼국유사』의 마지막에 「효선」이라는 편목을 넣은 데서도
이러한 일연의 의도가 엿보인다.

　불교사상적으로는 원효의 파계를 더욱 적극적인 구도 행각으로 해석할

수 있다. 붓다가 깨달음을 목표로 하는 출가자들에게 철저하게 금욕을 가르친 것은 그만큼 성적 욕구가 제거하기 힘든 욕망이기 때문이다. 중생의 처지에서는 애욕을 벗어난다는 것이 요원한 일이어서 일상사가 애욕에 끌려 다니는 괴로움의 연속이라고 할 수 있다. 그런데 출가자의 깨달음은 욕망에서 벗어나는 것뿐만이 아니라 중생에 대해 한없는 자비심을 베푸는 것으로써 완성된다. 중생의 고통에 대해 나와 남 사이의 구별이 없는 동체대비(同體大悲)의 마음을 일으켜야 하는데 사실 애욕의 괴로움에 빠져 있는 중생의 마음을 청정한 수행자가 과연 얼마만큼이나 알 수 있을까라는 의문이 떠오른다. 그렇기 때문에 보살사상이 발전된 대승경전에서는 보살은 중생을 구제하기 위해서 중생의 번뇌까지도 함께해야 한다고 하여 적극적으로 중생의 삶을 살 것을 권장한다. 대승불교에서는 이상적인 수행자의 상이 중생의 탐욕을 멀리하는 출가자에서, 중생의 탐욕까지도 함께하는 재가의 보살로 바뀐 것이다. 『대반야바라밀다경(大般若波羅密多經)』에서는 보살이 오욕(五欲)[20]의 대상을 즐기는 마음을 일으켜 번뇌가 있어도 무상보리(無上菩提)의 깨달음을 얻는 데 크게 장애되지 않는다고 하는데, 그 까닭은 번뇌 때문에 보살이 다음 생을 받아 육바라밀(六波羅蜜)[21]을 닦고 끝없는 불법을 배워서 차츰 완전하게 하면 점차 일체지(一切智)에 가까워지기 때문이라고 했다.[22]

원효의 파계 행위는 이러한 보살행의 실천으로 해석될 수 있다. 그 이전의 청정한 삶은 출가자의 청정한 세계와 재가자의 세속의 세계 사이를 구별하는 분별심이 사라지지 않은 상태라고 할 수 있다. 분별이 있는 한 결코 깨달음에 도달했다고 할 수 없다. 원효 자신이 저술한 『이장의(二障義)』[23]는 세상을 있는 그대로 여여(如如)하게 보지 못하도록 장애하는 것을 근본무명(根本無明)이라고 하며, 근본무명은 깨달음의 세계와 미혹의 세계를 분별하여 깨달음의 청정한 세계에 집착하는 것이라고 했다. "깨달음에 가장 유사해 보이나 바로 그 때문에 이 근본무명은 깨달음과 가장 크게 다르다"[24]라는 이러한 관점은 초기 불전에서도 마찬가지여서 아무리 훌륭한 견해라고 하더라도 거기에 집착해서 그것을 최상의 것으로 여기고 다른 것들은 열등한 것이라고 한다면 그는 다툼에서 벗어날 수 없다고 하여,[25] 분별하는 마음을 내어 깨끗한 것에 집착하는 것을 가장 경계했다.

'원효불기'에서는 다루고 있지 않지만『송고승전(宋高僧傳)』에 기록돼 있는 원효의 오도(悟道)는 의상과 유학 가는 길에 머물었던 토감(土龕)에서 일어났다. 전날 편하게 잠들었던 토굴이 무덤인 줄 알고 난 다음날 밤에는 귀신 소굴이 됐던 것이다. 이를 통해 이미 "모든 것은 마음이 만들어낸다"[26]는 만법유식(萬法唯識)의 진리를 깨닫고 당나라 유학을 그만둔 원효에게 남은 것은 자신의 깨달음을 실천하는 일이었다. 그것은 위의『대반야바라밀다경』에서 보았듯이 번뇌의 삶 속에서 불법을 닦음으로써 일체지에 도달하도록 하는 것이었다. 그렇게 볼 때 요석 공주와의 만남은 출가자와 재가자의 경계를 끊어 중생의 번뇌를 함께하기 위해 원효가 결연히 선택한 구도의 길이었다고 할 수 있다. 계(戒)를 잃고 아들 설총(薛聰)을 낳은 후로 원효는 속인의 옷으로 바꾸어 입고 스스로 소성거사(小姓居士)라고 이름했다. 재가자가 된 그에게 승속의 구별과 보리와 번뇌의 구별은 없었다. 광대들로부터 큰 박을 얻어 이를 무애(無碍)라 이름하고, 노래하고 춤추며 사람들을 교화했다. 무애는『화엄경』의 "일체의 무애인(無碍人)은 한결 같이 죽고 사는 것을 벗어난다"[27]라는 구절에서 따온 것이다. 무애박을 두드려 특히 가난하고 무지몽매한 사람들로 하여금 모두 부처의 이름을 알고 나무아미타불을 부르게 한 것에 대해서, 일연은 원효의 교화야말로 참으로 크다고 칭송하고 있다.

'원효불기'에서의 일연의 스토리텔링 전략은 그 제목에서부터 확연하게 드러난다. 불기(不羈)는 얽매이지 않는다는 것이니 바로 무애와 같은 의미이다. 일연은 원효에게서 무애사상이 가장 중요하다고 보았고 그렇기 때문에 청정한 수행자의 삶에서 무애인 소성거사의 삶으로의 전환점이 되는 요석 공주와의 만남을 '원효불기'의 유일한 스토리로 택한 것이다. 성에 대한 욕망이란 얼마나 끊기 어려운 것인가. 그럼에도 불구하고 원효에게는 그 파계적 행위가 욕망에 굴복해서라기보다는 보살행의 실천을 위한 결연한 출정의 의미를 지닌다는 것이 더 적절한 이야기가 될 것이다. 원효의 주석서와 저술에 나타난 치밀함과 철저함은 청정한 계율을 지키는 것이 그에게 큰 문제가 되지 않았음을 짐작케 한다. 그러나 일연은 원효의 파계를 변호하는 어떠한 설명도 달지 않고, 향전에서 구한 요석 공주와의 만남에 대한 스토리로 구성했다. '원효불기'에서의 일연의 스토리텔링 전략은 요석 공주와의 만남을 주요 스토리로 선택하고 더 이상의 개입은 하지 않는다는 것에 있다. 딱딱한 정전과 달리 향전이 전하는 재미와 여유를 그대로 둠으로써 읽는 사람으로 하여금 각자의 근기대로 읽도록 한 것이다.

2) 청정행(淸淨行)—의상

원효와 관계된 의상의 이야기는 잠깐 접어 두고 의상에 대한 『삼국유사』의 서술을 보면 의상 전기는 '의상전교(義湘傳敎)'라는 조목 아래 서술되고 있는데 '원효불기'에서 원효를 다루고 있는 방식과는 크게 대조된다. '원효불기'에서는 원효의 구체적 수행과 교화는 다른 승전에 미루고 요석 공주와의 만남이라는 파계를 주요 스토리로 삼았다면 '의상전교'에서는 다른 승전에서 언급하고 있는 선묘(善妙)라는 여성에 대한 일화는 없고 오직 수학과 교화의 청정행만을 이야기하고 있다. 아마도 선묘 이야기[28]가 『당고승전』에 자세히 나와 있기 때문이라고 짐작되지만 그렇다고 해도 원효에 있어서 요석 공주의 역할에 비길 만하고 더욱이 후세인에게는 요석 공주보다 더 큰 존재감이 있는 선묘의 이야기를 아예 제외한 데에는 분명한 의도가 있을 것이다. '의상전교'라는 제목이 말해 주듯 의상에게서 일연이 가장 중점을 두고 싶었던 것은 의상의 전법과 교화라고 할 수 있다. 선묘 이야기는 그런 그의 의도를 부각시키는 데 아무 도움도 되지 않는 것으로 여겼기에 제외했을 것이다. 대신 의상의 구도(求道) 행각은 비교적 자세히 다루고 있다.

의상은 원효와 당나라 유학을 같이 떠났을 만큼 절친한 사이로 짐작되지만 두 사람의 구도 방식은 크게 다르다. 원효와 함께 첫번째로 나섰던 유학길이 요동에서 변방의 순라군(巡邏軍)에게 첩자로 오인받아 실패한 후에 의상은 포기하지 않고 재차 입당을 시도해서 마침내 중국 화엄의 대가인 지엄(智儼)에게 나아가 제자가 될 수 있었다. 제자가 되었다고 해도 지엄이 의상을 만나기 전날 상서로운 꿈을 꾸고 의상을 미리 맞으려고 기다리고 있었으며, 아직 가르치기도 전에 의상은 『화엄경(華嚴經)』의 뜻을 미묘한 데까지 이미 잘 알고 있었기 때문에 오히려 선생을 능가하는 제자였다고 할 수 있다. 날 때부터 총명해서 따로 스승을 따라 배우지 않았다고 기록돼 있는 원효와 그 타고난 뛰어남에 있어서는 별반 다르지 않았던 것이다.

그러나 그의 교화는 원효와 크게 달라서 신라에 돌아오고 난 후에는 여러 절을 창간하고 또한 훌륭한 제자를 많이 키워서 아성(亞聖)이라고 불리는 제자만 해도 열 명이나 두었다. 뚜렷한 스승도 없고 제자도 없이 저잣거리에서 무지몽매한 사람들에게 붓다의 명호를 알려 주던 원효의 상황과는 크게 달랐던 것이다. 또한 '의상전교' 마지막에는 의상과 그 무리들이 황복사(皇福寺)에서 탑을 돌 때 허공을 밟고 층계는 밟지 않았다는 것과 의상이 그들에게 "세상 사람들이 이를 보면 반드시 괴이하다고 할 것이니 세상에 가르칠 것은 못 된다"라고 말한 것이 실려 있다. 신이한 것이 사람들에게 삿된 생각을 일으킬 것을 염려했기 때문일 것이다. 붓다가 제자들에게 함부로 신통력을 쓰지 말라고 했던 것과 맥락을 같이한다는 점에서 의상의 청정행에서 어긋남을 찾기는 힘들다는 것을 확인할 수 있다. 일연은 또한 '의상전교'의 많은 부분을 지엄 아래에서 함께 수학했던 법장(法藏)이 신라에 있는 의상에게 이십여 년 만에 인편으로 보낸 편지로 채우고 있다. 편지의 내용은 의상의 교화에 대한 칭송과 스승 지엄의 주석서를 다시 풀이한 자신의 저술에 대한 이야기이다. 이로써 일생을 오로지 불법의 연구와 교화에 힘쓴 의상의 청정행에 집중하는 것이 '의상전교'에서의 일연의 스토리텔링의 핵심 전략임을 알 수 있다.

의상과 원효가 함께 등장하지는 않는다고 하더라도 두 사람이 시차를 두고 같은 목적을 가지고 같은 장소에 나타남으로써 은연중에 서로 비교되는 조목이 하나 있다. '낙산이대성(洛山二大聖) 관음(觀音) 정취(正趣) 조신(調信)'에서 의상은 낙산의 굴에 산다는 관음보살을 만나러 가서 용에게서 여의보주를 얻고 관음보살을 친견한 후에 그 지시에 따라 낙산사(洛山寺)를 짓는다. 그 뒤 원효가 관음보살을 친견하러 가는 길에 한 여인을 희롱하고 다른 한 여인으로부터는 물을 얻어 마시려고 했다가 여인이 월수백(月水帛) 빤 물을 주어 더럽다고 버리고 나서 스스로 다시 떠먹는데, 나

중에 원효는 자신이 관음보살을 만났던 것임을 알게 된다. 이어서 굴에 가서 관음보살을 친견하려고 하나 풍랑이 일어 보지 못하고 떠난다. 이 이야기에서 의상은 관음보살을 만나러 가기 전에 재계(齋戒)하고 칠 일 동안 기다리는데 반해서 원효는 가는 길에 여자들과 희롱하는 등 대조를 보이고, 관음보살을 친견함에 있어서도 의상은 목적을 이루나 원효는 실패함으로써 의상이 원효보다 한 수 위인 것으로 나타난다. 그러나 다른 관점에서는 관음보살 친견이 원효에게 그다지 큰 의미가 아니라는 해석을 내릴 수도 있다. 관음보살이나 문수보살을 친견했다는 이야기가 『삼국유사』의 여러 곳에 서술돼 있지만 "상(相)에 매이지 말라"는 불교의 더 높은 가르침에 있어서는 붓다를 친견하는 것조차 의미가 없다. 그것은 초기 불교와 대승불교 모두에서 똑같이 이야기되고 있는 것이다. 팔리(Pali) 불전에서 붓다는 병으로 고통받는 한 비구를 문병 가서 그로부터 병 때문에 붓다를 친견하러 갈 수 없는 것을 후회하고 자책한다는 얘기를 듣고 다음과 같이 설함으로써 붓다의 몸을 보는 것이 아무 의미가 없음을 깨우쳐준다.

"왁깔리여, 그만하여라. 그대가 썩어 문드러질 이 몸을 봐서 무엇하겠는가? 왁깔리여, 법을 보는 자는 나를 보고 나를 보는 자는 법을 본다. 왁깔리여, 법을 볼 때 나를 보고 나를 볼 때 법을 보기 때문이다."[29]

또한 대승불교에서 가장 사랑받고 있는 『금강경(金剛經)』에서도 "만일 몸으로써 나를 보려 하거나 음성으로써 나를 구한다면, 이 사람은 그릇된 도를 행하는 것이니 여래를 보지 못하리라"[30]고 하여 위와 다름없는 내용을 말하고 있다. 그러므로 중생이 관음보살을 친견하고 문수보살을 친견하는 것은 좋은 일이지만 그보다 더 중요한 것은 법, 즉 가르침을 알고 실천해야 한다는 것이다. 그러므로 무애자재(無碍自在)한 원효에게 있어서 관음보살의 친견은 이루어졌다면 좋은 일이지만 안 이루어져도 별 의미가 없는 일이었을 것이다. 그러나 청정행을 닦는 의상에게는 청정행에 상응하는 결과가 있는 것과 없는 것은 아마도 그 의미가 달랐을 것이다. 관음보살을 친견하러 갔는데 못 만나고 왔다면 그것은 그의 청정행에 뭔가 결함이 있다는 것을 의미하는 것으로 해석됐을 것이고 그렇다면 그는 더욱 더열심히 정진해서 결국은 관음보살을 친견했을 것이다. 일연의 스토리텔링 전략은 원효에 있어서는 무애행에 집중하고 일연에 있어서는 청정행에 강조점을 두는 것이므로, 의상은 관음보살을 친견하고 원효는 친견하지 못하고 그냥 떠나 버리는 이 사건은 그의 스토리텔링 전략에 아무런 차질을 빚지 않는다. 두 스님 모두 각자의 수행 방식에 비쳐 볼 때 그에 걸맞은 행위를 한 것이기 때문에 일견 의상이 우위에 서 있는 것 같은 인상을 줄 수 있음에도 불구하고 일연은 개의치 않고 이것을 포함시켰을 것이다.

3) 화광동진(和光同塵)―혜공

혜공(惠空)은 원효가 경전의 주석서를 지을 때 의문점이 있으면 찾아가서 질문하곤 했던 고승으로 원효가 그 밑에서 수학한 것은 아니지만 교학적으로나 실천적으로나 원효에게 많은 가르침을 준, 가히 원효의 스승이라고 할 만한 인물이다. 일연의 서술은 혜공을 신이에 있어서는 물론이고 그 파격과 지혜에 있어서도 원효를 능가하는 고승으로 묘사하고 있다. 혜공을 다룬 '이혜동진(二惠同塵)' 조에서는 혜공 말고도 혜숙(惠宿)이라고 하는, 신이에 있어서 혜공 못지않은 또 다른 고승이 함께 실려 있다. 제목의

'동진'은 화광동진(和光同塵)을 이르는 것으로 부처나 보살이 갖가지 모습으로 세상에 나타나는 것을 의미한다. 즉 혜숙과 혜공 두 비범한 고승이 속세에서 민중과 함께 섞어 교화한 것을 일컬은 것이다. 두 사람 다 생사를 마음대로 하고 몸을 나누어 서로 다른 장소에 동시에 나타내는 등의 신이를 보였다. 혜숙에게서는 사냥해서 잡은 고기를 좋아한 어떤 화랑에게 자기 다리 살을 베어서 더 맛있는 고기를 드시라고 들이밀 만큼의 섬뜩한 단호함이 번뜩인다면, 혜공은 신령한 이야기는 더 많이 서술돼 있어도 보다 따뜻한 면모를 보인다.

혜공과 원효의 인연은 잘 알려진 '여시오어(汝屎吾魚)'의 일화를 통해 『삼국유사』에 전해진다. 두 사람이 냇가에서 함께 물고기와 새우를 잡아먹고 똥을 눈 후에 혜공이 원효를 향해 "너는 똥을 누었지만 나는 물고기를 누었다"고 희롱했던 것이다. 이에 대해 원효도 한마디 했을 법한데 전해 오지 않는 것을 보면 혜공에 대해서는 원효가 틀림없이 한 수 아래였던 듯하다. 물고기를 잡아먹은 것은 오계(五戒) 가운데 하나인 불살생(不殺生)의 계를 범한 것으로, 둘이 똑같이 잡아먹었는데도 혜공은 그 자리에서 죽은 고기를 산 고기로 바꿔 놓음으로써 실계(失戒)한 일이 없게 된 것이다. 사실 여부는 알 수 없는 일이지만 혜공의 한마디 말에서 그의 걸림이 없는 경지를 알 수 있다. 그런 점에서 마치 선불교(仙佛敎)에서 스승의 점검이 필요하듯이 혜공은 경전의 이해뿐만이 아니라 무애행의 실천에 있어서도 원효의 무애행의 완성에 좋은 본보기가 되었을 것으로 짐작된다. 크게 취해서 삼태기를 지고 거리에서 노래하고 춤을 추어 부궤화상(負簣和尙)이라고 불렸다는 서술은 원효의 무애행을 선취하고 있음을 말해 준다.

혜공에 대한 기록의 마지막에 일연은 일찍이 후진(後秦)의 승조(僧肇)가

쓴『조론(肇論)』을 보고 혜공이 자기가 찬술한 것이라고 했다는 것을 기록하고 있다. 그 앞에 서술된 여러 가지 신령한 일들을 미루어 봐도 혜공이 허투루 그런 말을 한 것은 아닐 것이라는 생각이 들지만 일연은 이에 대해 "승조의 후신임을 알겠다"라고 확신하고 있다. 승조가 해공제일(解空第一)이라고 불릴 만큼 공(空)의 이해에 투철했다는 점에서 승조와 혜공의 관계는 더욱 그럴듯해 보인다. 일반인들에게는 전생을 본다는 것이 믿을 수 없는 허황된 말로 들리겠지만 그러나 일반적으로 합리적이라고 여겨지고 있는 초기 불전에서도 전생을 보는 능력은 명상 수행의 과정 중에 획득할 수 있는 한 요소로 반복해서 서술되고 있다.

붓다는 깨달음을 얻는 과정에서 사선정(四禪定)의 명상을 마친 후에 삼명(三明)이라고 하는 세 가지 신통력을 얻는데 그 가운데 둘이 전생을 보는 능력이다. 하나는 자신의 전생을 보는 숙명통(宿命通)이고 다른 하나는 다른 사람들의 전생을 보는 천안통(天眼通)이다.[32] 붓다 외에도 깨달음을 얻어 아라한(阿羅漢)이 된 많은 제자들 역시 이러한 능력을 가지고 있었다. 여기에 세 가지 신통력이 더 오게 되면 육신통(六神通)이 된다. 혜숙과 혜공 두 고승이 몸을 나누어 여기 저기 나타날 수 있는 신족통(神足通)도 이 중 하나인데 원효 역시 몸을 백 그루의 소나무로 나누었다고 일연은 기록하고 있다. 이와 관련해서는『화엄경』에도 초지보살(初地菩薩)이 부지런히 정진하면 백 명의 부처를 볼 수 있고 백 가지로 변신할 수 있다는 구절이 있다.[33]

혜공에게서 일연은 신이를 스토리텔링의 전략으로 삼은 듯 여러 가지 신령한 사건들을 서술하고 있는데 그러는 중에도 여러 가지 신이가 모두 중생을 살리는 것과 연관됨으로써 신이 자체보다 보살행에 더 의미를 두어 불교 가르침의 근본을 놓치지 않고 있다.

4) 사복불언(蛇福不言)―사복

원효와 인연을 맺은 인물 가운데 사복은 어떤 면에서는 가장 불가사의한 인물로 서술돼 있다. 나이 열두 살이 되어도 말을 하지 못하고 일어나지도 못했다고 하나 자기 어머니가 죽자 원효에게 와서 말을 한 것으로 보아 이때는 나이가 더 들어 사람 구실을 하고 있었던 것으로 보인다. 그러나 어느 정도의 나이에 해당되는지는 알 수가 없다. 원효에게 한 말도 "그대와 내가 옛날에 경(經)을 싣고 다니던 암소가 이제 죽었으니 나와 함께 장사 지냄이 어떻겠소?"라는 알 수 없는 소리다. 앞에서 본 바와 같이 과거생을 볼 수 있는 숙명통을 얻은 성인의 경지라야 할 수 있는 말이다. 원효가 망자에게 계를 주며 "세상에 나지 말 것이니, 그 죽는 것이 괴로우니라. 죽지 말 것이니 세상에 나는 것이 괴로우니라"라고 말하자 사복이 너무 번거롭다고 하여 원효는 다시 고쳐서 "죽는 것도 사는 것도 모두 괴로우니라[死生苦兮]"라고 했다. 원효가 시체 묻을 곳을 물었으나 사복은 띠풀 줄기를 뽑은 뒤 땅 밑에 나타난 연화장세계(蓮花藏世界)로 시체를 업고 사라져 버렸다.

사복이 번거롭다고 하여 원효가 줄여서 '사생고(死生苦)'라고 한 것은 불교의 가장 중요한 교리인 고집멸도(苦集滅道)의 사성제를 축약한 것이라고 할 수 있다. 사성제는 세상이 괴로움이며 괴로움의 원인은 욕망이고 욕망으로부터 벗어나는 길이 있으며 그것은 여덟 가지의 올바른 길[八正道]이라는, 네 가지 진리를 말한다. 그리고 사성제는 오온(五蘊)과 십이연기(十二緣起)의 가르침을 포함하고 있으므로 여기에 불교의 중요한 모든 진리가 다 들어 있다.

이 짧은 한마디로써 진리에 대해 할 수 있는 말을 다 표현하도록 한 사복에게서 『유마경(維摩經)』에 나오는 유마거사를 떠올리지 않을 수 없다. 『유마경』의 핵심 사상은 불이법문(不二法門)이라고 할 수 있는데 유마는 자신이 병들었다는 것을 듣고 붓다가 병문안 보낸 여러 보살들과 제자들에게 어떻게 상대적 차별을 끊고 절대 평등한 불이법문에 들 수 있는지를 묻는다. 이에 저마다 생(生)·멸(滅), 선(善)·불선(不善)을 비롯한 갖가지 이분법을 들어 그것들을 제거함으로써 불이법문에 들 수 있다고 답하는데 마지막으로 유마거사로부터 다시 같은 질문을 받은 문수사리(文殊師利)는 "제가 생각하건대 모든 것에 있어서 말이 없고, 설함도 없으며, 가리키는 일도, 아는 일도 없으며 모든 문답을 떠나는 것이 불이법문에 드는 것이라고 생각합니다"[34]라고 답한다. 그리고는 유마에게 같은 질문을 던지나 유마는 오직 묵연(默然)할 뿐 아무런 대답이 없었다. 이에 문수사리는 "참으로 훌륭합니다. 문자도 언어도 없는 것이야말로 진실로 불이법문(不二法門)에 드는 길입니다"[35]라고 찬탄했다는 것이 『유마경』의 핵심 내용이다. 절대 평등의 둘이 아닌 경지라는 것은 문자나 언어로는 표현이 되지 않는 세계이다. 왜냐하면 말로 표현하는 순간 그것은 이미 그 경지와는 다른 것이 되기 때문이다. 일생을 말없이 살다가 마지막 순간에 '생사고'라는 그 말조차도 원효를 시켜 말하게 한 사복은 문수사리로 하여금 불이법문을 설명하게 하고 자신은 끝까지 불이법문 자체를 실현한 유마거사에 다름 아니라고 하겠다.

사복이 현생의 몸으로 연화장세계로 사라진 것은 신이한 일이 틀림없으나 이 역시 불교의 가르침에 들어 있는 것이다. 『금강경』에서 말하고 있는 바와 같이 일체중생의 종류에는 난생(卵生), 태생(胎生), 습생(濕生), 화생

(化生) 등 여러 종류가 있는바[36] 그 가운데 화생은 지옥이나 천상 세상에 태어나는 경우 어떤 것에도 의지하지 않고 스스로의 업력에 따라 홀연히 거기에 나타나는 것을 말한다. 특히 다시 윤회로 돌아오지 않는 불환과(不換果)를 성취한 성인의 경우에 죽었다가 다시 태어나는 일 없이 홀연히 그 몸이 이 세계로부터 사라져 천상에 나타나 거기에서 해탈하는 것이다. 사복이 연화장세계로 들어간 것은 바로 그러한 화생을 말한 것이라고 하겠다. 사복이 연화장세계로 사라진 것이야 우리가 확인할 수 없는 일이라서 알수 없다고 하더라도 무언(無言)으로써 생사고의 진리를 말한 것은 그의 성인됨을 어느 정도 가늠하게 한다. 일연도 사복의 무언이 가지는 의미를 알리기 위해 이 이야기를 실은 것이라고 하겠다.

4. 맺는 말

『삼국유사』에서 원효와 관련된 이야기들을 대상으로 분석함으로써 일연의 스토리텔링 전략과 그에 따라 강조된 불교사상을 규명해 보았다. 이를 정리하면 그의 스토리텔링의 방식은 기존 연구에서 알려진 바와 같이 자료와 자신의 견해 사이의 구분을 명확하게 함으로써 가능한 한 객관적인 정보의 전달을 지향한다. 그 자신의 견해는 여러 방식으로 사용된 협주를 통해 알 수 있으나 대체로 인용된 정보의 사실 여부에 대한 것으로 내용에 나온 인물이나 사건에 대한 견해는 표명하지 않았다. 뒤에 붙은 '찬(讚)'의 경우는 말 그대로 해당 인물의 업적에 대한 찬탄이기 때문에 그의 견해를 아는 데 그다지 유용하지 않다.

그러나 어떤 이야기를 『삼국유사』에 수록하느냐 안 하느냐의 결정에 이미 그의 의사가 반영돼 있는 것이므로 수록된 이야기들은 이미 그 자체로서 일연의 스토리텔링 전략을 말해 주고 있다. 그러므로 여기 수록된 이야기들에 나타난 불교사상은 그가 중요하다고 생각한 불교사상을 반영하는 것이라고 할 수 있다. 그에 따라 방대한 『삼국유사』 가운데 분석의 편의상 양적인 면에서도 비교적 많이 언급돼 있고 질적인 면에서도 그가 중요하게 생각하고 있는 인물임에 틀림없는 원효를 택하여 그와 관련된 몇 가지 이야기들 속에 나타난 불교사상을 분석해 보았다. 그 결과 각각의 이야기들은 단순한 설화가 아니라 불교 교리에 근거를 둔 것으로서 중요한 불교사상과 연관돼 있다는 것을 알 수 있었다.

'원효불기'에 나타난 사상은 무애사상으로서 요석 공주와의 만남에 따른 원효의 파계는 깨달음의 세계와 번뇌의 세계를 구별하는 분별심, 즉 근본무명을 없애고자 원효의 결단에 따라 일어난 사건이며, 이를 계기로 원효는 무애행의 실천으로 대전환을 할 수 있었다. '의상전교'에서 보이는 의상의 청정행은 초기 불교에서 강조되는 것으로 청정행의 가치가 폄하되는 일은 없어야겠지만 그렇다고 해도 청정행에 대한 집착은 깨달음의 성취에 가장 미세하면서도 없애기 힘든 장애가 된다는 것을 강조하고 있다. '화광동진'에 등장하는 혜공은 신이와 함께 원효의 무애행의 실천이 보다 완성된 경지를 보여 주며 아울러서 혜공이 곧 승조였다는 것을 통해 숙명통의 가르침이 나타나 있다. 마지막으로 '사복무언'에서는 가장 중요한 사성제의 가르침과 직결될 뿐만 아니라 『유마경』의 불이법문의 재현과도 같은 사복의 무언을 통해 진리는 결코 언어로 표현될 수 없다는 가르침을 담고 있다. 또한 부수적으로 연화장세계로의 사복의 화생을 통해 불환과의 교리도 말하고 있다.

이상에서 본 바와 같이 단순해 보이는 『삼국유사』의 일화들은 중요한 사상적 의미를 담고 있다. 각자의 근기에 따라 이 이야기들은 단순히 재미있는 이야기로 읽힐 수도 있고 또는 이를 통해 그와 연관된 보다 깊은 불교사상이 전달될 수도 있다. 어떤 경우든 이 이야기들은 단순한 설화를 넘어 불교를 통한 교화의 의미를 담고 있는데 그에 있어서 일연이 가장 중요하게 생각한 것은 원효의 무애사상이라고 할 수 있을 것이다. 그것은 세속의 세계와 깨달음의 세계에 대한 분별을 없애는 것이다. 그에 따라 『삼국유사』 편찬을 위해 다양한 일화를 수집하고 선택하는 데 있어서 일연의 스토리텔링 전략은 민중의 삶을 소홀히 여기지 않으면서 깨달음의 목표를 놓치지 않는 무애행의 일환으로서의 스토리텔링이었다고 할 수 있을 것이다. 그로써 불교 교화의 목표를 염두에 두면서도 거기에 집착하지 않음으로써 당시까지 문헌을 통해 전해 오는 민중의 삶의 여러 가지 모습을 담아낼 수 있었다고 하겠다. 비록 그것이 우리 문화의 원형을 그대로 간직하고 있는 실질적인 고대인의 삶의 모습은 아니었다고 하더라도 그것이 보여 주는 다양함은 현대에도 충분히 수용될 수 있는 현대성을 지니고 있기에 오늘날 『삼국유사』는 가장 주목받는 고전 중의 하나가 된 것이다.

주(註)

불교의례와 공연예술의 만남

1. R. Needham, "Percussion and Transition," *Man* (NS), Vol. 2, No. 4, 1967, p.77.
2. Tom F. Driver, *The Magic of Ritual: Our Need for Liberating Rites that Transform Our Lives and Our Communities*, San Francisco: Harper San Francisco, 1991, p.16.
3. 구미래, 「불화(佛畵)를 통한 불교문화의 재인식과 문화 생산」『한국불교학』, 한국불교학회, 2003, p.525.
4. 구미래, 「염불의 수용 양상과 종교·주술적 기능」『종교와 노래』, 민속원, 2012, p.39.
5. 김호성 편저, 『한국불교의식집』, 민족사, 1993, p.16.
6. 박승주, 「재공의식(齋供儀式)에 대하야」『불교』 제35호, 1927. 7, pp.31-35.
7. 미르치아 엘리아데, 이은봉 옮김, 『영원회귀의 신화』, 한길사, 1998, p.32.
8. 홍윤식, 『불화』, 대원사, 1989, p.130.
9. 구미래, 「불교 무형문화유산의 체계적 분류와 조사를 위한 연구」『불교학 연구』, 불교학연구회, 2014, pp.368-369.
10. 구미래, 『한국인의 죽음과 사십구재』, 민속원, 2009, p.287.
11. 김혜주, 「로댕의 〈캄보디아 무희들〉에 관한 연구」『미술사학보』 23, 미술사학연구회, 2004, pp.230-232.
12. 위의 논문, p.233에서 재인용.

불교의례의 역사적 전개와 교화 방편

1. 김상현 교수는 2013년 7월 21일 작고하여, 원고를 마무리하지 못했다. 이 글은 한국공연예술원 샤마니카연구회의 '한국 공연예술과 불교의례' 세미나에서 '불교의례의 역사적 전개'라는 주제로 2012년 11월 17일에 발제했던 내용이다. 불교사상 연구의 대가였던 고(故) 김상현 교수의 서거를 애도하며 미완의 원고를 게재한다.
2. 李仁老, 『破閑集』 卷下. 이 책에서 관휴의 문장을 소개하고 있다.
3. 李仁老, 『破閑集』 卷下. "옛날 원효대성은 백정, 술장수 등과 어울렸다. 일찍이 목이 굽

은 호리병을 매만지며 저잣거리에서 노래하고 춤을 추었는데, 그것을 '무애'라고 이름
하였다. 그 뒤에 어떤 호사가가 호리병 윗쪽에 ▨▨▨▨ ▨▨ ▨▨ ▨▨▨▨ 채식(彩飾) 비단
▨ ▨▨▨▨▨▨ 것으로 상식을 삼고는, 가볍게 두드리며 나아갔다 물러섰다 하는데, 모두
음절이 맞았다. 이에 경전의 게송을 따라 「무애가」라 하니 밭 가는 늙은이도 이를 모방하
여 유희로 삼았다."

4. 李奎報, 『東文選』卷50.

5. 李仁老, 앞의 책. "揮雙袖所以斷二障 三擧足所以越三界."

6. "調飛聲爽快哀婉能使諸天歡喜永於遠地流傳學者滿堂誨之不倦至今東國習魚山之妙者競
   如掩鼻效玉泉餘響豈非以聲聞度之之化乎禪師泥洹當."

7. 엔닌(圓仁), 신복룡 번역·주해, 『입당구법순례행기(入唐求法巡禮行記)』, 선인, 2007.

8. 洪錫謨, 『東國歲時記』4月.

9. 『世宗實錄』世宗 16年 4月 11日.

10. 李德懋, 『靑莊館全書』卷1, 「嬰處詩稿」. "僧徒十數人持旗擊鼓時時來邨巷裡口誦念佛足
    蹈手舞眩俗索米足爲一粲."

불교사상과 의례 구조

1. 求那跋陀羅 漢譯, 『雜阿含經』卷15. "此有故彼有 此生故彼生 此無故彼無 此滅故彼滅."

2. 마하비라(大勇, Mahavira)에 의한 자이나교 등의 육사외도(六師外道)가 대표 격이며, 이
   밖에도 불전(佛典)에는 칠십이견(七十二見) 등이 거론되고 있다.

3. 지역상으로 보면 인도네시아는 소승불교 지역에 속한다. 그런데 그곳의 자바섬에 위치
   한 보로부두르사원(Borobudur Temple)은 대표적인 대승 불전인 『화엄경(華嚴經)』의 세
   계관을 형상화한 것이다. 마찬가지로 한·중·일 삼국에 전해진 불교도 대승과 소승을 걸
   친 경전이나 사상이 폭넓게 유행했다. 따라서 사상이나 교리 이념의 유행을 지역으로 구
   분하고 한정해 보는 데는 무리가 따른다.

4. 불교 법회는 삼보에 대한 예경(禮敬)인 삼귀의례(三歸依禮)로 시작하므로, 종교적으로
   보면 이는 성화(聖化)의 계기로 인식된다. 예토(穢土)에서 불토(佛土)로 진입하여 법문
   (法門)에 목욕하고 보살도를 체화(體化)하여 다시 예토로 내려오는 순서가 사홍서원(四
   弘誓願)인 셈이다.

5. 나카무라 하지메(中村元) 외편, 김지견 옮김, 『불타의 세계』, 김영사, 1984 참조.

6. 篠原正瑛, 「廣隆寺 彌勒半跏思惟像 案內文」『敗戰の彼岸にあるもの』, 東京: 弘文堂, 1949.

7. 삼교 종취 논쟁에 관해서는 배불사상에 대한 홍도명교(弘道明教)를 위해 양나라 승우
   (僧祐, 445-518)가 편찬한 『홍명집(弘明集)』열네 권, 이에 이어서 보충 정리한 당나라 도

선(道宣, 596-667)이 편찬한『광홍명집(廣弘明集)』서른 권에 자세하게 나와 있다.

8. 불교의『불설부모은중경(佛說父母恩重經)』과 같은 부류의 경전으로『부모은근보경(父母恩勤報經)』『부모은난보경(父母恩難報經)』『불설부모은중태골경(佛說父母恩重胎骨經)』『불설효자경(佛說孝子經)』등 서른네 가지의 이본이 전하는 것으로 알려져 있다. 도교의 같은 경전에도『태상노군설부모은중경(太上老君說父母恩重經)』『현천상제설보부모은중경(玄天上帝說報父母恩重經)』『태상진일보부모은중경(太上眞一報父母恩重經)』등 삼 종이 전한다.

9. 석존의 일대교설(一代教說)을 시간적으로 정리한 오시설(五時說)은 첫째 화엄시(華嚴時,『화엄경』이십일 일), 둘째 녹원시(鹿苑時,『아함경』십이 년), 셋째 방등시(方等時,『유마경』등 대승경전 팔 년), 넷째 반야시(般若時, 각종『반야경』이십일 년), 다섯째 법화열반시(法華涅槃時,『법화경』팔 년,『열반경』일 일)로 나누고 있다. 대오분상(大悟分上)에서 보는『화엄경』과 성문(聲聞)·연각(緣覺)·보살(菩薩) 삼승(三乘)이 귀일불승(歸一佛乘)하는 회삼귀일(會三歸一)의『법화경』을 같은 위치로 보는 판석(判釋)을 내놓고 있다.

10. "阿含十二方等八 二十一年般若談 法華涅槃共八年 華嚴最初三七日."

11. 이하 교상판석과 종파의 성립에 관해서는 가마타 시게오(鎌田茂雄), 정순일 옮김,『중국불교사』, 경서원, 1985, p.164 이하 참조.

12. 김영수,「오교양종에 대하야」『진단학보』8, 진단학회, 1937; 김영수,「조계선종에 대하야」『진단학보』9, 진단학회, 1938; 김영태,「오교구산에 대하여: 신라대 성립설의 부당성 구명」『불교학보』16, 동국대학교 불교문화연구소, 1979; 허홍식,「한국 불교의 종파 형성에 대한 시론」『사학논총』, 지식산업사, 1983 등 참조.

13. 『대한불교조계종 종헌』(1962 제정)에서는 "제1조 본종은 대한불교조계종이라 칭한다. 본종은 신라 도의(道義) 국사가 창수한 가지산문(迦智山門)에서 기원하여 고려 보조(普照) 국사의 중천(重闡)을 거쳐 태고보우(太古普愚) 국사의 제종포섭(諸宗包攝)으로서 조계종이라 공칭하여 이후 그 종맥이 면면부절한 것이다. 제2조 본종은 석가세존의 자각각타(自覺覺他) 각행원만(覺行圓滿)한 근본 교리를 봉대하며 직지인심(直指人心) 견성성불(見性成佛) 전법도생(傳法度生)함을 종지로 한다"고 밝히고 있다.

14. 아미타불의 서방정토(西方淨土), 약사불의 약사정토(藥師淨土), 미륵불의 미륵정토(彌勒淨土), 관음보살의 관음정토(觀音淨土) 등이 그 예이다.

15. 양은용,「사자후(獅子吼), 영취산에 꽃비는 내리고」.(김영열,『영산재의 문화콘텐츠 만들기』, 운주사, 2009, 서문에 수록)

16. 원효는『십문화쟁론(十門和諍論)』2권에서 백가(百家)의 이론을 열 개의 물음으로 분류하여 화회융통(和會融通)하는 사상을 전개했다. 한국 불교사상의 특징 중 하나를 회통불교에서 찾는다면 원효의 화쟁사상이 가장 중심이 될 것이다.

17. 휴정(休靜)의『삼가귀감(三家龜鑑)』[선가귀감(禪家龜鑑)』『유가귀감(儒家龜鑑)』『도가

귀감(道家龜鑑)』의 합본]에서 유불도 삼교의 본질을 밝혀 회통을 꾀했다. 성리학을 국체로 삼은 조선 사회에서 배불정책에 대한 불교적 대응으로, 불교는 명심견성(明心見性), 유교를 존심양성(存心養性), 도교를 수심연성(修心練性)으로 보는 삼교정족(三教鼎足)의 치세관을 상징하는 성격을 지닌다.

18. 한용운(韓龍雲)의 『조선불교유신론(朝鮮佛敎維新論)』에서의 이론을 실천에 옮긴 운동으로, 근대 불교의 성격을 개혁 불교로 규정한다면 그 대표적인 사례라 할 수 있다.

19. 각훈(覺訓)의 『해동고승전(海東高僧傳)』, 일연(一然)의 『삼국유사(三國遺事)』, 각안(覺岸)의 『동사열전(東師列傳)』 등이 그러한 예이다.

20. 洪潤植, 『韓國佛敎儀禮の硏究』, 京都: 隆文館, 1976.

21. 양은용, 「한국 불교의 의례전통(儀禮傳統)과 『석문의범(釋門儀範)』」 『불교의식의 현황, 과거·현재·미래』, 옥천범음대학, 2012, p.22 이하.

22. 박세민, 『한국 불교의례 자료총서』 1-4권, 보경문화사, 1993; 박세민, 『한국 불교의례 자료총서 해제집』, 불교대학 총합연구소, 1998. 이 책에는 한중일 삼국에서 찬술되고 한국에서 발간된 칠십사 종의 의례집이 모두 수록되어 있다.

23. 박종민, 「한국 불교의례집의 간행과 분류─『한국 불교의례 자료총서』와 『석문의범』을 중심으로」 『역사민속학』 12, 한국역사민속학회, 2001, p.113 이하 참조.

24. 관련 의식집은 다음과 같다. 懶菴眞一, 『釋門家禮抄』 2, 1659; 竹庵, 『天地冥陽水陸齋儀纂要』 1, 1661; 大愚, 『豫修十王生七齋儀纂要』 1, 1632; 西河, 『仔夔删補文』, 1664; 虛白明照, 『僧家禮儀文』 1, 1993; 碧巖覺性, 『釋門喪儀抄』 2, 1705; 東賓, 『大刹四明日迎魂施食儀文』 1, 1710; 桂坡聖能 『仔夔文節次條列』 1, 1664.

25. 관련 의식집은 다음과 같다. 撰者 未詳, 『靈山大會作法節次』 1, 1634; 志禪, 『五種梵音集』 2, 1661; 雲海·道性, 『禪門祖師禮懺作法』 1, 1670; 撰者 未詳, 『删補梵音集』 2, 1713.

26. 안진호, 『석문의범(釋門儀範)』 2, 법륜사, 1935. 이후 법륜사 인본(印本)이 유행하며, 한정섭(韓定燮)이 주해한 『신편증주(新編增註) 석문의범(釋門儀範)』이 1982년 법륜사에서 간행되었다.

27. 김형우, 「한국 불교의례의 성격과 불교문화재의 분류 문제」 『불교미술』 13, 동국대학교 박물관, 1996, p.33 이하 참조.

28. 위의 논문, p.35 이하 참조.

불교의례에서 시공간의 상징성

1. 운허(耘虛) 용하(龍夏), 『불교사전』, 동국역경원, 1961, p.205.

2. 정병조, 「수미산(須彌山)」 『한국민족문화대백과사전』, 한국정신문화연구원, 1991.

3. 김현준, 『사찰, 그 속에 깃든 의미』, 교보문고, 1991, p.27.

4. 이청담(李靑潭) 설법(說法), 『신심명(信心銘)』, 보성문화사, 1979, p.11. "至道無難唯嫌揀擇 但莫憎愛洞然明白 毫釐有差天地懸隔 欲得現前莫存順逆."

5. 구미래, 「'일생'에 대한 불교적 관념과 불교 일생의례의 특성」 『비교민속학』 39, 비교민속학회, 2009, pp.230-235.

6. 『阿毘達磨大毘婆沙論』 卷70, 「有情納息」 8. (『한글대장경』 120, 동국역경원, 1995, p.452 수록)

7. 『阿毘達磨俱舍論』 卷9, 「分別世品」 2. (『한글대장경』 66, 동국역경원, 1989, pp.222-223 수록)

8. 『瑜伽師地論』 卷1 「本地分」. (『한글대장경』 110, 동국역경원, 1995, p.34 수록)

9. 정각, 「불교 제례의 의미와 행법: 시아귀회(施餓鬼會)를 중심으로」 『종교와 조상제사』, 민속원, 2005, pp.99-100.

10. 운허 용하, 앞의 책, p.811.

11. 『아비달마구사론』에서는 중유에 '의성' '구생' '식향' '기' 등 네 가지 별칭이 있다고 했다. 의성(意成)은 뜻에 따라 태어난다는 의미로, 부모의 정혈 등의 외적 인연에만 의지하는 것은 아니라는 뜻이다. 구생(求生)은 항상 태어날 곳을 찾고 구하기를 좋아한다는 뜻이고, 식향(食香)은 향기를 맡음으로써 몸을 유지하고 태어날 곳으로 간다는 뜻이다. 기(起)는 태어날 곳을 향하여 잠시 일어난다는 뜻이다. 따라서 중유는 사후에 잠시 머물면서 끊임없이 태어날 곳을 찾아다니는 존재임을 알 수 있다. 『阿毘達磨俱舍論』 卷9 「分別世品」 3. (『한글대장경』 66, 동국역경원, 1989, p.262 수록)

12. 중유의 존재에게 궁극적으로 작용하는 타력은 불법승 삼보(三寶)의 힘이지만, 유족은 의례를 성립케 한 주체로서 타력의 우선적 작용자라 볼 수 있다.

13. 천도재를 분류할 때 영산재를 포함하기도 하나, 영산재는 석가모니의 영산법회를 회상하면서 영산작법으로 행하는 것이기에 목적으로 구분되기보다는 의식의 위상이나 규모와 관련된다. 아울러 현재 정착된 영산재는 사십구재가 확대된 유형에 가깝다.

14. 『佛說處處經』. (『한글대장경』 162, 동국역경원, 1995, p.362 수록)

15. 구미래, 「불교의례 재물(齋物)의 중층적 의미: 천도재를 중심으로」 『종교연구』 44, 한국종교학회, 2006, pp.210-213.

16. 구미래, 「'옷'을 매개로 한 불교상례의 의례 구조와 특성」 『한국민속학』 제45집, 한국민속학회, 2006, pp.38-61.

17. 구미래, 「망혼의 공간 이동을 통해 본 불교 천도의례 공간의 특성」 『종교와 의례 공간』, 민속원, 2007, pp.74-76.

18. 홍윤식, 『불화』, 대원사, 1989, p.57.

19. 구미래, 『한국인의 죽음과 사십구재』, 민속원, 2009, pp.369-370; 구미래, 「의례 장면을 통

해 본 감로탱의 비유와 상징」『감로(甘露): 상』, 통도사성보박물관, 2005, pp.317-321.

굿으로 읽는 불교의례

1. 유동식, 『한국 무교의 역사와 구조』, 연세대학교출판부, 1981, p.66. 유동식은 한국 무교의 원형을 설명하면서 무(巫)는 신인(神人) 융합의 엑스터시를 특징으로 한다면서 "무의 특징은 가무에 있었고, 샤먼이란 엑스터시의 기술자였다"라고 했다. 이는 무당을 무의 본질적인 요소가 아닌 기능적인 차원에서 파악하는 관점이다.
2. 법보사상(法寶思想)이란 경전관이요 교리사상이다. 이는 석존 정각의 형상화의 한 형태이다. 경률론(經律論) 삼장(三藏)이 확립되어 각처에 전해질 때 역경(譯經), 사경(寫經), 강경(講經), 송경(誦經), 지경(持經), 전경(轉經) 등 다양한 신앙 행위가 일어나고, 경전이 유행하면서 교리사상의 전개를 가져온다. 각 경전마다 가르침이 있고 그 가르침은 각처의 시대상과 사회상에 맞물려 구체적인 구세사상으로 체계화된다. 석존 정각에 의한 교리의 체계화는 흔히 연기론(緣起論)과 실상론(實相論)의 두 흐름으로 파악되는데, 이것이 다양한 불전 속에서 다루어지면서 시대적 사회적 논란의 중심이 되기도 하고, 위대한 학덕에 의해 새로운 전개를 가져오기도 했다. 양은용, 「불교사상과 의례구조」, 샤마니카 연구회 강연 원고, 2014.
3. 유동식, 앞의 책, pp.133-141.
4. 조성진, 「굿, 그 절묘한 이중주」『한극(韓劇)의 원형(原形)을 찾아서—샤먼 문화』, 열화당, 2014, pp.336-340.
5. 김택규, 『한국농경세시의 연구: 농경의례의 문화인류학적 고찰』(민족문화연구총서 11), 영남대학교 민족문화연구소, 1991, pp.457-463.
6. 김선풍, 「한국 축제의 본질」『관동민속학』제13집, 국학자료원, 1998.
7. 김택규, 앞의 책, p.461에서 인용. 이 그림은 동해안 평해(平海) 마을에서 행해진 풍어제(豊漁祭)의 별신굿판에서 관찰한 무격(巫覡)과 관중의 수작을 도해해 본 것이다.
8. 불교에서 정토(淨土)의 장식엄정(裝飾嚴淨)한 모습, 또는 불타나 보살의 공덕이 그 신체를 장식하는 것. 바꿔 말하면 불상이나 불전, 사원의 가람 전체, 건축 세부, 각종의 장엄구(莊嚴具) 등을 채색과 문양 등으로 장식 미화하는 것을 말한다. 한국사전연구사 편집부, 『미술대사전 용어편』, 한국사전연구사, 1998.
9. 홍윤식, 『영산재』, 대원사, 2001, pp.32-34 참조.
10. 양은용, 『불교사상과 의례구조』, 샤마니카연구회 강연 원고, 2014, p.11에서 인용.
11. 유동식, 『풍류도와 한국의 종교사상』, 연세대학교출판부, 1997, p.108 참조.
12. 괘불재가 열릴 때에는 범패와 승무, 회심곡 등 다양한 행사를 펼쳐 장시간 많은 사람들이

운집 축제를 여는 것과 같았다. 하나의 민속 문화 행사로 괘불재가 실시되었던 것이다. 괘불이 조성된 것은 보통 당시 사회적으로 퍼져 있던 신앙 형태를 반영한다. 주로 영산회상도가 많이 제작되었으나 아미타여래도나 지장보살도, 관세음보살도도 조성되었다. 물론 신장상(神將像) 등도 함께 그려진 게 많다. 때로는 십이지 신장상마저 등장한 것도 있다. 지안 스님, 「사찰 야외법회 위해 제작된 괘불」『불교신문』, 불교신문사, 2013. 1. 29.

13. 홍윤식, 앞의 책, pp.17-24 참조.

14. '씻김'을 하기 위해서는 먼저 죽은 이를 상징하는 신체와 넋을 만든다. 신체는 돗자리에 망인의 옷을 싸서 말아 가지고 몸통 부분을 만들어 세우고 주발에 쌀이나 넋전을 담아 머리 부분을 삼는다. 주발 위에 솥뚜껑을 얹어 갓 모양을 만든다. 즉 갓, 머리, 몸통의 세 부분을 만들어 연결시켜 세운 뒤, 무녀가 이를 잡고 무가를 부르면서 빗자루에 물을 묻혀 씻기는 것이다. 씻기는 순서는 물, 쑥물, 향물 순이다. 『한국민족대백과사전』, 한국정신문화연구원, 1997.

15. 이두현, 『한국 무속과 연극』, 서울대학교출판부, 1996, pp.131-132 참조.

16. 홍윤식, 앞의 책, pp.22-23 참조.

17. 송규, 「예도편」『정산종사법어』, 정화사, 1972 참조.

18. 한국정신문화연구원 편집부, 『한국민족문화대백과사전』, 한국정신문화연구원, 1997. '시식의문(施食儀文)' 항목 참조.

19. 홍윤식, 앞의 책, pp.94-95 참조.

홍가사(紅袈裟)의 형태와 부착물에 대한 고찰

1. 이 논문은 영산재보존회 주최 2009년 9월 영산재 국제학술세미나와 옥천범음대학 편 『영산재학회 논문집』제7집(2009)에 발표 및 기고한 것을 수정 보완한 것임.

2. 심상현, 「홍가사의 의재와 색상에 대한 고찰」『영산재학회 논문집』제6집, 옥천범음대학, 2008, pp.85-123.

3. 가사의 색상에 담긴 사상에는 청정(淸淨), 순수(純粹), 인욕(忍辱), 축귀(逐鬼), 존귀(尊貴) 등이 있다.

4. 10세기 중엽 조각 가운데 최고의 걸작품으로 평가되고 있는 목조 조각 등신상(보물 999호)으로, 홍가사를 수(受)하고 있으며 경상남도 합천 해인사 소장이다.

5. 宋延壽 集述, 「受菩薩戒法」16丈.(박세민, 『한국 불교의례 자료총서』1권, 보경문화사, 1993, p.220 수록)

6. "夫袈裟者 如來上服 菩薩大衣 被之者 能作福田 成之者 易爲勝果 大梵帝釋 坐南北而擁護 四方天王 立四隅而侍衛 云云."

7. 대각국사(大覺國師) 의천(義天) 스님의 이십오조(二十五條) 금란가사(金襴袈裟)에 모셔
진 삼보(三寶)의 명호(名號).

	25	23	22	21	25	20	19	18	17	16	15	14	13	12	11	10	9	8	7	6	5	4	3	2	1
佛	阿閦佛	須彌頂佛	師子相佛	獅子音佛	虛空住佛	常滅佛	常相佛	常林佛	空王佛	燄盛光佛	藥師佛	盧舍那佛	釋迦如來	毘盧遮那佛	彌勒佛	金剛堅固佛	不動尊佛	無量壽佛	壞怖畏佛	雲自在王佛	雲自在佛	檀樹神通佛	須彌相佛	度世間苦惱佛	阿彌陀佛
菩薩	月空菩薩	高威德菩薩	無樂說菩薩	大樂說菩薩	無優慧菩薩	寂照菩薩	善明菩薩	不空輪菩薩	虛空藏菩薩	消災菩薩	日光菩薩	金剛藏菩薩	彌勒菩薩	文殊菩薩	法相菩薩	金剛王菩薩	離相菩薩	慈相菩薩	慈悲菩薩	妙香菩薩	進趣自在王菩薩	香自在王菩薩	喜捨菩薩	寶相菩薩	觀世音菩薩
菩薩(僧)	月花菩薩	高王見菩薩	無憂空菩薩	大辯說菩薩	無憂樂菩薩	寂謹菩薩	善慧菩薩	不退變菩薩	虛空慧菩薩	息災菩薩	月光菩薩	虛空藏菩薩	羯羅菩薩	普賢菩薩	法林菩薩	除障得菩薩	遍耀菩薩	無憂菩薩	喜見菩薩	妙相菩薩	寶積菩薩	香花自在菩薩	歡喜菩薩	大威德菩薩	大勢至菩薩
法	大寂經	尊勝多羅尼	長壽經	繖蓋多羅尼	圓寂經	佛頂經	法華經	佛名經	楞伽經	普門經	金剛經	維摩經	華嚴經	圓覺經	楞嚴經	密多心經	淨名經	面燃經	涅槃經	西方引化經	上生經	恩重經	隨求多羅尼	大悲多羅尼	阿彌陀經
尊子(僧)	斯多尊者	島勒尊者	難提那尊者	槃頭尊者	鳩摩羅尊者	難提尊者	摩羅尊者	富那耶密多尊子	伏馱密多尊子	婆須密尊子	提多迦尊子	和修迦尊子	迦葉尊者	阿難尊者	麴多迦尊子	彌遮迦尊子	弗馱難提尊子	協多尊子	馬鳴大士	龍樹大士	羅睺羅尊子	伽耶尊子	闍耶多尊子	摩拏羅尊子	獅子尊子

8. 대각국사 가사에는 일월광첩을 부착하지 않고, 가사 바탕에 바로 수(繡)를 놓았다.

9. "南無 香水海 華藏界 毘盧海會 諸佛諸菩薩 南無 千華臺 蓮藏界 舍那海會 諸佛諸菩薩 南
無 千華上 百億界 釋迦海會 諸佛諸菩薩."

10. 우타이(優陀夷)는 가비라성(迦毘羅衛) 국사의 아들로 정반왕(淨飯王)에게 뽑혀 실달다
(悉達多) 태자의 학우(學友)가 되었다. 변론을 잘하여 태자의 출가를 막으려 했다. 후에
출가하여 부처님의 제자가 되었다.

11. 조선일보 2005년 5월 20일자 '이규태 코너'의 「두꺼비의 대이동」 중에서.

12. 곡류의 싹이 종자로부터 나오듯 물(物)·심(心)의 모든 존재 현상을 생하게 하는 인종
(因種)을 가리키는 말. 밀교(密敎)에서는 불보살 등 제존(諸尊)을 표상(表象)하는 범자
(梵字)를 가리킨다.

13. '오지(五智)'는 다음과 같은 다섯 가지 지혜를 이른다. "大圓鏡智, 平等性智, 妙觀察智, 成所作智, 法界體性智."

14. "刹那生滅無常法 聚散循環有漏因 金烏出沒促年光 玉兔昇沈催老像."

15. "夫無常戒者 入涅槃之要門 越苦海之慈航 是故 一切諸佛 因此戒故 而入涅槃 一切衆生 因此戒故而度苦海."

16. "羅字色鮮白 空點以嚴之 如彼髻明珠 置之於頂上 眞言同法界 無量衆罪除 一切觸穢處 當加此字門 南無三滿多 沒多喃覽."

17. 불광대장경편수위원회, 『불광대사전(佛光大辭典)』, 1989, p.1445a 참고. "於密敎 日輪 表胎藏界之理 月輪表金剛界之智 故諸佛以善巧智令行者於內心觀想日月輪."

18. 『번역명의집(翻譯名義集)』 권2 등에 의하면 팔부중(八部衆)은 다음과 같다.

건달바(乾闥婆, 東): 수미산 남쪽의 금강굴에 살며 제석천(帝釋天)의 아악(雅樂)을 맡아 보는 신으로, 술과 고기를 먹지 않고 향(香)만 먹으며 공중으로 날아다닌다고 한다.

부단나(富單那, 東): 귀신의 일종. 열병을 일으키는 귀신.

구반다(鳩槃茶, 南): 사람의 정기를 빨아먹는다는 귀신으로, 사람의 몸에 말의 머리를 하고 있다.

폐려다(薜荔多, 南): 아귀(餓鬼). 죽은 조령(祖靈).

용(龍, 西): 뱀 형태의 귀신.

비사사(毘舍闍, 西): 귀신의 일종. 식혈육귀(食血肉鬼).

야차(夜叉, 北): 모습이 추악하며 사람을 해하는 잔인하고 혹독한 귀신.

나찰(羅刹, 北): 신통력으로 사람을 매료시킨 후 잡아먹는 귀신. 후에 불교의 수호신이 되었다.

19. 『大正藏』 卷22, p.438. "所以者何 染色之服 皆是三世賢聖標式 其有衆生 剃除鬚髮 著染 衣者 當知是人 不久當得解脫一切諸苦 獲無漏智 爲諸衆生 作大救護 若有衆生 能發信心 向於出家著染衣人 獲福難量."

20. "是故 作針之時 若無一通則 成者被者 共得眼盲之報 豈不愼哉."

21. 가사의 중앙을 에워싼 바깥 부분을 난(欄)이라 부르는데, 난과 난이 겹쳐지는 부분을 교반(橋畔)이라 한다. 또, 가사를 형성하고 있는 각 조각의 세로를 조(條)라 하고 가로를 제(提)라 한다.

조선시대 불교의식과 불교회화

1. 남희숙, 「조선 후기 불서간행 연구: 진언집과 불교의식집을 중심으로」, 서울대학교 대학원 박사학위논문, 2004. 조선시대 불교의식에 관한 연구는 수륙재와 영산재에 대한 연구

를 중심으로 이루어졌다. 이욱, 「조선 전기 원혼을 위한 제사의 변화와 그 의미: 수륙재와 여제를 중심으로」『종교문화연구』 3, 2001, pp.169-187; 심효섭, 「조선 전기 영산재 연구」, 동국대학교 대학원 박사학위논문, 2004; 강호선, 「송·원대 수륙재의 성립과 변천」『역사학보』 206, 2010, pp.139-177.

2. 고대 및 중세의 불전(佛殿) 내부는 전각 바닥에 흙이 있어 쓸거나, 예불을 위해 신발을 벗고 무릎을 꿇거나 행도(行道)할 수 있는 구조로 이루어져 있었다. 이를 문헌 기록을 통해 추정한 글들은 다음과 같다. 신영훈, 『한국의 살림집: 상』, 열화당, 1983, p.117; 박전지, 「영봉산(靈鳳山) 용암사(龍岩寺) 중창기(重創記)」『국역 동문선』 제68권, 1970, p.172, "殿堂之內 以楮以莞 塗之鋪之 遍施丹雘 而莊嚴無不備焉"; 이정국, 「고대 및 중세 불전 이용방식에 관한 연구」『건축역사연구』 제12권 2호, 2003, p.12; 『봉정사 극락전 수리공사 보고서』, 국립문화재연구소, 1992, p.163. 1960년대 화엄사 대웅전 수리 보고서와 장곡사 대웅전 보고서에는 불전 바닥을 마감한 전(塼)에 관한 도면과 보고서 자료가 수록되었다. 이은창, 「청양 장곡사 상대웅전의 방전(方塼)」『고고미술』 3권 6호, 1962, pp.258-259; 배병선, 「다포계 맞배집에 관한 연구」, 서울대학교 대학원 박사학위논문, 1993.
3. 허상호, 「조선 후기 불탁 연구」『미술사학연구』 제244호, 2004. 12, pp.121-170.
4. 배병선, 앞의 논문; 김상현, 「한국 사찰 불전의 평면 구성과 불단의 위치에 관한 연구」, 영남대학교 대학원 석사학위논문, 1997; 김홍주, 「18세기 사찰 불전의 건축적 특성」, 연세대학교 대학원 석사학위논문, 2001, pp.25-26; 송은석, 「조선 후기 불전 내 의식의 성행과 불상의 조형성 연구」『미술사학연구』 제263호, 2009, pp.71-97.
5. 족자 형태의 그림, 혹은 족자 그림을 세는 단위로 사용된 '탱(幀)'의 용례와 불화의 명칭에 관한 논의는 정우택, 「불교미술 서술의 용어 문제」『미술사학』 17, 한국미술사교육학회, 2003, pp.111-131 참조. 주불전 내외부의 의식과 불화의 기능에 관해서는 정명희, 「조선시대 불교의식의 삼단의례(三壇儀禮)와 불화 연구」, 홍익대학교 대학원 박사학위논문, 2013. 6 참조.
6. 홍윤식, 「한국 불교의식의 삼단분단법(三壇分壇法)」『문화재』 9, 1975, pp.1-13; 문명대, 『한국의 불화』, 열화당, 1986, pp.95-99. 삼단의 분류를 의식의 분단법으로 볼 것인가 신앙 위계에 따른 상중하단으로 이해할 것인가의 견해 차이가 있는데, 이에 대해서는 더 이상의 논증 없이 두 가지 다른 입장으로 소개되었다.
7. 홍윤식, 「삼장탱화(三藏幀畵)에 대하여」『남계(南溪) 조좌호(曺佐鎬) 박사 화갑기념 논총』, 1977; 홍윤식, 『한국 불화의 연구』, 원광대학교출판국, 1980, pp.121-141. 조선시대 삼장보살도(三藏菩薩圖) 조성의 독자적인 측면에 주목한 논고는 다음과 같다. 김정희, 「조선 전기 불화의 전통성과 자생성」『한국미술의 자생성』, 한길아트, 1999, pp.173-209; 박은경, 「일본 소재 조선 불화 유례: 안국사장(安國寺藏) 천장보살도(天藏菩薩圖)」『고고역사학지』 16집, 동아대학교 박물관, 2000, p.581. 삼장보살도의 조성에 영향을 미친 여

러 계통의 수륙재 의식집과 삼장보살도의 도상 변화를 고찰한 논문은 다음과 같다. 이용윤, 「수륙재 의식집과 삼장보살도 연구」『미술자료』, 2005, pp.91-122; 탁현규, 『조선시대 삼장탱화 연구』, 신구문화사, 2011.

8. 강우방·김승희, 『甘露幀』, 예경, 1995; 『甘露』, 통도사성보박물관, 2005.

9. 사찰에서 행해지는 천도재를 통해 유교식 제사의 수용 현상을 다룬 연구는 다음과 같다. 구미래, 「불교 천도재에 투영된 유교의 제사이념」『한국민속학』 제42집, 2005. 12, pp.33-74.

10. 智還 編, 『天地冥陽水陸齋儀梵音刪補集』.(박세민, 『한국 불교의례 자료총서』 3권, 보경문화사, 1993, p.102에 수록)

11. 윤열수, 『괘불』, 대원사, 1990; 홍윤식, 『불교와 민속』, 동국대학교 역경원, 1993; 장충식, 「조선조 괘불의 양식적 특징」『지촌 김갑주 교수 화갑기념 사학논총』, 1994, pp.667-674; 장충식, 「조선조 괘불의 고찰─본존 명칭을 중심으로」『한국의 불화』 9, 성보문화재연구원, 1995, pp.249-258.

12. 『東國李相國全集』卷41, 「崔相國攘丹兵畫觀音點眼踈」. "謹案大悲陁羅尼神呪經云 若患難之方起 有怨敵之來侵 疾疫流行 鬼魔耗亂 當造大悲之像 悉傾至敬之心 幢蓋莊嚴 香花供養 則擧彼敵而自伏 致諸難之頓消 奉此遺言 如承親囑 玆倩丹靑之手 用摹水月之容 吁哉繪事之工 肖我白衣之相 磬披霞懇 仰點蓮眸 伏願遍借丕疢 仍加妙力 如至仁廣大 憚令醜類以盡劉 以無畏神通 俾反舊巢而自却." (진홍섭 편저, 『한국미술사자료집성』 2권, 일지사, 1996, p.344 수록); 『高麗史節要』 卷28, 恭愍王 16年.

13. 고려시대 불교 행사의 종류와 유형에 관해서는 다음의 연구를 참고할 수 있다. 김형우, 『고려시대 국가적 불교 행사에 대한 연구』, 동국대학교출판부, 1992. 고려시대 불교의식의 의미와 역할에 관한 입체적인 해석으로 다음의 연구를 참고할 수 있다. 김종명, 『한국 중세의 불교의례: 사상적 배경과 역사적 의미』, 문학과지성사, 2001; 안지원, 『고려의 국가 불교의례와 문화─연등·팔관회와 제석도량을 중심으로』, 서울대학교출판부, 2005. 조선시대 이전 불교의식과 불화의 사용 용례에 관해서는 다음의 연구를 참고할 수 있다. 정명희, 「불교의례와 의식문화」『불교미술, 상징과 염원의 세계』, 국사편찬위원회, 2008, pp.218-236.

14. 『팔공산동화사사적(八公山桐華寺事蹟)』을 참고하면 경신년(1620) 화승(畫僧) 의현(儀玄)이 〈동화사 괘불탱(掛佛幀)〉을 그렸다는 기록에서 17세기 전반 이미 괘불탱이라는 용어가 의식용 불화의 명칭으로 굳어져 사용되고 있음을 알 수 있다.(『팔공산 동화사』, 국립대구박물관, 2008 참고)

15. 정명희, 「〈장곡사 영산대회 괘불탱〉에 보이는 도상의 중첩과 그 의미」『불교미술사학』 14, 2012, pp.71-105.

16. 『五種梵音集』「靈山作法」. "靈山會作法則先告四菩薩八金剛圍護掛佛幀後作法爲始可

也 今幽僻廻固執者靈山作法處掛彌勒幀者此人不察法華經序品彌勒文殊問答之處今俗 璃山法住寺與金山寺兩大刹彌勒殿設靈山作法否."(「한국 불교의례 자료총서」 2권, pp.182-188 수록); 정명희, 조선 후기 괘불탱의 도상연구」 「미술사학연구」 233·234, 2004, pp.159-195.

17. 정명희, 「의식집을 통해 본 괘불의 도상적 변용」 『불교미술사학』, 2, 통도사불교미술사학회, 2005, pp.6-29.(「한국 불교의례 자료총서」 2권, pp.182-188, "靈山會作法則先告四菩薩八金剛圍護掛佛幀後作法爲始可也" 참고)

18. 『五種梵音集』. "佛佛皆隱舍身而思惟諸佛法則運意輪方便之想以對上根之表而爲度衆生始降王宮 (…) 佛隱入靈山六年苦行后正覺山中見明星悟道后現化身說三乘法度衆生之表也."(「한국 불교의례 자료총서」 2권, p.183 수록)

19. 의식용 불화의 기능과 괘불의 조형적인 특징간의 관련성에 대해서는 정명희, 「추가 주문과 의도된 왜곡」 「꽃을 든 부처」, 국립중앙박물관, 2006, pp.16-19를 참조.

20. 정명희, 「거불(擧佛) 절차와 강림의 시각화—내소사 괘불과 화승 천신(天信)」 『부안 내소사 괘불탱』, 통도사성보박물관, 2010, pp.8-21.

21. 도성(都城), 산천(山川), 천변(川邊)에서 개최되었던 수륙재를 비롯한 불교의식은 조선 후기에 들어 사찰 안에서만 행하도록 제재를 받게 되었다. 이에 따라 주전각 내부로 의식 진행을 위해 삼단(三壇)의 구조를 갖추게 되고, 예수재, 수륙재 등 의식에서 봉청되는 대상은 전각 내 항구적으로 봉안되는 불화로 조성되었다. 전각 내 삼단의 정립과 불화의 배치에 관해서는 정명희, 앞의 책(2008), pp.240-246을 참조.

22. 강우방, 「감로탱의 양식 변천과 도상 해석」 『감로탱』, 예경, 1995. 감로도와 수륙재 의식문의 밀접한 관련성에 관해서는 다음의 연구를 참고할 수 있다. 윤은희, 「감로왕도 도상의 형성문제와 16, 17세기 감로왕도 연구」, 동국대학교 대학원 석사학위논문, 2003; 박은경, 「일본 소재 조선 16세기 수륙회 불화, 감로탱」 『감로탱』 上, 통도사성보박물관, 2005; 김승희, 「감로탱의 이해」 『감로탱』 下, 통도사성보박물관, 2005, pp.255-300; 박은경, 『조선 전기 불화 연구』, 시공사·시공아트, 2008.

23. 『雲水壇』 「下壇排置」. "下壇排置 將設此壇之處 以紙天壁衣張之 架板子於馬木爲壇以草衣覆之掛幀於壁 上壇上正中加一床 上置神幡之趺壇上左右花果 (…) 壇上洒水楊枝亦進."(「한국 불교의례 자료총서」 2권, p.61 수록) 『운수단』은 조선 중기의 승려 청허 휴정이 편찬한 의식집으로 '운수행각(雲水行脚)을 하는 납자(衲子), 곧 선가(禪家)가 여러 단에 헌공하는 의식'이라는 의미이다. 부록을 통해 하단에 대한 천도의식을 중시하게 되는 당시의 시기적 변화를 읽을 수 있다. 『운수단』에 관한 불교사적 고찰로는 김성일, 「청허 휴정의 『운수단(雲水壇)』 가사 연구」, 동국대학교 대학원 석사학위논문, 2008, p.53을 참고할 수 있다.

24. 『作法節次』 「靈魂壇排置」. "靈魂壇排置 或於樓閣或於門館設此壇則不必用遮日倘於露

地排置則不可不備大遮日也壇上以五六幡靑天覆之或於樓間而無雲間則皆用此物也以一座大屛風圍之屛內正中近北置蓮花座毛鞭拂子置左右紅紗帳垂於座前近南大燭一雙燃於帳內右帳外置香爐香榼及花甁一雙散花盖一雙使沙彌奉持於壇前."(『한국 불교의례 자료총서』 4권에 수록)

25. 정지연, 「조선 후기 불화의 장황(粧䌙) 연구」, 용인대학교 대학원 석사학위논문, 2010, p.12.

수륙재(水陸齋)의 연유(緣由) 및 설행(設行)과 의문(儀文)의 정합성

1. 미등(彌燈), 「삼화사(三和寺) 수륙재의 설단(設壇)과 장엄(莊嚴)」 『삼화사와 국행수륙대재』, 대한불교조계종 제4교구 삼화사 국행수륙대재보존회·동해시, 2009, pp.221-243.
2. 필자는 수륙재의 문제에 관해 「현행 수륙재의 몇 가지 문제」 『정토학연구』 제18집, 2012와 「현행 한국수륙재에 대한 검토」 『한국선학(韓國禪學)』 제36호, 2013 등에서 다루었다.
3. 『仔夔文節次條例』.(박세민, 『한국 불교의례 자료총서』 2권, 보경문화사, 1993, p.687)
4. 志磐 撰, 『佛祖統紀』 卷33(T.49), p.321b; 本覺 編, 『歷代編年釋氏通鑑』 卷15(X.76), p.48a.
5. 道昱, 「水陸法會淵 源攷」 『普門學報』 第37期, 高雄: 普門學報出版社, 2007.
6. 중국불교협회 편, 「중국 불교의례 제도」 『중국불교』 2, 지식출판사, 1982, p.384.
7. 『高麗史』 卷10, 「世家」 10, 宣宗 7年 正月條.
8. 아가와 마사미치, 「대륙 중국의 수륙회에 대해서」 『두타산 삼화사 국행수륙대재의 전통성과 그 구조적 의미』, 삼화사 국행수륙대재보존회·한국불교민속학회, 2012, p.133.
9. 정명희, 「조선시대 불교의식의 삼단의례(三壇儀禮)와 불화 연구」, 홍익대학교 대학원 박사학위논문, 2013, p.30.
10. 윤소희의 「한·중 수륙법회 연구」 『한국음악연구』 제43집, 한국국악학회, 2008, p.197에서 비교적 자세히 다루고 있다.
11. 이성운, 「한국 불교의식의 특성」 『대학원 연구논집』 제6집, 중앙승가대학교 대학원, 2013, p.253.
12. 윤무병, 「국행 수륙재에 대하여」 『백성욱 박사 송수기념 논문집』, 동국대학교, 1959, p.633.
13. 김연경, 「한국 수륙재에 대한 연구」 『석림』 11호, 동국대학교 석림회, 1978; 『석림논총 종합본』 제2권, 석림논총종합본편찬위원회, 1997, p.288.
14. 윤소희, 앞의 논문, p.193.
15. 『世宗實錄』 券174, 14年 2月 14日條.
16. 『宣祖實錄』 券200, 39年 6月 1日條.

17. 홍윤식, 「수륙재의 구성과 의미」 『삼화사와 국행수륙대재』, 삼화사·동해시·사)국제아시아민속학회, 2009, p.8.

18. 한상길, 「조선 시대 수륙재 설행의 사회적 의미」 『삼화사와 국행수륙대재』, 삼화사·동해시·사)국제아시아민속학회, 2009, p.40.

19. 「中國佛敎儀軌制度」, p.384.

20. 『世宗實錄』卷97, 24年 8月 4日條.

21. 『金園集』卷4.(『중국불교』 2, 지식출판사, 1982, p.383에 수록); 김연경, 앞의 논문, p.288.

22. 蓮潭有一, 『蓮潭大師林下錄』, pp.273-274.(동국대학교출판부, 『한국불교전서』 제10집, 1989에 수록)

23. 미등, 「삼화사 수륙재의 설단과 장엄」 『삼화사와 국행수륙대재』, 대한불교조계종 제4교구 삼화사 국행수륙대재보존회·동해시, 2009, p.224.

24. 이성운, 「현행 수륙재의 몇 가지 문제」 『정토학연구』 제18집, 2012, pp.180-181.

25. 實叉難陀 譯, 『佛說救面然餓鬼陀羅尼神咒經』(T.21), p.466.

26. 志磐, 『法界聖凡水陸勝會修齋儀軌』卷1(X.74), p.787c.

27. 失譯人名, 今附東晉錄 譯, 『佛說食施獲五福報經』(T.2), p.855.

28. 志磐, 앞의 책, p.787c.

29. 『太祖實錄』卷3, 2年 2月 24日條.

30. 『世宗實錄』卷64, 16年 4月 12日條.

31. 蒙山 德異, 『增修禪敎施食儀式』, p.363.

32. 志磐, 앞의 책, p.787c.

33. 미등, 앞의 논문, p.225.

34. 수륙대재 원만 성취를 위해 삼화사에서는 백일기도를 올리고 있고, 진관사(津寬寺)의 경우 사십구재와 기도를 실천하고 있는데 의미있는 정진 수행이라고 할 수 있다.

35. 조선 초기 전염병으로 수많은 사람들이 희생되었을 때 불교에서는 이들의 시신을 수습하여 묻어 주고 수륙재를 지내 주곤 했다. 『成宗實錄』券174, 16年 1月 5日條.

36. 삼화사 수륙재에는 얼마 전부터 당해(當該) 지역의 시장이 향초 공양을 올림으로써 외결계(外結界)를 하고 있는데 이는 종교적 측면이 아니고 문화적인 측면이라고 할 수 있을 것 같다.

37. 智禪, 『五種梵音集』, p.168.(『한국불교전서』 제12집에 수록) 남향의 상단; 동쪽의 오단(중단, 당산단, 성황단, 오로단, 종실위); 서쪽의 오단(제산단, 풍백단, 가람단, 사자단, 가친단); 북향의 하단.

38. 智還 編, 『天地冥陽水陸齋儀 梵音刪補集』p.4.(『한국 불교의례 자료총서』 제3집에 수록) 중흥사(中興寺) 판에는 십이단의 법당 앞 중앙에 다섯 단이 추가돼 모셔진다. 법당 정문 앞 예적단, 동쪽의 명왕단과 제석단, 서쪽의 사천왕단과 팔부단. 도림사(道林寺) 판에서

는 십이단으로 표기되고 있지만 중흥사 판에서는 십칠단이라고 분명히 하고 있다.

39. 智還 編, 위의 책, pp.520-521.(『한국불교전서』 제11집에 수록)

40. 『梵音刪補集』, p.163.(『한국 불교의례 자료총서』 제3집에 수록)

41. 윤소희는 「수륙재의 원형에 대한 고찰—대만 포광산 수륙법회를 통하여」『제6회 영산재 국제학술세미나』, pp.44-46에서, 대만의 수륙법회에서는 쇄정과 외단의 선도에서 송성까지의 열네 단계가 팔 일간 행해지고 있다고 했다.

42. 김용조, 「조선 전기의 국행기양불사연구(國行祈禳佛事研究)」, 동국대학교 대학원 박사학위논문, 1990, p.230.

43. 이성운, 「현행 한국수륙재에 대한 검토」『한국선학』 제36호, 한국선학회, 2013, pp.273-274.

44. 삼화사와 같이 무형문화재로 지정된 진관사 수륙재에서의 설단도 크게 다르다고 보이지 않는다.

45. 權近, 『陽村集』 卷12, 「津寬寺水陸社造成記」, p.64.(『양촌집』, 민족문화문고간행회, 1978에 수록)

46. 대표적인 비교 자료로는 계호 편, 『진관사 국행수륙대재』, 진관사, 2011, pp.132-161를 들 수 있다.

47. 미등, 『국행수륙대재』, 조계종출판사, 2010, p.259.

48. 미등의 『삼화사 국행수륙대재』에서는 설명과 사진이 서로 다르다.

49. 「중례문」「결수문」「지반문」은 일괄의식으로 편찬되었고, 「범음산보집」은 각단 의식을 별도로 설행하기 위한 의문이다. 삼화사 수륙재가 「중례문」을 저본으로 설행한다면 상중하 삼단과 사자단과 오로단의 설단으로 충분하지 않을까 하는 생각도 든다.

50. 『삼화사 국행수륙대재』에서 대회소문(pp.193-194)과 청사(pp.197-201)는 일치하지 않는다. 197쪽에서는 통청(通請)을 제시하면서 '도청(都請)'이라고 명칭을 달고 있다.

51. 『法界聖凡水陸勝會修齋儀軌』 卷1(X.74), p.803a.

52. 遠法師 撰, 『大乘義章』(T.44), p.835c.

53. 鳩摩羅什奉 詔譯, 『妙法蓮華經』 卷5, 「如來壽量品」 第十六(T.9), p.43a16.

54. 차장섭, 「삼화사 국행수륙재의 배경과 전개」『삼화사와 국행수륙대재』, 삼화사·동해시·사)국제아시아민속학회, 2009, pp.42-45.

55. 이에 대해서는 김월운, 『일용의식수문기(日用儀式隨聞記)』, 중앙승가대출판국, 1991, pp.82-83의 설명이 참조될 수 있을 것이다.

56. 영산재 의식 도량인 서울 신촌 봉원사(奉元寺)의 경우 아직도 지화(紙花) 등은 전문적인 스님들에 의해 제작되고 있다.(심상현, 『영산재』, 국립문화재연구소, 2003, p.82 참조) 하지만 삼화사 수륙재회의 준비를 위한 보존회에는 스님들과 불자들이 행정적인 면뿐만 아니라 지화와 설단 등에 자발적으로 참여하고 봉사하고 있다.

작법무(作法舞)의 연원과 기능에 대한 고찰

1. 이 논문은 졸이 한아름교무와의 *구(<?>) 2012년 중계예술대의 발음사 『동아시아문화』에 기고한 것을 수정 보완했다.

2. 안진호, 『석문의범(釋門儀範)』 권下, 법륜사, 1931, p.129. "第一不殺生 第二不偸盜 第三不邪婬 第四不妄語 第五不飮酒 第六不坐臥高廣大床 第七不着華鬘纓絡香油塗身 第八不自歌舞作唱故往觀聽 第九不捉金銀錢寶 第十不非時食不養家畜."

3. 심상현, 「작법무 거행의 배경과 의의」 『공연문화학회』 제12집, 2006. 2. pp.138-141.

4. 『五燈會元』 「釋迦牟尼佛章」. (『만속장경(卍續藏經)』 권138, p.4 수록) "음악의 신(神)인 건달바왕이 음악으로 공양하였는데, 그때 산하대지와 목석 등이 모두 거문고 소리를 내었다. 가섭존자(迦葉尊者)도 일어나 춤을 추었다. 이를 본 건달바왕이 부처님께 "가섭존자가 아라한이라면 모든 번뇌가 이미 없겠거늘 어찌하여 남은 습(習)이 있습니까?"라고 여쭈었다. 부처님께서는 "남은 습이 없나니 법을 비방하지 말라"라고 하셨다. 왕은 "세존께서 어찌하여 망어(妄語)를 하십니까?" 했다. 부처님께서는 "나는 망어를 하지 않았느니라. 네가 거문고를 연주함에 산하대지와 목석 등이 모두 거문고 소리를 내지 않았더냐"라고 물으셨고, 왕은 "그렇습니다"라고 했다. 이에 부처님께서는 "가섭도 또한 이와 같느니라. 때문에 춤을 추지 않았다고 한 것이니라"라고 하셨고, 왕은 비로소 그 이치를 알 수 있었다."

5. 불광대장경편수위원회, 『불광대사전(佛光大辭典)』, 1989, p.4635a. "중국 위무제(魏武帝)의 넷째 아들 조식(曹植)[일명 조자건(曹子建)]이 산동성 연주부 동아현 서쪽에 있는 어산(魚山)—산 아래 암존(岩窟)에 연못이 있고 그 중앙에 석어(石魚)가 있어 산명(山名)이 되었다 함. 일설에는 영취산(靈鷲山)의 이명(異名)이라 함—에 올라 고요히 앉아 있다가 하늘로부터 들려오는 소리를 듣게 된다. 그 소리는 세상의 소리와 달리 사람의 마음을 감동케 하는 것이었다. 이에 조식은 그 소리와 연못에서 노니는 물고기의 모양을 본떠『태자서응본기경(太子瑞應本起經)』에 기초를 두고 '태자송(太子頌)' 등을 만든 것이 범패의 시원이다. 또, 일설에는 조식이 어산에서 범승(梵僧)을 만나 그로부터 범패를 배웠다고도 전한다."

6. 『三國遺事』 4卷 「元曉不羈」. "원효는 이미 계(戒)를 잃고 설총(薛聰)을 낳은 후로는 속인의 옷을 바꾸어 입고 스스로 소성거사(小姓居士)라고 하였다. 우연히 광대들이 가지고 노는 큰 박을 얻었는데 그 모양이 기이했다. 스님은 그 모양을 따라서 도구를 만들어 『화엄경』에서 말씀하신 "모든 것에 걸림이 없는 사람이라야 나고 죽음을 벗어난다"는 문구를 따서 이름을 '무애(無㝵)'라 하고 계속하여 노래를 지어 세상에 퍼뜨렸다. 일찍이 이 도구를 가지고 수많은 마을에서 노래하고 춤추면서 교화시키고 읊다가 돌아가니, 가난하고 몽매한의 무리들로 하여금 모두 부처님의 이름을 알게 하고 '나무(南無)'를 부르게

하였으니 원효의 교화야말로 컸다 하겠다."

7. 문화공보부는 1973년 11월 5일 '범패'를 중요무형문화재 지정했고, 1987년 11월 7일에는 영산재를 대한민국 중요무형문화재 제50호로 단체 지정했으며, 이어 2009년 9월 30일 유네스코 문화유산에 등재되었다.

8. 『佛本行集經』卷8.(『大正藏』卷3, p.689 수록) "爾時大臣摩訶那摩 聞此語已 即自思惟 希有希有 於此惡時 而感大士出興於世 我今應當自往淨飯大王之所 奏聞如是希之事 時彼大臣 取善調馬 行疾如風 駕馭寶車 從嵐毘尼園門外發 徑至於彼迦毘羅城 未見於王 在先搥打歡喜之鼓 盡其身力 而扣擊之."
환희고(歡喜鼓): 백성 가운데 누구라도 기쁜 일이 있을 때 그 사실을 널리 알려 기쁨을 나누기 위해 정반왕(淨飯王)이 가비라국(迦毘羅國) 문루(門樓)에 설치해 놓은 북. ↔ 신문고(申聞鼓): 백성이 억울한 일을 하소연할 때 치게 하던 북. 태종 때에 대궐의 문루에 달아 놓음.

9. 매우 오랜 세월. 성겁(成劫), 주겁(住劫), 괴겁(壞劫), 공겁(空劫)의 사겁을 합친 것으로, 세계의 성립으로부터 파멸에 이르기까지의 시간을 이른다.

10. 『심지관경(心地觀經)』 「서품(序品)」에 "能施所施及施物 於三世中無所得 我等安住最勝心 供養一切十方佛"이라는 게송이 있다.(『大正藏』卷3, p.296 수록) 제목을 「삼륜청정게(三輪淸淨偈)」라 하는데, 공도리(空道理)에 입각한 이런 사상이 수행의 원칙이 되고 있다.

11. 『賢愚經』卷1.(『大正藏』卷4, p.359) "又復歎美憍陳如等 及鬱毘羅衆 諸大德比丘 宿與如來有何因緣 法鼓初震 特先得聞 甘露法味 獨先服嘗."

12. 용상방(龍象榜)에서 어산승의 역할은 범음, 범패의 보조 역할이다. 즉 짓소리를 담당한 범음, 홋소리를 담당한 범패는 건당(建幢)한 분들로 구성된다. 이에 비해 어산은 사미승으로 구성되고, 그 역할은 착복, 바라춤 등 보조적인 것이다.

13. 발로 차는 것은 '냉각인정영불고(冷却人情永不顧, 인정을 냉각시켜 영원히 돌아보지 않음)' 또는 '견월망지(見月忘指, 달을 보려면 손가락을 잊어야 함)'의 이치를 보이는 것이다. 따라서 손으로 정중히 쓰러트린다면 오히려 의미가 퇴색된다.

14. 李仁老, 『破閑集』卷下. "揮雙袖所以斷二障 三擧足所以越三界."

중세 한국의 강경(講經)과 창도(唱導)

1. 이 글은 일본 히로시마대학 돈황학(敦煌學) 프로젝트연구센터에서 2012년 3월 17일 주최한 동아시아 종교문헌국제연구집회의 '창도(唱導), 강경(講經)과 문학(文學)'이라는 주제로 발표했던 내용의 일부이다.

2. 중세 의례, 특히 팔관회와 연등회에 대한 연구는 다음의 저서에서 자세히 논의되었다. 안지원,『고려의 국가 불교의례와 문화』, 서울대학교출판부, 2005; 김종명.『한국중세의 불교의례』, 문학과지성사, 2001.

3. 『高麗史』卷2. '太祖元年' 夏 4月條. "朕所至願 在於燃燈八關 燃燈所以事佛 八關所以事天靈 及五嶽名山大川龍神也 後世姦臣建白加減者 切宜禁止 吾亦當初誓心 會日不犯國忌 君臣同樂 宜當敬 依行之."

4. 안지원, 앞의 책, pp.205-224.

5. 韓愈,「華山女」. "街東街西講佛經 撞鐘吹螺鬧宮庭 廣張罪福資誘脅 聽衆狎恰排浮萍 黃衣道人亦講說 座下寥落如明星."

6. 鄭篤,『中國俗文學史』上, 臺北: 臺灣商務印書館, p.189. "有文溆僧者 公爲聚衆談說 假託經論 所言無非淫穢鄙褻之事 不呈之徒 相轉相鼓扇扶樹 愚夫冶婦 樂聞其說 聽者塡咽寺塔 瞻禮崇拜 號爲和尙 敎坊效其聲調 以爲歌曲."

7. 姚合,『聽僧雲端講經』. "無上深旨誠難解 唯是師言得正眞 遠近持齋來諦聽 酒坊魚市盡無人."

8. 조명화,『불교와 돈황의 강창문학』, 이회문화사, 2003, pp.170-171.

9. 김학주,『중국의 희곡과 민간연예(民間演藝)』, 명문당, 2002, p.248.

10. 김학주, 위의 책, p.256.

11. 眞鑑國師大空塔 碑文. "雅善梵唄 金玉其音 側調飛聲 爽快哀婉 能使諸天歡喜 永於遠地流轉 學者滿堂 誨之不倦 至今東國 習魚山之妙者 競如俺鼻 效玉泉餘響 豈非以聲聞 度之之化乎."

12. 이에 대해서는 이혜구,「신라의 범패」『한국음악연구』, 국민음악연구회, 1967, pp.252-291에서 자세히 논의됐다.

12. "臣僧但屬於國仙之徒只鄕歌 不閑梵聲."

13. "辰時打講經鐘 打驚衆鐘訖 良久之會 大衆上堂 方定衆鐘 講師上堂 登高座間 大衆同音稱嘆佛名 音曲一依新羅 不似唐音 (…) 講師登座訖 稱佛名便停 時有下座一僧作梵 一擧唐風 卽云何於此經等 (…) 行偈矣."

14. 이능화,『조선불교통사』하편, 신문관, 1918.

15. "打鐘 定衆了 講師都講二人入堂 (…) 大衆同音 稱歎佛名長引 (…) 時有下座一僧作梵云何於此經 南座唱經題目 所謂唱經長引 音多有屈曲 唱經之會 大衆三遍散花 每散花時各有所頌唱經了 更短音唱經目 講師開經目 三門分別 述經大意 釋經題目 竟 有維那師披讀申事興所由 (…)."

16. 윤광봉,『한국의 연희』, 반도출판사, 1992, pp.85-99.

17. 이능화, 앞의 책.

18. 황패강,『신라 불교설화 연구』, 일지사, 1975, p.218.

19. 조명화, 앞의 책, p.51.

20. 『高麗史』卷36, 「世家」36, '忠惠王' 4年 8月條.

21. 『東國通鑑』卷22, 「高麗紀」.

22. 안지원, 앞의 책과 김종명, 앞의 책에 자세히 논의되어 있다.

23. 『高麗史』卷97, 「列傳」卷10, '徐熙傳'.

24. 『高麗史』卷14, 「世家」14, '睿宗' 11年 4月條. "睿宗11年夏4月庚辰 四仙之跡 所宜加榮 依而行之 不敢失也 況圓丘 大廟 社稷 籍田 及諸園陵者 國家敬重之所也 其管勾員吏 以 時修茸 無便弊虧 所謂國仙之事 比來仕路多門閒 略無求者 宜令大官子孫行之."

25. "近來兩京八關之會 日減舊格 遺風漸衰 自今八關會 預擇兩班家産饒足者 定爲仙家."

26. 李奎報, 『東文選』卷31 「表」.

27. 『高麗史』 「世家」 '定宗' 卽位年 11月 更子條.

28. 조명화, 앞의 책, p.164, p.128 인용문.

29. "三舟一月 雖諸法之同歸 五水千甁 獨八關之淨戒 自先祖而深信 著甲令之不刊 言念後 佩 式遵前典 當仲冬之令月 張盛禮於廣庭 顧鐘鼓之畢陳 非以自樂 欲人天之同悅 因啓大 平 玆卽香城 寔嚴梵事 邀鷲峯之開士 演龍柱之靈文 伏願承佛力之加持 亘民心而康豫 致 庶邦之丕享 無遠不懷 保萬世之慶基 垂裕罔極."

30. 李奎報, 『東文選』卷31, 「敎坊賀八關表」. "爰屬仲冬 大開盛禮 休祥沓至 鼈戴山而龜負 圖 廣樂畢張 龍吹箎而虎鼓瑟."

31. 『高麗史』卷23, 「志」, '禮' 11.

32. 『高麗史』 '成宗' 元年 11月. "以八關會雜技 不經且煩憂 悉罷之 但行法王寺行香 還御毬 庭 受文武朝賀而已."

33. 『高麗史』卷69, '太祖' 元年 11月. "有司言 前主每歲仲冬 大設八關會 以祈福 乞遵其制 王從之 逡於毬庭 置輪燈一座 列香燈於四旁 又結綵棚 各高五丈餘 呈百戲歌舞於前 其四 仙樂府 龍鳳象馬車船 皆新羅故事. 百官袍笏行禮. 觀者傾都 王御威鳳樓觀之 歲以爲常 例."

34. 『高麗史』卷97, 「列傳」10. 임종비(林宗庇)가 지은 「팔관치어(八關致語)」는 다음과 같 다. "廣庭先曉預催班 玉輦徐徐下九關 日月正臨黃道上 星辰高拱紫微間 掀天雅樂三淸 曲 動地懽聲萬歲山."(『東文選』卷104에 수록)

35. 심상현, 『영산재』, 국립문화재연구소, 2003, pp.9-10.

36. 미등, 『국행수륙대재』, 조계종출판사, 2010, pp.97-103.

37. 송담 스님의 법문 「참선」.

38. 위와 같음.

39. 위와 같음.

40. 주6과 같음.

영산재(靈山齋)와 범패(梵唄)

1. 이 원고는 나의 건양대학교 대학원 박사학위논문 「영산재 범패의 선율에 관한 연구」와 단행본 『영산재와 범패』를 중심으로 수정 편집한 내용이다.

2. 2009년 9월 30일 아랍에미리트 아부다비에서 열린 유네스코 제4차 무형문화유산 정부 간위원회에서, 영산재가 유네스코 세계무형문화유산으로 등재되었다. 이는 1987년 중요 무형문화재 제50호로 지정된 이래 한국불교 태고종 총본산 봉원사(奉元寺)의 '중요무형 문화재 제50호 영산재보존회'를 중심으로 매년 세계 각국에서 영산재를 시연하고 국제 학술세미나를 개최하여 영산재의 문화적 가치가 국제사회에서 조명되고 인정받도록 노력한 결실이다.

3. 채혜련, 「조선왕조실록에 보이는 재의식」『영산재학회 논문집』 제6집, 옥천범음대학, 2008, pp.347-348.

4. 안확, 「조선악과 구자국악」『불교』, 불교사, 1930. [통권 67호(pp.8-23), 68호(pp.27-32), 69호(pp.19-26), 70호(pp.19-25), 72호(pp.27-32) 등]

5. 권오성, 「한국 불교음악 연구의 현황과 전망」『제1회 불교의식음악 학술대회 발표논문 집』, 불모산영산재 보존회, 2010, p.1.

6. 성경린, 『한국음악논고』, 동화출판공사, 1976.

7. 김응기, 「상주권공재의 작법절차에 관한 연구: 대령, 관욕 안채비를 중심으로」, 원광대학 교 대학원 석사학위논문, 1995.

8. 위의 논문에서 해당 목록 참조.

9. 박범훈, 「불교음악의 전래와 한국적 전개에 관한 연구」, 동국대학교 대학원 박사학위논 문, 1999.

10. 심상현, 『불교의식각론』 I-IX, 한국불교출판부, 2001-2006.

11. 송수남, 『한국무용사』, 금광출판사, 1988, p.220.

12. 김응기, 「영산재 의례와 예능의 연구」『영산재학회 논문집』 제5집, 옥천범음대학, 2007, p.52.

13. 채혜련, 앞의 논문, p.372.

14. 정순일, 『인도불교사상사』, 운주사, 2005, p.360.

15. 김응기, 『영산재 연구』, 운주사, 1997, p.15.

16. 의식 전체의 진행을 선도하는 특징을 지니고 있으며, 내용은 절구인 한시 형태가 대부 분이며, 소리는 고성(高聲)이고 굴곡이 두드러진 것이 특징이다. 홑소리와 짓소리로 나 눈다.

17. 「불곡사비문(佛谷寺碑文)」에 의하면, 우담은 1882년 11월 27일, 밀양 삼랑진 청룡동에 서 출생했다. 1898년 인봉(仁峰)을 은사로 하여 창원 성주사(聖住寺)에서 삭발하고, 삼

십일 세에 김해 장유암(長游庵)에서 계담(桂潭)의 범음 범패를 복원하여 불모산소리의 토대를 마련했다. 1968년 세수 팔십칠 세, 법랍 칠십칠 세에 진해 성도사(成道寺)에서 음력 12월 25일에 입적했다.

18. 이보형, 「영산재 의식에서 취고수(吹鼓手) 음악의 수용 방법론」, 제6회 동아시아 불교음악 국제학술대회, 2009, p.23; 도경, 「경제 사다라니 바라무에 관한 연구」, 제6회 동아시아 불교음악 국제학술대회, 2009, p.57; 덕림, 「범패 홋소리 상주권공할향의 시율 분석」, 제6회 동아시아 불교음악 국제학술대회, 2009, p.74.

19. 김응기, 『한국의 불교음악』, 운주사, 2005, pp.261-262.

20. 김응기, 「한국범패의 유형과 가창」, 제4회 동양음악학 국제학술회의, 1999, pp.50-57.

21. 위의 논문, p.55.

22. 열두 곡은 다음과 같다. 「인성(引聲)」「거령산(舉靈山)」「관욕게(灌浴偈)」「목욕진언(沐浴眞言)」「단정례(單頂禮)」「보례(普禮)」「식령산(食靈山)」「두갑(頭匣)」「오관게(五觀偈)」「영산지심(靈山至心)」「특사가지(特賜加持)」「거불(舉佛)」.

23. 『朴雲月所藏同音集』(57곡), 『金耘空所藏同音集』(57곡), 『玉泉遺敎同音集』(59곡), 『張碧應所藏同音集』(60곡).(박세민, 『한국 불교의례 자료총서』 4권, 보경문화사, 1991, pp.222-255에 수록), 『朴松岩所藏同音集』.(김응기, 『불교음악감상』, 운주사, 2005, pp.365-374에 수록)

24. 장휘주, 「영산재의 재의구조와 음악적 짜임새」 『영산재의 공연문화적 성격』, 도서출판 박이정, 2006, p.141.

25. 황준연, 「한국 무용과 음악의 합일성」 『교수아카데미총서』 7, 일념, 1994, p.315.

26. 내가 생각한 방안은 다음과 같다. 각 영산재의 구축된 자료를 분석한다. 해외 각 유명 예술 단체와 자매결연을 추진·초청·교환 공연을 개최한다. 홍보 자료집을 제작한다. 관객들과 함께할 수 있는 공연장을 마련하고 활발한 교류를 한다.

한중(韓中) 불교음악의 전통과 계승

1. 길상 편, 『불교대사전』 상, 홍법원, 2003, p.793.

2. 高雅俐, 「佛敎音樂傳統與佛敎音樂」 『佛敎音樂』, 臺灣: 佛光山文敎基金會, 1998, pp.36-37.

3. 慧皎, 『高僧傳』 卷13. "天竺方俗 凡是歌詠法言 皆稱爲唄."(遠靜芳, 『中國漢傳佛敎音樂文化』, 北京: 中央民族大學出版社, 2003, p.3 수록)

4. 高雅俐, 「佛敎音樂傳統與佛敎音樂」 『佛敎音樂』, 臺灣: 佛光山文敎基金會, 1998, p.36. "中國佛敎儀式的正式制定及起自東晉道安."

5. 『法苑珠林』卷36, 「唄讚篇」에서 이와 같은 내용을 발견할 수 있다.

6. 크메르어 대장경은 곧 팔리어를 음사한 동남아 원주민어인 캄마어(Khmer)와 같은 계열이다.

7. 慧皎, 『高僧傳』卷13, 「經師篇」. "自大敎東流 乃譯文者衆 而傳聲蓋寡 良由梵音重復 漢語單奇 若用梵音以詠漢語 則聲繁而偈迫 若用漢曲以詠梵文 則韻短而辭長 是故金言有譯梵響無授."(遠靜芳, 『中國漢傳佛敎音樂文化』, 北京: 中央民族大學出版社, 2003, p.3에서 재인용)

8. 高雅俐, 「佛敎音樂傳統與佛敎音樂」 『佛敎音樂』, 臺灣: 佛光山文敎基金會, 1998, p.34. 袁靜芳, 『漢傳佛敎音樂』, 北京: 中央民族大學出版社, 2003, p.3.

9. 윤소희, 「불교음악의 기원과 전개」 『한국음악사학보』 제44집, 한국음악사학회, 2010에서 인용.

10. 윤소희, 『동아시아 불교의식과 음악』, 민속원, 2013, pp.47-71 참조.

11. 陣慧删, 「佛光山梵唄源流與中國大陸佛敎梵唄之關係」 『佛敎硏究論文集』, 臺灣: 佛光山文敎基金會, 1998, p.371.

12. 위의 논문, p.371.

13. 2005년 8월 대만 불교음악학자 임곡방(林谷芳) 교수와의 면담 내용 중에서.

14. 2006년 2월 대만 불교음악학자 고아리(高雅俐) 교수와의 면담 내용 중에서.

15. 高雅俐, 앞의 논문, p.41; 釋永富, 「談佛光山梁皇法會之儀軌與梵唄」 『佛敎硏究論文集』, 臺灣: 佛光山文敎基金會, 2001, pp.113-114.

16. 각 법기에 대한 상세한 내용은 윤소희, 『동아시아 불교의식과 음악』, 민속원, 2013, pp.322-328 참고.

17. 釋永富, 「佛敎儀軌的普世價値—以佛光山萬緣水陸法會爲例」, 東亞細亞佛敎音樂學術大會, 2004.

18. 민남(閩南)은 복건 남부 지역으로 국민당 이전에 중국에서 이주해 온 사람들 대부분이 이곳으로 이주했다. 이들은 지금도 민남어를 쓰고 있으며 민남어는 대만의 방언으로 자리 잡고 있다.

19. 곤곡은 강소성 남부와 북경, 하북 등지에서 유행한 희곡이다.

20. 한 번 부르고 세 번 탄식한다는 뜻이다.

21. 高雅俐, 「佛敎音樂傳統與佛敎音樂」 참고.

22. 2005년 8월 임곡방(林谷芳) 교수와의 면담 내용.

23. 윤소희, 「중국에서의 불교음악의 전개」 『한중 불교음악 연구』, 백산자료원, 2007, pp.218-219.

24. 『三國遺事』卷5, 「感通」 7, '月明師 兜率歌' 條.

25. 윤소희, 「산동적산법화원 불교의식과 음악」 『한중 불교음악 연구』, 백산자료원, 2007,

pp.227-300.

26. 『高麗史節要』卷1, '太祖' 元年 十一月條.

27. 문명구, 「한국 불교 음악의 전개에 관한 연구」, 원광대학교 대학원 석사학위논문, 2000.

28. 자는 문량(文良), 호는 괴애(乘崖)이며 영동 사람으로 불학에 조예가 깊어 세조 때에 많은 불경 언해를 비롯한 불교 관련 업적이 많고, 불교를 좋아했던 세종, 세조, 안평대군의 신임을 받았다.

29. 세종대왕 직위 31년에 선왕들의 명복을 기원하기 위하여 인왕산에 불당을 건립할 때의 상황을 병조정랑(兵曹正郞)직에 있던 김수온이 세종 32년에 기록했다.

30. 『朝鮮王朝實錄』卷12.

31. 이능화 편, 『조선불교통사』상·하, 신문관, 1918, p.387, p.405. "도성 내에서 경행(經行)을 파하고 고려 때부터 봄, 가을의 중월(仲月)에 각 종파의 승도들을 모아 『대반야경(大般若經)』을 독송케 하던 것을 임금의 특명에 의해 파기하게 되었다."

32. 고려시대 팔관재를 행했던 기록과 조선시대 세종대에 왕실 주도로 행해졌던 불교의식을 기록한 『사리영응기(舍利靈應記)』 등에는 여러 가지 악기들이 등장한다.

33. 이성운, 「예불의 의미와 행법」『정토학연구』제16집, 한국정토학회, 2011, pp.85-110.

34. 신규탁, 「대한불교조계종 현행 '상단칠정례' 고찰」『정토학연구』제16집, 한국정토학회, 2011, pp.53-84.

35. 「표준한글독송집 한글의례문」(음반), 대한불교조계종 포교연구실, 2014.

36. 윤소희, 「한국 불교음악의 전통과 미래」『동아시아불교문화』제8집, 동아시아불교문화학회, 2011, pp.207-236.

37. 윤소희, 「한국 수륙재의 융합적 특성」『정토학연구』제22집, 한국정토학회, 2014.

38. 19세기 전후 '사당(祠堂)'이라는 말은 '거사(居士)'와 함께 불교에서 나왔다. 1589년(선조 22년)에 그려진 감로탱화에 보이는 유랑예인을 비롯하여, 떠돌이 걸립패 승려 출신인 비나리가 중심이 되어 사찰 건립을 위한 유랑 예능을 한 기록을 여러 곳에서 볼 수 있다. 이러한 활동 속에 본래 사찰에서 행하던 '창도(唱道)'와 같은 노래들이 민가에서 불리면서 민요가 되거나 기타 여러 가지 민간의 창으로 스며들었을 것으로 짐작된다.(노동은, 「19세기 예인집단의 근대성」『19세기 음악 사회』, 서울대학교 동양음악연구소, 2002 참고)

39. 경상도 지역의 승가에서는, 출가하여 은사님을 시봉하며 행자 시절을 보내고 강원(講院)과 선방(禪房)을 다니는 절간의 수행 과정을 '장판떼'라고 표현하기도 한다.

40. 윤소희, 『용운스님과 영남범패』, 민속원, 2013, pp.85-96; 윤소희, 「범패의 미적 가치와 의미」『민족미학』13-2호, 민족미학회, 2014.

41. 윤소희, 「팔리어 송경율조에 관한 연구」『한국음악연구』제51집, 한국국악학회, 2012; 윤소희, 「남방불교 예불문에 관한 연구」『동아시아불교문화』제10집, 동아시아불교문

화학회, 2012.

『삼국유사』 원효설화(元曉說話)의 스토리텔링과 불교사상

1. 최남선, 「삼국유사해제: 十六 流布, 十七 翻刊義例」 『육담최남선전집』 제8권, 고려대학교 아세아문제연구소·현암사, 1973.(유영옥, 「1920년대 삼국유사에 대한 인식: 단재(丹齋)와 육당(六堂)을 중심으로」 『동양한문학연구』 제29집, 동양한문학회, 2009, p.187에서 재인용) 『삼국유사』의 편찬 연대는 미상이나 1281-1289년 사이일 것으로 추정되며 1512년에 중간(重刊)된 이래 1904년 일본에서 활자본이 발간됐다.
2. 최남선, 「삼국유사해제」 『계명』 18, 1927; 최남선, 『증보 삼국유사』, 민중서관, 1954, p.10.(남동신, 「『삼국유사』의 사서로서의 특성」 『불교학연구』 제16호, 불교학연구회, 2007, p.45에서 재인용)
3. 김상현, 「삼국유사의 서지적 고찰」 『역주 삼국유사』 제5권, 이회문화사, 2003, pp.21-22.
4. 소재영, 「삼국유사에 비친 일연의 설화의식: 주(註)·의(議)·찬(讚)을 중심으로」 『숭전어문학』 제3집, 숭전대학교(현 숭실대학교) 국어국문학회, 1974, pp.67-68.
5. 김두진, 「삼국유사의 사료적 성격」 『역주 삼국유사』 제5권, 이회문화사, 2003, p.68.
6. 위의 글, 제1권, pp.136-138.
7. 『論語』 「述而」篇. "子不語怪力亂神."
8. 남동신, 「『삼국유사』의 사서(史書)로서의 특성」 『불교학연구』 제16호, 불교학연구회, 2007.
9. 위의 글, p.62.
10. 오대혁, 「원효설화와 스토리텔링」 『전자불전』 제11집, 전자불전문화콘텐츠연구소, 2009, p.18.
11. 최혜실, 「문화 콘텐츠, 스토리텔링을 만나다」, 삼성경제연구소, 2006, pp.103-105.
12. 대림 스님 옮김, 「아나타삔디까를 교계한 경(Anāthapindikovāda Sutta)」 『맛지마 니까야』 제4권, 초기불전연구원, 2012, pp.535-545. 설법의 내용은 육근(六根)과 육경(六境), 육식(六識)에 의지하지 말고 집착하지 말라는 것이었다.
13. 남동신, 앞의 글, pp.53-54.
14. 위의 글.
15. 붓다의 탄생지는 현재 네팔에 있는 룸비니라는 작은 마을이다. 불멸하고 약 이백오십 년 후에 아소카 대왕이 붓다가 태어난 장소에 석주를 세워서 기념했는데 그 소재가 오랫동안 확인되지 않다가 석주를 통해서 19세기 말에 발굴되었다. 탄생 장소를 보호하는 건물 안에는 4세기경에 제작된 붓다 탄생을 새긴 돌 조각품이 있는데 사라수 나무를

잡고 옆구리로 붓다를 낳는 마야 부인의 모습이 새겨져 있다.

16. Thanissaro Bhikkhu, "Buddhist Monastic Code I: Chapter 4," www.accesstoinsight.org, 1 December 2012.

17. 위의 글.

18. 바라이죄는 음행, 도둑질, 살인, 거짓말의 네 가지를 범하는 것이다.

19. 강인구 외, 『역주 삼국유사』 제4권, 이회문화사, 2003, p.123.

20. 오욕은 성욕, 식욕, 명예욕, 수면욕, 재물욕을 말한다.

21. 보시(布施), 지계(持戒), 인욕(忍辱), 정진(精進), 선정(禪定), 지혜(智慧)의 여섯 가지 수행을 말한다.

22. 『大般若波羅密多經』 「十二分(淨戒波羅蜜多分)」, T07, p.1039b-c.

23. 『二障義』. (『한국불교전서』 제1권에 수록)

24. 위의 책, p.795. "與眞明 其相太近 故此無明 於彼最違."

25. Thanissaro Bhikkhu, "Paramatthaka Sutta: Supreme" (Sn 4.5), www.accesstoinsight.org, 30 August 2012.

26. 『宋高僧傳』, T50, p.729a15. "三界唯心 萬法唯識 心外無法."

27. 『大方廣佛華嚴經』, T09, p.429b19. "一切無礙人 一道出生死."

28. 당나라 여성이었던 선묘는 의상을 사모했으나 그가 받아들이지 않자 그의 제자가 되었다. 의상이 신라로 돌아갈 때는 바다에 몸을 던져 의상의 배를 수호하는 용이 되어 무사히 돌아가도록 도왔다. 또한 부석사(浮石寺)를 지을 때는 이교도들의 방해에 맞서서 바위를 세 번 들었다 놓음으로써 그들을 굴복시켜 무사히 절을 짓도록 했다고 한다. 『宋高僧傳』, T50, p.0729a-c.

29. 각묵 스님 옮김, 「와깔리 경(Vakkali Sutta: Vakkali)」 『상윳따 니까야』 제3권, 초기불전연구원, 2009, p.347.

30. 『金剛般若波羅蜜經』, T8, p.752a17-18. "若以色見我 以音聲求我 是人行邪道 不能見如來."

31. 강인구 외, 『역주 삼국유사』 제4권, 이회문화사, 2003, p.82.

32. 나머지 하나는 누진통(漏盡通)으로서 모든 번뇌를 다 끊는 것이다. 이로써 다시는 윤회로 돌아오지 않기 때문에 누진통을 얻어야 깨달음을 얻었다고 할 수 있다.

33. 『大方廣佛華嚴經』, T09, p.547b15-b21.

34. 『維摩詰所說經』, T14, p.551c18-c19. "如我意者 於一切法無言無說 無示無識 離諸問答 是為入不二法門."

35. 위의 책, T14, p.551c23-24. "善哉 善哉 乃至無有文字語言 是真入不二法門."

36. 『金剛般若波羅蜜經』, T8, p.749a06-07.

참고문헌

불교의례와 공연예술의 만남

구미래,「불교 무형문화유산의 체계적 분류와 조사를 위한 연구」『불교학 연구』, 불교학연구회, 2014.
_____,「불화(佛畵)를 통한 불교문화의 재인식과 문화 생산」『한국불교학』, 한국불교학회, 2003.
_____,「염불의 수용 양상과 종교·주술적 기능」『종교와 노래』, 민속원, 2012.
_____,『한국인의 죽음과 사십구재』, 민속원, 2009.
김혜주,「로댕의〈캄보디아 무희들〉에 관한 연구」『미술사학보』23, 미술사학연구회, 2004.
김호성 편저,『한국불교의식집』, 민족사, 1993.
미르치아 엘리아데, 이은봉 옮김,『영원회귀의 신화』, 한길사, 1998.
박승주,「재공의식(齋供儀式)에 대하야」『불교』제35호, 1927. 7.
홍윤식,『불화』, 대원사, 1989.
Bois, Georges.,"Le Sculpteur Rodin et les Danseuses Cambodgiennes," *L'illustration*, 28 juillet 1906.
Driver, Tom F., *The Magic of Ritual: Our Need for Liberating Rites that Transform Our Lives and Our Communities*, San Francisco: Harper San Francisco, 1991.
Needham, R.,"Percussion and Transition," *Man* (NS), Vol. 2, No. 4, 1967.

불교의례의 역사적 전개와 교화 방편

『世宗實錄』.
李奎報,『東文選』.
李德懋,『靑莊館全書』.
李仁老,『破閑集』.
洪錫謨,『東國歲時記』.
엔닌(圓仁), 신복룡 번역·주해,『입당구법순례행기(入唐求法巡禮行記)』, 선인, 2007.

불교사상과 의례 구조

가마타 시게오(鎌田茂雄), 정순일 옮김, 『중국불교사』, 경서원, 1985.

김영수, 「오교양종에 대하야」『진단학보』 8, 진단학회, 1937.

_____, 「조계선종에 대하야」『진단학보』 9, 진단학회, 1938.

김영열, 『영산재의 문화콘텐츠 만들기』, 운주사, 2009.

김영태, 「오교구산에 대하여: 신라대 성립설의 부당성 구명」『불교학보』 16, 동국대학교 불교문화연구소, 1979.

김형우, 「한국 불교의례의 성격과 불교문화재의 분류 문제」『불교미술』 13, 동국대학교 박물관, 1996.

나카무라 하지메(中村元) 외편, 김지견 옮김, 『불타의 세계』, 김영사, 1984.

노권용, 「불타관(佛陀觀)의 연구」, 원광대학교 대학원 박사학위논문, 1987.

대한불교조계종, 『대한불교조계종 종헌』, 1962.

박세민, 『한국 불교의례 자료총서 해제집』, 불교대학 총합연구소, 1998.

_____, 『한국 불교의례 자료총서』, 보경문화사, 1993.

박종민, 「한국 불교의례집의 간행과 분류―『한국 불교의례 자료총서』와 『석문의범』을 중심으로」『역사민속학』 12, 한국역사민속학회, 2001.

안진호, 『석문의범(釋門儀範)』 2, 법륜사, 1935.

양은용, 「한국 불교의 의례전통과 『석문의범(釋門儀範)』」『불교의식의 현황, 과거·현재·미래』, 옥천범음대학, 2012.

한용운, 『조선불교유신론』, 불교서관, 1914.

한정섭 주(註), 『신편증주(新編增註) 석문의범』, 법륜사, 1982.

허흥식, 「한국 불교의 종파 형성에 대한 시론」『사학논총』, 지식산업사, 1983.

황성기, 『불교학 개론』, 아름다운세상, 1999.

覺岸 編, 『東師列傳』.

覺訓, 『海東高僧傳』.

桂坡聖能, 『仔夔文節次條例』.

『金剛般若波羅密經』.

懶菴眞一 編, 『釋門家禮抄』.

大愚, 『豫修十王生七齋儀纂要』.

道宣, 『廣弘明集』.

東賓 編, 『大刹四明日迎魂施食儀文』.

『妙法蓮華經』.

碧巖覺性 編, 『釋門喪儀抄』.

『佛說父母恩重經』.

『刪補梵音集』.

西河 編, 『仔夔刪補文』.

僧祐 編, 『弘明集』.

『靈山大會作法節次』.

『五種梵音集』.

雲海·道性, 『禪門祖師禮懺作法』.

元曉, 『十門和諍論』.

一然, 『三國遺事』.

『雜阿含經』.

竹庵 編, 『天地冥陽水陸齋儀纂要』.

『太上老君說父母恩重經』.

虛白明照, 『僧家禮儀文』.

惠永, 『白衣解』.

休靜, 『三家龜鑑』.

關根俊一 編, 『佛尊の事典』, 東京: 學習研究社, 1997.

久野健 編, 『佛像事典』, 東京: 東京堂出版, 1984.

篠原正瑛, 『敗戰の彼岸にあるもの』, 東京: 弘文堂, 1949.

洪潤植, 『韓國佛敎儀禮の研究』, 京都: 隆文館, 1976.

불교의례에서 시공간의 상징성

구미래, 「망혼의 공간 이동을 통해 본 불교 천도의례 공간의 특성」 『종교와 의례 공간』, 민속원, 2007.

_____, 「불교의례 재물(齋物)의 중층적 의미: 천도재를 중심으로」 『종교연구』 44, 한국종교학회, 2006.

_____, 「'옷'을 매개로 한 불교상례의 의례 구조와 특성」 『한국민속학』 제45집, 한국민속학회, 2006.

_____, 「의례 장면을 통해 본 감로탱의 비유와 상징」 『감로(甘露): 상』, 통도사성보박물관, 2005.

_____, 「'일생'에 대한 불교적 관념과 불교 일생의례의 특성」 『비교민속학』 39, 비교민속학회, 2009.

_____, 『한국인의 죽음과 사십구재』, 민속원, 2009.

김현준,『사찰, 그 속에 깃든 의미』, 교보문고, 1991.

운허(耘虛) 용하(龍夏),『불교사전』, 동국역경원, 1961.

이청담,『신심명(信心銘)』, 보성문화사, 1979.

정각,「불교 제례의 의미와 행법: 시아귀회(施餓鬼會)를 중심으로」『종교와 조상제사』, 민속원, 2005.

한국정신문화연구원 편집부,『한국민족문화대백과사전』, 한국정신문화연구원, 1991.

홍윤식,『불화』, 대원사, 1989.

『佛說處處經』.

『阿毘達磨俱舍論』.

『阿毘達磨大毘婆沙論』.

『瑜伽師地論』.

굿으로 읽는 불교의례

김선풍,「한국 축제의 본질」『관동민속학』제13집, 국학자료원, 1998.

김택규,『한국농경세시의 연구: 농경의례의 문화인류학적 고찰』(민족문화연구총서 11), 영남대학교 민족문화연구소, 1991.

송규,「예도편」『정산종사법어』, 정화사, 1972.

양은용,「불교사상과 의례구조」, 샤마니카연구회 강연 원고, 2014.

유동식,『풍류도와 한국의 종교사상』, 연세대학교출판부, 1997.

_____,『한국 무교의 역사와 구조』, 연세대학교출판부, 1981.

이두현,『한국 무속과 연극』, 서울대학교출판부, 1996.

조성진,「굿, 그 절묘한 이중주」『한극(韓劇)의 원형(原刑)을 찾아서―샤먼 문화』, 열화당, 2014.

지안 스님,「사찰 야외법회 위해 제작된 괘불」『불교신문』, 불교신문사, 2013. 1. 29.

한국정신문화연구원 편집부,『한국민족문화대백과사전』, 한국정신문화연구원, 1997.

한국사전연구사 편집부,『미술대사전 용어편』, 한국사전연구사, 1998.

홍윤식,『영산재』, 대원사, 2001.

홍가사(紅袈裟)의 형태와 부착물에 대한 고찰

김경숙,「아시아 지역 현행 가사 양태 연구」, 동국대학교 대학원 박사학위논문, 2000.

김경숙·안명숙,『한국의 가사』, 대원사, 2005.

김광섭,『반응(反應)』, 문예출판사, 1971.

김해안·이영부,『불교사상대전』, 불교시상사, 1971.

안진호,『석문의범』 권하, 법륜사, 1931.

『영산재학회 논문집』 제6집, 옥천범음대학, 2008.

정남식,『가사(袈裟)』, 전통가사연구원, 2001.

종석,『밀교학개론』, 운주사, 2000.

한미혜,「한국승려 가사에 관한 고찰」, 세종대학교 대학원 석사학위논문, 1989.

『過去現在因果經』(『大正藏』卷3).

『大唐西域記』(『大正藏』卷51).

『大毘盧遮那成佛神變加持經蓮華胎藏菩提幢標幟普通眞言藏廣大成就瑜伽』(『大正藏』, 卷 18).

『佛光大辭典』(『佛光大藏經編修委員會』, 1989).

『佛本行集經』(『大正藏』卷3).

『佛說袈裟功德經』.

『佛祖統紀』(『大正藏』卷49).

『四分律』(『大正藏』卷22).

『釋氏要覽』(『大正藏』卷54).

映月郎奎,『重刊眞言集』, 望月寺, 1800.

『自警文』(『韓國佛教全書』, 동국대학교출판부, 1990).

『長阿含經』(『大正藏』卷1).

『超日明三昧經』(『大正藏』卷15).

『顯密圓通成佛心要集』(『大正藏』卷46).

『賢愚經』(『大正藏』卷4).

『華嚴經』(『大正藏』卷10).

『華嚴經探玄記』(『大正藏』卷35).

조선시대 불교의식과 불교회화

강우방,「감로탱의 양식 변천과 도상 해석」『감로탱』, 예경, 1995.

강우방·김승희,『감로탱』, 예경, 1995.

강호선,「송·원대 수륙재의 성립과 변천」『역사학보』 206, 2010.

구미래,「불교 천도재에 투영된 유교의 제사이념」『한국민속학』 제42집, 2005.

국립대구박물관,『팔공산 동화사』, 2008.

국립중앙박물관,『고려불화대전』, 2010.

_____,『화엄사의 불교미술』, 2010.

국사편찬위원회,『불교미술, 상징과 염원의 세계』, 2007.

김상현,「한국 사찰 불전의 평면 구성과 불단의 위치에 관한 연구」, 영남대학교 대학원 석사학위논문, 1997.

김성일,「청허(淸虛) 휴정(休靜)의『운수단(雲水壇)』가사 연구」, 동국대학교 대학원 석사학위논문, 2008.

김승희,「감로탱의 이해」『감로탱(甘露幀)』하, 통도사성보박물관, 2005.

_____,『불화, 찬란한 불교미술의 세계』, 돌베개, 2009.

_____,「조선 전기 불화의 전통성과 자생성」『한국미술의 자생성』, 한길아트, 1999.

김종명,『한국 중세의 불교의례: 사상적 배경과 역사적 의미』, 문학과지성사, 2001.

김형우,『고려시대 국가적 불교행사에 대한 연구』, 동국대학교 대학원 박사학위논문, 1992.

김홍주,「18세기 사찰 불전의 건축적 특성」, 연세대학교 대학원 석사학위논문, 2001.

남희숙,「조선 후기 불서간행 연구: 진언집과 불교의식집을 중심으로」, 서울대학교 대학원 박사학위논문, 2004.

문명대,『한국의 불화』, 열화당, 1986.

박세민,『한국 불교의례 자료총서』, 보경문화사, 1993.

박은경,「일본 소재 조선 불화 유례: 안국사장 천장보살도」『고고역사학지』제16집, 동아대학교 박물관, 2000.

_____,「일본 소재 조선 16세기 수륙회 불화, 감로탱」『감로탱(甘露幀)』하, 통도사성보박물관, 2005.

_____,『조선 전기 불화 연구』, 시공사·시공아트, 2008,

배병선,「다포계 맞배집에 관한 연구」, 서울대학교 대학원 박사학위논문, 1993.

송은석,「조선 후기 불전 내 의식의 성행과 불상의 조형성 연구」『미술사학연구』제263호, 2009.

신영훈,『한국의 살림집: 상』, 열화당, 1983.

심효섭,「조선 전기 영산재 연구」, 동국대학교 대학원 박사학위논문, 2004.

안지원,『고려의 국가 불교의례와 문화―연등·팔관회와 제석도량을 중심으로』, 서울대학교출판부, 2005.

윤열수,『괘불』, 대원사, 1990.

윤은희,「감로왕도 도상의 형성문제와 16, 17세기 감로왕도 연구」, 동국대학교 대학원 석사학위논문, 2003.

이용윤,「수륙재의식집과 삼장보살도 연구」『미술자료』, 2005.

_____,「조선 후기 영남의 불화와 승려문중 연구」, 홍익대학교 대학원 박사학위논문, 2014.12.

이욱,「조선 전기 원혼을 위한 제사의 변화와 그 의미: 수륙재의 이해를 중심으로」『종교문화연구』 3, 2001.

이은창,「청양 장곡사 상대웅전의 방전(方塼)」『고고미술』 3권 6호, 1962.

이정국,「고대 및 중세 불전 이용방식에 관한 연구」『건축역사연구』 제12권 2호, 2003.

장충식,「조선조 괘불의 고찰—본존 명칭을 중심으로」『한국의 불화』 9, 성보문화재연구원, 1995.

_____,「조선조 괘불의 양식적 특징」『지촌 김갑주 교수 화갑기념 사학논총』, 1994.

진홍섭 편저,『한국미술사자료집성』 2권, 일지사, 1996.

정명희,「의식집을 통해 본 괘불의 도상적 변용」『불교미술사학』 2, 통도사불교미술사학회, 2005.

_____,「〈장곡사 영산대회 괘불탱〉에 보이는 도상의 중첩과 그 의미」『불교미술사학』 14, 2012.

_____,「조선시대 불교의식의 삼단의례(三壇儀禮)와 불화 연구」, 홍익대학교 대학원 박사학위논문, 2013.

_____,「조선 후기 괘불탱의 도상연구」『미술사학연구』 233·234, 2004.

정우택,「불교미술 서술의 용어 문제」『미술사학』 17, 한국미술사교육학회, 2003.

탁현규,『조선시대 삼장탱화 연구』, 신구문화사, 2011.

허상호,「조선 후기 불탁 연구」『미술사학연구』 제244호, 2004, pp.121-170.

홍윤식,『불교와 민속』, 동국대학교 역경원, 1993.

_____,「삼장탱화에 대하여」『남계 조좌호 박사 화갑기념 논총』, 1977.

_____,「한국 불교의식의 삼단분단법(三壇分壇法)」『문화재』 9, 1975, pp.1-13.

_____,『한국 불화의 연구』, 원광대학교출판국, 1980.

「靈魂壇排置」『作法節次』(『한국 불교의례 자료총서』 4권).

『天地冥陽水陸齋儀梵音删補集』(『한국 불교의례 자료총서』 3권).

日本九州國立博物館,「韓國の佛教儀式と掛佛」『巨大掛軸をめぐる文化交流』, 2010.

수륙재(水陸齋)의 연유(緣由) 및 설행(設行)과 의문(儀文)의 정합성

계호,『진관사 국행수륙대재』, 진관사, 2011.

김연경,「한국 수륙재의에 대한 연구」『석림』 11호, 1978.

김용조,『조선 전기의 국행기양불사연구(國行祈禳佛事研究)』, 동국대학교 대학원 박사학위논문, 1990.

김월운, 『일용의식수문기(日用儀式隨聞記)』, 중앙승가대출판국, 1991.

미등, 「삼화사 수륙재의 설단(設壇)과 장엄(莊嚴)」 『삼화사와 국행수륙대재』, 삼화사국행
　　수륙대재보존회 · 동해시, 2009.

＿＿, 『국행수륙대재』, 조계종출판사, 2010.

박세민, 『한국 불교의례 자료총서』, 보경문화사, 1993.

심상현, 『영산재』, 국립문화재연구소, 2003.

아가와 마사미치, 「대륙 중국의 수륙회에 대해서」 『두타산 삼화사 국행수륙대재의 전통성
　　과 그 구조적 의미』, 삼화사 국행수륙대재보존회 · 한국불교민속학회, 2012.

석림논총종합본편찬위원회, 『석림논총종합본』 제2권, 1997.

윤무병, 「국행 수륙재에 대하여」 『백성욱 박사 송수기념 논문집』, 동국대학교, 1959.

윤소희, 「한 · 중 수륙법회 연구」 『한국음악연구』 제43집, 한국국악학회, 2008.

이성운, 「한국 불교의식의 특성」 『대학원 연구논집』 제6집, 중앙승가대학교대학원, 2013.

＿＿＿, 「현행 수륙재의 몇 가지 문제」 『정토학연구』 제18집, 2012.

＿＿＿, 「현행 한국수륙재에 대한 검토」 『한국선학(韓國禪學)』 제36호, 2013.

정명희, 『조선시대 불교의식의 삼단의례(三壇儀禮)와 불화 연구』, 홍익대학교 대학원 박사
　　학위논문, 2013.

중국불교협회 편, 「중국 불교의례 제도」 『중국불교』 2, 지식출판사, 1982.

차장섭, 「삼화사 국행수륙재의 배경과 전개」 『삼화사와 국행수륙대재』, 삼화사 · 동해시 ·
　　사)국제아시아민속학회, 2009.

한상길, 「조선시대 수륙재 설행의 사회적 의미」 『삼화사와 국행수륙대재』, 삼화사 · 동해
　　시 · 사)국제아시아민속학회, 2009.

홍윤식, 「수륙재의 구성과 의미」 『삼화사와 국행수륙대재』, 삼화사 · 동해시 · 사)국제아시아
　　민속학회, 2009.

『高麗史』.

鳩摩羅什奉 詔譯, 『妙法蓮華經』.

『大藏新纂卍續藏經』.

『大正新修大藏經』.

『法界聖凡水陸勝會修齋儀軌』.

本覺 編, 『歷代編年釋氏通鑑』.

『宣祖實錄』.

『成宗實錄』.

『世宗實錄』.

失譯人名, 今附東晉錄 譯, 『佛說食施獲五福報經』.

實叉難陀 譯, 『佛說救面然餓鬼陀羅尼神咒經』.

蓮潭有一, 『蓮潭大師林下錄』.

「仔夔文節次條例」.

『增修禪教施食儀文』.

志磐, 『佛祖統紀』.

智禪, 『五種梵音集』.

智還 編, 『天地冥陽水陸齋儀梵音删補集』.

「津寬寺水陸社造成記」.

『太祖實錄』.

慧遠, 『大乘義章』.

道昱, 「水陸法會淵源攷」 『普門學報』 第37期, 臺灣 高雄: 普門學報出版社, 2007.

작법무(作法舞)의 연원과 기능에 대한 고찰

김응기, 『불교무용』, 운주사, 2011.

김종형, 『한국 불교무용의 사상적 의미와 문화 예술적 가치 연구』, 동국대학교 대학원 박사
　　학위논문, 2003.

『동아 새 한자사전』, 두산동아, 1997.

『불광대사전(佛光大辭典)』, 불광대사전편수위원회, 1989.

『불광대사전』, 홍법원, 1988.

『선학대사전(禪學大辭典)』, 선학대사전편찬소, 1978.

심상현, 「반승과 식당작법의 관계에 대한 연구」 『불교학연구』 제31호, 2012.

＿＿＿, 『불교의식각론』 I · II, 한국불교출판부, 2000.

＿＿＿, 『영산재』, 국립문화재연구소, 2003.

＿＿＿, 「작법무 거행의 배경과 의의」 『공연문화학회』 제12집, 2006.

안진호, 『석문의범(釋門儀範)』, 법륜사, 1931.

이혜구 · 성경린 · 장사훈 · 한만영, 『범패와 작법』, 문화재관리국, 1969.

종단사간행위원회, 『太古宗史』, 한국불교출판부, 2006.

『佛本行集經』 卷8(『大正藏』 卷3).

『心地觀經』 序品(『大正藏』 卷3).

李仁老, 『破閑集』 卷下.

秋淡井幸, 『僧家日用食時黙言作法』, 1882.(『한국 불교의례 자료총서』 3권)

『賢愚經』 卷1(『大正藏』 卷4).

중세 한국의 강경(講經)과 창도(唱導)

김종명, 『한국 중세의 불교의례: 사상적 배경과 역사적 의미』, 문학과지성사, 2001.

김학주, 『중국의 희곡과 민간연예(民間演藝)』, 명문당, 2002.

미등, 『국행수륙대재』, 조계종출판사, 2010.

심상현, 『영산재』, 국립문화재연구소, 2003.

안지원, 『고려의 국가 불교의례와 문화』, 서울대학교출판부, 2005.

윤광봉, 『한국의 연희』, 반도출판사, 1992.

이능화, 『조선불교통사』 상·하, 신문관, 1918.

이혜구, 『한국음악연구』, 국민음악연구회, 1967.

조명화, 『불교와 돈황의 강창문학』, 이회문화사, 2003.

황패강, 『신라 불교설화 연구』, 일지사, 1975.

『高麗史』.

『東國通鑑』.

李奎報, 『東文選』.

菊地良一, 『中世の唱導文芸』, 東京: 塙書房, 1968.

鄭篤, 『中國俗文學史』 上, 臺北: 臺灣商務印書館, 1986.

영산재(靈山齋)와 범패(梵唄)

권오성, 「한국 불교음악 연구의 현황과 전망」 『제1회 불교의식음악 학술대회 발표논문집』, 불모산영산재 보존회, 2010.

김영렬, 『영산재의 문화콘텐츠 만들기』, 운주사, 2009.

김응기, 『불교음악감상』, 운주사, 2005.

_____, 「상주권공재의 작법절차에 관한 연구: 대령, 관욕 안채비를 중심으로」, 원광대학교 대학원 석사학위논문, 1995.

_____, 『영산재 연구』, 운주사, 1997.

_____, 「영산재 의례와 예능의 연구」 『영산재학회 논문집』 제5집, 옥천범음대학, 2007.

_____, 「한국범패의 유형과 가창」, 제4회 동양음악학 국제학술회의, 1999.

_____, 『한국의 불교음악』, 운주사, 2005.

덕림, 「범패 홋소리 상주권공할향의 시율 분석」, 제6회 동아시아 불교음악 국제학술대회, 2009.

도경, 「경제 사다라니 바라무에 관한 연구」, 제6회 동아시아 불교음악 국제학술대회, 2009.

박범훈, 「불교음악의 전래와 한국적 전개에 관한 연구」, 동국대학교 대학원 박사학위논문, 1999.

박세민, 『한국 불교의례 자료총서』 권4, 보경문화사, 1991.

성경린, 『한국음악논고』, 동화출판공사, 1976.

송수남, 『한국무용사』, 금광출판사, 1988.

심상현, 『불교의식각론』 I-IX, 한국불교출판부, 2001-2006.

_____, 『중요무형문화재 제50호 영산재』, 국립문화재연구소, 2003.

안확, 「조선악과 구자국악」 『불교』, 불교사, 1930.

이보형, 「영산재 의식에서 취고수(吹鼓手) 음악의 수용 방법론」 제6회 동아시아 불교음악 국제학술대회, 2009.

장휘주, 「영산재의 재의구조와 음악적 짜임새」 『영산재의 공연문화적 성격』, 도서출판 박이정, 2006.

정순일, 『인도불교사상사』, 운주사, 2005.

채혜련, 「조선왕조실록에 보이는 재의식」 『영산재학회 논문집』 제6집, 옥천범음대학, 2008.

황준연, 「한국 무용과 음악의 합일성」 『교수아카데미총서』 7, 일념, 1994.

한중(韓中) 불교음악의 전통과 계승

길상 편, 『불교대사전』 상, 홍법원, 2003.

문명구, 「한국 불교음악의 전개에 관한 연구」, 원광대학교 대학원 석사학위논문. 2000.

신규탁, 「대한불교조계종 현행 '상단칠정례' 고찰」 『정토학연구』 제16집, 한국정토학회, 2011.

윤소희, 「남방불교 예불문에 관한 연구」 『동아시아불교문화』 제10집, 동아시아불교문화학회, 2012.

_____, 『동아시아 불교의식과 음악』, 민속원, 2013.

_____, 「범패의 미적 가치와 의미」 『민족미학』 13-2호, 민족미학회, 2014.

_____, 「불교음악의 기원과 전개」 『한국음악사학보』 제44집, 한국음악사학회, 2010.

_____, 「영남범패의 소리길과 성음」 『국악원논문집』 제18집, 국립국악원, 2008.

_____, 『용운스님과 영남범패』, 민속원, 2013.

_____, 「팔리어 송경율조에 관한 연구」 『한국음악연구』 제51집, 한국국악학회, 2012.

_____, 「한국 불교음악의 전통과 미래」 『동아시아불교문화』 제8집, 동아시아불교문화학회, 2011.

_____, 「한국 수륙재의 융합적 특성」 『정토학연구』 제22집, 한국정토학회. 2014.

＿＿＿＿，『한중 불교음악 연구』, 백산자료원, 2007.

이능화 편,『조선불교통사』상·하, 신문관, 1918.

이성운,「예불의 의미와 행법」『정토학연구』제16집, 한국정토학회, 2011.

『高麗史節要』卷1.

『法苑珠林』卷36.

『舍利靈應記』.

『三國遺事』卷5.

『朝鮮王朝實錄』卷12.

慧皎,『高僧傳』卷13.

高雅俐,「佛教音樂傳統與佛教音樂」『佛教音樂』, 臺灣: 佛光山文教基金會, 1998.

釋永富,「談佛光山梁皇法會之儀軌與梵唄」『佛教研究論文集』, 臺灣: 佛光山文教基金會, 2001.

袁靜芳,『漢傳佛教音樂』, 北京: 中央民族大學出版社, 2003.

林谷芳,「從形式到實質的轉化」『佛教研究論文集』, 臺灣: 佛光山文教基金會, 1998.

陣彗珊,「佛光山梵唄源流與中國大陸佛教梵唄之關係」『佛教研究論文集』, 臺灣: 佛光山文教基金會, 1998.

「표준한글독송집 한글의례문」(음반), 대한불교조계종 포교연구실, 2013.

『삼국유사』원효설화(元曉說話)의 스토리텔링과 불교사상

강인구 외,『역주 삼국유사』제4권, 이회문화사, 2003.

각묵 스님 옮김,『상윳따 니까야』제3권, 초기불전연구원, 2009.

남동신,「『삼국유사』의 사서로서의 특성」『불교학연구』제16호, 불교학연구회, 2007.

대림 스님 옮김,『맛지마 니까야』제4권, 초기불전연구원, 2012.

오대혁,「원효설화와 스토리텔링」『전자불전』제11집, 전자불전문화콘텐츠연구소, 2009.

유영옥,「1920년대 삼국유사에 대한 인식: 단재와 육당을 중심으로」『동양한문학연구』제29집, 東洋漢文學會, 2009.

최남선,「삼국유사해제: 十六 流布, 十七 翻刊義例」『육당최남선전집』제8권, 고려대학교 아세아 문제연구소·현암사, 1973.

＿＿＿＿,「삼국유사 해제」『계명』18, 1927.

＿＿＿＿,『증보 삼국유사』, 민중서관, 1954.

최혜실,「문화콘텐츠, 스토리텔링을 만나다」, 삼성경제연구소, 2006.

『金剛般若波羅蜜經』.

『論語』.

『大方廣佛華嚴經』.

『圓通記』.

『宋高僧傳』.

『維摩詰所說經』.

『二障義』.

『Vinaya Pitaka』.

『Sutta Nipāta』.

Thanissaro Bhikkhu, "Buddhist Monastic Code I: Chapter 4," www.accesstoinsight.org, 1
    December 2012.

Thanissaro Bhikkhu, "Paramatthaka Sutta: Supreme" (Sn 4.5), www.accesstoinsight.org, 30
    August 2012.

필자 약력

양혜숙(梁惠淑)은 1936년 서울 출생으로, 서울대 독어독문학과를 졸업하고 독일 튀빙겐대학 철학부에서 독문학, 미술사, 철학을 전공하고 석사학위를, 이화여대 대학원에서 박사학위를 받았다. 1967년부터 삼십 년 가까이 이화여대 독문과 교수로 재직했으며, 1978년부터 연극평론가로 활동했다. 1991년 한국공연예술학회를, 1996년 사단법인 한국공연예술원을 창립하여 한국공연예술원 초대원장을 거쳐 2008년부터 이사장을 맡아 오면서 1997년부터 최근까지 샤마니카 페스티벌, 샤마니카 심포지움, 샤마니카 프로젝트 등 연구와 실천을 통해 '한극(韓劇)의 정립과 우리 문화 뿌리 찾기'에 매진하고 있다. 저서로『표현주의 희곡에 나타난 현대성』(1978),『연극의 이해』(공저, 1988),『Korean Performing Arts: Dance, Drama, Music, Theater』(편집인, 1997)이 있으며, 역서로『관객모독』(1975),『구제된 혀』(1982) 등 열일곱 권이 있다. 예술감독 또는 연출자로서 참여한 공연 작품으로 〈업·까르마(외디푸스)〉(2002), 〈코카서스 백묵원, 브레히트〉(2003), 〈짓거리 사이에서 놀다〉(2010), 〈우주목(宇宙木) Ⅰ─바리〉(2012), 〈우주목(宇宙木) Ⅱ─피우다〉(2013) 등 다수가 있다.

구미래(具美來)는 1957년 경북 출생으로, 수도여자사범대학에서 교육학을 공부하고 안동대 민속학과에서 불교민속을 전공하여 박사학위를 받았다. 한국학중앙연구원 편수연구원, 성보문화재연구원 연구실장 등을 역임했고, 1988년에는 각 분야 전공자들과 우리문화연구원을 설립하여 이십여 년간 운영했다. 현재 동방문화대학원대학 연구교수, 불교민속연구소 소장, 대한불교조계종 성보보존위원·연구위원, 한국불교민속학회 연구이사로 활동하고 있다. 저서로『한국인의 죽음과 사십구재』(2009),『불교 상제례 안내』(2011),『한국불교의 일생의례』(2012),『절에 가는 날』(2014),『나 그리고 우리를 위한 복 짓기』(2014),『존엄한 죽음의 문화사』(2015) 등이 있다.

김상현(金相鉉)은 1947년 경남 합천에서 출생하여 2013년에 세상을 떠났다. 경상대 임학과를 졸업한 뒤, 단국대 사학과에서 본격적으로 불교사 연구를 시작하여 석사학위를 받고 동국대에서 사학박사학위를 받았다. 단국대와 동국대 경주캠퍼스 사학과 교수, 한국교원대 역사교육과 교수를 거쳐, 정년퇴임 때까지 동국대 사학과 교수를 역임했다. 이 외에 동국대 신라문화연구소 소장, 국사편찬위원회 위원, 동국대 문과대학 학장, 문화재청 문화재위원을 맡았다. 불이상, 명원차문화상, 뇌허불교학술상, 차문화학술상, 일연학술상, 초의

상 등을 수상했다. 저서로 『신라화엄사상사연구』(1991), 『역사로 읽는 원효』(1994), 『한국 불교사 산책』(1995), 『한국의 차시』(1997), 『신라의 사상과 문화』(1999), 『원효연구』(2000), 『조선 청년에게 고함』(2002), 『역주 삼국유사 1-5(공저, 2003), 『화엄경하나 숨하게』(2013) 등 다수가 있다.

홍윤식(洪潤植)은 1934년 경남 출생으로, 동국대 사학과를 졸업하고 일본 교토부교대학에 서 문학석사와 문학박사학위를 받았다. 원광대 국사교육학과 교수, 동국대 역사교육과 교 수로 재직했으며, 정년퇴임 후 국립전통예술고등학교 교장, 동국대 일본학연구소 소장, 일 본 교토부교대학 · 류코쿠대학 · 쇼토쿠학원대학 객원교수, 규슈대학 특임교수 등으로 활 동했다. 이외에 문화관광부 문화재위원, 대통령 문화체육비서관실 정책자문위원, 대원불 교대학 학장, 한국정토학회 회장 등을 역임했으며, 현재 동국대 명예교수, 불교민속학회 회 장, 동방문화대학원대학 석좌교수, 한국전통예술학회 회장, (사)진단전통예술보존회 이사 장 등을 맡고 있다. 옥조근조훈장 수훈, 교육공로 표창, 동국대를 빛낸 사람들, 포교대상 공 로상, 박헌봉 국악상 등을 수상했고, 저서로 『한국 불교의례 연구』(1976), 『불교와 민속』 (1980), 『한국불화의 연구』(1980), 『삼국유사와 한국고대문화』(1985), 『한국의 불교미술』 (1986), 『한국불교사의 연구』(1988), 『한국불교의 밀교적 특색』(1995), 『불교의식구』(1996), 『한일전통문화비교론』(2004) 등이 있다.

양은용(梁銀容)은 1947년 전남 여수 출생으로, 원광대 원불교학과를 졸업하고 동 대학원에 서 종교학으로 석사학위를 받고, 일본 교토부교대학 대학원에서 석·박사과정을 마쳤다. 원광대 한국문화학과 교수로 재직했고, 원광대 동양학대학원장·대학원장, 종교문제연구 소장, 한국종교사학회장, 한국종교학회장, 한일종교연구포럼 한국대표를 역임했다. 현재 원광대 명예교수, 한일문화연구원장이며, 수필가로 활동하고 있다. 저서로 『소태산대종사 의 금강산법문』(2002), 『정산종사 창건사의 세계』(2002), 『한국 전통문화의 이해』(2009), 『한국근대사상사 탐구』(2012) 등이 있다.

조성진(趙誠振)은 1957년 서울 출생으로, 연세대 신학과를 졸업하고 영남대 문화인류학과 에서 민속학 석사과정을 마쳤다. 대구축제문화연구소를 열고 지역축제 만들기에 힘썼으 며, 거리공연운동을 벌이기도 했다. 이후 거리문화시민연대 대표로 일했고, 삼십칠 세 되 던 해에 마임연기자로 공식적인 활동을 시작하여 지역문화활동가로서의 삶과 더불어 예술 가의 길을 병행했다. 한국마임협의회 회장으로 일했으며, 현재는 마임시어터 빈탕노리 대 표, 삼덕동인형마임축제추진위원장이다. 최근에는 한국공연예술원 이사, 한국영성예술협 회 예술감독으로 활동하고 있으며 전통연희와 영성예술 등 새로운 영역으로 활동을 넓히 고 있다. 대표작으로는 〈나무의 꿈〉(1993), 〈달리고, 날고, 꽃이 피고〉(2005), 〈남으로〉

(2008), 〈원앙부인의 꽃밭〉(2011), 〈레이디 원앙〉(2013) 등이 있다.

심상현(沈祥鉉)은 1952년 서울 출생으로 아홉 살의 나이로 동진출가(童眞出家) 했다. 선암사 강원 대교과 수료 후 동국대를 졸업하고 일본 도쿄대학에서 석사학위를, 위덕대에서 박사학위를 받았다. 동방불교대학, 옥천범음대학, 동국대, 위덕대 등에서 강의했으며, 현재 동방문화대학원대학 불교문예학과 학과장으로 있다. 영산재보존회와 국립문화재연구소 자문위원으로 활동하고 있으며, 저서로 『현토주해 초발심자경문』(1997), 『불교의식각론』 I -IX(2001-2006), 『영산재』(2003), 『현토주해 금강반야바라밀경』(2011), 『함께 공부하는 천수경』(2011) 등이 있고, 공저로 『설법지침서』(1993)가 있다.

정명희(鄭明熙)는 1973년 제주 출생으로, 홍익대 미술사학과에서 불교미술로 석사학위와 박사학위를 취득했다. 한빛문화재단, 화정박물관 학예연구사를 거쳐 현재 국립중앙박물관 학예연구사로 재직 중이다. 「법당 밖으로 나온 큰 불화」 등 조선시대 야외 의식용 불화인 괘불탱화(掛佛幀畵)에 관한 다수의 테마 전시를 진행했고 불교회화의 의례적 기능에 관한 연구를 계속해 오고 있다. 대표 논문으로 「의식집을 통해 본 괘불의 도상적 변용」(2004), 「17세기 후반 동화사 불화승(佛畵僧) 의균(義均) 연구」(2007), 「봉안 공간과 의례의 관점에서 본 조선 후기 현왕도 연구」(2009), 「이동하는 불화: 조선 후기 불화의 의례적 기능」 (2011), 「장곡사 괘불을 통해 본 도상의 중첩과 그 의미」(2012) 등이 있고, 저서로 『불교 미술, 상징과 염원의 세계』(공저, 2008)가 있다.

이성운(李誠雲)은 1961년 경북 상주 출생으로, 대학에서 국문학을 공부했으며, 동국대 대학원 불교학과 박사과정을 졸업한 철학박사이다. 현재 동국대 평생교육원 겸임교수, 대한불교조계종 의례위원회 실무위원, 동아시아불교의례연구소 연구실장으로 불교의례문화와 의식문의 번역 등에 관심을 가지고 연구하고 있다. 대표 논문으로 「'현행' 천수경의 구조와 의미」(2009), 「한국불교 시식의문의 성립과 특성」(2011), 「현행 한국수륙재에 대한 검토」(2013), 「영산재와 수륙재의 성격과 관계 탐색」(2015) 등이 있고, 저서로 『천수경, 의궤로 읽다』(2011), 『삼밀시식행법해설』(공저, 2011), 『한국불교 의례체계 연구』(2014) 등이, 역서로 『역주 치문경훈』(공역, 2008)이 있다.

윤광봉(尹光鳳)은 1947년 서울 출생으로, 동국대 국문학과를 졸업하고 같은 대학에서 석사학위와 박사학위를 받았다. 제주대, 대전대 교수를 거쳐 일본 히로시마대학에서 정년을 하고, 현재 히로시마대학 명예교수로 있다. 저서로 『한국연희시연구』(1985), 『한국의 연희』 (1992), 『유랑예인과 꼭두각시놀음』(1994), 『조선 후기의 연희』(1997), 『일본의 신도와 카구라』(2009) 등이, 역서로 『한국의 놀이』(2003)가 있다.

채혜련(蔡蕙璉)은 1961년 전북 전주 출생으로, 성신여대 음악학사와 동 대학원 음악교육 석사학위를 취득하고, 성균관대 교육대학원에서 상담학박사학위를, 원광대 대학원에서 문학박사학위를 받았다. 1991년부터 서울 중등음악교사로 재직 중이며, 동국대학교 외래교수로 강의하기도 했다. 중등교사 임용시험 출제위원 및 채점위원, 평가위원, 음악교과 장학위원, 서울 음악교과교육연구위원으로 활동 중이다. 저서로『영산재와 범패』(2011),『영산재와 선율』(2011) 등이 있다.

윤소희(尹昭喜)는 1957년 경남 출생으로, 부산대 한국음악학과에서 국악작곡을 전공하여 석사학위를 받았고, 한양대에서 음악학 박사학위를 받았다. 활발한 작곡 활동을 하며 2010년 퓨전명상음반「소리향」을 발매했고, 2013년에는「성철이야기」를 기획, 작곡했다. 1997년부터 현재까지 부산대와 동국대 등 다수 대학에서 음악분석 및 불교음악문화에 대한 강의를 하고 있다. 저서로『국악창작곡 분석』(1999),『국악창작의 흐름과 분석』(2007),『한·중 불교음악연구』(2010),『영남범패 대담집』(2010),『국립문화재 연구소 희귀음반 영남범패 연구』(2011),『동아시아 불교의식과 음악』(2013),『용운스님과 영남범패 악보 해설집』(2013) 등이 있다.

한성자(韓醒子)는 1955년 서울 출생으로, 이화여대 화학과, 독문과 대학원을 졸업한 후 독일 보훔대학에서 독문학을 전공하여 박사학위를 받고 이화여대 독문과 등에서 십여 년간 강의했다. 다시 동국대 대학원에서 불교학을 전공했고, 스토니브룩 뉴욕주립대학에서 공부하며 일 년간 불교학을 강의했다. 동국대에서 불교학 박사학위를 받고 동국대 강사, BK21 연구교수 등으로 일했으며 현재는 동국대 평생교육원 강사이다. 최근 논문으로「사마타와 위빳사나의 불가분성에 대한 고찰」(2013),「경전을 통해서 본 성과 성교육에 대한 불교의 관점」(2013),「불교와 비교종교학」(2013),「김남주 시의 상징과 은유」(2014) 등이 있으며, 역서로『살아있기 때문에 저항한다—나딘 고디머의 문학과 삶』(1993),『토니오 크뢰거·트리스탄·베니스에서의 죽음』(공역, 1998),『빌헬름 마이스터의 편력시대』(공역, 1999),『나의 세기』(공역, 1999),『서동 시집』(공역, 2006),『Seo Jang: Dahui Zonggao』(2006) 등이 있다.

韓劇의 原形을 찾아서

—

불교의례

佛敎儀禮의 역사와 공연예술의 요소

—

한국공연예술원 엮음

초판1쇄 발행일 2015년 10월 1일
발행인 李起雄 **발행처** 悅話堂
경기도 파주시 광인사길 25(문발동 520-10) 파주출판도시
전화 031-955-7000 팩스 031-955-7010
www.youlhwadang.co.kr yhdp@youlhwadang.co.kr
등록번호 제10-74호 **등록일자** 1971년 7월 2일
편집 박미 조민지 **디자인** 최훈
인쇄 제책 (주)상지사피앤비

값은 뒤표지에 있습니다.

ISBN 978-89-301-0489-0 93680

Published by Youlhwadang Publishers
Searching for the Roots of Korean Performing Arts: Buddhist Rituals
ⓒ 2015 by Hyesook Yang
Printed in Korea

이 도서의 국립중앙도서관 출판예정도서목록(CIP)은
서지정보유통지원시스템 홈페이지(http://seoji.nl.go.kr)와
국가자료공동목록시스템(http://www.nl.go.kr/kolisnet)에서
이용하실 수 있습니다.(CIP제어번호: CIP2015023909)